# 譯註 禮記集說大全
# 少儀

編　陳澔(元)

附　正義・訓纂・集解

# 譯註 禮記集說大全

# 少儀

編　陳澔（元）

附　正義·訓纂·集解

鄭秉燮 譯

學古房

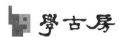

# 역자서문

「소의(少儀)」편은 소소한 예절들을 기록하고 있는 문헌이다. 그 내용 중에는 「곡례(曲禮)」 및 「내칙(內則)」편의 내용과 중복되거나 연관된 것이 많다. 이 기록은 복잡하게 발달되었던 각종 예절의 기록들 중 전한시기(前漢時期)까지 남아있던 기록의 일부이며, 다른 편에 수록되고 남은 기록들이 하나의 편으로 합쳐졌을 가능성이 높다.

고대 동양사회에서 예(禮)의 발달은 크게 두 가지 방향으로 진행된다. 첫 번째는 예제(禮制)의 발달이며, 두 번째는 예의(禮義)의 발달이다. 예제는 각종 제도를 뜻하며, 예의는 예의 의미를 뜻한다. 집단을 이룬 사회에서는 각종 규범과 질서가 생겨나기 마련인데, 이것을 예제라고 부른다. 고대사회는 군왕을 중심으로 한 사회체제였기 때문에, 예제의 정점에는 군왕이 있었다. 따라서 예제가 각 계층의 신분적 차등을 반영하게 된 것은 불가피한 일이었다. 유가(儒家)는 이러한 예의 발달에 적극적으로 개입한 학파이다. 전한초기 관학(官學)이 된 유가는 군권의 강화를 통해 사회적 안정을 꾀했는데, 이러한 점에서 유가는 차등적 제도를 강화하는데 일조했다고 볼 수도 있다.

그러나 유가의 학문은 단순히 군왕의 군권(君權)을 옹호하기 위해, 각종 차등적 제도를 만드는데 목적이 있었던 것은 아니다. 유가는 군주를 중심으로 사회적 안정을 이루려고 했지만, 동시에 군주를 비롯한 사회 구성원들의 도덕적 의무를 강조했다. 즉 각종 예제들에 대해서 의미를 부여하고, 예제를 실천을 인간의 본질과 관련시킴으로써, 예를 통해 도덕적 사회를 이루려고 했다. 이러한 유가의 노력으로 인해 발달된 것이 바로 '예의(禮義)'이다. 예제와 예의는 상보관계이지만, 때로는 상반된 입장을 반영하기도 한다. 한나라 때 군권의 입장에서 사회체제를 강화하려던 입장은 예의보다는 예제의 발달에 초점을 맞춘 것이며, 동시에 개인의 도덕성을 강조하여 법질서의 강압을 반대하던 입장은 예의에 초점을 맞춘 것이다.

『예기』에는 예제와 예의의 뜻이 공존하고 있다. 각종 규범과 제도를 기술하고 있는 기록들은 신분적 차등을 강조하고 있으며, 군권을 강화하는데 목적을 두고 있다. 그러나 동시에 그 이면에는 예의 실천을 통해 공존을 추구하려는 의식이 나타난다. 따라서 『예기』를 읽을 때에는 이러한 두 가지 측면을 함께 고려해서 해석해야 한다.

「소의」편의 번역으로 다시 한 권의 책이 세상에 나오게 되었다. 부족한 실력으로 인해 완벽한 책을 내놓지 못한 점에서, 항상 안타까운 생각이 든다. 이 책에 나온 오역은 전적으로 역자의 실력이 부족하기 때문이니, 혹여 역자의 부족함에 일갈을 해주실 분들이 있다면, bbaja@nate.com으로 연락을 주시거나 출판사에 제 연락처를 문의하셔서 가르침을 주신다면, 부족한 실력이지만 가르침을 받도록 최선을 다할 것이다.

역자는 성균관 대학교에서 유교철학(儒教哲學)을 전공했으며, 예악학(禮樂學) 전공으로 박사논문을 작성했다. 이 자리를 통해, 대학원에 진학하여 경학사상(經學思想)을 전공할 수 있도록 지도해주신 서경요 선생님과 논문을 지도해주신 오석원 선생님, 이기동 선생님, 이상은 선생님, 조남욱 선생님께 감사를 드린다. 또 경서연구회(經書硏究會)를 만들어 후배들에게 경전에 대한 이해를 넓혀주신 임옥균 선생님, 경서연구회 역대 회장님인 김동민, 원용준, 김종석, 길훈섭 선배님께도 감사를 드리고, 함께 『예기』를 공부하고 있는 김회숙, 손정민, 김동숙, 김아랑, 임용균 회원님께도 감사를 드린다. 끝으로 「소의」편을 출판할 수 있도록 허락해주신 학고방의 하운근 사장님께도 감사를 전한다.

# 일러두기 ⋙

1. 본 책은 역주서(譯註書)로써, 『예기집설대전(禮記集說大全)』의 「소의(少儀)」편을 완역하고, 자세한 주석을 첨부했다. 송대(宋代) 이전의 주석을 포함하고자 하여, 『예기정의(禮記正義)』를 함께 수록하였다. 그리고 송대 이후의 주석인 청대(淸代)의 주석을 포함하고자 하여 『예기훈찬(禮記訓纂)』과 『예기집해(禮記集解)』를 함께 수록하였다.

2. 『예기』 경문(經文)의 경우, 의역으로만 번역하면 문장을 번역한 방식을 확인하기 어렵고, 보충 설명 없이 직역으로만 번역하면 내용을 이해하기 힘들다. 따라서 경문에 한하여 직역과 의역을 함께 수록하였다. 나머지 주석들에 대해서는 의역을 위주로 번역하였다.

3. 『예기』 경문에 대한 해석은 진호의 『예기집설』 주석에 근거하였다. 경문 해석에 있어서, 『예기정의』, 『예기훈찬』, 『예기집해』마다 이견(異見)이 많다. 『예기집섭대전』의 소주(小註) 또한 진호의 주장과 이견을 보이는 곳이 있고, 소주 사이에도 이견이 많다. 따라서 『예기』 경문 해석의 표준은 진호의 『예기집설』 주석에 근거했으며, 진호가 설명하지 않은 부분들은 『대전』의 소주를 참고하였다. 또한 경문 해석에 있어서 『예기정의』, 『예기훈찬』, 『예기집해』에 나타나는 이견들은 특별한 경우를 제외하고는 각각의 문장을 읽어보면, 경문에 대한 이견을 알 수 있기 때문에, 이러한 경우에는 주석처리를 하지 않았다.

**4.** 본 역서가 저본으로 삼은 책은 다음과 같다.

- 『禮記』, 서울 : 保景文化社, 초판 1984 (5판 1995)
- 『禮記正義』 1~4(전4권, 『十三經注疏 整理本』 12~15), 北京 : 北京大學出版社, 초판 2000
- 朱彬 撰, 『禮記訓纂』 上・下(전2권), 北京 : 中華書局, 초판 1996 (2쇄 1998)
- 孫希旦 撰, 『禮記集解』 上・中・下(전3권), 北京 : 中華書局, 초판 1989 (4쇄 2007)

**5.** 본 책은 『예기』의 경문, 진호의 『집설』, 호광 등이 찬정한 『대전』의 세주, 정현의 주, 육덕명의 『경전석문』, 공영달의 소, 주빈(朱彬)의 『훈찬』, 손희단(孫希旦)의 『집해』 순으로 번역하였다.

**6.** 본래 『예기』「소의」편은 목차가 없으며, 내용 구분에 있어서도 학자들마다 의견차이가 있다. 또한 내용의 연관성으로 인하여, 장과 절을 나누기가 애매한 부분이 많다. 본 책의 목차는 역자가 임의대로 나눈 것이며, 세세하게 분절하여, 독자들이 관련내용들을 찾아보기 쉽게 하였다.

**7.** 본 책의 뒷부분에는 ≪少儀 人名 및 用語 辭典≫을 수록하였다. 본문에 처음으로 등장하는 용어 및 인명에 대해서는 주석처리를 하였다. 이후에 같은 용어가 등장할 때마다 동일한 주석처리를 할 수 없어서, 뒷부분에 사전으로 수록한 것이다. 가나다순으로 기록하여, 번역문을 읽는 도중 앞부분에서 설명했던 고유명사나 인명 등에 대해서 쉽게 찾아볼 수 있도록 하였다.

【431a】

聞始見君子者辭.

【431a】 등과 같이 【 】 안에 숫자가 기입되어 있는 것은 『예기』의 '경문'을 뜻한다. '431'은 보경문화사(保景文化社)판본의 페이지를 말한다. 'a'는 a단에 기록되어 있다는 표시이다. 밑의 그림은 보경문화사판본의 한 페이지 단락을 구분한 표시이다.

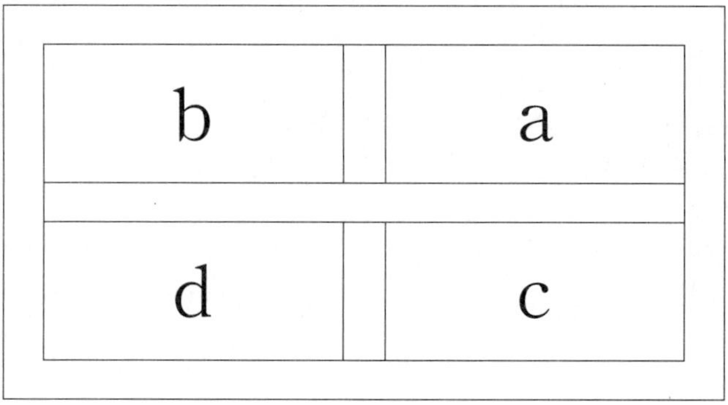


◆ **集說** 石梁王氏曰: 此句絕.

"**集說**"로 표시된 것은 진호(陳澔)의 『예기집설(禮記集說)』 주석을 뜻한다.

◆ **大全** 新定邵氏曰: 諸家解釋不得階主, 未甚分曉.

"**大全**"으로 표시된 것은 호광(胡廣) 등이 찬정(撰定)한 『예기집설대전』의 세주(細註)를 뜻한다.

◆ **鄭注** 君子, 卿大夫若有異德者.

"**鄭注**"로 표시된 것은 『예기정의(禮記正義)』에 수록된 정현(鄭玄)의 주(注)를 뜻한다.

◆ **釋文** 始見, 賢遍反, 下文注, 除注"二相見"並同.

"**釋文**"으로 표시된 것은 『예기정의』에 수록된 육덕명(陸德明)의 『경전석문(經典釋文)』을 뜻한다. 『경전석문』의 내용은 글자들의 음을 설명하고, 간략한 풀이를 한 것인데, 육덕명 당시의 음가로 기록이 되었기 때문에, 현재의 음과는 맞지 않는 부분이 많다. 단순히 참고만 하기 바란다.

◆ **孔疏** ●"聞始"至"命者". ○正義曰: 此一經論見君子之法.

"**孔疏**"로 표시된 것은 『예기정의』에 수록된 공영달(孔穎達)의 소(疏)를 뜻한다. 공영달의 주석은 경문과 정현의 주에 대해서 세분화하여 기록되어 있다. 따라서 '●'으로 표시된 부분은 공영달이 경문에 대해 주석을 한 부분이고, '◎'으로 표시된 부분은 정현의 주에 대해 주석을 한 부분이다. 한편 '○'으로 표시된 부분은 공영달의 주석 부분이다.

◆ **訓纂** 說文: 襚, 衣死人也.

"**訓纂**"으로 표시된 것은 『예기훈찬(禮記訓纂)』에 수록된 주석이다. 『예기훈찬』 또한 기존 주석들을 종합한 책이므로, 『예기집설대전』 및 『예기정의』와 중복되는 부분은 생략하였다.

◆ **集解** 愚謂: 司服掌王之吉凶衣服.

"**集解**"로 표시된 것은 『예기집해(禮記集解)』에 수록된 주석이다. 『예기집해』 또한 기존 주석들을 종합한 책이므로, 『예기집설대전』 및 『예기정의』와 중복되는 부분은 생략하였다.

- 원문 및 번역문 중 '▼'로 표시된 부분은 한글로 표기할 수 없는 한자를 기록한 부분이다. 예를 들어 '▼(囧/皿)'의 경우 맹(盟)자의 이체자인데, '明'자 대신 '囧'자가 들어간 한자를 프로그램상 삽입할 수가 없어서, '▼(囧/皿)'으로 표시한 것이다. 즉 '▼(A/B)'의 형식으로 기록된 경우, A에 해당하는 글자가 한 글자의 상단 부분에 해당하고, B에 해당하는 글자가 한 글자의 하단 부분에 해당한다는 표시이다. 또한 '▼(A+B)'의 형식으로 기록된 경우, A에 해당하는 글자가 한 글자의 좌측 부분에 해당하고, B에 해당하는 글자가 한 글자의 우측 부분에 해당한다는 표시이다. 또한 '▼((A-B)/C)'의 형식으로 기록된 경우, A에 해당하는 글자에서 B 부분을 뺀 글자가 한 글자의 상단 부분에 해당하고, C에 해당하는 글자가 한 글자의 하단 부분에 해당한다는 표시이다.

# 목차

## 그림목차

## 경문목차

【431a】

## 禮記集說大全卷之十六 /『예기집설대전』 제17권
## 少儀 第十七 /「소의」 제17편

**集說** 朱子曰: 小學之支流餘裔.

**번역** 주자가 말하길, 『소학』의 내용과 관련된 기록들이다.

**集說** 石梁王氏曰: 非幼少之少. 此篇曲禮之類.

**번역** 석량왕씨[1]가 말하길, '소의(少義)'라고 할 때의 '소(少)'자는 어린아이라고 할 때의 '소(少)'자가 아니다. 이 편은 『예기』「곡례(曲禮)」편과 같은 부류이다.

**孔疏** 陸曰: 少, 詩照反. 少猶小也. 鄭云: "以其記相見及薦羞之小威儀."

**번역** 육덕명[2]이 말하길, '소(少)'자는 '詩(시)'자와 '照(조)'자의 반절음이다. '소(少)'자는 "작다[小]."는 뜻이다. 정현[3]은 "이 편은 서로 접견하고 음식을 바치는 등의 소소한 의례규정을 기록했기 때문이다."라고 했다.

**孔疏** 正義曰: 按鄭目錄云: "名曰少儀者, 以其記相見及薦羞之少威儀, 少

---

1) 석량왕씨(石梁王氏, ?~?) : 자세한 이력이 남아 있지 않다.
2) 육덕명(陸德明, A.D.550~A.D.630) : =육원랑(陸元朗). 당대(唐代)의 경학자이다. 이름은 원랑(元朗)이고, 자(字)는 덕명(德明)이다. 훈고학에 뛰어났으며, 『경전석문(經典釋文)』 등을 남겼다.
3) 정현(鄭玄, A.D.127~A.D.200) : =정강성(鄭康成)·정씨(鄭氏). 한대(漢代)의 유학자이다. 자(字)는 강성(康成)이다. 『주역(周易)』, 『상서(尙書)』, 『모시(毛詩)』, 『주례(周禮)』, 『의례(儀禮)』, 『예기(禮記)』, 『논어(論語)』, 『효경(孝經)』 등에 주석을 하였다.

猶小也. 此於別錄屬制度."

**번역** 『정의』[4]에서 말하길, 정현의 『목록』[5]을 살펴보면, "편명을 '소의(少義)'라고 지은 이유는 이 편이 서로 접견하고 음식을 바치는 등의 소소한 의례규정을 기록했기 때문인데, '소(少)'자는 '작다[小].'는 뜻이다. 이 편을 『별록』[6]에서는 '제도(制度)' 항목에 포함시켰다."라고 했다.

**集解** 陸氏佃曰: 內則曰"十歲學幼儀", 此篇其類也.

**번역** 육전[7]이 말하길, 『예기』「내칙(內則)」편에서는 "10세가 되면 아이가 따라야 하는 행동예절을 배우도록 한다."[8]라고 했으니, 이 편이 바로 그러한 부류이다.

**集解** 朱子曰: 此篇言少者事長之節, 疏以爲細小威儀, 非也.

---

4) 『정의(正義)』는 『예기정의(禮記正義)』 또는 『예기주소(禮記注疏)』를 뜻한다. 당(唐)나라 때에는 태종(太宗)이 공영달(孔穎達) 등을 시켜서 『오경정의(五經正義)』를 편찬하였는데, 이때 『예기정의』에는 정현(鄭玄)의 주(注)와 공영달의 소(疏)가 수록되었다. 송대(宋代)에는 『오경정의』와 다른 경전(經典)에 대한 주석서를 포함한 『십삼경주소(十三經注疏)』가 편찬되어, 『예기주소』라는 명칭이 되었다.

5) 『목록(目錄)』은 정현이 찬술했다고 전해지는 『삼례목록(三禮目錄)』을 가리킨다. 『십삼경주소(十三經注疏)』에서 인용되고 있지만, 이 책은 『수서(隋書)』가 편찬될 당시에 이미 일실되어 존재하지 않았다. 『수서』「경적지(經籍志)」편에는 "三禮目錄一卷, 鄭玄撰, 梁有陶弘景注一卷, 亡."이라는 기록이 있다.

6) 『별록(別錄)』은 후한(後漢) 때 유향(劉向)이 찬(撰)했다고 전해지는 책이다. 현재는 일실되어 존재하지 않으며, 『한서(漢書)』「예문지(藝文志)」편을 통해서 대략적인 내용만을 추측해볼 수 있다.

7) 산음육씨(山陰陸氏, A.D.1042~A.D.1102) : =육농사(陸農師) · 육전(陸佃). 북송(北宋) 때의 유학자이다. 자(字)는 농사(農師)이며, 호(號)는 도산(陶山)이다. 어려서 집안이 매우 가난했다고 전해지며, 왕안석(王安石)에게 수학하였으나 왕안석의 신법에 대해서는 반대하였다. 저서로는 『비아(埤雅)』, 『춘추후전(春秋後傳)』, 『도산집(陶山集)』 등이 있다.

8) 『예기』「내칙(內則)」【368b】: 衣不帛襦袴. 禮帥初, 朝夕學幼儀, 請肄簡諒.

**번역** 주자가 말하길, 편명에 '소(少)'자를 붙인 것은 어른을 섬기는 예절을 뜻하니, 공영달[9]의 소(疏)에서 자잘한 의례절차라고 여긴 것은 잘못된 주장이다.

**集解** 愚謂: 此篇固多爲少者事長之事, 而亦有不專爲少時者, 但其禮皆於少時學之, 所謂"見小節, 踐小義"也. 名篇之義, 朱子之說爲確, 而鄭·孔所謂"細小威儀"者, 其義亦未嘗不兼之焉.

**번역** 내가 생각하기에, 이 편은 진실로 대부분의 내용이 나이가 어린 자가 어른을 섬기는 일들에 대한 것이지만, 또한 전적으로 어린아이 때에만 해당하지 않는 내용도 있다. 다만 그 예절들은 모두 어린아이 때 익혀야 하는 것들로, 이른바 "작은 예절들을 살피고, 작은 의례들을 실천한다."[10]는 뜻에 해당한다. 편명의 의미에 대해서는 주자의 주장이 가장 정확하다. 그러나 정현과 공영달이 "소소한 예절이다."라고 한 말의 의미 또한 포함된다.

---

9) 공영달(孔穎達, A.D.574 ~ A.D.648) : =공씨(孔氏). 당대(唐代)의 경학자이다. 자(字)는 중달(仲達)이고, 시호(謚號)는 헌공(憲公)이다. 『오경정의(五經正義)』를 찬정(撰定)하는데 중심적인 역할을 했다.

10) 『상서대전(尙書大傳)』「금등전(金縢傳)」 : 十三始入小學, <u>見小節, 踐小義</u>. 十八始入大學, 見大節, 踐大義.

## • 제 1 절 •

### 상대방에게 찾아가 말을 전할 때의 예절

【431a】

**聞始見君子者辭,**

**직역** 聞한대, 始히 君子를 見하는 者는 辭하며,

**의역** 듣건대, 처음 군자를 뵙는 자는 말을 전하며,

**集說** 石梁王氏曰: 此句絶.

**번역** 석량왕씨가 말하길, 이곳에서 구문을 끊는다.

【431a】

**曰: "某固願聞名於將命者." 不得階主. 適者曰: "某固願見." 罕見曰: "聞名", 亟見曰: "朝夕", 瞽曰: "聞名".**

**직역** 曰, "某는 固히 名이 命을 將하는 者에게 聞하길 願합니다." 主를 階함을 不得한다. 適者에게는 曰, "某는 固히 見하길 願합니다." 罕見에는 曰, "名을 聞합니다", 亟見에는 曰, "朝夕합니다", 瞽는 曰, "名을 聞합니다".

**의역** 전하는 말에 있어서는 "아무개는 진실로 명령을 전달하는 자에게 제 이름이 전해지기를 원합니다."라고 말하니, 주인에게 직접적으로 전달할 수 없기 때문이다. 만약 신분이 대등한 자의 경우라면, "아무개는 진실로 명령을 전달하는 자를

만나보기를 원합니다."라고 말한다. 만약 만나본 지가 매우 오래된 경우라면, "명령을 전달하는 자에게 제 이름이 전해지기를 원합니다."라고 말하고, 자주 만나보는 사이라면, 군자에 대해서는 "아무개는 아침이나 저녁 문안인사를 드리고자 하여, 명령을 전달하는 자에게 제 이름이 전해지기를 원합니다."라고 말하고, 신분이 대등한 자에 대해서는 "아무개는 아침이나 저녁 문안인사를 드리고자 하여, 명령을 전달하는 자를 만나보기를 원합니다."라고 말한다. 찾아온 자가 장님인 경우라면, "아무개는 명령을 전달하는 자에게 제 이름이 전해지기를 원합니다."라고 말한다.

**集說** 記者謙言我嘗聞之於人云, 初見有德有位之君子者, 其辭云, 某固願通聞己名於將命之人. 固, 如固辭之固. 不曰願而曰固願, 慮主人不卽見己, 而假此荐請之辭也. 將命者, 通客主言語出入之人也. 階者, 升進之喩. 主, 主人也. 言賓請見之辭, 不得徑指主人也. 適者, 賓主敵體之人也. 則曰某固願見於將命者. 罕見, 謂久不相見也. 亦曰願聞名於將命者, 蓋疑疏闊之久, 未必主人肯見也. 亟見, 數見也. 於君子, 則曰某願朝夕聞名於將命者. 於敵者, 則曰某願朝夕見於將命者. 若瞽者來見, 無問貴賤, 惟曰某願聞名於將命者, 以無目, 故不言願見也.

**번역** 『예기』를 기록한 자는 겸손하게 말하여, "내가 일찍이 남에게서 들었다."고 말한 것인데, 덕을 갖추고 있고 지위를 갖추고 있는 군자를 처음으로 만나 뵐 때에는 그 말에 있어서, "아무개인 저는 진실로 제 이름이 명령을 전달하는 자에게 전해지기를 원합니다."라고 말한다. '고(固)'자는 완강히 사양한다[1]고 할 때의 '고(固)'자와 같다. "원합니다."라고 말하지 않고, "진실로 원합니다."라고 말한 것은 주인이 곧바로 자신을 만나보지 않을 것을 염려하여, 재차 청원할 때 쓰는 말을 빌려서 사용한 것이다. '장명자(將命者)'는

1) 고사(固辭)는 완강히 사양한다는 뜻이다. 또 예법에 따르면 세 차례 사양을 하게 되는데, 첫 번째 사양하는 것을 '예사(禮辭)'라고 부르며, 두 번째 사양하는 것을 '고사(固辭)'라고 부르고, 세 번째 사양하는 것을 '종사(終辭)'라고 부른다. 『예기』「곡례상(曲禮上)」편에는 "客固辭, 主人肅客而入."이라는 기록이 있는데, 이에 대한 공영달(孔穎達)의 소(疏)에서는 "禮有三辭, 初曰禮辭, 再曰固辭, 三曰終辭."라고 풀이했다.

빈객과 주인의 말을 전달하는 사람이다. '계단[階]'이라는 말은 올라가 나아간다는 뜻을 비유한 말이다. '주(主)'자는 주인을 뜻한다. 즉 빈객이 만나 뵙기를 청원하는 말은 곧바로 주인에게 전달될 수 없다는 의미이다. '적자(適者)'는 빈객과 주인의 신분이 대등한 경우를 뜻한다. 즉 이러한 경우에는 "아무개는 진실로 명령을 전달하는 자를 만나보기를 원합니다."라고 말한다. '한현(罕見)'은 오래도록 서로 만나보지 못했다는 뜻이다. 이러한 경우에는 또한 "명령을 전달하는 자에게 이름이 전달되기를 원합니다."라고 말하니, 소원하게 지낸 지가 오래되어, 주인이 기꺼이 만나보기를 기필할 수 없다고 의심되기 때문이다. '기현(亟見)'은 자주 만나본다는 뜻이다. 군자에 대해서는 "아무개는 아침이나 저녁 문안인사를 드리고자 하여, 명령을 전달하는 자에게 제 이름이 전달되기를 원합니다."라고 말한다. 만약 신분이 대등한 자에 대해서라면, "아무개는 아침이나 저녁 문안인사를 드리고자 하여, 명령을 전달하는 자를 만나보기를 원합니다."라고 말한다. 만약 장님이 찾아와서 만나보고자 할 때에는 그 자의 신분을 따지지 않고, 단지 "아무개는 명령을 전달하는 자에게 이름이 전달되기를 원합니다."라고 말하니, 장님이기 때문에 만나보기를 원한다고 말하지 않는다.

**大全** 新定邵氏曰: 諸家解釋不得階主, 未甚分曉. 以愚觀之, 階, 猶階梯之階, 主, 猶觀近臣以其所爲主之主. 求見君子者, 辭曰, 某固願聞名於將命者, 恐不得將命者導達爲之階主爾, 夷之因徐辟而求見孟子, 正此意.

**번역** 신정소씨[2]가 말하길, 여러 학자들이 '부득계주(不得階主)'라는 말을 풀이했지만, 그 의미가 분명치 않다. 내가 살펴보니, '계(階)'자는 계단[階梯]이라고 할 때의 '계(階)'자이며, '주(主)'자는 가까운 신하를 살펴볼 때에는 누구의 주인이 되었는가를 살핀다고 했을 때[3]의 '주(主)'자이다. 군자를 만나보고자

2) 신정소씨(新定邵氏, ?~?) : =소갑(邵甲). 송(宋)나라 때의 학자이다. 자(字)는 인중(仁仲)이다.

3) 『맹자』「만장상(萬章上)」 : 吾聞觀近臣, 以其所爲主, 觀遠臣, 以其所主. 若孔子主癰疽與侍人瘠環, 何以爲孔子?

하는 자는 그 말에 있어서, "아무개는 진실로 명령을 전달하는 자에게 제 이름이 전해지기를 원합니다."라고 말하는데, 아마도 명령을 전달하는 자가 그 말을 주인에게 전달하지 못할 것을 염려한 것일 뿐이니, 이지(夷之)가 서피(徐辟)를 통해서 맹자를 만나보고자 했던 것[4]이 바로 이러한 의미에 해당한다.

**大全** 嚴陵方氏曰: 罕見, 以其相見之希, 疑其情之不通, 雖於敵者, 亦曰聞名而已.

**번역** 엄릉방씨[5]가 말하길, '한현(罕見)'하는 경우, 서로 만나본 것이 너무 오래되어, 그 정감이 소통되지 않을 것을 염려하니, 비록 신분이 대등한 자에 대해서라도, 또한 "이름이 전해지기를 원합니다."라고 말할 따름이다.

**鄭注** 君子, 卿大夫若有異德者. 固, 如故也. 將, 猶奉也. 卽君子之門, 而云願以名聞於奉命者, 謙遠之也. 重則云"固". 奉命, 傳辭出入. 階, 上進者, 言賓之辭不得指斥主人. 敵, 當也. 願見, 願見於將命者, 謙也. 罕, 希也. 希相見, 雖於敵者, 猶爲尊主之辭, 如於君子. 亟, 數也. 於君子則曰"某願朝夕聞名於將命"者, 於敵者則曰"某願朝夕見於將命者". 瞽, 無目也. 以無目, 辭不稱見.

**번역** '군자(君子)'는 경(卿)이나 대부(大夫) 또는 남다른 덕을 갖춘 자를 뜻한다. '고(固)'자는 일부러[故]라는 뜻이다. '장(將)'자는 "받들다[奉]."는 뜻이다. 군자의 집 대문에 당도하여, "제 이름이 명령을 받드는 자에게 전해지기를 원합니다."라고 말하니, 겸손히 표현하기 때문이다. 거듭 사양하는 것을 '고(固)'라고 부른다. 명령을 받드는 자는 말을 전달한다. '계(階)'자는 위로

---

4) 『맹자』「등문공상(滕文公上)」: <u>墨者夷之因徐辟而求見孟子</u>. 孟子曰, "吾固願見, 今吾尙病, 病愈, 我且往見, 夷子不來!"

5) 엄릉방씨(嚴陵方氏, ?~?) : =방각(方慤) · 방씨(方氏) · 방성부(方性夫). 송대(宋代)의 유학자이다. 이름은 각(慤)이다. 자(字)는 성부(性夫)이다. 『예기집해(禮記集解)』를 지었고, 『예기집설대전(禮記集說大全)』에는 그의 주장이 많이 인용되고 있다.

올라간다는 뜻이니, 빈객의 말을 직접적으로 주인에게 전달할 수 없다는 의미이다. '적(敵)'자는 "대등하다[當]."는 뜻이다. '원현(願見)'은 명령을 전달하는 자를 만나보기를 원한다는 뜻이니, 겸손히 표현한 말이다. '한(罕)'자는 "드물다[希]."는 뜻이다. 서로 만나본 것이 드무니, 비록 대등한 자에 대해서라도, 존귀한 주인에게 전달하는 말처럼 하니, 군자에 대한 경우와 동일하게 한다. '기(亟)'자는 자주[數]라는 뜻이다. 군자에 대해서라면, "아무개는 아침이나 저녁 문안인사를 드리고자 하여, 명령을 전달하는 자에게 제 이름이 전해지기를 원합니다."라고 말하고, 신분이 대등한 자에 대해서라면, "아무개는 아침이나 저녁 문안인사를 드리고자 하여, 명령을 전달하는 자를 만나보기를 원합니다."라고 말한다. '고(瞽)'는 장님이다. 장님이기 때문에 전하는 말에서 "만나본다."라고 말하지 않는 것이다.

**釋文** 始見, 賢遍反, 下文注, 除注"二相見"並同. 聞名, 如字, 徐音問, 注皆同. 瞞音謙, 本又作謙. 遠, 于萬反. 重, 直用反. 傳, 丈專反, 下"傳辭"同. 上, 時掌反. 罕見, 賢遍反. 亟, 去冀反, 注及下同. 數, 色角反.

**번역** '始見'에서의 '見'자는 '賢(현)'자와 '遍(편)'자의 반절음이며, 아래문장과 정현의 주에 나온 글자도 그 음이 모두 동일한데, 정현의 주에 나온 '二相見'에서의 '見'자만 음이 다르다. '聞名'에서의 '聞'자는 글자대로 읽으며, 서음(徐音)은 '問(문)'이고, 정현의 주에 나온 글자도 그 음이 모두 이와 같다. '瞞'자의 음은 '謙(겸)'이며, 판본에 따라서는 또한 '謙'자로도 기록한다. '遠'자는 '于(우)'자와 '萬(만)'자의 반절음이다. '重'자는 '直(직)'자와 '用(용)'자의 반절음이다. '傳'자는 '丈(장)'자와 '專(전)'자의 반절음이며, 아래문장에 나오는 '傳辭'에서의 '傳'자도 그 음이 이와 같다. '上'자는 '時(시)'자와 '掌(장)'자의 반절음이다. '罕見'에서의 '見'자는 '賢(현)'자와 '遍(편)'자의 반절음이다. '亟'자는 '去(거)'자와 '冀(기)'자의 반절음이며, 정현의 주 및 아래문장에 나오는 글자도 그 음이 이와 같다. '數'자는 '色(색)'자와 '角(각)'자의 반절음이다.

**孔疏** ●"聞始"至"命者". ○正義曰: 此一經論見君子之法, 但此一篇雜明細小威儀, 不復局以科段, 各隨文解之.

**번역** ●經文: "聞始"~"命者". ○이곳 경문은 군자를 찾아뵙는 법도를 논의하고 있는데, 다만 이곳 「소의」편은 소소한 의례규정을 뒤섞어 기술하고 있어서, 재차 한 단락으로 묶지 않으니, 각각의 문장에 따라서 풀이하겠다.

**孔疏** ●"聞始見君子者", 謂作記之人, 心自謙退, 不敢自專制其儀, 而傳聞舊說, 故云"聞始見君子者", 謂始欲見君子貴勝之人.

**번역** ●經文: "聞始見君子者". ○『예기』를 기록한 자는 마음이 겸손하여 감히 자기 마음대로 그 의례제도를 제정하지 않았고, 이전의 기록을 전해 들었기 때문에, "처음 군자를 찾아뵙는 자에 대한 경우를 들었다."라고 말한 것이니, 이것은 군자 및 존귀한 자를 처음 만나보고자 할 때를 뜻한다.

**孔疏** ●"辭曰: 某固願聞名於將命者", 辭, 客之辭也. 某, 客名也. 再辭曰固, 固, 如故也. 聞名, 謂名得通達也. 將命, 謂傳辭出入·通客主之言語者也. 客云願以己名使通聞於將命之人也. 然客實願見君子, 而云"願聞名於傳命者", 不敢必斥見於君子, 但願將命者聞之而已. 不云"初辭", 而云"固"者, 欲明主人不卽見己, 己乃再辭, 故云"固"也. 若初辭則不云"固", 當惟云"某願聞名於將命者"耳.

**번역** ●經文: "辭曰: 某固願聞名於將命者". ○'사(辭)'자는 빈객의 말을 뜻한다. '아무개[某]'는 빈객의 이름이다. 재차 사양하는 것을 '고(固)'라고 부르니, '고(固)'자는 '일부러'라는 의미이다. '문명(聞名)'은 이름을 전달할 수 있다는 뜻이다. '장명(將命)'은 말을 전달하고 빈객과 주인의 말을 전하는 자이다. 빈객은 "자신의 이름이 명령을 전달하는 자에게 전해지기를 원합니다."라고 말한다. 그러나 빈객은 실제로 군자를 만나보기를 원하는 것인데도, "명령을 전달하는 자에게 이름이 전달되기를 원합니다."라고 말한 것은 감히 직접적으로 군자를 만나보겠다고 말할 수 없기 때문으로, 단지 명령을 전달하는 자가 자신의 이름을 듣기를 원한다고 할 따름이다. "최초 사양한다."라고 말하지 않고, '고(固)'라고 한 것은 주인이 곧바로 자신을 만나보지 않아서, 자신이 재차 말을 전하게 되었음을 나타내고자 했기 때문에, '고(固)'라고 말한 것이다. 만약 최초 사양을 하는 경우라면, '고(固)'라고 말하지 않으니, 마땅히 "아무개는 명령을 전달하는 자에게 제 이름이 전달되기를 원합니다."라고만 말할 뿐이다.

**孔疏** ○正義曰: 解上經文云"聞名"之義也. 階, 進也. 主, 謂主人也. 客宜卑退, 故其辭不得斥進主人也.

**번역** ○경문의 "부득계주(不得階主)"에 대하여. 앞의 경문에서 "이름이 전달된다."라고 한 말의 뜻을 풀이한 것이다. '계(階)'자는 "나아간다[進]."는 뜻이다. '주(主)'자는 주인을 뜻한다. 빈객은 마땅히 겸손하게 낮춰야 하기 때문에, 전하는 말에 있어서 직접적으로 주인에게 전달할 수 없다.

**孔疏** ◎注"階, 上進者". ○正義曰: "階"是等, 故人升階, 必上進, 故以階爲上進. 隱義云: "階可升上, 故云上進也."

**번역** ◎鄭注: "階, 上進者". ○'계(階)'자는 계단을 뜻하기 때문에, 사람은 계단에 오를 때, 반드시 위로 올라가므로, '계(階)'자를 위로 올린다는 의미로 사용하였다. 『예기은의』[6]에서는 "계단에서는 위로 올라갈 수 있기 때문에, 위로 올라간다고 했다."라고 했다.

**孔疏** ○正義曰: 此明敵體始相見言, 敵體不謙, 故云"願見"也. 雖云"願見", 亦應云願見於將命者, 因上已有, 故此略之. 又云"固"者, 義亦如前.

6) 『예기은의(禮記隱義)』는 『예기』에 대한 주석서로 하윤(何胤, A.D.446~A.D.531)의 저작이다.

**번역** ○경문의 "適者曰: 某固願見."에 대하여. 이 말은 신분이 대등한 자가 처음으로 서로 만나볼 때 전하는 말에 해당한다. 신분이 대등할 때에는 겸사를 하지 않기 때문에, "만나보기를 원한다."라고 말한다. 비록 "만나보기를 원한다."라고 하더라도, 또한 "명령을 전달하는 자를 만나보기를 원합니다."라고 말해야 하니, 앞 문장에 이미 그 구절이 있기 때문에, 이곳에서는 생략한 것이다. 또 '고(固)'라고 한 말의 의미는 앞의 경우와 같다.

**孔疏** ○正義曰: 前二條明始相見, 此明已經相見而疏者. 罕, 少也. 若少見尊者, 辭云"願聞名於將命者". 若少見敵者, 亦云"願聞名於將命者". 然敵者始來曰"願見", 重來而疏, 翻曰"聞名"者, 亦獎之使不疏也. 或云: "始來禮隆, 故尊卑宜異; 重來禮殺, 故宜同也."

**번역** ○경문의 "罕見曰: 聞名."에 대하여. 앞의 두 조목에서는 처음으로 서로 만나보는 경우를 나타내고 있는데, 이곳에서는 이미 이전에 서로 만나보았지만, 관계가 소원한 경우를 나타내고 있다. '한(罕)'자는 "드물다[少]."는 뜻이다. 만약 존귀한 자를 드물게 만나본 경우라면, 그 말에 있어서 "명령을 전달하는 자에게 제 이름이 전달되기를 원합니다."라고 말한다. 만약 신분이 대등한 자를 드물게 만나본 경우라면, 그 말에 있어서 또한 "명령을 전달하는 자에게 제 이름이 전달되기를 원합니다."라고 말한다. 그러나 신분이 대등한 자가 처음 찾아왔을 때라면, "만나보기를 원합니다."라고 말하고, 거듭 찾아왔지만 관계가 소원한데도, 도리어 "이름을 전하고자 합니다."라고 말한 것은 또한 사이를 소원하게 하지 않고자 함을 나타낸다. 어떤 자는 "처음 찾아왔을 때에는 그 예법이 융성하기 때문에 신분의 차이에 따라 마땅히 다르게 해야 하는데, 거듭 찾아왔을 때에는 그 예법이 줄어들기 때문에, 마땅히 동일하게 해야 한다."라고 했다.

**孔疏** ◎注"罕希"至"君子". ○正義曰: 按爾雅·釋詁文, 希, 罕也[7], 是罕得

---

7) '희한야(希罕也)'에 대하여. '희한야'는 본래 '한희야(罕希也)'로 기록되어 있

爲希. 云"希相見, 雖於敵者, 猶爲尊主之辭, 如於君子"者, 尊而希者, 故宜同於始來相見, 敵而希者, 其辭重於始來, 故鄭偏解之也.

**번역** ◎鄭注: "罕希"~"君子". ○『이아』「석고(釋詁)」편의 문장을 살펴보면, '희(希)'자는 "드물다[罕]."는 뜻이라고 했으니,[8] '한(罕)'자는 '희(希)'자의 뜻이 될 수 있다. 정현이 "서로 만나본 것이 드무니, 비록 대등한 자에 대해서라도, 존귀한 주인에게 전달하는 말처럼 하니, 군자에 대한 경우와 동일하게 한다."라고 했는데, 존귀하지만 드물게 만나보았기 때문에, 마땅히 처음 찾아와서 서로 만나보는 경우와 동일하게 하며, 신분이 대등하지만 드물게 만나보았다면, 전하는 말은 처음 찾아왔을 때보다 수위를 높이기 때문에, 정현이 한쪽으로만 해석을 한 것이다.

**孔疏** ●"亟見"至"聞名". ○正義曰: 此謂數相見者也. 亟, 數也. 若數見尊者, 則其辭云"某願朝夕聞名於將命者", 若數見敵者, 則云"某願朝夕見於將命者".

**번역** ●經文: "亟見""~"聞名"". ○이 내용은 서로 자주 만나본 경우를 뜻한다. '기(亟)'자는 자주[數]라는 뜻이다. 만약 존귀한 자를 자주 만나본 경우라면, 전하는 말에 있어서 "아무개는 아침이나 저녁 문안인사를 드리고자 하니, 명령을 전달하는 자에게 제 이름이 전달되기를 원합니다."라고 말하고, 만약 신분이 대등한 자를 자주 만나본 경우라면, "아무개는 아침이나 저녁 문안인사를 드리고자 하니, 명령을 전달하는 자를 만나보기를 원합니다."라고 말한다.

**孔疏** ◎注"亟, 數也". ○正義曰: 爾雅·釋詁文.

---

었는데, 완원(阮元)의 『교감기(校勘記)』에서는 "손지조(孫志祖)는 『이아(爾雅)』「석고(釋詁)」편을 살펴보면, '희과선한(希寡鮮罕)'으로 기록되어 있으니, 이곳에 기록된 '한희(罕希)'는 '희한(希罕)'으로 기록되어야 한다고 했다."라고 했다.

8) 『이아』「석고(釋詁)」: 希·寡·鮮, 罕也. 鮮, 寡也.

**번역** ◎鄭注: "亟, 數也". ○『이아』「석고(釋詁)」편의 문장이다.[9)]

**孔疏** ●"瞽曰聞名"者, 瞽無目也, 其來不問見貴賤, 則並通云願聞名於將命者, 其目無所見, 故不云"願見".

**번역** ●經文: "瞽曰聞名". ○'고(瞽)'는 장님인데, 그가 찾아왔을 때에는 신분의 등급에 따라 만나보는 절차를 따지지 않으니, 모든 경우에 대해 통괄적으로 "명령을 전달하는 자에게 제 이름이 전달되기를 원합니다."라고 말한다. 그 이유는 장님은 직접 볼 수 없기 때문에, "만나뵙기를 원합니다."라고 말하지 않는다.

**集解** 愚謂: 始見, 謂執贄相見者也. 始見君子, 降等之客也. 不得階主, 降於敵者之禮也.

**번역** 내가 생각하기에, '시현(始見)'은 예물을 가져가서 서로 만나보는 경우를 뜻한다. 처음으로 군자를 찾아뵙는 경우는 신분이 낮은 빈객에 해당한다. 주인에게 직접 전달할 수 없다는 것은 신분이 대등한 자의 예법보다 낮추기 때문이다.

**集解** 愚謂: 敵者始見, 其辭曰"某固願見", 不云"聞名於將命者", 以其體敵, 故其辭得階主也. 士相見之禮曰, "某也願見, 無由達, 某子以命命某見." 註疏說非是.

**번역** 내가 생각하기에, 신분이 대등한 자가 처음 만나보는 경우라면, 전하는 말에 있어서 "아무개는 진실로 만나보기를 원합니다."라고 말하고, "명령을 전달하는 자에게 이름이 전달되기를 원합니다."라고 말하지 않는데, 신분이 대등하기 때문에, 그 말도 직접적으로 주인에게 전달할 수 있다. 『의례』「사상견례(士相見禮)」편에서는 "아무개는 만나뵙기를 원하지만, 이전에 인연이

---

9) 『이아』「석고(釋詁)」: 肅·齊·遄·速·亟·屢·數·迅, 疾也.

없어 직접적으로 전달할 길이 없으니, 인연이 닿아 있는 아무개가 주인의 뜻에 따라 아무개가 만나뵙겠다는 말을 전합니다."[10]라고 했다. 따라서 정현의 주와 공영달의 소에서 한 주장은 잘못되었다.

**集解** 此又承前"見君子"而言. 罕見情疏, 故曰"聞名", 蓋雖不執贄, 而其辭則與始見同也. 亟, 數也. 亟見情親, 故其辭曰"某願朝夕於將命者."

**번역** '한현(罕見)'이나 '기현(亟見)' 등의 문장은 또한 앞에서 "군자를 만나뵙는다."라고 한 말에 이어서 한 것이다. 드물게 만나보는 경우에는 정감이 소원하기 때문에, "이름이 전달되기를 원합니다."라고 말하니, 비록 예물을 가져오지 않았지만, 전하는 말에 있어서는 처음 만나보는 경우와 동일하게 한다. '기(亟)'자는 자주[數]라는 뜻이다. 자주 만나보는 경우에는 정감이 친근하기 때문에 전하는 말에 있어서도, "아무개는 아침저녁으로 하는 문안인사를 명령을 전달하는 자에게 전하고자 합니다."라고 말한다.

**集解** 愚謂: 此亦始見與罕見之辭也.

**번역** 내가 생각하기에, '고왈(瞽曰)' 이하의 내용은 또한 처음 만나보거나 드물게 만나볼 때 사용하는 말이다.

**【431c】**

## 適有喪者曰: "比", 童子曰: "聽事".

**직역** 喪이 有함에 適한 者는 曰, "比합니다", 童子는 曰, "事를 聽합니다".

**의역** 상을 당한 자에게 찾아가서 만나보고자 할 때에는 "아무개는 명령을 전달

10) 『의례』「사상견례(士相見禮)」: 士相見之禮. 摯, 冬用雉, 夏用腒, 左頭奉之. 曰, "某也願見, 無由達, 某子以命命某見."

**하는 자를 돕고자 합니다."라고 말하고, 어린아이인 경우라면, "아무개는 명령을 전달하는 자의 지시를 따르고자 합니다."라고 말한다.**

**集說** 適, 往也. 其辭云, 某願比於將命者. 喪不主相見, 來欲比方於執事之人也. 童子, 未成人, 其辭則云, 某願聽事於將命者, 謂來聽主人以事見使令也.

**번역** '적(適)'자는 "가다[往]."는 뜻이다. 전하는 말에서는 "아무개는 명령을 전달하는 자를 돕고자 합니다."라고 말한다. 상사에서는 서로 만나보는 것을 위주로 하지 않으니, 찾아와서 일을 맡아보는 자를 돕고자 하는 것이다. 어린아이는 아직 성인이 아니므로, 전하는 말에 있어서는 "아무개는 명령을 전달하는 자의 지시를 따르고자 합니다."라고 말하니, 찾아와서 주인이 어떤 일에 따라 시키는 일들을 따르고자 한다는 의미이다.

**鄭注** 適, 之也. 曰"某願比於將命者". 比, 猶比方, 俱給事. 曰"某願聽事於將命者", 童子未成人, 不敢當相見之禮.

**번역** '적(適)'자는 "가다[之]."는 뜻이다. "아무개는 명령을 전달하는 자를 돕고자 합니다."라고 말한다. '비(比)'자는 비견된다는 뜻이니, 함께 일을 처리하겠다는 의미이다. 어린아이는 "아무개는 명령을 전달하는 자의 지시를 따르고자 합니다."라고 말하는데, 어린아이는 아직 성인이 아니니, 감히 서로 만나보는 예법을 감당할 수 없다.

**孔疏** ○正義曰: 前明吉禮相見, 此以下明凶事相見者也. 適, 往也, 此謂往適者喪家也. 比, 比方也. 喪不主相見, 凡往者, 皆是助事, 故云"比", 謂比方其年力, 以給喪事也. 若[11]五十從反哭, 四十持盈次, 皆是比方其事, 故鄭云"比謂比方, 俱給事", 故辭云"願比於將命者"也.

---

11) '약(若)'자에 대하여. 『십삼경주소(十三經注疏)』 북경대 출판본에서는 "'약'자는 본래 '군(君)'자로 기록되어 있었는데, 『예기훈찬(禮記訓纂)』의 기록에 따라 글자를 수정했다."라고 했다.

**번역** ○앞에서는 길례(吉禮)에 따라 서로 만나보는 경우를 나타냈고, 이곳 구문부터 그 이하의 내용은 흉사에서 서로 만나보는 경우를 나타냈다. '적(適)'자는 "가다[往]."는 뜻이니, 이 구문은 상을 당한 집으로 간다는 뜻이다. '비(比)'자는 비견된다는 뜻이다. 상사에서는 서로 만나보는 것을 위주로 하지 않으니, 무릇 찾아간 자들은 모두 그 일들을 돕게 된다. 그렇기 때문에 "비견되고자 합니다."라고 말하니, 그의 나이와 힘에 비견되어, 상사의 일들을 돕는다는 뜻이다. 만약 50세인 경우라면, 주인을 따라서 반곡(反哭)[12]을 하고, 40세인 자는 무덤에 흙이 차기를 기다리니,[13] 이들 모두는 그 일들을 돕는다. 그렇기 때문에 정현은 "'비(比)'자는 비견된다는 뜻이니, 함께 일을 처리하겠다는 의미이다."라고 한 것으로, 그 말에서는 "명령을 전달하는 자를 돕고자 합니다."라고 말한다.

**孔疏** ○正義曰: 童子未成人, 雖往適它喪, 不敢以成人爲比方, 但來聽主人以事見使, 故云"願聽事於將命者"也.

**번역** ○어린아이는 성인이 아니므로, 비록 다른 자의 상에 찾아가더라도, 성인처럼 일을 도울 수 없고, 단지 찾아가서 주인이 어떤 일을 시키는 것에만 따를 수 있다. 그렇기 때문에 "명령을 전달하는 자가 지시하는 일을 따르고자 합니다."라고 말한다.

**集解** 愚謂: 比於將命, 謂來與將命者同執事爾. 孔氏"比方年力"之說, 非是. 玉藻"童子無緦服, 聽事不麻."

**번역** 내가 생각하기에, '비어장명(比於將命)'이라는 말은 찾아와서 명령을

---

12) 반곡(反哭)은 장례(葬禮) 절차 중 하나이다. 장지(葬地)에 시신을 안치한 이후, 상주(喪主)는 신주(神主)를 받들고 되돌아와서 곡(哭)을 하는데, 이것을 '반곡'이라고 부른다.

13) 『예기』「잡기하(雜記下)」【514b】: 弔非從主人也, 四十者執綍. 鄉人<u>五十者從反哭, 四十者待盈坎</u>.

전달하는 자와 함께 일을 맡아보겠다는 뜻일 뿐이다. 공영달은 "나이와 힘이 비견된다."라는 설명을 했는데, 잘못된 주장이다. 『예기』「옥조(玉藻)」편에서는 "시마복(緦麻服)을 착용하지 않으며, 상주(喪主)의 심부름을 할 때에는 질(絰)을 두르지 않는다."14)라고 했다.

그림 1-1 ▣ 시마복(緦麻服)

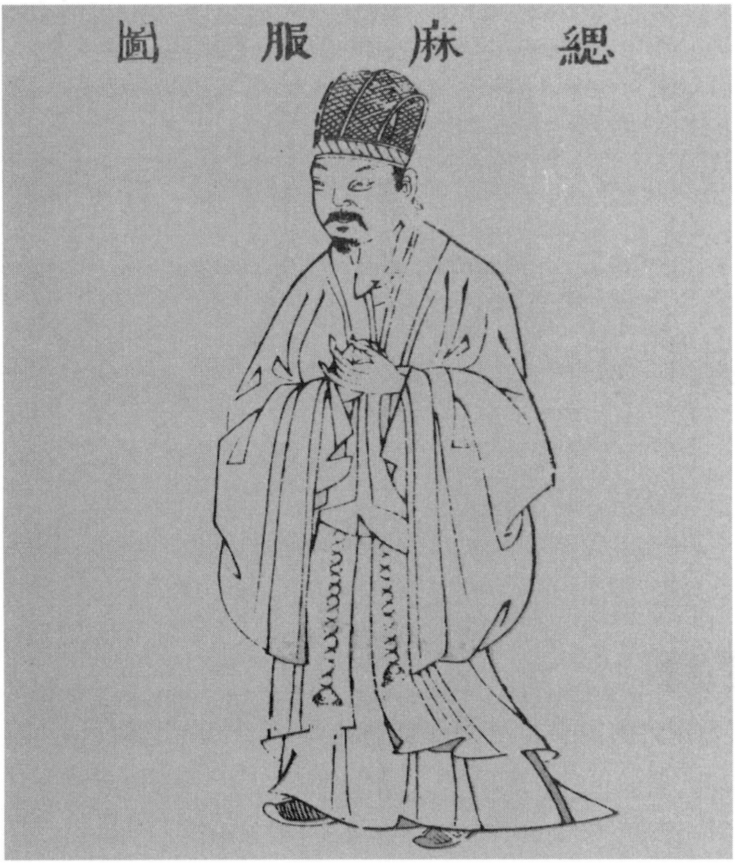


※ **출처:** 『삼재도회(三才圖會)』「의복(衣服)」 3권

14) 『예기』「옥조(玉藻)」【389c~d】: 童子不裘不帛, 不屨絇, 無緦服, 聽事不麻. 無事則立主人之北, 南面. 見先生, 從人而入.

그림 1-2 ▣ 저질(苴絰)과 요질(腰絰)

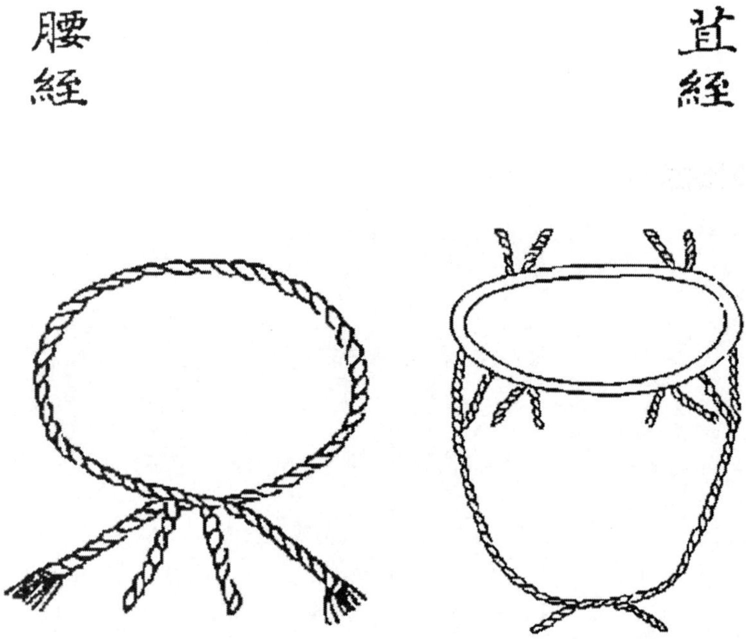


※ 출처: 『삼례도집주(三禮圖集注)』 15권

【431c】

適公卿之喪, 則曰: "聽役於司徒."

**직역** 公卿의 喪에 適하면, 曰, "司徒에게서 役을 聽합니다".

**의역** 공(公)이나 경(卿)의 상에 가서 찾아뵙고자 한다면, "아무개는 사도의 심부름을 따르고자 합니다."라고 말한다.

**集說** 孟獻子之喪, 司徒旅歸四布, 則公卿之喪, 司徒掌其事也. 故云某願聽役於司徒.

**번역** 맹헌자(孟獻子)의 상에서, 사도(司徒)[15]는 그 휘하의 하사(下士)들을 시켜서, 부의로 들어왔던 재화 중 남은 것들을 부의를 보내준 사방의 여러 사람들에게 되돌려주도록 했으니,[16] 공(公)이나 경(卿)의 상에 있어서는 사도가 그 일들을 담당했다. 그렇기 때문에 "아무개는 사도의 심부름을 따르고자 합니다."라고 말하는 것이다.

**鄭注** 喪憂戚, 無賓主之禮, 皆爲執事來也.

**번역** 상사에서는 근심과 슬픔이 깊어서, 빈객과 주인 사이에 시행되는 의례가 없으니, 모두 일을 맡아보고자 찾아오게 된다.

**釋文** 爲, 于僞反, 下文"爲君喪"·注"雖爲"並同.

**번역** '爲'자는 '于(우)'자와 '僞(위)'자의 반절음이며, 아래문장 중 '爲君喪'에서의 '爲'자와 정현의 주에 나오는 '雖爲'에서의 '爲'자도 모두 그 음이 이와 같다.

**孔疏** ○正義曰: 前往適喪, 此敵貴者喪也. 不敢云相比方而使, 但聽主人之見役, 輕重唯命, 不敢辭也. 不直云"聽役於將命", 而云"於司徒"者, 司徒主

---

15) 사도(司徒)는 주(周)나라 때의 관리로, 국가의 토지 및 백성들에 대한 교화(敎化)를 담당했다. 전설상으로는 소호(少昊) 시대 때부터 설치되었다고 전해진다. 주나라의 육경(六卿) 중 하나였으며, 전한(前漢) 애제(哀帝) 원수(元壽) 2년(B.C. 1)에는 승상(丞相)의 관직명을 고쳐서, 대사도(大司徒)라고 불렀고, 대사마(大司馬), 대사공(大司空)과 함께 삼공(三公)의 반열에 있었다. 후한(後漢) 때에는 다시 '사도'로 명칭을 고쳤고, 그 이후로는 이 명칭을 계속 사용하다가 명(明)나라 때 폐지되었다. 명나라 이후로는 호부상서(戶部尙書)를 '대사도'라고 불렀다.

16) 『예기』「단궁상(檀弓上)」【99d】: <u>孟獻子之喪, 司徒旅歸四布</u>. 夫子曰: "可也."

國之事, 故國有大喪, 謂公卿之喪, 則司徒皆率其屬掌之. 故司徒職云: "大喪, 帥六鄕[17]之衆庶, 屬其六引而治其政令." 鄭云: "衆庶所致役也." 又檀弓云 "孟獻子喪, 司徒旅歸四布", 是也. 隱義云"公卿亦有司徒官, 以掌喪事"也.

**번역** ○앞에서는 상을 당한 자에게 찾아갔다고 했는데, 이곳 내용은 신분이 대등하거나 자신보다 존귀한 자에 대한 경우이다. 감히 "서로 비견되어 심부름을 하고자 한다."라고 말하지 않고, 단지 주인이 시키는 일만 따르게 되는데, 일의 경중과 상관없이 오직 명령에만 따르며, 그 명령에 대해서 감히 사양하지 않는다. 직접적으로 "명령을 따르는 자의 지시를 받고자 합니다."라고 말하지 않고, "사도에게서 받는다."라고 말한 이유는 사도는 나라의 일을 주관하는 자이기 때문에, 국가에 중대한 상이 발생한 경우는 즉 공(公)이나 경(卿)의 상을 뜻하므로, 사도가 모든 경우에 그 휘하의 관리들을 통솔하여 그 일을 담당한다. 그래서 『주례』「사도(司徒)」편의 직무 기록에서는 "대상(大喪)이 발생하면, 육향(六鄕)[18]에 있는 하위 관리들을 통솔하여, 상여에 달린 여섯 가닥의 줄을 당기도록 하고, 명령 내리는 일을 다스린다."[19]라고 했고, 정현은 "중서(衆庶)는 일을 맡아보는 자들이다."라고 했다. 또 『예기』「단궁(檀弓)」편에서 "맹헌자의 상에서 사도는 그 휘하의 하사(下士)들을 시켜서, 부의로 들어왔던 재화 중 남은 것들을 부의를 보내준 사방의 여러 사람들에게 되돌려주도록 했다."라고 한 말이 바로 이러한 사실을 나타낸다. 『예기은의』에서는 "공(公)과 경(卿)에게는 또한 사도(司徒)라는 관리가 있어서, 그가 상사의 일을 담당했다."라고 했다.

---

17) '향(鄕)'자에 대하여. '향'자는 본래 '경(卿)'자로 기록되어 있었는데, 『주례』의 원문에 따라 바로잡았다.

18) 육향(六鄕)은 주(周)나라 때 원교(遠郊)에 설치된 여섯 개의 향(鄕)을 뜻한다. 주나라의 제도에서는 국성(國城)과 가까이 있는 교외(郊外)를 근교(近郊)라고 불렀고, 근교 밖을 원교(遠郊)라고 불렀다. 그리고 원교 안에는 6개의 향(鄕)을 설치했고, 원교 밖에는 6개의 수(遂)를 설치했다.

19) 『주례』「지관(地官)·대사도(大司徒)」: 大喪, 帥六鄕之衆庶, 屬其六引, 而治其政令.

**集解** 愚謂: 公, 謂大國之孤也. 少牢禮大夫有宰, 有司馬, 有司士. 宰卽司徒也. 天子有宰, 有司徒. 諸侯大夫皆兼官, 諸侯之司徒, 謂之宰, 以其兼宰之事也, 故大夫之宰, 亦謂之司徒也. 司徒主公卿之家事, 故適公卿之喪曰"聽役於司徒". 司徒職"大喪, 屬其六引", 此謂王之喪, 非卿大夫之喪也. 周禮"三公六卿之喪", 宰夫"與職喪率官有司而治之", 司徒不掌其事, 疏說非是.

**번역** 내가 생각하기에, '공(公)'은 대국(大國)[20]의 고(孤)를 뜻한다. 『의례』「소뢰궤식례(少牢饋食禮)」편에는 대부에게 소속된 '재(宰)'가 나오고, '사마(司馬)'가 나오며, '사사(司士)'가 나온다. '재(宰)'는 곧 사도(司徒)이다. 천자에게는 재와 사도가 있었다. 제후와 대부의 경우에는 휘하에 두는 관리가 관직을 겸하게 되어 있어서, 제후에게 있는 사도를 '재(宰)'라고 부르니, 재의 임무까지도 겸직하기 때문이다. 그래서 대부의 재에 대해서도 또한 '사도(司徒)'라고 부르는 것이다. 사도는 공(公)과 경(卿)의 집안일에 대해서 담당을 하기 때문에, 공과 경 중 상을 당한 자에게 찾아가면, "사도가 시키는 일을 따르고자 합니다."라고 말한다. 『주례』「사도(司徒)」편의 직무 기록에서는 "대상(大喪)이 발생하면, 여섯 가닥의 새끼줄을 끌게 한다."라고 했는데, 이것은 천자의 상을 가리키며, 경이나 대부의 상을 뜻하지 않는다. 『주례』에서는 '삼공(三公)[21]이나 육경(六卿)[22]의 상'에 대해서, 재부(宰夫)[23]가 "춘관(春官)에 소속

---

20) 대국(大國)은 제후국(諸侯國)의 등급 중 하나이다. 제후국을 등급에 따라 구분하면, 대국(大國), 차국(次國), 소국(小國)으로 구분된다. 영토의 크기, 보유할 수 있는 군대의 수, 휘하에 둘 수 있는 신하의 수가 각 등급에 따라 달라진다.

21) 삼공(三公)은 중앙정부의 가장 높은 관직자 3명을 합쳐서 부르는 말이다. '삼공'에 속한 관직명에 대해서는 각 시대별로 차이가 있다. 『사기(史記)』「은본기(殷本紀)」편에는 "以西伯昌, 九侯, 鄂侯, 爲三公."이라는 기록이 있다. 즉 은나라 때에는 서백(西伯)인 창(昌), 구후(九侯), 악후(鄂侯)들을 '삼공'으로 삼았다. 또한 주(周)나라 때에는 태사(太師), 태부(太傅), 태보(太保)를 '삼공'으로 삼았다. 『서』「주서(周書)·주관(周官)」편에는 "立太師·太傅·太保, 茲惟三公, 論道經邦, 燮理陰陽."이라는 기록이 있다. 한편 『한서(漢書)』「백관공경표서(百官公卿表序)」에 따르면 사마(司馬), 사도(司徒), 사공(司空)을 '삼공'으로 삼았다는 기록이 있다.

22) 육경(六卿)은 여섯 명의 경(卿)을 가리키는데, 주로 여섯 명의 주요 관직자

된 직상(職喪)[24]이라는 관리와 함께, 휘하의 하위 관료와 실무자들을 이끌어서 일을 담당한다."라고 했으니,[25] 사도는 그 일을 담당하지 않는다. 따라서 공영달의 소에서 주장한 설명은 잘못되었다.

---

들을 뜻한다. 각 시대마다 해당하는 관직명과 담당하는 영역에는 차이가 있었다. 『서』「하서(夏書)·감서(甘誓)」편에는 "大戰于甘, 乃召六卿."이라는 기록이 있고, 이에 대한 공안국(孔安國)의 전(傳)에서는 "天子六軍, 其將皆命卿."이라고 풀이했다. 즉 천자는 6개의 군(軍)을 소유하고 있는데, 각 군의 장수를 '경(卿)'으로 임명하였기 때문에, 이들 육군(六軍)의 수장을 '육경'이라고 부른다는 뜻이다. 이 기록에 따르면 하(夏)나라 때에는 육군의 장수를 '육경'으로 불렀다는 결론이 도출된다. 한편 『주례(周禮)』의 체제에 따르면, 주(周)나라에서는 여섯 개의 관부를 설치하였고, 이들 관부의 수장을 '경'으로 임명하였다. 따라서 천관(天官)의 총재(冢宰), 지관(地官)의 사도(司徒), 춘관(春官)의 종백(宗伯), 하관(夏官)의 사마(司馬), 추관(秋官)의 사구(司寇), 동관(冬官)의 사공(司空)이 '육경'에 해당한다. 『한서(漢書)·백관공경표상(百官公卿表上)」편에는 "夏殷亡聞焉, 周官則備矣. 天官冢宰, 地官司徒, 春官宗伯, 夏官司馬, 秋官司寇, 冬官司空, 是爲六卿, 各有徒屬職分, 用於百事."라는 기록이 있다.

23) 재부(宰夫)는 주(周)나라 때 천관(天官)에 소속된 관직이다. 조정 내에서의 법도를 담당하였으며, 신하들의 서열을 바로잡았고, 금령 등에 대한 일을 담당하였다. 천관의 수장인 대재(大宰)와 부관인 소재(小宰)를 보좌하였다. 『주례』의 체제에 따르면 하대부(下大夫) 4명이 담당을 하였다. 『주례』「천관총재(天官冢宰)」편에는 "宰夫, 下大夫四人."이라는 기록이 있고, 『주례』「천관(天官)·재부(宰夫)」편에는 "宰夫之職掌治朝之灋, 以正王及三公六卿大夫群吏之位, 掌其禁令."이라는 기록이 있다.

24) 직상(職喪)은 주(周)나라 때 춘관(春官)에 소속된 관직이다. 제후 및 경·대부·사 중 작위를 가진 자의 상례(喪禮)를 담당했다. 『주례』의 체제에 따르면 상사(上士) 2명이 담당을 했고, 그 휘하에는 중사(中士) 4명, 하사(下士) 8명이 배속되어 보좌를 했다. 그리고 실무를 맡아보는 부(府) 2명, 사(史) 4명, 서(胥) 4명, 도(徒) 40명이 배속되어 있었다. 『주례』「춘관(春官)·직상(職喪)」편에는 "職喪掌諸侯之喪, 及卿大夫·士凡有爵者之喪, 以國之喪禮, 涖其禁令, 序其事."라고 했고, 『주례』「춘관종백(春官宗伯)」편에서는 "職喪上士二人, 中士四人, 下士八人, 府二人, 史四人, 胥四人, 徒四十人."이라고 했다.

25) 『주례』「천관(天官)·재부(宰夫)」: 三公·六卿之喪, 與職喪帥官有司而治之. 凡諸大夫之喪, 使其旅帥有司而治之.

그림 1-3 ■ 주(周)나라 때의 왕성(王城)과 육향(六鄕) 및 육수(六遂)

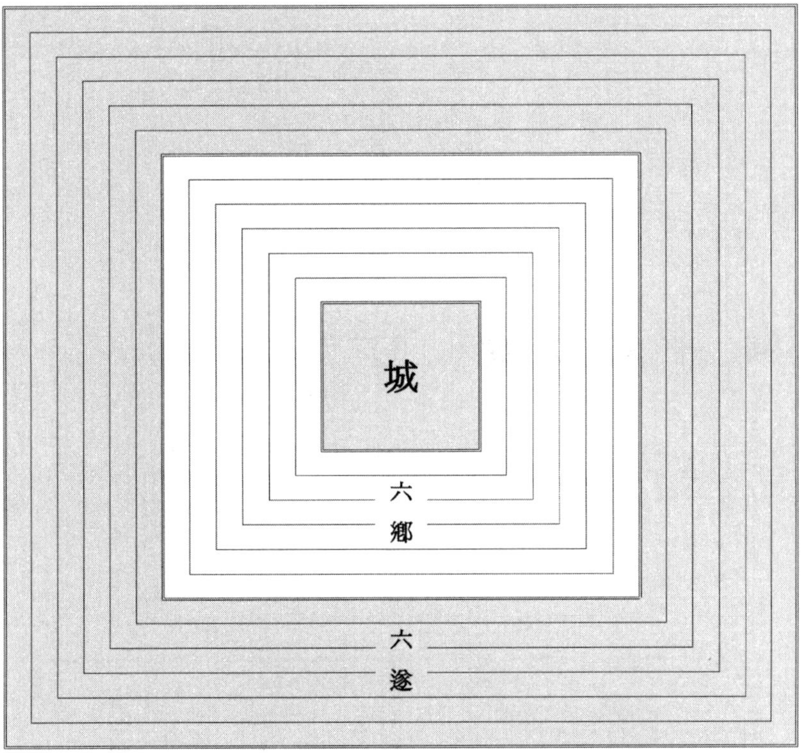

그림 1-4 ■ 향(鄕)의 행정구역 및 담당자

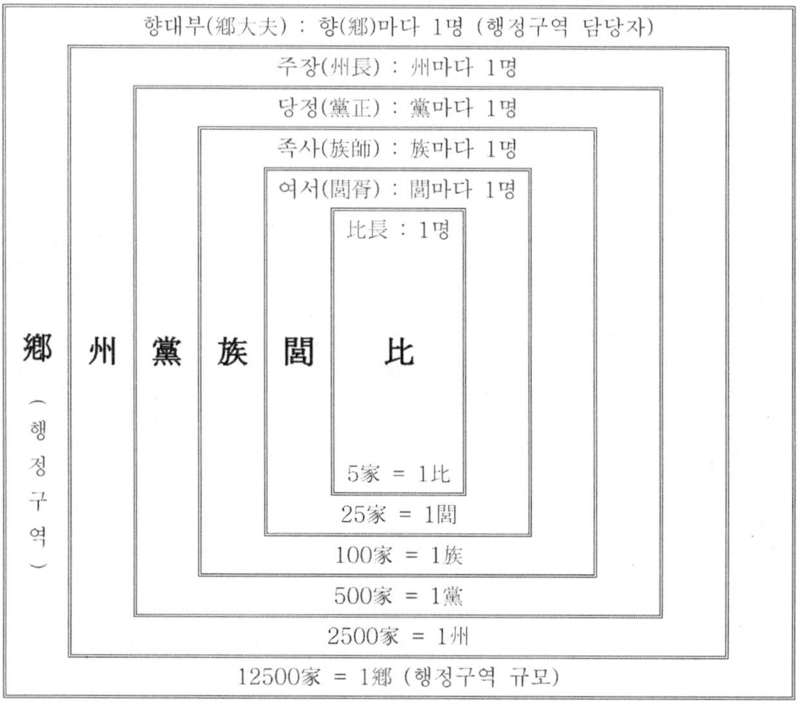

그림 1-5 ▣ 신하들의 명(命) 등급

| | 천자(天子) 신하 | 대국(大國) 신하 | 차국(次國) 신하 | 소국(小國) 신하 |
|---|---|---|---|---|
| 9명(九命) | 상공(上公=二伯)<br>하(夏)의 후손<br>은(殷)의 후손 | | | |
| 8명(八命) | 삼공(三公)<br>주목(州牧) | | | |
| 7명(七命) | 후작[侯]<br>백작[伯] | | | |
| 6명(六命) | 경(卿) | | | |
| 5명(五命) | 자작[子]<br>남작[男] | | | |
| 4명(四命) | 부용군(附庸君)<br>대부(大夫) | 고(孤) | | |
| 3명(三命) | 원사(元士=上士) | 경(卿) | 경(卿) | |
| 2명(再命) | 중사(中士) | 대부(大夫) | 대부(大夫) | 경(卿) |
| 1명(一命) | 하사(下士) | 사(士) | 사(士) | 대부(大夫) |
| 0명(不命) | | | | 사(士) |

## • 제 2 절 •

# 상대방에게 찾아가 물건을 전할 때의 예절

【431d】

**君將適他, 臣如致金玉貨貝於君, 則曰: "致馬資於有司", 敵者曰: "贈從者".**

**직역** 君이 將히 他에 適함에, 臣이 如히 君에게 金玉貨貝를 致하면, 曰, "有司에게 馬資를 致합니다", 敵者에게는 曰, "從者에게 贈합니다".

**의역** 제후가 장차 다른 나라로 가게 될 때, 신하가 만약 군주에게 금은보화 및 여비를 바치게 된다면, "유사[1]에게 수레나 말 등을 사용할 때 필요한 재화를 바칩니다."라고 말하며, 만약 신분이 대등한 자에게 주는 경우라면, "이러한 물건을 종자에게 보냅니다."라고 말한다.

**集說** 適他, 謂以朝會之事而出也. 馬資, 謂資給道路車馬之費也.

**번역** '적타(適他)'는 조회 등의 일 때문에 국경을 벗어난다는 뜻이다. '마자(馬資)'는 도로에서 수레나 말 등에 필요한 비용을 보탠다는 뜻이다.

**大全** 嚴陵方氏曰: 尊者之行, 必有馬, 故於君則曰致馬資於有司. 資, 謂▼(禾+崔)秣之資, 蓋所以惡其瀆也. 玉藻曰, 凡於專者有獻, 而弗敢以聞, 蓋謂是矣. 自大夫以上, 然後不徒行, 故於敵者曰贈從者而已.

---

1) 유사(有司)는 관리를 뜻하는 용어이다. '사(司)'자는 담당한다는 뜻이다. 관리들은 각자 담당하고 있는 업무가 있었으므로, 관리를 '유사'라고 불렀던 것이다. 일반적으로 하위관료들을 지칭하여, 실무자를 뜻하는 용어로 많이 사용된다. 그러나 때로는 고위관료까지지도 지칭하는 용어로 사용되기도 한다.

**번역** 엄릉방씨가 말하길, 존귀한 자가 행차를 할 때에는 반드시 말을 사용하게 된다. 그렇기 때문에 제후에 대해서는 "유사에게 말에 사용될 재화를 바칩니다."라고 말한다. '자(資)'자는 말에게 먹일 여물 등의 재화이니, 무릇 이처럼 표현한 이유는 버릇없게 구는 것을 싫어했기 때문이다. 『예기』「옥조(玉藻)」편에서 "무릇 존귀한 자에게 헌상을 할 경우에는 감히 존귀한 자에게 직접적으로 그 말을 전달하지 않는다."2)라고 한 말이 바로 이러한 뜻을 나타낸다. 대부로부터 그 이상의 계층이 된 이후에야 걸어서 여정을 떠나지 않기 때문에, 신분이 대등한 자에게 물건을 줄 때에는 "종자에게 보냅니다."라고 말할 따름이다.

**鄭注** 適他, 行朝會也. 資, 猶用也. 贈, 送也.

**번역** '적타(適他)'는 조회 등의 일로 행차를 한다는 뜻이다. '자(資)'자는 쓰임[用]을 뜻한다. '증(贈)'자는 "보내다[送]."는 뜻이다.

**釋文** 適它, 音他. 從, 才用反. 朝, 直遙反.

**번역** '適它'에서의 '它'자는 그 음이 '他(타)'이다. '從'자는 '才(재)'자와 '用(용)'자의 반절음이다. '朝'자는 '直(직)'자와 '遙(요)'자의 반절음이다.

**孔疏** ●"君將"至"從者". ○正義曰: 此一經論臣致物於君及適者之辭. 前明吉凶相見之禮, 此以下明吉凶相送遺之禮也. 此明送吉也. 君, 謂己君也. 適它, 謂朝會出往它國也.

**번역** ●經文: "君將"~"從者". ○이곳 경문은 신하가 군주에게 물건을 보내거나 자신과 신분이 대등한 자에게 물건을 보낼 때 하는 말을 논의하고 있다. 앞에서는 길사와 흉사에서 서로 만나볼 때의 예법을 나타냈고, 이곳 구문부터 그 이하의 문장들은 길사와 흉사에서 서로 물건을 보낼 때의 예법을

---

2) 『예기』「옥조(玉藻)」【392a】: 凡於尊者有獻, 而弗敢以聞.

나타내고 있다. 이곳의 내용은 길사에 대해 물건을 보낼 때의 예절이다. '군(君)'자는 자신의 군주를 뜻한다. '적타(適它)'는 조회 등을 위해 국경을 벗어나 다른 나라로 간다는 뜻이다.

**孔疏** ●"臣如置金玉貨貝於君"者, 如, 若也. 君欲往它國, 而臣若奉獻財物, 以充君路之資者也. 金玉貨貝, 略擧其梗槩耳.

**번역** ●經文: "臣如置金玉貨貝於君". ○'여(如)'자는 만약[若]이라는 뜻이다. 군주가 다른 나라로 가고자 하고, 신하가 만약 물건과 재화를 헌상하여, 군주가 여정 중에 필요로 하는 재화를 돕고자 한 것이다. 금·옥·화폐라는 말 등은 그 대략적인 것만을 간략히 제시한 것일 뿐이다.

**孔疏** ●"則曰致馬資於有司"者, 臣雖以物贈君, 君體尊備物, 不有乏少, 故臣不敢言"將物與君". 但恐君行有車馬, 路中或須資給, 故云此物以充馬資. 物不可付馬, 故云"致馬資於有司". 有司, 謂主典君物者也.

**번역** ●經文: "則曰致馬資於有司". ○신하가 비록 물건을 군주에게 보낸다고 하더라도, 군주는 존귀한 신분이므로 사물을 완비하게 되어, 부족하거나 적은 것이 없다. 그렇기 때문에 신하는 감히 "군주에게 물건을 보낸다."라고 말할 수 없다. 다만 군주가 행차를 할 때에는 수레와 말을 사용하여, 노상에서 혹여 말에게 먹일 여물 등의 수요가 생기기 때문에, 이러한 사물들로 말에게 필요한 물건들을 충당하라고 말한다. 사물에 있어서는 말 자체를 줄 수 없기 때문에 "말에게 사용될 물건을 유사에게 보냅니다."라고 말한다. '유사(有司)'는 여정 중 군주에게 필요한 물건들을 담당하는 실무자이다.

**孔疏** ●"敵者曰贈從者", 若物送敵者, 亦不云贈送敵者, 當言贈於左右從行者也.

**번역** ●經文: "敵者曰贈從者". ○만약 자신과 신분이 대등한 자에게 물건을 보낸다면, 또한 그 자에게 직접 물건을 보낸다고 말하지 않았으니, 마땅히 그의 좌우에서 여정을 보필하는 종자에게 보낸다고 말해야 한다.

**集解** 愚謂: 貨, 布也. 致馬資於有司, 言己物菲薄, 不堪充用, 但致於有司, 以給馬之芻秣而已. 敵者曰"贈從者", 言己物菲薄, 不足以給敵者之用, 但以送從行之人而已.

**번역** 내가 생각하기에, '화(貨)'는 물물교환을 할 수 있는 포(布)이다. "말에게 필요한 사물을 유사에게 보냅니다."라고 한 말은 자신이 보내는 물건은 변변치 못한 것이어서, 실제 사용하는 재화로 충당할 수 없으니, 단지 유사에게 이러한 물건을 보내어, 말에게 먹일 여물 등의 쓰임에 사용하게 할 뿐이라는 뜻이다. 신분이 대등한 자에게는 "종자에게 보냅니다."라고 했는데, 자신이 보내는 물건은 변변치 못한 것이어서, 상대가 사용하는 물건으로 공급하기에는 부족하므로, 단지 함께 따라나서는 사람에게 보낼 따름이라는 뜻이다.

**【431d】**

**臣致襚於君, 則曰: "致廢衣於賈人", 敵者曰: "襚". 親者兄弟不以襚進.**

**직역** 臣이 君에게 襚를 致하면, 曰, "賈人에게 廢衣를 致합니다", 敵者에게는 曰, "襚합니다". 親者인 兄弟에게는 襚로써 進함을 不한다.

**의역** 신하가 죽은 군주에게 수의를 보내게 되면, "가인(賈人)에게 보잘것없는 의복을 보냅니다."라고 말하고, 상대가 자신과 신분이 대등한 자라면, "수의를 보냅니다."라고 말한다. 친족의 형제들에 대해서는 다른 사람을 통해 수의를 전달하지 않는다.

**集說** 以衣送死者謂之襚. 稱廢衣者, 不敢必用之以斂, 將廢棄之也. 賈人識物價貴賤, 而主君之衣物者也. 敵者則直以襚言矣. 凡致襚, 若非親者, 則須擯者傳辭將進以爲禮. 若親者兄弟之類, 但直將進而陳之, 不須執以將命, 故云不以襚進也. 士喪禮, 大功以上同財之親, 襚不將命, 卽陳於房中. 小功以下及同姓等皆將命.

**번역** 상례에 사용될 의복을 죽은 자에게 보내는 것을 '수(襚)'라고 부른다. '버릴 옷[廢衣]'이라고 부르는 것은 감히 염(斂)을 할 때 반드시 사용되기를 기필할 수 없어서, 버려질 수도 있기 때문이다. '가인(賈人)'은 물건을 감정하여 가치를 매기고, 군주의 의복 등을 담당하는 자이다. 신분이 대등한 경우라면, 단지 수의(壽衣)를 보낸다고 말할 따름이다. 무릇 수의를 보내는 경우, 만약 친족이 아닌 경우라면, 반드시 의례를 돕는 자가 말을 전달하고, 그것을 가져가서 바치는 것을 예법으로 삼는다. 그런데 친족의 형제들에 대해서라면, 단지 직접 그것을 가져가서 진열을 하니, 명령을 전달하는 자에게 들려 보낼 필요가 없다. 그렇기 때문에 "다른 자가 수의를 들고서 가도록 하지 않는다."고 했다. 『의례』「사상례(士喪禮)」편에서는 대공복(大功服)으로부터 그 이상의 상복을 착용하는 친족 중 재화를 함께 쓰는 친족인 경우라면, 수의는 명령을 전달하는 자에게 전달하지 않고, 곧 방(房) 안에 진열을 한다. 소공복(小功服)으로부터 그 이하의 상복을 착용하는 친족 및 단지 동성(同姓)인 자 등을 위해서라면 모두 명령을 전달하는 자를 통한다고 했다.

**鄭注** 言廢衣, 不敢必用斂也. 賈人, 知物善惡也. 周禮"玉府掌凡王之獻金玉·兵器·文織·良貨賄之物, 受而藏之", 有賈八人. 不執將命也[3], 以卽陳

---

3) '야(也)'자에 대하여. '야'자는 본래 '자(者)'자로 기록되어 있었는데, 완원(阮元)의 『교감기(校勘記)』에서는 "혜동(惠棟)의 『교송본(校宋本)』에는 '자'자를 '야'자로 기록했다. 『송감본(宋監本)』에도 동일하게 기록하고 있다. 『고문(考文)』에서 인용하고 있는 『고본(古本)』·『족리본(足利本)』에서도 동일하게 기록하고 있으며, 『악본(岳本)』·『가정본(嘉靖本)』 및 위씨(衛氏)의 『집설(集說)』에도 동일하게 기록하고 있다. 이곳 판본은 '야'자를 '자'자로 잘못 기록한 것이며, 『민본(閩本)』·『감본(監本)』·『모본(毛本)』도 동일하게 잘

而已.

**번역** 폐의(廢衣)라고 말한 것은 감히 염(斂)을 할 때 반드시 사용되리라고 기필할 수 없기 때문이다. '가인(賈人)'은 물건의 좋고 나쁨을 간별하는 자이다. 『주례』에서는 "옥부(玉府)라는 관리는 천자에게 헌상되는 금과 옥, 병장기, 무늬가 들어간 견직물, 좋은 재화 등을 받아서 보관하는 일을 담당한다."[4]라고 했고, 그 휘하에는 가인 8명이 포함되어 있다.[5] 명령을 전달하는 자에게 들려 보내지 않고, 그것을 가지고 나아가서 진열할 따름이다.

**釋文** 襚音遂. 賈音嫁, 徐音估, 注同. 斂, 力艷反. 織音志, 鄭注周禮云: "畫繡之屬."

**번역** '襚'자의 음은 '遂(수)'이다. '賈'자의 음은 '嫁(가)'이며, 서음(徐音)은 '估(고)'이고, 정현의 주에 나오는 글자도 그 음이 이와 같다. '斂'자는 '力(력)'자와 '艷(염)'자의 반절음이다. '織'자의 음은 '志(지)'이며, 『주례』에 대한 정현의 주에서는 "그림을 그리고 수를 놓은 견직물들이다."라고 했다.

**孔疏** ●"臣致"至"曰襚". ○正義曰: 此因前送吉, 此明送凶. "襚"者, 以衣送死人之稱. 禮: 以衣送敵者死曰"襚". 襚者, 遂彼生時之意也. 若臣以衣送君死, 不得曰"襚", 但云"致廢衣". 廢衣者, 不敢言"必充君斂", 但充以廢致不用之例, 故云"致廢衣"也. 賈人者, 識物賈貴賤而主君之衣物者也. 又不敢云"與君", 故云"致賈人"也. 然喪大記云: "君無襚." 注云: "無襚者, 不陳不以斂."

**번역** ●經文: "臣致"~"曰襚". ○이곳 문장은 앞에서 길사에 물건을 전송하는 내용을 언급한 것에 따라서, 이곳에서 흉사에 물건을 전송하는 일을 나타낸

---

못 기록했다."라고 했다.

4) 『주례』「천관(天官)·옥부(玉府)」: 凡王之獻金玉·兵器·文織·良貨賄之物, 受而藏之.

5) 『주례』「천관총재(天官冢宰)」: 玉府, 上士二人, 中士四人, 府二人, 史二人, 工八人, 賈八人, 胥四人, 徒四十有八人.

것이다. '수(襚)'라는 것은 옷을 죽은 자에게 입힐 것으로 보내는 것을 지칭한다. 예법에 따르면, 자신과 신분이 대등한 자가 죽었을 때, 그 자에게 의복을 보낼 때 '수(襚)'라고 말한다고 했다. '수(襚)'라는 것은 상대방이 살아있을 때처럼 대한다는 뜻을 이루는 것이다. 만약 신하가 의복을 죽은 군주에게 보내게 된다면, '수(襚)'라고 말할 수 없고, 단지 "버릴 옷을 보냅니다."라고 말한다. '폐의(廢衣)'라고 말한 것은 감히 "군주의 염(斂)을 할 때 충당하십시오."라고 말할 수 없어서, 단지 쓰지 않아서 버릴 것들의 대열 속에 나열하는데 충당하라고 한 것이다. 그렇기 때문에 "버릴 옷을 보냅니다."라고 말한 것이다. '가인(賈人)'은 물건의 가치를 알아서 가격을 책정하는 자이고, 군주에게 사용되는 의복 등을 담당하는 자이다. 또 감히 "군주에게 보낸다."라고 말하지 못하기 때문에, "가인에게 보냅니다."라고 말한 것이다. 그런데 『예기』「상대기(喪大記)」편에서는 "군주에게는 수(襚)가 없다."[6]라고 했는데, 정현의 주에서는 "수의가 없다는 것은 진열하지 않고 그것으로 염(斂)을 하지 않기 때문이다."라고 했다.

**孔疏** ●"敵者曰襚"者, 衣送敵者死, 旣無謙, 故云"襚"也.

**번역** ●經文: "敵者曰襚". ○신분이 대등한 자가 죽었는데, 그에게 의복을 보내게 된다면, 이미 겸사를 하지 않기 때문에, "수의를 보냅니다."라고 말한다.

**孔疏** ◎注"周禮"至"八人". ○正義曰: 引之者, 證君有賈人藏獻物也. 鄭注周禮云: "文, 謂物織畫繡之屬也."

**번역** ◎鄭注: "周禮"~"八人". ○정현이 이 문장을 인용한 것은 군주에게는 가인(賈人)이라는 관리가 있어서 헌상된 물건을 보관하게 됨을 증명하기 위해서이다. 『주례』에 대한 정현의 주에서는 "'문(文)'은 견직물 중 그림을 그리거나 수를 놓은 것들을 뜻한다."[7]라고 했다.

---

6) 『예기』「상대기(喪大記)」【535c】: 小斂之衣, 祭服不倒. 君無襚.

7) 이 문장은 『주례』「천관(天官)·옥부(玉府)」편의 "凡王之獻金玉·兵器·文織

**孔疏** ○正義曰: 此明親者相襚之法. 進, 謂執之將命也. 若非親者相襚, 則擯者傳辭將進, 以爲禮節. 若有親者相襚, 但直將進卽陳之, 不須執以將命也. 按士喪禮: 大功以上同體之親襚, 不將命, 卽陳於房中; 小功以下及同姓等皆將命.

**번역** ○경문의 "親者兄弟不以襚進."에 대하여. 이 내용은 친족에게 서로 수의를 보내는 예법을 나타내고 있다. '진(進)'자는 명령을 전달하는 자에게 들려 보낸다는 뜻이다. 만약 친족이 아닌 자에게 서로 수의를 보내게 된다면, 의례를 돕는 자는 말을 전달하며, 그것을 가지고 나아가서 바치니, 이것을 예절로 삼는다. 만약 친족관계가 있는 사이에서 서로 수의를 보내게 된다면, 단지 직접 그것을 가지고 가서 진열을 하며, 명령을 전달하는 자에게 들려서 보낼 필요가 없다. 『의례』「사상례(士喪禮)」편을 살펴보면, 대공복(大功服)으로부터 그 이상의 상복을 입는 친족 중 같은 부모에게서 태어난 친족에 대해 수의를 보내게 되면, 명령을 전달하는 자에게 건네지 않고, 곧바로 방(房) 안에 진열을 한다. 소공복(小功服)으로부터 그 이하의 상복을 입는 친족이거나 단지 동성(同姓)인 자 등을 위해서는 모두 명령을 전달하는 자에게 건네게 된다.

**訓纂** 說文: 襚, 衣死人也.

**번역** 『설문해자』[8]에서 말하길, '수(襚)'자는 죽은 자에게 입히는 옷이다.

**集解** 愚謂: 司服掌王之吉凶衣服, 其下無賈; 玉府掌王之燕衣服, 有賈八人. 今致襚者言"致廢衣於賈人", 蓋以己之襚不足爲禮衣, 但致於玉府之賈人,

---

· 良貨賄之物, 受而藏之."라는 기록에 대한 정현의 주이다.

8) 『설문해자(說文解字)』는 후한(後漢) 때의 학자인 허신(許愼, ?~?)이 찬(撰)했다고 전해지는 자서(字書)이다. 『설문(說文)』이라고도 칭해진다. A.D.100 년경에 완성되었다고 전해진다. 글자의 형태, 뜻, 음운(音韻)을 수록하고 있다.

以充燕衣服之數而已.

**번역** 내가 생각하기에, 『주례』의 사복(司服)이라는 관리는 천자에게 사용되는 길사와 흉사의 의복을 담당한다고 했고,[9] 그의 휘하에는 가(賈)를 맡은 하위 관리가 없다.[10] 그런데 옥부(玉府)라는 관리는 천자의 연회 때 사용되는 의복을 담당하며,[11] 그 휘하에는 가(賈) 8명이 있다. 현재 수의를 보내는 경우에 있어서, "가인(賈人)에게 조악한 옷을 보냅니다."라고 했으니, 자신이 보내는 수의는 예복으로 사용하기에는 충분하지 못하고, 단지 옥부(玉府)라는 관리의 휘하에 있는 가인에게만 보내어, 연회 때 사용하는 의복 등으로 충당만 할 따름이라는 뜻이다.

**集解** 愚謂: 凡族親皆謂之兄弟. 親者兄弟, 言兄弟之親者, 謂大功以上也.

**번역** 내가 생각하기에, 무릇 친족들에 대해서는 모두 '형제(兄弟)'라고 부른다. '친자형제(親者兄弟)'는 곧 형제들 중에서도 사이가 가까운 자를 뜻하니, 대공복(大功服)으로부터 그 이상의 상복을 착용하는 대상이다.

---

9) 『주례』「춘관(春官)·사복(司服)」: 司服掌王之吉凶衣服, 辨其名物與其用事.

10) 『주례』「춘관종백(春官宗伯)」: 司服, 中士二人, 府二人, 史一人, 胥一人, 徒十人.

11) 『주례』「천관(天官)·옥부(玉府)」: 掌王之燕衣服·衽·席·牀·笫, 凡褻器.

그림 2-1 ▣ 대공복(大功服)

※ **출처:** 『삼재도회(三才圖會)』「의복(衣服)」 3권

그림 2-2 ▣ 소공복(小功服)

※ **출처:** 『삼재도회(三才圖會)』「의복(衣服)」 3권

【432a~b】

**臣爲君喪, 納貨貝於君, 則曰: “納甸於有司”. 賵馬入廟門. 賻馬與其幣大白兵車, 不入廟門.**

**직역** 臣이 君喪에 爲하여, 君에게 貨貝를 納하면, 曰, “有司에게 甸을 納합니다”. 賵馬는 廟門으로 入한다. 賻馬는 그 幣 · 大白 · 兵車와 與하여, 廟門으로 不入한다.

**의역** 신하는 군주의 상을 위해서, 군주에게 재물을 보내게 된다면, “부여받은 채읍에서 산출된 물건을 유사에게 드렸습니다.”라고 말한다. 영구를 전송하는 말을 부의로 보내왔다면, 묘문(廟門)으로 들일 수 있다. 그러나 상주를 돕기 위해 부의로 보내온 말과 폐물 또 대백(大白)의 깃발과 전쟁용 수레는 묘문 안으로 들일 수 없다.

**集說** 納, 入也. 甸, 田也. 臣受君之田邑, 此納者, 田野所出, 故云納甸也. 賵馬以送死者, 故可入廟門. 賻馬與幣, 所以助主人喪事之用, 故不入廟門. 大白之旗與兵車, 雖並無送喪之用, 以其本戰伐之具, 故亦不可入於廟門. 此謂國君之喪, 鄰國有以此爲賵者, 亦或本國自有之也.

**번역** ‘납(納)’자는 “들이다[入].”는 뜻이다. ‘전(甸)’자는 농경지[田]를 뜻한다. 신하는 군주로부터 식읍을 받는데, 이때 들이는 물건은 식읍으로 받은 땅에서 산출된 것이기 때문에, “채읍에서 산출된 것을 들입니다.”라고 말한다. 부의로 보내는 말은 이것을 사용하여 죽은 자를 전송하는 것이기 때문에, 묘문(廟門)으로 들어갈 수 있다. 상주에게 부의로 보내는 말과 폐물은 상주가 상사를 치를 때 사용되는 것들을 돕기 위한 것이기 때문에, 묘문으로 들이지 않는다. 대백(大白)의 깃발과 전쟁용 수레는 모두 영구를 전송할 때 쓰일 일이 없고, 그것은 본래 전쟁을 할 때 사용하는 기구들이기 때문에, 묘문으로 들일 수 없다. 여기에서 말하는 물건들은 제후의 상이 발생하여, 이웃 나라에서 이러한 물건들을 부의로 보낸 것이거나 또는 본국에서 가지고 있었던 것들을 뜻한다.

**鄭注** 甸, 謂田野之物. 以其主於死者. 以其主於生人也. 兵車, 革路也. 雖爲死者來, 陳之於外, 戰伐田獵之服, 非盛者也. 周禮: "革路建大白以卽戎."

**번역** '전(甸)'자는 채지(采地)에서 산출된 사물을 뜻한다. 봉마(賵馬)는 죽은 자를 위해서 사용되는 물건이기 때문이다. 부마(賻馬)는 살아있는 자들을 위해서 사용되는 물건이기 때문이다. '병거(兵車)'는 전쟁용 수레이다. 비록 죽은 자를 위해서 찾아왔지만, 이러한 것들은 밖에 진열해두니, 전쟁과 사냥을 할 때 사용하는 복장은 융성한 것이 아니기 때문이다. 『주례』에서는 "혁로(革路)[12]에는 대백(大白)의 깃발을 세우고, 군대와 관련된 일을 치른다."[13] 라고 했다.

**釋文** 甸, 大見反. 賵, 芳仲反. 賻音附.

**번역** '甸'자는 '大(대)'자와 '見(견)'자의 반절음이다. '賵'자는 '芳(방)'자와 '仲(중)'자의 반절음이다. '賻'자의 음은 '附(부)'이다.

**孔疏** ○正義曰: 言臣爲君喪, 而臣進物納爲獻也. 納, 入也. 甸, 田也. 言入此物, 是自田野之所出, 合獻入之於君有司也. 必云"田所出"者, 臣皆受君地,

---

12) 혁로(革路)는 혁로(革輅)라고도 부른다. 천자가 사용하는 다섯 가지 수레 중 하나이다. 전쟁용으로 사용했던 수레인데, 간혹 제후의 나라에 순수(巡守)를 갈 때 사용하기도 하였다. 가죽으로 겉을 단단하게 동여매서 고정시키고, 옻칠만 하고, 다른 장식을 하지 않았기 때문에, '혁로'라고 부르는 것이다. 『주례』「춘관(春官)·건거(巾車)」편에는 "革路, 龍勒, 條纓五就, 建大白, 以卽戎, 以封四衛."라는 기록이 있고, 이에 대한 정현의 주에서는 "革路, 鞔之以革而漆之, 無他飾."이라고 풀이했다.

13) 『주례』「춘관(春官)·건거(巾車)」: 革路, 龍勒, 條纓五就, 建大白, 以卽戎, 以封四衛.

明地物本由君出也. 衣[14]是送君, 故與賈人; 貨貝但供喪用, 故付有司也.

**번역** ○신하가 군주의 상을 위하여, 신하가 이러한 사물들을 가져가서 바치는 것은 헌(獻)이 된다는 뜻이다. '납(納)'자는 "들이다[入]."는 뜻이다. '전(甸)'자는 농경지[田]를 뜻한다. 이러한 사물을 들이는데, 이것들은 채읍으로 받은 땅에서 생산된 것들이므로, 군주의 유사(有司)에게 함께 바친다는 뜻이다. 기어코 "채읍에서 생산된 사물이다."라고 말한 것은 신하는 모두 군주로부터 채읍을 하사받으니, 땅에서 생산된 사물은 본래 군주로부터 도출된 것이기 때문이다. 의복은 군주의 시신을 위해 보내는 것이기 때문에 가인(賈人)에게 준다. 그러나 재화 등은 단지 상사의 쓰임에 공급하기 위한 것이기 때문에 유사에게 준다.

**孔疏** ●"賵馬"至"廟門". ○正義曰: 此一節論賻·賵之異.

**번역** ●經文: "賵馬"~"廟門". ○이곳 문단은 '부(賻)'와 '봉(賵)'의 차이를 논의하고 있다.

**孔疏** ●"賵馬入廟門"者, 以馬送死曰賵, 賻副亡者之意也. 旣送亡者, 故將入廟門也. 庾云: "禮: 旣袒訖, 而後賵馬入. 設於廟庭, 而入門者, 欲以供駕廟車也." 故鄭云"主於死者".

**번역** ●經文: "賵馬入廟門". ○말을 죽은 자를 위해서 보내게 되면 '봉(賵)'이라고 부르니, 죽은 자를 돕기 위해 부의로 보낸다는 뜻이다. 이미 죽은 자를 위해 보내온 것이기 때문에, 묘문(廟門)으로 들일 수 있다. 유울[15]은

14) '의(衣)'자에 대하여. '의'자는 본래 '우(尤)'자로 기록되어 있었는데, 완원(阮元)의 『교감기(校勘記)』에서는 "『민본(閩本)』에서는 '우'자를 '의'자로 기록했고, 혜동(惠棟)의 『교송본(校宋本)』과 위씨(衛氏)의 『집설(集說)』에서도 동일하게 기록했다. 따라서 이곳 판본은 '우'자로 잘못 기록한 것이며, 『감본(監本)』·『모본(毛本)』도 동일하게 잘못 기록했다."라고 했다.

15) 유울(庾蔚, ?~?) : =유씨(庾氏). 남조(南朝) 때 송(宋)나라 학자이다. 저서로는 『예기약해(禮記略解)』, 『예론초(禮論鈔)』, 『상복(喪服)』, 『상복세요(喪

"예법에 따르면, 이미 단(袒)[16]을 끝냈다면, 그 후에는 봉마(賵馬)를 들인다. 묘의 마당에 놓아두고, 문으로 들어가는 것은 묘에 있는 수레에 멍에를 메는데 바치고자 하기 때문이다."라고 했다. 그래서 정현은 "죽은 자에게 사용됨을 위주로 한다."라고 말했다.

**孔疏** ●"賻馬與其幣, 大白兵車, 不入廟門"者, 以馬助生人[17]營喪曰"賻馬". 幣, 謂以財貨賻助主人喪用. 並助主人之物, 故不將入廟也, 故鄭云"以其主於生人也". 大白兵車, 革路之旗. 周禮"革[18]路建大白以卽戎"也. 兵車卽革路也, 雖並爲送喪之從車, 而其本是田戰之具, 故不可入廟門, 故鄭云: "雖爲死者來, 陳之於外, 戰伐田獵之服, 非盛者也." 然所以得有大白兵車來助主人者, 此謂諸侯有喪, 鄰國之君有以大白兵車而賻[19]之者, 或家國自有也.

**번역** ●經文: "賻馬與其幣, 大白兵車, 不入廟門". ○말을 통해 살아있는 사람이 상을 치르는 일에 돕기 위해서 보낼 때라면 '부마(賻馬)'라고 부른다. '폐(幣)'는 재화를 부의로 보내서 상주가 상을 치르는 쓰임에 돕는 것을 뜻한다.

---

服世要)』, 『상복요기주(喪服要記注)』 등을 남겼다.

16) 단(袒)은 상중(喪中)에 남자들이 취하는 복장 방식이다. 상의 중 좌측 어깨쪽을 드러내는 방법이다. 한편 일반적인 의례절차에서도 단(袒)의 복장 방식을 취하는 경우가 있다.

17) '인(人)'자에 대하여. '인'자는 본래 없던 글자인데, 완원(阮元)의 『교감기(校勘記)』에서는 "혜동(惠棟)의 『교송본(校宋本)』에는 '인'자가 기록되어 있고, 위씨(衛氏)의 『집설(集說)』에도 동일하게 기록되어 있다. 이곳 판본에는 '인'자가 누락된 것이며, 『민본(閩本)』·『감본(監本)』·『모본(毛本)』에도 동일하게 누락되어 있다."라고 했다.

18) '례혁(禮革)'에 대하여. 이 두 글자는 본래 없던 글자인데, 완원(阮元)의 『교감기(校勘記)』에서는 "혜동(惠棟)의 『교송본(校宋本)』에는 '례혁'이라는 두 글자 기록되어 있으니, 이곳 판본은 '례혁'이라는 두 글자를 누락한 것이며, 『민본(閩本)』·『감본(監本)』·『모본(毛本)』에도 동일하게 누락되어 있다."라고 했다.

19) '부(賻)'자에 대하여. '부'자는 본래 '봉(賵)'자로 기록되어 있었는데, 완원(阮元)의 『교감기(校勘記)』에서는 "혜동(惠棟)의 『교송본(校宋本)』에는 '봉'자를 '부'자로 기록했으니, 이곳 판본은 잘못 기록한 것이며, 『민본(閩本)』·『감본(監本)』·『모본(毛本)』에도 동일하게 잘못 기록하였다."라고 했다.

이 모두는 상주를 돕기 위한 사물이기 때문에, 묘(廟)로 들일 수 없다. 그렇기 때문에 정현은 "살아있는 자에게 사용됨을 위주로 하기 때문이다."라고 말한 것이다. '대백병거(大白兵車)'라고 했는데, 이때의 '대백(大白)'은 전쟁용 수레에 꼽는 깃발이다. 『주례』에서는 "혁로(革路)에는 대백(大白)의 깃발을 세우고, 군대와 관련된 일을 치른다."라고 했다. '병거(兵車)'는 곧 '혁로(革路)'이다. 비록 이 모두가 장례를 전송할 때 그 뒤를 따르는 수레라고 하지만, 이것들은 본래 사냥과 전쟁을 할 때 사용되는 기구들이기 때문에, 묘문(廟門)으로 들일 수 없다. 그렇기 때문에 정현은 "비록 죽은 자를 위해서 찾아왔지만, 이러한 것들은 밖에 진열해두니, 전쟁과 사냥을 할 때 사용하는 복장은 융성한 것이 아니기 때문이다."라고 했다. 그런데 대백(大白)의 깃발을 세운 전쟁용 수레를 타고 와서 상주를 도울 수 있는 이유는 여기에서 말한 상황은 제후에게 상이 발생하여, 이웃 나라의 군주가 대백(大白)의 깃발을 세운 전쟁용 수레를 이용하여, 부의를 보냈기 때문이며, 또는 본국에 가지고 있었던 것이기 때문이다.

**集解** 愚謂: 致貨貝於君, 謂致賻也.

**번역** 내가 생각하기에, "군주에게 재화를 보낸다."는 말은 부의를 보낸다는 뜻이다.

**集解** 愚謂: 諸侯致賵有圭, 若大夫士亦有幣. 賵馬不言其幣者, 馬旣入, 則圭與幣可知. 賻用貨貝, 或亦用馬, 用馬則幷有幣以將之. 賻馬特言"與其幣"者, 嫌馬雖不入, 幣猶當入也. 士喪禮下篇: "賓賵者將命, 擯者出請, 入告, 出告'須', 馬入設, 賓奉幣. 擯者先入, 賓從." 是賵馬與其幣入廟門也. 又曰: "若賻, 入告, 主人出門左, 西面, 賓東面將命. 主人拜, 賓坐委之." 此所委蓋貨貝之屬, 是賻物不入廟門也. 其用馬爲賻者亦然. 大白兵車, 言兵車之上建大白也. 大白兵車, 賵也, 而亦不入廟門者, 諸侯賵物多, 若皆入, 則庭之廣不足以容, 而革路旣卑, 故不入廟門.

**번역** 내가 생각하기에, 제후가 봉(賵)을 보낼 때에는 규(圭)가 포함되는데,

만약 대부와 사인 경우라면 또한 폐(幣)가 포함된다. '봉마(賵馬)'에 대해서 폐(幣)를 말하지 않은 것은 말을 들일 수 있다면, 규(圭)와 폐(幣)도 들일 수 있음을 알 수 있기 때문이다. 부(賻)에는 화패(貨貝)를 사용하고 또는 말도 사용하는데, 말을 사용한다면 폐물 또한 함께 보낸다. '부마(賻馬)'에 대해서만 유독 '그 폐물과 함께'라고 말한 것은 말을 비록 들이지 않더라도, 폐물은 오히려 들여야만 한다는 의심을 하기 때문이다. 『의례』「사상례(士喪禮)」 하편에서는 "빈객이 봉(賵)을 보낼 때에는 명령을 전달하는 자를 시키니, 의례를 돕는 자가 나와서 청을 하고, 들어가서 아뢰며, 나와서 '기다리고 계십니다.'라고 말하면, 말을 들여서 진열해두고, 빈객은 폐백을 받든다. 의례를 돕는 자가 먼저 들어가고, 빈객이 뒤따른다."[20]라고 했다. 이것은 봉마(賵馬)와 함께 가져간 폐물을 가지고 묘문(廟門)으로 들어간다는 사실을 나타낸다. 또 "부(賻)의 경우라면, 들어가서 아뢰고, 주인이 문밖으로 나와서 좌측에 서서 서쪽을 바라보고, 빈객은 동쪽을 바라보며 명령을 전달하는 자에게 건넨다. 주인은 절을 하고 빈객은 무릎을 꿇고 땅에 내려놓는다."[21]라고 했다. 여기에서 내려놓는다고 한 것은 화폐 등의 부류이니, 이것은 부물(賻物)을 묘문 안으로 가지고 들어갈 수 없음을 뜻한다. 말을 부(賻)로 사용하는 경우 또한 이처럼 한다. '대백병거(大白兵車)'는 전쟁용 수레에 대백(大白)의 깃발을 세운 것을 뜻한다. 대백병거(大白兵車)는 봉(賵)에 해당하지만, 이 또한 묘문으로 들어갈 수 없는 것은 제후에게 봉(賵)으로 보내온 물건들은 많으니, 만약 모두를 안으로 들인다면, 마당에 모두 수용할 수 없고, 전쟁용 수레는 등급이 낮은 수레이기 때문에, 묘문 안으로 들어갈 수 없다.

---

20) 『의례』「기석례(既夕禮)」: 賓賵者, 將命. 擯者出請, 入告, 出告須. 馬入設. 賓奉幣. 擯者先入, 賓從.

21) 『의례』「기석례(既夕禮)」: 若賻, 入告. 主人出門左, 西面. 賓東面將命. 主人拜. 賓坐委之.

**그림 2-3** ▣ 대백(大白)

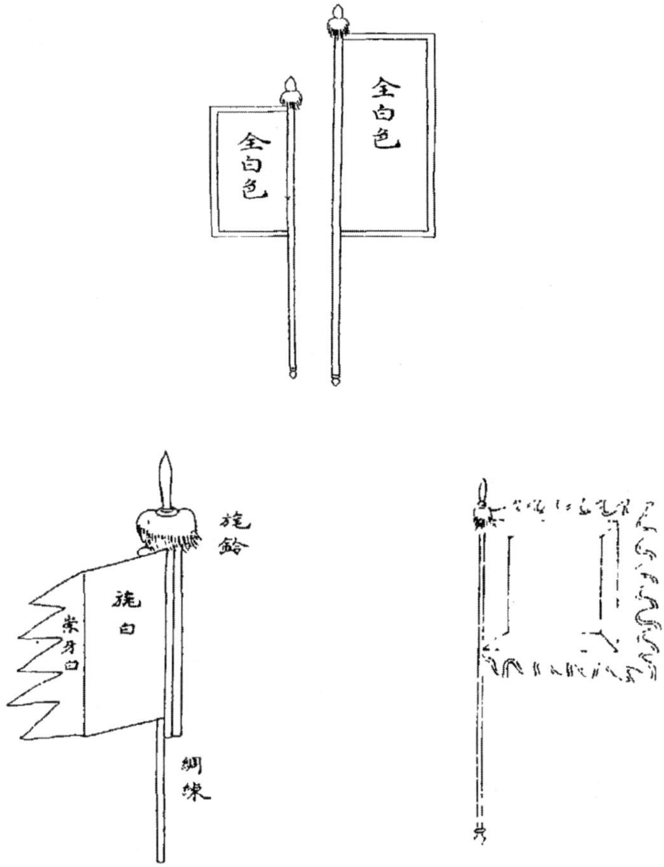


※ **출처:** 상-『주례도설(周禮圖說)』 하권
하좌-『삼례도(三禮圖)』 2권 ; 하우-『육경도(六經圖)』 7권

그림 2-4 ▣ 후대 천자의 혁로(革路)

※ **출처:**『삼재도회(三才圖會)』「기용(器用)」 5권

## • 제 3 절 •

# 물건을 주고받을 때의 예절 Ⅰ

【432b】

**賻者旣致命, 坐委之, 擯者擧之, 主人無親受也.**

**직역** 賻者가 旣히 命을 致하면, 坐하여 委하고, 擯者가 擧하니, 主人은 親히 受함이 無하다.

**의역** 부(賻)를 보내온 심부름꾼이 자기 주인의 말을 전달하면, 곧 무릎을 꿇고서 가져온 물건을 땅에 내려놓는다. 그러면 부관은 그것을 들어서 가져가니, 주인은 직접 받지 않는다.

**集說** 來賻者旣致其主之命, 卽跪而委置其物於地. 擯者乃擧而取之, 主人不親受, 異於吉事也.

**번역** 찾아와서 부(賻)를 건네는 자가 이미 자기 주인의 명령을 전달하면, 곧 무릎을 꿇고서 가져온 물건을 땅에 내려놓는다. 부관[1]은 곧 그것을 들어 올려서 가져가고, 주인이 직접 받지 않으니, 길한 때의 일과 차이를 두기 위해서이다.

**鄭注** 喪者非尸柩之事, 則不親也. 擧之, 擧以東.

**번역** 상을 당한 자는 시신과 영구에 대한 일이 아니라면, 직접 하지 않는다. 들어 올린다는 말은 들어 올려서 동쪽으로 간다는 뜻이다.

---

1) 빈(擯)은 빈객(賓客)이 방문했을 때, 주인(主人)의 부관이 되어, 빈객과의 사이에서 시행해야 할 일들을 도왔던 부관들을 뜻한다.

**釋文** 柩音舊.

**번역** '柩'자의 음은 '舊(구)'이다.

**孔疏** ●"賻者"至"受也". ○正義曰: 此一經明賻者授物及主人受之禮.

**번역** ●經文: "賻者"~"受也". ○이곳 경문은 부(賻)의 심부름을 한 자가 물건을 건네고, 주인이 받는 예법을 나타내고 있다.

**孔疏** ●"賻者旣致命, 坐委之"者, 此明來賻者之法. 坐, 猶跪也, 謂賻者跪, 委物於地.

**번역** ●經文: "賻者旣致命, 坐委之". ○이것은 찾아와서 부(賻)를 건네는 자의 법도를 나타내고 있다. '좌(坐)'자는 "무릎을 꿇는다[跪]."는 뜻이니, 부를 건네는 자가 무릎을 꿇고 땅에 물건을 내려놓는다는 뜻이다.

**孔疏** ●"擯者擧之"者, 謂主人擯者擧而取之.

**번역** ●經文: "擯者擧之". ○주인의 부관은 물건을 들어 올려서 가져간다는 뜻이다.

**孔疏** ●"主人無親受也"者, 吉時, 若人饋物, 主人皆自拜受之. 若有喪, 主於哀戚, 凡有四方使者以物賻己, 悉不得拜受, 故使擯者受擧之而已.

**번역** ●經文: "主人無親受也". ○길한 시기에 만약 다른 사람이 물건을 보내온다면, 주인은 모든 경우에 직접 절을 하며 그 물건을 받는다. 그런데 상사가 발생했다면, 슬픈 마음이 위주가 되고, 사방에서 보낸 심부름꾼들이 물건을 가지고 자신에게 부(賻)를 보내오면, 모두 직접 절을 하며 받지 못하기 때문에, 부관을 시켜서 그것을 받아서 들 따름이다.

**孔疏** ◎注"擧之, 擧以東". ○正義曰: 知"擧以東"者, 雜記云: "含者入, 升堂, 致命, 坐委于殯東南, 宰夫朝服卽喪屨, 升自西階, 西面, 坐取璧, 降自西階以東." 後襚者賻者並然. 而升堂致命, 是告擯之辭也. 若賻生人, 則致命擯者, 不告殯而不升堂. 然車馬不擧以陳, 而鄭云"擧以東"者, 謂幣之屬也.

**번역** ◎鄭注: "擧之, 擧以東". ○정현이 "들어 올려서 동쪽으로 간다."라고 했는데, 이 말이 사실임을 알 수 있는 이유는 『예기』「잡기(雜記)」편에서 "시신의 입에 넣을 물건을 든 자는 들어와서, 당(堂)에 올라 명령을 전달하고, 빈소의 동남쪽에서 무릎을 꿇고 물건을 내려놓으며, 재부(宰夫)는 조복(朝服)[2]을 착용하고 상에 신는 신발을 착용하여, 서쪽 계단을 통해 올라가서, 서쪽을 바라보고, 앉아서 벽(璧)을 가져가고, 서쪽 계단을 통해 내려와서 동쪽으로 간다."[3]라고 했다. 이후 수(襚)를 하고 부(賻)를 하는 경우에도 모두 이처럼 한다고 했다. 당에 올라가서 명령을 전달하는 것은 부관에게 알리는 말에 해당한다. 만약 살아있는 자에게 부(賻)를 하는 경우라면, 부관에게 명령을 전달할 때, 빈소에서 알리지 않고, 당에도 오르지 않는다. 그런데 수레와 말은 그것을 들어서 진열할 수 없는데도, 정현이 "들어서 동쪽으로 간다."라고 했으니, 이것은 폐물 등속을 가리킨다.

**集解** 愚謂: 雜記諸侯致賵, 上介升堂致命, 此謂在殯或旣葬以後. 若葬時致賵, 則雖君命不升堂, 蓋爲其時柩在堂下, 不可居堂上以臨死者. 故士喪禮"公賵玄纁束, 馬兩", "賓奉幣, 由馬西, 當前輅, 北面致命". 是葬時君賵亦不升堂. 孔疏云"若賻則擯者不升堂", 其義猶未爲晰也. 擯者, 主人之宰也. 周禮小宰: "喪荒, 受其含襚幣玉之事." 士喪禮下篇曰: "賓賻, 東面將命, 坐委之,

---

2) 조복(朝服)은 군주와 신하가 조회를 열 때 착용하는 복장을 뜻한다. 중요한 의식을 치를 때 착용하는 예복(禮服)을 가리키기도 한다.

3) 『예기』「잡기상(雜記上)」【504a~b】: 含者執璧將命, 曰, "寡君使某含." 相者入告, 出曰, "孤某須矣." 含者入, 升堂, 致命, 子拜稽顙. 含者坐委于殯東南, 有葦席, 旣葬蒲席. 降出反位. 宰夫朝服, 卽喪屨, 升自西階, 西面坐取璧, 降自西階, 以東.

宰由主人之北, 東面擧之." 賻者用貨貝, 則執貨貝以將命, 用馬·幣, 則執幣以將命, 旣將命, 則坐委之, 而主人之擯者擧之. 此禮賵·賻皆然, 獨言"賻"者, 蒙上文"賻馬與其幣"之文也.

**번역** 내가 생각하기에, 『예기』「잡기(雜記)」편에서는 제후가 봉(賵)을 보낼 때, 상개(上介)[4]가 당(堂)에 올라가서 명령을 전달한다고 했는데, 이것은 빈소에서 하거나 또는 이미 장례를 치른 이후를 뜻한다. 만약 장례를 치를 때 봉(賵)을 보내온다면, 비록 군주의 명령을 가지고 왔다 하더라도 당에 올라갈 수 없으니, 그 시기는 영구가 당하에 있어서, 당상에 위치하여 죽은 자를 임할 수 없기 때문이다. 그래서 『의례』「사상례(士喪禮)」편에서는 "군주가 봉(賵)으로 현훈(玄纁)[5] 1속(束)[6]과 말 두 마리를 보냈다."라고 했고, "빈객이 폐물을 받들 때, 말의 서쪽을 경유하여, 수레 앞에 당도하면, 북쪽을 바라보며 명령을 전달한다."라고 한 것이니,[7] 이것은 장례를 치를 때 군주가 보낸 봉(賵)이라 하더라도, 당에 오르지 않음을 나타낸다. 공영달의 소(疏)에서는 "만약 부(賻)의 경우라면, 부관이 당에 오르지 않는다."라고 했는데, 그 주장은 분명하지 못하다. 부관은 주인에게 소속된 재(宰)를 뜻한다. 『주례』「소재(小宰)」편에서는 "상사나 흉년이 들었을 때, 함(含)·수(襚) 및 폐옥 받아들이는 일을 주관한다."[8]라고 했다. 그리고 「사상례」하편에서는 "빈객이 부(賻)를 보내면, 동쪽을 바라보며 명령을 전달하고,

---

4) 상개(上介)는 개(介) 중에서도 가장 직위가 높았던 자를 뜻한다. 빈객(賓客)이 방문했을 때, 빈객의 부관이 되어, 주인(主人)과의 사이에서 시행해야 할 일들을 도왔던 부관들을 '개'이라고 부른다.

5) 현훈(玄纁)은 흑색이나 옅은 홍색의 비단을 뜻한다.

6) 속(束)은 견직물을 헤아리는 단위이다. 1'속'은 10단(端)을 뜻하는데, 1단의 길이는 1장(丈) 8척(尺)이 되며, 2단이 합쳐서 1권(卷)이 되므로, 10단은 총 5필이 된다. 『주례』「춘관(春官)·대종백(大宗伯)」편에는 "孤執皮帛."이라는 기록이 있고, 이에 대한 가공언(賈公彦)의 소(疏)에서는 "束者十端, 每端丈八尺, 皆兩端合卷, 總爲五匹, 故云束帛也."라고 풀이했다.

7) 『의례』「기석례(旣夕禮)」: 公賵, 玄纁束, 馬兩. 擯者出請, 入告. …… 賓奉幣由馬西, 當前輅, 北面致命.

8) 『주례』「천관(天官)·소재(小宰)」: 喪荒, 受其含襚幣玉之事.

무릎을 꿇고서 땅에 물건을 내려놓으며, 재(宰)는 주인의 북쪽을 경유하여, 동쪽을 바라보며 물건을 들어올린다."[9]라고 했다. 부(賻)를 할 때 재화를 사용한다면, 재화를 들고 있는 자가 명령을 전달하고, 말과 폐물을 사용한다면, 폐물을 들고 있는 자가 명령을 전달하는데, 이미 명령을 전달했다면, 무릎을 꿇고서 물건을 땅에 내려놓고, 주인의 부관이 그것을 들어올린다. 이것은 봉(賵)을 하고 부(賻)를 하는 예법이 모두 이러함을 뜻하는데, 유독 '부(賻)'라고만 말한 것은 앞에서 '부마(賻馬)와 그 폐물'이라고 한 문장과 연결되기 때문이다.

9) 『의례』「기석례(旣夕禮)」: 若賻, 入告. 主人出門左, 西面. 賓東面將命. 主人拜. 賓坐委之. 宰由主人之北, 東面擧之, 反位.

그림 3-1 ▣ 제후의 조복(朝服)

※ **출처:**『삼례도집주(三禮圖集注)』1권

그림 3-2 ▣ 오옥(五玉) : 황(璜) · 벽(璧) · 장(璋) · 규(珪) · 종(琮)

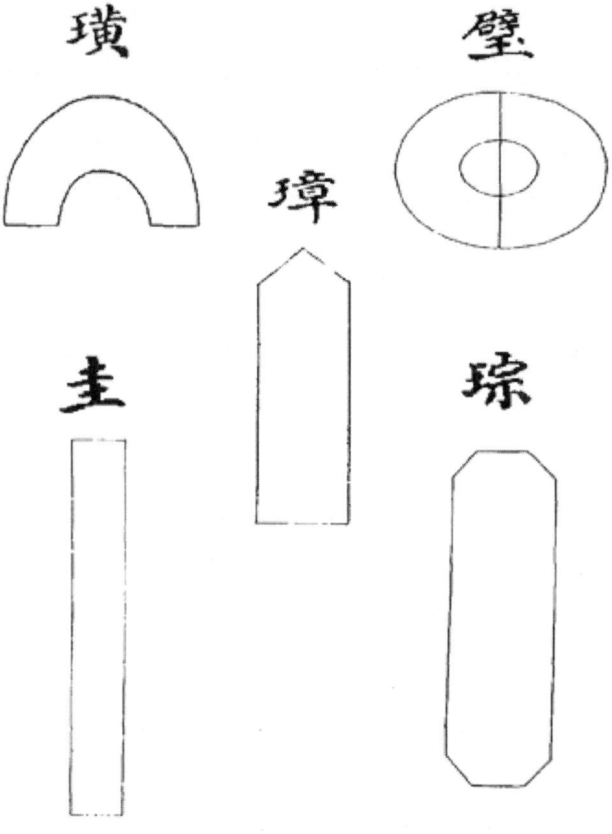


※ **출처:** 『주례도설(周禮圖說)』 하권

【432c】

受立授立不坐, 性之直者則有之矣.

**직역** 立에게 受하고 立에게 授함에는 不坐하나, 性이 直한 者라면 有한다.

**의역** 서 있는 자에게 물건을 받거나 서 있는 자에게 물건을 건넬 때에는 모두 무릎을 꿇지 않는다. 그러나 감정에만 내맡겨서 경솔하게 행동하는 자라면, 간혹 무릎을 꿇는 경우도 있다.

**集說** 受人之物而立, 與以物授人之立者皆不跪, 此皆委曲以盡禮之當然耳. 然直情徑行之人亦或有跪者, 故曰性之直者則有之矣.

**번역** 남의 물건을 받는 자가 서 있고, 물건을 남에게 주는 자가 서 있는 경우에는 모두 무릎을 꿇지 않는데, 이것은 모두 완곡하게 예법의 마땅함을 다한 것일 뿐이다. 그러나 단지 감정에만 내맡겨서 경솔하게 행동하는 자라면 또한 무릎을 꿇는 자도 있다. 그렇기 때문에 "감정에만 따르는 경우라면, 그러한 경우도 있다."라고 말한 것이다.

**鄭注** 由便. 有之, 有跪者也. 謂受授於尊者, 而尊者短則跪, 不敢以長臨之.

**번역** 편리함에 따르기 때문이다. 있다는 말은 무릎을 꿇는 자가 있다는 뜻이다. 존귀한 자에게 물건을 주거나 받을 경우, 존귀한 자의 키가 매우 작다면, 무릎을 꿇게 되니, 감히 자신의 큰 키로 존귀한 자를 임할 수 없기 때문이다.

**釋文** 便, 婢面反. 跪, 其委反. 長, 直良反.

**번역** '便'자는 '婢(비)'자와 '面(면)'자의 반절음이다. '跪'자는 '其(기)'자와 '委(위)'자의 반절음이다. '長'자는 '直(직)'자와 '良(량)'자의 반절음이다.

**孔疏** ●"受立"至"之矣". ○正義曰: 此一節明相授受之禮, 前明吉凶相見及送贈之禮, 禮有擯相授受之法, 故此明之. 坐亦跪也. 凡尊卑相授, 乃以跪爲敬也.

**번역** ●經文: "受立"~"之矣". ○이곳 문단은 서로 물건을 주거나 받는 예법을 나타내고 있는데, 앞에서는 길사와 흉사 때 서로 만나보는 예법과 물건을 보내는 예법을 나타냈는데, 예법 중에는 부관 및 의례를 돕는 자가 물건을 주거나 받는 예법이 포함되기 때문에, 이곳에서 그 내용을 밝힌 것이다. 이곳의 '좌(坐)'자 또한 "무릎을 꿇다[跪]."는 뜻이다. 무릇 신분의 차이가 있는데 서로 물건을 건네는 경우라면, 신분이 낮은 자가 무릎을 꿇는 것을 공경스러운 태도로 삼는다.

**孔疏** ●"受立", 謂尊者立, 以物與卑者, 卑者受此尊者之物. "授立", 謂尊者立, 己以物授尊者之立. 此二事皆不坐, 以尊者立故也. 若坐, 則尊者屈而低身, 類尊者故也.

**번역** ●經文: "受立". ○존귀한 자가 서 있고, 어떤 사물을 신분이 낮은 자에게 건네게 되어, 신분이 낮은 자가 존귀한 자의 물건을 받는 경우를 뜻한다. 경문의 "授立"에 대하여. 존귀한 자가 서 있는데, 본인이 서 있는 존귀한 자에게 물건을 건넨다는 뜻이다. 이 두 가지 사안에 대해서는 모두 무릎을 꿇지 않으니, 존귀한 자가 서 있기 때문이다. 만약 무릎을 꿇게 된다면, 존귀한 자가 몸을 굽혀, 신체를 낮추게 되니, 존귀한 자와 높이를 맞추기 때문이다.

**孔疏** ●"性之直者, 則有之矣"者, 性, 謂天性. 言尊者天性直自如此短小, 尊者雖立, 若授受尊者之物, 則有坐而授受. 所以然者, 以尊者短小, 若立對之, 則以長臨尊, 故有坐也.

**번역** ●經文: "性之直者, 則有之矣". ○'성(性)'자는 천성을 뜻한다. 존귀한 자가 천성적으로 매우 키가 작다면, 존귀한 자가 비록 서 있더라도, 존귀한 자에게 물건을 건네거나 받게 된다면, 무릎을 꿇고서 건네거나 받는 경우도 있다. 이처럼 하는 이유는 존귀한 자의 키가 작기 때문이니, 만약 서서 그를 마주하게 된다면, 자신의 큰 키로 존귀한 자를 임하게 된다. 그렇기 때문에 무릎을 꿇는 경우도 있다.

**訓纂** 劉氏台拱曰: 性之言生也. 直, 當也, 謂生而短小, 跪而後相當, 則有跪者也.

**번역** 유태공[10]이 말하길, '성(性)'자는 '생(生)'자를 뜻한다. '직(直)'자는 "~에 해당한다[當]."는 뜻이다. 즉 태어나면서부터 키가 작아서, 무릎을 꿇은 이후에야 키가 서로 맞게 된다면, 무릎을 꿇는 경우도 있다는 뜻이다.

**集解** 朱子曰: 性之直, 猶所謂"直情而徑行"者與.

**번역** 주자가 말하길, '성지직(性之直)'은 곧 "단지 감정에만 내맡겨서 경솔하게 행동한다."[11]는 뜻일 것이다.

**集解** 愚謂: 受立不坐, 爲煩人之坐而授也. 授立不坐, 爲煩人之坐而受也. 性之直者則有之, 則固不可以爲禮而安之也.

**번역** 내가 생각하기에, 서 있는 자에게 물건을 받을 때 무릎을 꿇지 않는 것은 상대방이 무릎을 꿇도록 번거롭게 한 뒤에 물건을 건네도록 만들기 때문이다. 서 있는 자에게 물건을 건넬 때 무릎을 꿇지 않는 것은 상대방이 무릎을 꿇도록 번거롭게 한 뒤에 물건을 받도록 만들기 때문이다. "성(性)이 직(直)한 자라면 그러한 경우가 있다."라고 했는데, 진실로 이것을 예(禮)라고 여겨서 안심해서는 안 된다.

---

10) 유태공(劉台拱, A.D.1751~A.D.1805) : 청(淸)나라 때의 경학자이다. 천문학(天文學), 율려학(律呂學), 문자학(文字學) 등에 조예가 깊었다.

11) 『예기』「단궁하(檀弓下)」【120c】 : 子游曰: "禮有微情者, 有以故興物者, <u>有直情而徑行者</u>, 戎狄之道也. 禮道則不然."

## • 제4절 •

## 문이나 자리로 나아갈 때의 예절

【432c】

**始入而辭, 曰: "辭矣."**

**직역** 始히 入함에 辭하니, 曰, "辭합니다."

**의역** 빈객과 주인이 비로소 문으로 들어가려고 할 때에는 주인은 사양을 해야 하니, 주인의 부관은 "빈객에게 사양해야 합니다."라고 아뢴다.

**集說** 賓始入門, 主人當辭讓令賓先入, 故擯者告主人曰辭矣, 謂當致辭以讓賓也. 至階亦然. 此不言者, 禮可知也.

**번역** 빈객이 처음으로 문으로 들어서려고 하면, 주인은 마땅히 사양을 하여, 빈객으로 하여금 먼저 들어가도록 해야 한다. 그렇기 때문에 부관은 주인에게 아뢰며, "사양해야 합니다."라고 말하니, 마땅히 사양하여 빈객에게 양보를 해야 한다는 뜻이다. 계단에 이르게 되면 또한 이처럼 한다. 이곳에서 이 사실을 언급하지 않은 것은 예법에 따라 그러한 사실도 알 수 있기 때문이다.

**孔疏** ●"始入"至"則否". ○正義曰: 此一節明賓主之入, 擯者告之辭讓之節及說屨之儀.

**번역** ●經文: "始入"~"則否". ○이곳 문단은 빈객과 주인이 문으로 들어설 때, 부관이 알리는 말과 사양하는 절차 및 신발을 벗는 예절을 나타내고 있다.

**孔疏** ●"始入而辭"者, 謂始入門, 主人辭謝賓之節.

**번역** ●經文: "始入而辭". ○처음으로 문으로 들어설 때, 주인이 빈객에게 사양하는 절차를 뜻한다.

**孔疏** ●"曰: 辭矣"者, 當此之時, 擯者告主人曰辭謝賓矣, 謂辭讓賓, 令賓先入. 至階之時, 擯者亦應告主人曰辭讓賓先登矣. 此不言者, 始入之文, 包入門登階矣.

**번역** ●經文: "曰: 辭矣". ○이러한 시기가 되면, 부관은 주인에게 아뢰며, "빈객에게 사양해야 합니다."라고 말하니, 빈객에게 사양하여, 빈객으로 하여금 먼저 들어가도록 한다는 뜻이다. 계단에 도달했을 때에도 부관은 또한 마땅히 주인에게 아뢰며, "빈객에게 먼저 올라가도록 사양해야 합니다."라고 말해야 한다. 그런데 이 사실을 이곳에서 언급하지 않은 것은 '시입(始入)'이라는 글자는 문으로 들어가고 계단에 오른다는 내용을 포괄하기 때문이다.

**【432d】**

**卽席, 曰: "可矣."**

**직역** 席에 卽하면, 曰, "可합니다."

**의역** 빈객과 주인이 자신의 자리로 나아가게 되면, 부관은 "재차 사양하지 않고 자리에 앉으셔도 괜찮습니다."라고 아뢴다.

**集說** 及賓主升堂各就席, 擯者恐賓主再辭, 故告之曰可矣. 言可卽席, 不須再辭也.

**번역** 빈객과 주인이 당(堂)에 올라가서 각자 자신의 자리로 나아가게 되면, 부관은 빈객과 주인이 재차 사양하게 될 것을 염려하기 때문에, "괜찮습니다."라고 아뢴다. 즉 자리로 나아가면 재차 사양할 필요가 없다는 뜻이다.

**鄭注** 可, 猶止也, 謂擯者爲賓主之節也. 始入則告之辭, 至就席則止其辭.

**번역** '가(可)'자는 "그치다[止]."는 뜻이니, 부관이 빈객과 주인을 위해 시행하는 절차를 뜻한다. 처음 들어선다면, 사양해야 한다고 아뢰고, 자리로 나아가게 되면, 사양하길 그치는 것이다.

**孔疏** ●"卽席, 曰可矣"者, 謂賓主升堂, 各自就席而立. 擯者恐賓主辭謝卽席, 故擯者告之曰"可矣". 可, 猶止也. 言旣卽席之時, 止此辭讓, 不須辭矣.

**번역** ●經文: "卽席, 曰可矣". ○빈객과 주인이 당(堂)에 올라가서, 각각 자신의 자리로 나아가 서 있는 상황을 뜻한다. 부관은 아마도 빈객과 주인이 자리로 나아가 앉기를 사양하게 될까 염려하기 때문에, 부관은 "가(可)합니다."라고 아뢴다. '가(可)'자는 "그치다[止]."는 뜻이다. 즉 이미 자리로 나아간 때가 되면, 이처럼 사양하는 말을 그쳐도 되니, 재차 사양할 필요가 없다는 뜻이다.

**集解** 愚謂: 此謂以禮相見, 而席於堂者也. 可矣者, 賓主旣皆就席, 告之以可坐也.

**번역** 내가 생각하기에, 이 내용은 예법에 따라 서로 만나보게 되어, 당(堂)에 자리를 마련한 경우에 해당한다. '가의(可矣)'라는 말은 빈객과 주인이 이미 모두 자리로 나아갔으니, 앉아도 괜찮다고 아뢴다는 뜻이다.

【432d】

排闔說屨於戶內者, 一人而已矣. 有尊長在則否.

**직역** 闔을 排하고 戶內에 屨를 說하는 者는 一人일 뿐이다. 尊長이 在함이 有하면 否라.

**의역** 문짝을 열어두고 방문 안쪽에서 신발을 벗어두는 것은 가장 연장자 한 사람만 할 수 있을 뿐이며, 나머지 사람들은 할 수 없다. 만약 그보다 앞서 존장자가 자리를 잡고 있는 경우라면, 뒤에 들어오는 사람들은 이처럼 할 수 없고, 모두 방문 밖에 신발을 벗어둔다.

**集說** 闔, 門扇也. 推排門扇而脫屨於戶內者一人而已, 言止許最長者一人如此, 餘人不可也. 若先有尊長在堂或在室, 則後入之人皆不得脫屨於戶內, 故云有尊長在則否也.

**번역** '합(闔)'은 문짝이다. 문짝을 밀쳐서 열어두고 방문 안에 신발을 벗어두는 일은 한 사람만 할 수 있을 뿐이니, 가장 연장자 한 사람만 이처럼 하는 것이 허용될 따름이며, 나머지 사람들은 할 수 없다는 뜻이다. 만약 그보다 앞서 존장자가 당(堂) 또는 실(室)에 있는 경우라면, 뒤에 들어오는 사람들은 모두 방문 안에서 신발을 벗어둘 수 없다. 그렇기 때문에 "존장자가 먼저 자리를 잡고 있는 경우라면 이처럼 하지 않는다."라고 말한 것이다.

**大全** 慶源輔氏曰: 物畜然後有禮, 故衆必有所尊也. 若脫屨於尊長前, 非禮.

**번역** 경원보씨[1]가 말하길, 사물이 축적된 뒤에야 예(禮)가 생긴다. 그렇기

---

1) 경원보씨(慶源輔氏, ?~?) : =보광(輔廣)·보한경(輔漢卿). 남송(南宋) 때의 학자이다. 자(字)는 한경(漢卿)이고, 호(號)는 잠암(潛庵)·전이(傳貽)이다. 여조겸(呂祖謙)과 주자(朱子)에게서 학문을 배웠다. 저서로는 『사서찬소(四書纂疏)』, 『육경집해(六經集解)』 등이 있다.

때문에 무리가 이루어지면 반드시 존귀하게 높여야 할 대상이 생긴다. 만약 존장자 앞에서 신발을 벗는다면, 비례가 된다.

**鄭注** 雖衆敵, 猶有所尊者. 在, 在內也. 後來之衆, 皆說屨於戶外.

**번역** 비록 신분이 대등한 여러 사람이 있더라도, 그 속에는 여전히 존귀하게 높여야 할 자가 있다. '재(在)'자는 안에 있다는 뜻이다. 뒤에 오는 여러 사람들은 모두 방문 밖에서 신발을 벗는다.

**釋文** 排, 薄皆反. 闔, 胡[2]獵反, 又音合. 說, 吐活反, 本又作脫, 下注同. 長, 丁丈反, 下文注"尊長"皆同.

**번역** '排'자는 '薄(박)'자와 '皆(개)'자의 반절음이다. '闔'자는 '胡(호)'자와 '獵(렵)'자의 반절음이며, 또한 그 음은 '合(합)'도 된다. '說'자는 '吐(토)'자와 '活(활)'자의 반절음이며, 판본에 따라서는 또한 '脫'자로도 기록하고, 아래 정현의 주에 나오는 글자도 이와 같다. '長'자는 '丁(정)'자와 '丈(장)'자의 반절음이며, 아래 문장과 정현의 주에서 '尊長'이라고 할 때의 '長'자도 모두 그 음이 이와 같다.

**孔疏** ●"排闔, 說屨於戶內者, 一人而已矣"者, 謂賓主登席, 其衆須入戶內者, 雖尊卑相敵, 猶推一人爲尊. 闔, 謂門扇, 謂排推門扇. "說屨於戶內者, 一人而已矣", 言止許一人, 不得並皆如此也.

**번역** ●經文: "排闔, 說屨於戶內者, 一人而已矣". ○빈객과 주인이 자리에 오르는 경우를 의미하니, 그 무리들이 방문 안으로 들어가야 할 경우, 비록 신분이 서로 대등하더라도, 여전히 한 사람을 추대하여 존장자로 삼는다.

---

2) '호(胡)'자에 대하여. 『십삼경주소(十三經注疏)』 북경대 출판본에서는 "'호'자는 본래 '초(初)'자로 기록되어 있었는데, 『예기훈찬(禮記訓纂)』의 기록에 따라 수정했다."라고 했다.

'합(闔)'자는 문짝을 뜻하니, 문짝을 밀쳐서 열어둔다는 뜻이다. 경문의 "說屨於戶內者, 一人而已矣"에 대하여. 오직 한 사람에게만 허용되며, 나머지 사람들은 모두 이처럼 할 수 없다는 뜻이다.

**孔疏** ●"有尊長在, 則否"者, 謂先有尊長已在於堂或室, 衆人後入, 不得一人說屨加戶內也.

**번역** ●經文: "有尊長在, 則否". ○그보다 앞서 존장자가 이미 당(堂) 또는 실(室)에 있고, 여러 사람들이 뒤이어 들어오는 경우라면, 그 중 한 사람이 문안에서 신발을 벗어둘 수 없다는 뜻이다.

**訓纂** 江氏永曰: 尊長在室, 則少者脫屨於戶外. 曲禮曰"戶外有二屨", 是也. 尊長在堂, 則少者脫屨於階下之側. 曲禮曰"侍坐於長者, 屨不上於堂", 是也.

**번역** 강영[3]이 말하길, 존장자가 방안에 있다면, 나이가 어린 자들은 방문 밖에서 신발을 벗는다. 『예기』「곡례(曲禮)」편에서 "문밖에 두 짝의 신발이 놓여 있다."[4]라고 한 말이 바로 이러한 경우를 뜻한다. 존장자가 당(堂)에 있다면, 나이가 어린 자들은 계단 밑의 측면에서 신발을 벗는다. 「곡례」편에서 "어른을 모시고 앉아 있을 때에는 신발을 신은 채로 당(堂) 위에 오르지 않는다."[5]라고 한 말이 바로 이러한 경우를 뜻한다.

**集解** 愚謂: 此謂燕見而席於室者也. 闔, 戶扇也. 凡席於堂, 則屨說於堂下; 席於室, 則屨說於戶外, 唯尊者一人說屨於席側. 若尊卑相敵之人, 相與排闔

---

3) 강영(江永, A.D.1681~A.D.1762) : 청(淸)나라 때의 경학자이다. 자(字)는 신수(愼修)이다. 『십삼경주소(十三經注疏)』에 대한 연구를 했으며, 특히 삼례(三禮)에 대해 해박했다.

4) 『예기』「곡례상(曲禮上)」【17d】: 將上堂, 聲必揚, 戶外有二屨, 言聞則入, 言不聞則不入.

5) 『예기』「곡례상(曲禮上)」【23b】: 侍坐於長者, 屨不上於堂, 解屨不敢當階.

入室, 雖無尊者, 亦唯推年長一人說屨於戶內也. 有尊長在則否者, 謂若先有尊長在內, 則後入者皆說屨戶外也.

**번역** 내가 생각하기에, 이 내용은 한가롭게 거처할 때 접견을 하게 되어, 방안에 자리를 마련한 경우에 해당한다. '합(闔)'은 방문의 문짝이다. 무릇 당(堂)에 자리를 마련한 경우라면, 당 아래에서 신발을 벗는다. 만약 방안에 자리를 마련한 경우라면, 방문 밖에서 신발을 벗고, 오직 존장자 한 사람만 자리의 곁에 신발을 벗어둔다. 만약 신분이 서로 대등한 사람들이라면, 서로 방문을 열고 문으로 들어가는데, 비록 존장자가 없더라도, 또한 그 중 연장자 한 사람을 추대하여, 그 자가 방문 안에서 신발을 벗게 된다. "존장자가 재(在)한 경우라면 그처럼 하지 않는다."라고 했는데, 만약 그보다 앞서 존장자가 안쪽에 있는 경우라면, 뒤에 들어오는 자들은 모두 방문 밖에서 신발을 벗는다는 뜻이다.

## • 제 5 절 •

## 서로 대화할 때의 예절

【433a】

**問品味, 曰: "子亟食於某乎?" 問道藝, 曰: "子習於某乎? 子善於某乎?"**

**직역** 品味를 問하면, 曰, "子는 某를 亟히 食합니까?" 道藝를 問하면, 曰, "子는 某를 習합니까? 子는 某를 善합니까?"

**의역** 어떤 음식을 좋아하는지 물을 때에는 "그대는 어떤 음식을 자주 먹습니까?"라고 말한다. 도예에 대해서 물을 때에는 "그대는 어떤 것을 익혔습니까?"라고 말하거나 "그대는 어떤 것을 잘합니까?"라고 말한다.

**集說** 方氏曰: 人之情, 品味有偏嗜, 道藝有異尙, 問品味, 不可斥之以好惡而昭其癖, 故曰子亟食於某乎. 問道藝, 不可斥之以能否而暴其短, 故曰子習於某乎, 子善於某乎.

**번역** 방씨가 말하길, 사람의 정감에 따르면, 음식에 있어서 편향된 취향이 있고, 도예에 있어서도 숭상하는 것이 다른데, 어떤 음식을 좋아하는지 물을 때에는 직접적으로 좋아하고 싫어하는 것을 가리켜서 그의 편벽된 습관을 드러내서는 안 된다. 그렇기 때문에 "그대는 어떤 음식을 자주 먹습니까?"라고 말한다. 도예에 대해서 물을 때에는 직접적으로 할 수 있는 것과 그렇지 못한 것을 가리켜서 그의 단점을 폭로해서는 안 된다. 그렇기 때문에 "그대는 어떤 것을 익혔습니까?" 또는 "그대는 어떤 것을 잘합니까?"라고 말한다.

**鄭注** 不斥人, 謙也. 道, 三德三行也. 藝, 六藝.

**번역** 남에 대해 직접적으로 가리키지 않는 것은 겸손을 나타내기 때문이다. '도(道)'는 삼덕(三德)[1]과 삼행(三行)[2]이다. '예(藝)'는 육예(六藝)[3]이다.

**釋文** 某音母. 行, 下孟反.

**번역** '某'자의 음은 '母(모)'이다. '行'자는 '下(하)'자와 '孟(맹)'자의 반절음

---

1) 삼덕(三德)은 세 종류의 덕(德)을 가리키는데, 문헌에 따라 해당하는 덕성(德性)들에는 차이가 나타난다. 『서』「주서(周書)·홍범(洪範)」편에는 "三德, 一曰正直, 二曰剛克, 三曰柔克."이라는 기록이 있다. 즉 『서』에서는 '삼덕'을 정직(正直), 강극(剛克), 유극(柔克)으로 풀이하고 있다. 그리고 이 문장에 대한 공영달(孔穎達)의 소(疏)에서는 "此三德者, 人君之德, 張弛有三也. 一曰正直, 言能正人之曲使直, 二曰剛克, 言剛强而能立事, 三曰柔克, 言和柔而能治."라고 풀이한다. 즉 '정직'은 사람들의 바르지 못한 점을 바로잡아서, 정직하게 만드는 능력을 뜻한다. '강극'은 강건한 자세로 사업을 수립하고, 그런 일들을 추진할 수 있는 능력을 뜻한다. '유극'은 화락하고 유순한 태도로 다스릴 수 있는 능력을 뜻한다. 다음으로 『주례』「지관(地官)·사씨(師氏)」편에는 "以三德教國子, 一曰至德, 以爲道本, 二曰敏德, 以爲行本, 三曰孝德, 以知逆惡."이라는 기록이 있다. 즉 『주례』에서는 '삼덕'을 지덕(至德), 민덕(敏德), 효덕(孝德)으로 풀이하고 있다. '지덕'은 도(道)의 근본이 되는 것이며, '민덕'은 행실의 근본이 되는 것이고, '효덕'은 나쁘고 흉악한 것들을 알아내는 능력을 뜻한다. 다음으로 『국어(國語)』「진어사(晉語四)」편에는 "晉公子善人也, 而衛親也, 君不禮焉, 棄三德矣."라는 기록이 있다. 이에 대한 위소(韋昭)의 주에서는 "三德, 謂禮賓, 親親, 善善也."라고 풀이한다. 즉 위소가 말하는 '삼덕'은 예빈(禮賓), 친친(親親), 선선(善善)이다. '예빈'은 빈객들에게 예법(禮法)에 따라 대접하는 것이며, '친친'은 부모를 친애하는 것이고, '선선'은 착한 사람을 착하게 대하는 것이다.
2) 삼행(三行)은 세 종류의 덕행(德行)을 뜻하며, 효행(孝行), 우행(友行), 순행(順行)을 가리킨다. '효행'은 부모를 섬기는 덕행이고, '우행'은 현명하고 어진 사람을 존귀하게 받드는 덕행이며, '순행'은 스승과 어른을 섬기는 덕행이다.
3) 육예(六藝)는 기본적으로 갖춰야 하는 여섯 가지 과목을 뜻한다. 여섯 가지 과목은 예(禮), 음악[樂], 활쏘기[射], 수레몰기[御], 글쓰기[書], 셈하기[數]이며, 구체적으로 말하자면 오례(五禮), 육악(六樂), 오사(五射), 오어(五馭: =五御), 육서(六書), 구수(九數)를 가리킨다.

이다.

**孔疏** ●"問品"至"某乎". ○正義曰: 此一經明賓主相問飮食及道藝之事也.

**번역** ●經文: "問品"~"某乎". ○이곳 경문은 빈객과 주인이 서로 음식 및 도예에 대해서 묻는 사안을 나타내고 있다.

**孔疏** ●"問品味, 曰: 子亟食於某乎"者, 謂客來, 賓主相問禮也. "品味"者, 殽饌也. 亟, 數也. 凡問人, 若欲問彼人已嘗食某殽饌與否者, 則不可斥問嘗食否, 但當問其數食某食乎? 如言彼已嘗經數食也. 然彼若不嘗食, 則自當依事而答之也.

**번역** ●經文: "問品味, 曰: 子亟食於某乎". ○빈객이 찾아와서 빈객과 주인이 서로 묻는 예법을 뜻한다. '품미(品味)'는 술과 고기 및 여러 음식들을 뜻한다. '기(亟)'자는 자주[數]라는 뜻이다. 무릇 남에게 물을 때, 만약 상대방이 어떤 음식들을 자주 먹고 어떤 것을 자주 먹지 않는 것을 묻고자 한다면, 직접적으로 어떤 음식을 좋아하고 싫어하냐고 물어서는 안 되며, 단지 "어떤 음식을 자주 먹습니까?"라고 물어보아야 하니, 상대방이 어떤 음식을 자주 먹어왔는지를 뜻한다. 그런데 상대방이 만약 음식을 맛보지 않는다면, 마땅히 그 사안에 따라서 대답을 해야 한다.

**孔疏** ●"問道藝"者, 亦謂賓主先已明知所習道藝, 及其問之, 亦不敢指斥, 故云: 子習於某道乎? 子善於某藝乎? 道難, 故稱習. 藝易, 故稱善也.

**번역** ●經文: "問道藝". ○이 또한 빈객과 주인이 그 이전에 이미 어떤 도예를 익혔는가를 알고 있지만 질문을 한 경우를 의미하니, 이 때에는 또한 감히 직접적으로 가리킬 수 없기 때문에 "그대는 어떤 도를 익혔습니까?"라고 말하고, "그대는 어떤 재예를 잘합니까?"라고 말해야 한다는 뜻이다. 도는 익히기 어렵기 때문에 '습(習)'이라고 말한 것이다. 재예는 상대적으로 익히기 쉽기 때문에 '선(善)'이라고 말한 것이다.

**孔疏** ◎注"不斥"至"六藝". ○正義曰: "不斥人, 謙也"者, 雖先知其所食·所習·所善, 及其問之, 猶疑而稱"乎". "乎"者, 謙退之辭, 是以不正指斥人所能. 此人, 兼賓主也, 南本云"不斥主人", 非也. 云"道, 三德三行也"者, 按師氏教國子三德三行者, 一曰至德, 二曰敏德, 三曰孝德. 三行者, 一曰孝行, 二曰友行, 三曰順行也. 皆國子所習, 故知道是三德三行也. 云"藝, 六藝"者, 按保氏教六藝, 禮·樂·射·馭[4]·書·數也.

**번역** ◎鄭注: "不斥"~"六藝". ○정현이 "남에 대해 직접적으로 가리키지 않는 것은 겸손을 나타내기 때문이다."라고 했는데, 비록 그 이전에 어떤 음식을 먹고, 어떤 것을 익혔으며, 어떤 것을 잘하는지 알고 있지만, 질문을 하게 되면, 여전히 의문시하는 표현을 하므로, '호(乎)'자를 붙인 것이다. '호(乎)'자는 겸손하게 자신을 낮추는 말이니, 이로써 직접적으로 상대방이 잘하는 것을 가리키지 않는다. 여기에서 말한 '인(人)'은 빈객과 주인을 모두 포함하는데, 『남본』에서 "주인(主人)을 직접적으로 가리키지 않는다."라고 한 것은 잘못된 기록이다. 정현이 "'도(道)'는 삼덕(三德)과 삼행(三行)이다."라고 했는데, 『주례』「사씨(師氏)」편을 살펴보면, 국자[5]에게 삼덕과

---

4) '어(馭)'자에 대하여. '어'자 뒤에는 본래 '어(於)'자가 기록되어 있었는데, 완원(阮元)의 『교감기(校勘記)』에서는 "이곳 판본은 '어(馭)'자 뒤에 잘못하여 '어(於)'자가 연문으로 들어갔다. 『민본(閩本)』·『감본(監本)』·『모본(毛本)』의 경우도 동일하게 잘못 기록되었다. 『고문(考文)』에는 '어(於)'자가 없다. 위씨(衛氏)의 『집설(集說)』에도 '어(於)'자가 없다."라고 했다.

5) 국자(國子)는 천자 및 공(公), 경(卿), 대부(大夫)의 자제들을 말한다. 때론 상황에 따라 천자의 태자(太子) 및 왕자(王子)를 포함시키지 않는 경우도 있다. 『주례』「지관(地官)·사씨(師氏)」편에는 "以三德教<u>國子</u>"라는 기록이 있고, 이에 대한 정현의 주에서 "國子, 公卿大夫之子弟."라고 풀이한 용례와 『한서(漢書)』「예악지(禮樂志)」편에서 "朝夕習業, 以教國子. <u>國子</u>者, 卿大夫之子弟也."라고 풀이한 용례가 바로 여기에 해당한다. 그러나 이것은 천자에 대한 언급을 가급적 회피했기 때문에, 생략하여 기술하지 않은 것이다. 청대(淸代) 유서년(劉書年)의 『유귀양설경잔고(劉貴陽說經殘稿)』「국자증오(國子證誤)」편에서 "國子者, 王大子, 王子, 諸侯公卿大夫士之子弟, 皆是,

삼행을 가르치니, 첫 번째는 지덕(至德)이며, 두 번째는 민덕(敏德)이고, 세 번째는 효덕(孝德)이다. 삼행의 경우에는 첫 번째는 효행(孝行)이며, 두 번째는 우행(友行)이고, 세 번째는 순행(順行)이라고 했다.[6] 이 모두는 국자들이 익히는 것이기 때문에, '도(道)'가 삼덕과 삼행을 뜻한다는 사실을 알 수 있다. 정현이 "'예(藝)'는 육예(六藝)이다."라고 했는데, 『주례』「보씨(保氏)」편을 살펴보면, 육예를 가르치니, 예(禮)·악(樂)·사(射)·어(馭)·서(書)·수(數)라고 했다.[7]

**訓纂** 王氏引之曰: 謹按地官鄕大夫, "以攷其德行, 察其道藝." 德行與道藝分言, 則道非德行之謂也. 且三行之孝友, 本於天性, 不學而能, 亦何須問其習否乎? 今按道者, 術也. 道藝, 卽術藝. 天官宮正, "會其什伍而教之道藝", 鄭司農曰"道, 謂先王所以敎道民者", 故又謂之道也. 鄕大夫"三年則大比, 攷其德行道藝, 而興賢者能者", 注曰"賢, 有德行者. 能, 有道藝者." 有道藝者謂之能, 則道爲技術可知矣.

**번역** 왕인지[8]가 말하길, 삼가 살펴보니, 『주례』「지관(地官)·향대부(鄕大夫)」편에서는 "덕행을 관찰하고, 도예를 살핀다."[9]라고 했다. 덕행(德行)과 도예(道藝)를 구분해서 말했다면, 도(道)는 덕행을 뜻하는 말이 아니다. 또

---

亦曰國子弟."라고 풀이하고 있는 것처럼, '국자'에는 천자의 태자와 왕자들까지도 포함된다.

6) 『주례』「지관(地官)·사씨(師氏)」: 以三德敎國子: 一曰至德, 以爲道本; 二曰敏德, 以爲行本; 三曰孝德, 以知逆惡. 敎三行: 一曰孝行, 以親父母; 二曰友行, 以尊賢良; 三曰順行, 以事師長.

7) 『주례』「지관(地官)·보씨(保氏)」: 而養國子以道, 乃教之六藝: 一曰五禮, 二曰六樂, 三曰五射, 四曰五馭, 五曰六書, 六曰九數.

8) 왕인지(王引之, A.D.1766~A.D.1834): 청(淸)나라 때의 훈고학자이다. 자(字)는 백신(伯申)이고, 호(號)는 만경(曼卿)이며, 시호(謚號)는 문간(文簡)이다. 왕념손(王念孫)의 아들이다. 대진(戴震), 단옥재(段玉裁), 부친과 함께 대단이왕(戴段二王)이라고 일컬어졌다. 『경전석사(經傳釋詞)』, 『경의술문(經義述聞)』 등의 저술이 있다.

9) 『주례』「지관(地官)·향대부(鄕大夫)」: 正月之吉, 受敎法于司徒, 退而頒之于其鄕吏, 使各以敎其所治, 以攷其德行, 察其道藝.

삼행(三行)에서의 효우(孝友)라는 것은 천성에 근본한 것이며, 배워서 잘할 수 있는 것이 아닌데, 또한 어떻게 익혔는지 아닌지를 물을 필요가 있겠는가? 현재 살펴보니, '도(道)'라는 것은 '술(術)'자를 뜻하니, '도예(道藝)'는 곧 '술예(術藝)'를 뜻한다. 『주례』「천관(天官)·궁정(宮正)」편에서는 "십오(什伍)[10]를 모아서, 그들에게 도예를 가르친다."[11]라고 했고, 정사농[12]은 "'도(道)'는 선왕이 백성들을 가르치던 것이다."라고 했기 때문에, 이것을 또한 '도(道)'라고도 부른다. 그리고 「향대부」편에서는 "3년이 되면, 대비[13]를 치르고, 덕행과 도예를 갖춘 자를 살피고, 현명한 자와 능력 있는 자를 천거한다."[14]라고 했고, 정현의 주에서는 "'현(賢)'은 덕행을 갖춘 자이다. '능(能)'은 도예를 갖춘 자이다."라고 했다. 즉 도예를 갖춘 자에 대해서는 '능(能)'이라고 부르니, '도(道)'가 기술을 뜻한다는 사실을 알 수 있다.

---

10) 십오(什伍)는 고대의 군대 편제 단위이다. 5명을 1오(伍)라고 했으며, 2오(伍)를 1십(什)이라고 했다. 또한 '십오'라고 하면 군대의 기본 단위를 뜻하기도 한다. 『예기』「제의(祭義)」편에는 "軍旅什伍, 同爵則尙齒, 而弟達乎軍旅矣."라는 기록이 있고, 이에 대한 공영달(孔穎達)의 소(疏)에서는 "五人爲伍, 二伍爲什."이라고 풀이했다.

11) 『주례』「천관(天官)·궁정(宮正)」: 會其什伍而敎之道義.

12) 정중(鄭衆, ?~A.D.83) : =정사농(鄭司農). 후한(後漢) 때의 경학자이다. 자(字)는 중사(仲師)이다. 부친은 정흥(鄭興)이다. 부친에게 『춘추좌씨전(春秋左氏傳)』의 학문을 전수받았다. 또한 그는 대사농(大司農) 등의 관직을 역임하였기 때문에, '정사농'이라고도 불렀다. 한편 정흥과 그의 학문은 정현(鄭玄)에게 많은 영향을 주었기 때문에, 후대에서는 정현을 후정(後鄭)이라고 불렀고, 정흥과 그를 선정(先鄭)이라고도 불렀다. 저서로는 『춘추조례(春秋條例)』, 『주례해고(周禮解詁)』 등을 지었다고 하지만, 현재는 전해지지 않았다.

13) 대비(大比)는 주대(周代) 때 3년마다 향(鄕)과 수(遂)의 관리들이 백성들 중의 인재를 대상으로 시행한 시험이다. 『주례』「지관(地官)·향대부(鄕大夫)」편에는 "三年則大比. 考其德行, 道藝, 而興賢者能者."라는 기록이 있고, 이에 대한 정현의 주에서는 정사농(鄭司農)의 주장을 인용하여, "興賢者謂若今擧孝廉, 興能者謂若今擧茂才."라고 풀이했다.

14) 『주례』「지관(地官)·향대부(鄕大夫)」: 三年則大比, 攷其德行·道藝, 而興賢者·能者, 鄕老及鄕大夫帥其吏與其衆寡, 以禮禮賓之.

**集解** 愚謂: 道藝, 謂六藝也. 周禮鄕大夫, "考其德行道藝, 而興賢者能者." 德謂六德, 行謂六行, 道藝謂六藝, 此鄕大夫之三物. 道藝人容有能否, 故須問; 若德行, 則不當問矣. 或稱"習", 或稱"善", 博異言也.

**번역** 내가 생각하기에, '도예(道藝)'는 육예(六藝)를 뜻한다. 『주례』「향대부(鄕大夫)」편에서는 "덕행과 도예를 살피고, 현명한 자와 능력이 있는 자를 선발한다."라고 했다. '덕(德)'은 육덕(六德)[15]을 뜻하며, '행(行)'은 육행(六行)[16]을 뜻하고, '도예(道藝)'는 육예를 뜻하니, 이것이 향대부가 가르치는 삼물(三物)에 해당한다.[17] 도예에 대해서는 사람에게 있어서 잘할 수 있느냐 그렇지 못하냐는 문제가 포함되기 때문에, 질문을 할 수 있다. 덕행과 같은 경우에는 물어보아서는 안 된다. 어떤 경우에는 '습(習)'이라고 말하고, 또 어떤 경우에는 '선(善)'이라고 말했는데, 이것은 말을 달리 표현한 것이다.

**【433a】**

**不疑在躬. 不度民械, 不願於大家, 不訾重器.**

**직역** 不疑함은 躬에 在하다. 民械를 不度하며, 大家에 不願하고, 重器를 不訾한다.

**의역** 남의 의심을 사지 않게 함은 전적으로 자신에게 달려 있다. 소장하고 있는 병장기에 대해서는 살펴보지 않으며, 부유한 집에 대해서 부러워하지 않고, 남

---

15) 육덕(六德)은 여섯 가지 도리를 뜻한다. 여섯 가지 도리는 지(知), 인(仁), 성(聖), 의(義), 중(忠), 화(和)이다.

16) 육행(六行)은 여섯 가지 선행을 뜻한다. 여섯 가지 선행은 효(孝), 우(友), 구족(九族)에 대한 친근함[睦], 외친(外親)에 대한 친근함[婣], 벗에 대한 믿음[任], 구휼[恤]이다.

17) 『주례』「지관(地官)·향대부(鄕大夫)」: 以鄕三物敎萬民而賓興之: 一曰六德, 知·仁·聖·義·忠·和; 二曰六行, 孝·友·睦·婣·任·恤; 三曰六藝, 禮·樂·射·御·書·數.

이 가지고 있는 보물을 헐뜯지 않는다.

**集說** 一言一行, 皆其在躬者也. 口無擇言, 身無擇行, 是不疑在躬也. 器械之備所以防患, 不可度其利鈍, 恐人以非心議己. 大家之富, 爵位所致, 不可願望於己, 以其有僭竊之萌. 訾, 鄙毁之也. 重器之傳, 寶之久矣, 乃從而毁之, 豈不起人之怒乎?

**번역** 한 마디의 말과 행동은 모두 자신에게 달려 있는 것이다. 입으로는 자기 멋대로 선택하여 내뱉는 말이 없도록 하며, 몸으로는 자기 멋대로 선택하여 행동하는 일이 없도록 함[18]이 곧 의심을 사지 않음이 자기에게 달려 있다는 뜻이다. 병장기를 갖춘 것은 우환을 대비하기 위해서인데, 그 날카로움과 둔함에 대해 헤아려서는 안 되니, 상대가 그릇된 마음으로 자신과 의론하게 됨을 염려하기 때문이다. 큰 가문의 부유함은 작위에 따라 이룬 것이므로, 자신에 대해서도 동일한 것을 원할 수 없으니, 참람되게 훔치고 싶은 마음이 생겨나기 때문이다. '자(訾)'자는 헐뜯는다는 뜻이다. 보물로 여기는 기물이 전수되었다면, 오래전부터 귀중하게 여겨 왔던 것인데, 그 기물에 대해 헐뜯는다면, 어찌 상대방의 분노를 일으키지 않겠는가?

**鄭注** 躬, 身也. 不服行所不知, 使身疑也. 械, 兵器也. 不計度民家之器物, 使己亦有. 大, 謂富之廣也. 訾, 思也. 重, 猶寶也.

**번역** '궁(躬)'자는 자신[身]이다. 알지 못하는 것을 시행하여, 자신에게 의혹이 쏠리도록 하지 않는다. '계(械)'자는 병장기이다. 민가에 있는 병장기를 헤아려서, 자신 또한 갖추도록 하지 않는다. '대(大)'자는 매우 부유하다는 뜻이다. '자(訾)'자는 "사모한다[思]."는 뜻이다. '중(重)'자는 보물[寶]을 뜻한다.

**釋文** 度, 大洛反, 計也, 注同. 械, 戶戒反. 訾, 子斯反.

---

18) 『효경』「경대부장(卿大夫章)」: 口無擇言, 身無擇行.

**번역** '度'자는 '大(대)'자와 '洛(낙)'자의 반절음이며, 헤아린다는 뜻이고, 정현의 주에 나온 글자도 이와 같다. '械'자는 '戶(호)'자와 '戒(계)'자의 반절음이다. '訾'자는 '子(자)'자와 '斯(사)'자의 반절음이다.

**孔疏** ●"不疑"至"重器". ○正義曰: 此一節承上賓主相問之事, 因明賓主之禮, 賓不得願主人所有之物.

**번역** ●經文: "不疑"~"重器". ○이곳 문단은 앞에서 빈객과 주인이 서로 질문하는 사안을 기록한 것에 따라, 그로 인해 빈객과 주인의 예법을 밝혔으니, 빈객은 주인이 소유하고 있는 물건에 대해서 탐낼 수 없다는 의미이다.

**孔疏** ●"不疑在躬"者, 旣問主人之道藝, 則己亦當習學明了, 不得使疑事在其躬, 則爲賓爲主皆然也.

**번역** ●經文: "不疑在躬". ○이미 주인의 도예(道藝)에 대해서 질문을 했다면, 자신 또한 마땅히 배우고 익힌 것을 밝혀야 하며, 자신에게 의문을 품도록 할 수 없으니, 빈객과 주인의 입장에 놓인 자들은 모두 이처럼 해야 한다.

**孔疏** ●"不度民械"者, 謂爲客至主人之家, 不得計度民家所有器械, 使己亦有也.

**번역** ●經文: "不度民械". ○빈객이 주인의 집에 당도했을 때, 사적으로 소유하고 있는 병장기에 대해 헤아려보고, 자신 또한 갖춰야겠다고 생각해서는 안 된다.

**孔疏** ●"不願於大家"者, 大家, 謂富貴廣大之家, 謂卿[19]大夫之家也. 謂

19) '경(卿)'자에 대하여. '경'자는 본래 없던 글자인데, 완원(阮元)의 『교감기(校勘記)』에서는 "혜동(惠棟)의 『교송본(校宋本)』에는 '경'자가 기록되어 있으

士往於卿大夫之家, 見彼富大, 不可願斅之也, 非分而願, 必有亂心也.

**번역** ●經文: "不願於大家". ○'대가(大家)'는 부귀하고 큰 집을 뜻하니, 경이나 대부의 집을 의미한다. 즉 사가 경이나 대부의 집에 찾아가서, 그들의 부유함과 큰 집을 보고, 그것을 원하거나 본받으려고 해서는 안 된다는 뜻이다. 분수에 맞지 않는 것을 원한다면, 반드시 난리를 일으키려는 마음이 생긴다.

**孔疏** ●"不訾重器"者, 訾, 思也. 重器, 寶珍之物. 言謂客至主人之家, 見有重器, 重器不可思玩之, 若思玩之, 則憎疾己貧賤, 生淫亂濫惡也.

**번역** ●經文: "不訾重器". ○'자(訾)'자는 "사모한다[思]."는 뜻이다. '중기(重器)'는 진귀한 보물을 뜻한다. 즉 빈객이 주인의 집에 당도하여, 그 집에 있는 진귀한 보물을 보았는데, 보물에 대해서는 사모하거나 애착을 가질 수 없으니, 만약 사모하거나 애착을 갖는다면, 자신의 가난과 미천한 처지를 싫어하게 되어, 음란하고 간사한 마음이 생겨난다.

**訓纂** 朱子曰: 訾, 猶計度也. 下"無訾衣服成器", 國語云"訾相其質", 漢書云"爲無訾省", 皆此義.

**번역** 주자가 말하길, '자(訾)'자는 헤아린다는 뜻이다. 아래문장에서는 "남의 아름다운 옷과 기물에 대해서 헤아려서는 안 된다."[20]라고 했고, 『국어(國語)』에서는 "그 바탕을 헤아리거나 견주어본다."[21]라고 했으며, 『한서(漢書)』에서는 "재화를 헤아리거나 견줌이 없다."[22]라고 했는데, 여기에 나온 '자(訾)'자는 모두 이러한 뜻이다.

---

니, 이곳 판본은 '경'자가 누락된 것이며, 『민본(閩本)』·『감본(監本)』·『모본(毛本)』 및 위씨(衛氏)의 『집설(集說)』에도 동일하게 누락되어 있다."라고 했다.

20) 『예기』「소의」【436c】: 毋訾衣服成器, 毋身質言語.

21) 『국어(國語)』「제어(齊語)」: 桓公召而與之語, 訾相其質, 足以比成事, 誠可立而授之.

22) 『한서(漢書)』「경십삼왕전(景十三王傳)」: 端心慍, 遂爲無訾省.

**訓纂** 江氏永曰: 四句各一事, 下三句皆以在人者言之. 在躬, 亦謂他人之躬. 疑者, 擬議之意, 謂不擬議人在躬之善否, 如子貢方人之類. 械者, 器之總名. 大傳曰"異器械", 是也. 不度民械, 不度人家器用之多少也.

**번역** 강영이 말하길, 네 구문은 각각 한 가지 사안에 해당하며, 그 뒤의 세 구문은 모두 남에게 대한 것으로 한 말이다. '재궁(在躬)' 또한 타인을 가리킨다. '의(疑)'자는 가부를 의론한다는 뜻이니, 남의 선함과 그렇지 않음에 대해서 남과 의론하지 않는다는 뜻으로, 마치 자공(子貢)이 남을 평가한다는 부류와 같은 뜻이다.[23] '계(械)'자는 기물들을 총칭하는 명칭이다. 『예기』「대전(大傳)」편에서는 "기계에 차이를 둔다."[24]라고 한 말이 이러한 뜻을 나타낸다. 민계(民械)를 헤아리지 않는다는 말은 남의 집에 있는 기물들의 많고 적음을 헤아리지 않는다는 뜻이다.

**訓纂** 朱氏軾曰: 訾, 猶度. 度其器之貴賤輕重也.

**번역** 주식[25]이 말하길, '자(訾)'자는 "헤아리다[度]."는 뜻이다. 즉 그 기물의 값어치에 대해서 헤아린다는 의미이다.

**集解** 朱子曰: 不計度民家之器物, 爲不欲校人之强弱, 且嫌不審也. 訾, 猶計度也. 下"無訾金玉成器", 字義同此. 國語云"訾相其質", 漢書云"爲無訾省", 又云"不訾之身", 皆此義. 此言"不訾重器"者, 謂不欲量物之貴賤, 亦避不審也.

**번역** 주자가 말하길, 민가에 있는 기물을 헤아리지 않는 것은 남이 갖춘 형세의 강약에 대해서 비교하고 싶지 않기 때문이며, 또한 의심스럽다는

---

23) 『논어』「헌문(憲問)」: 子貢方人. 子曰, "賜也賢乎哉? 夫我則不暇."

24) 『예기』「대전(大傳)」【425d】: 立權度量, 考文章, 改正朔, 易服色, 殊徽號, 異器械, 別衣服, 此其所得與民變革者也.

25) 주식(朱軾, A.D.1665~A.D.1735): 청(淸)나라 때의 명신(名臣)이다. 자(字)는 약섬(若瞻)·백소(伯蘇)이고, 호(號)는 가정(可亭)이다.

혐의를 받기 때문이다. '자(訾)'자는 헤아린다는 뜻이다. 아래문장에서 "금옥과 좋은 기물을 헤아리지 않는다."라고 했는데, 그 글자와 뜻이 이곳과 동일하다. 『국어(國語)』에서는 "그 바탕을 헤아리거나 견주어본다."라고 했고, 『한서(漢書)』에서는 "재화를 헤아리거나 견줌이 없다."라고 했으며, 또 '헤아리지 못하는 자신'[26]이라고 했는데, 이때의 '자(訾)'자는 모두 이러한 뜻이다. 이곳에서 "중기(重器)를 헤아리지 않는다."라고 한 말은 사물의 값어치에 대해서 헤아리고 싶지 않음을 뜻하며, 또한 의심스러운 혐의를 피하기 위해서이다.

**集解** 愚謂: 在躬, 謂冠服之屬也. 左傳: "衣服附在吾身." 不疑在躬者, 衣服各有所宜, 若疑於其義而服之, 則亂於禮也. 兵械, 非常之器, 不度之者, 恐人以非心疑己也. 不願於大家者, 君子素位而行, 不願乎外, 不可以妄慕富貴也. 訾, 毁也. 重器, 人所寶貴, 若指其瑕纇而訾毁之, 非人之所樂也. 願大家, 近於求; 訾重器, 近乎忮.

**번역** 내가 생각하기에, '재궁(在躬)'은 몸에 착용하는 관(冠)이나 의복 등의 부류를 뜻한다. 『좌전』에서는 "의복은 내 몸에 붙어 있다."[27]라고 했으니, '불의재궁(不疑在躬)'이라는 말은 의복에는 각 상황에 따라 합당한 것이 있으니, 만약 그 도의에 의혹스러운 의복인데도 착용을 한다면, 예법을 문란하게 만든다는 뜻이다. '병계(兵械)'는 일상적으로 사용하는 기물이 아닌데, 그것을 헤아리지 않는다는 말은 남이 그릇된 마음으로 자신을 의심하게 될 것이 염려되기 때문이다. "큰 집안에 대해서 소망하지 않는다."는 말은 군자는 자신이 처한 위치에서 행동하며, 그 밖의 것을 원하지 않으니, 부귀함을 망령되게 사모해서는 안 된다. '자(訾)'자는 "헐뜯다[毁]."는 뜻이다. '중기(重器)'는 상대방이 보물로 생각하는 것인데, 만약 그 기물의 흠을 지적하여 헐뜯는다면, 이것은 상대방이 즐거워할 행동이 아니다. 남의 부유함을 소원하는 것은 욕심에 가깝고, 남의 보물을 헐뜯는 것은 질투에 가깝다.[28]

---

26) 『한서(漢書)』「개제갈류정손관장하전(蓋諸葛劉鄭孫毌將何傳)」: 而慕子胥之末行, 用<u>不訾之軀</u>, 臨不測之險, 竊爲君痛之.
27) 『춘추좌씨전』「양공(襄公) 31년」: <u>衣服附在吾身</u>, 我知而愼之.

**集解** 此節通戒爲人之法. 孔疏蒙上"卽席", 專以賓主之禮言, 非是.

**번역** 이곳 문단은 사람으로서 시행해야 할 예법에 대해서 통괄적으로 경계한 말이다. 공영달의 소(疏)에서는 앞의 "자리에 나아간다."라고 한 문장과 연결시켜서, 전적으로 빈객과 주인의 예법을 기준으로 설명했는데, 잘못된 주장이다.

28) 『논어』「자한(子罕)」: 子曰, "衣敝縕袍, 與衣狐貉者立, 而不恥者, 其由也與? '不忮不求, 何用不臧?'" 子路終身誦之. 子曰, "是道也, 何足以臧?"

## • 제 6 절 •

### 청소할 때의 예절

【433b】

**氾埽曰埽, 埽席前曰拚. 拚席不以鬣, 執箕膺揭.**

**직역** 氾**埽**를 曰, **埽**하며, 席前을 **埽**함을 曰, **拚**한다. 席을 **拚**함에는 **鬣**으로써 함을 不하고, 箕를 執하면 **揭**을 **膺**한다.

**의역** 넓은 장소를 쓰는 것을 '소(**埽**)'라고 부르며, 자리 주변을 청소하는 것을 '변(**拚**)'이라고 부른다. 자리 주변을 청소할 때에는 큰 빗자루를 이용하지 않고, 쓰레받기를 들었을 때 그 입구가 자신의 가슴 쪽을 향하도록 든다.

**集說** 氾埽, 廣埽也. 拚, 除穢也. 鬣, 帚也. 席上不可用帚. 膺, 胸也. 揭, 箕舌也. 執箕而拚, 則以箕舌向己胸前, 不可持向尊者也.

**번역** '범소(氾埽)'는 널리 쓴다는 뜻이다. '변(拚)'은 더러운 것을 제거한다는 뜻이다. '렵(鬣)'은 큰 빗자루이다. 자리 위에서는 큰 빗자루를 사용할 수 없다. '응(膺)'자는 가슴이다. '갈(揭)'은 쓰레받기의 입구이다. 쓰레받기를 잡고서 주변을 청소하게 되면, 쓰레받기의 입구가 자신의 가슴 전면을 향하도록 하니, 존장자를 향하도록 잡을 수 없다.

**鄭注** 鬣, 謂帚也, 帚恒埽[1]地, 不潔淸也. 膺, 親也. 揭, 舌也, 持箕將去糞

---

1) '소(埽)'자에 대하여. '소'자는 본래 '추(帚)'자로 기록되어 있었는데, 완원(阮元)의 『교감기(校勘記)』에서는 "『모본(毛本)』에는 '소'자로 기록되어 있고, 『악본(岳本)』·『가정본(嘉靖本)』 및 위씨(衛氏)의 『집설(集說)』에서도 동일하게 '소'자로 기록되어 있다. 따라서 이곳 판본은 '추'자로 잘못 기록한 것

者, 以舌自鄉.

**번역** '렵(鬣)'은 큰 빗자루를 뜻하니, 큰 빗자루는 항상 땅을 널리 쓸 때 사용하여, 깨끗하게 청소되지 않는다. '응(膺)'자는 "가까이 한다[親]."는 뜻이다. '갈(擖)'자는 쓰레받기의 입구이니, 쓰레받기를 잡고서 더러운 것을 치울 때에는 그 입구가 자신을 향하도록 잡는다.

**釋文** 氾埽, 上芳劍反, 下悉報反. 拚, 弗運反, 又作抃, 鬣, 力陳反. 膺, 於陵反, 胸前也. 擖, 以涉反, 舌也, 徐音葉. 淸, 徐才性反, 又如字. 去, 起呂反, 下"擢去"同. 鄉, 許亮反.

**번역** '氾埽'에서의 '氾'자는 '芳(방)'자와 '劍(검)'자의 반절음이며, '埽'자는 '悉(실)'자와 '報(보)'자의 반절음이다. '拚'자는 '弗(불)'자와 '運(운)'자의 반절음이며, 또한 '抃'자로도 기록하고, '鬣'자는 '力(력)'자와 '陳(진)'자의 반절음이다. '膺'자는 '於(어)'자와 '陵(릉)'자의 반절음이며, 가슴 앞쪽을 뜻한다. '擖'자는 '以(이)'자와 '涉(섭)'자의 반절음이며, 쓰레받기의 입구를 뜻하고, 서음(徐音)은 '葉(엽)'이다. '淸'자의 서음은 '才(재)'자와 '性(성)'자의 반절음이고, 또한 글자대로 읽기도 한다. '去'자는 '起(기)'자와 '呂(려)'자의 반절음이며, 아래문장에 나오는 '擢去'에서의 '去'자도 그 음이 이와 같다. '鄉'자는 '許(허)'자와 '亮(량)'자의 반절음이다.

**孔疏** ●"氾埽"至"膺擖". ○正義曰: 此一經明主人與賓洒掃之事. "氾埽"者, 氾, 廣也. 若遠路大賓來, 主人宜廣掃之, 謂外內俱埽謂之"埽".

**번역** ●經文: "氾埽"~"膺擖". ○이곳 문단은 주인과 빈객이 서로 만나볼 때 물뿌리고 청소하는 사안을 나타내고 있다. 경문의 "氾埽"에 대하여. '범(氾)'

---

이며, 『민본(閩本)』·『감본(監本)』도 동일하게 잘못 기록하고 있다. 『고문(考文)』에서 인용하고 있는 『송판(宋板)』·『고본(古本)』·『족리본(足利本)』에서도 '소'자로 기록했다."라고 했다.

자는 널리[廣]라는 뜻이다. 만약 멀리 떨어진 곳에서 중요한 빈객이 찾아온다면, 주인은 마땅히 집 안팎을 널리 청소해야 하니, 내외에 대해서 모두 청소하는 것을 '소(埽)'라고 부른다는 뜻이다.

**孔疏** ●"埽席前曰拚"者, 若近路小賓來, 則止埽席前, 不得名"埽", 則但曰"拚"也, 所以然者, 拚是除穢, 埽是滌蕩.

**번역** ●經文: "埽席前曰拚". ○만약 가까운 장소에서 상대적으로 덜 중요한 빈객이 찾아온다면, 단지 자리 주변만을 청소하므로, '소(埽)'라고 할 수 없고, 단지 '변(拚)'이라고 부르니, 이처럼 하는 이유는 '변(拚)'은 더러운 것을 제거한다는 뜻이며, '소(埽)'는 말끔히 청소한다는 뜻이기 때문이다.

**孔疏** ●"拚席不以鬣"者, 鬣, 謂掃[2]地帚也. 若埽席上, 不得用埽地帚也.

**번역** ●經文: "拚席不以鬣". ○'렵(鬣)'은 땅을 청소하는 큰 빗자루를 뜻한다. 만약 자리 주변을 청소한다면, 땅을 쓸 때 사용하는 큰 빗자루를 사용할 수 없다.

**孔疏** ●"執箕膺擖"者, 膺, 人之胸前. 擖, 箕之舌也. 箕是去物之具, 賤者執之, 不可持嚮尊者, 當持箕舌, 自嚮胸前.

**번역** ●經文: "執箕膺擖". ○'응(膺)'자는 사람의 가슴 전면을 뜻한다. '갈(擖)'자는 쓰레받기의 입구이다. 쓰레받기는 더러운 것을 치울 때 사용하는 도구이며, 미천한 자가 잡게 되므로, 존귀한 자를 향하도록 잡을 수 없으니, 마땅히 쓰레받기를 잡을 때 그 입구가 자신의 가슴 전면을 향하도록 해야

---

2) '소(掃)'자에 대하여. '소'자는 본래 '추(帚)'자로 기록되어 있었는데, 완원(阮元)의 『교감기(校勘記)』에서는 "혜동(惠棟)의 『교송본(校宋本)』에서는 '추'자를 '소'자로 기록했고, 이곳 판본에서는 '소'자를 '추'자로 잘못 기록한 것이며, 『민본(閩本)』·『감본(監本)』·『모본(毛本)』에서도 동일하게 잘못 기록했다. 위씨(衛氏)의 『집설』에서는 '소'자를 '변(拚)'자로 기록했다."라고 했다.

한다.

**集解** 愚謂: 孔疏以此節亦蒙前一"卽席", 以賓客來言之, 非是. 洒掃室堂及庭, 每日之常, 非必爲有賓客也. 弟子職云"執箕膺揲, 厥中有帚", 此謂初往糞時也. 又云"以葉適己, 實帚于箕", 此謂糞畢將去時也. 是初往及糞畢時執箕皆膺揭也.

**번역** 내가 생각하기에, 공영달의 소(疏)에서는 이 문단을 또한 앞에 나온 "자리로 나아간다."라는 문장과 연결하여, 빈객이 찾아왔을 경우를 기준으로 설명했는데, 잘못된 주장이다. 실(室) 및 당(堂)과 마당에 대해 물뿌리고 청소하는 일은 매일 시행하는 일상적인 일이므로, 반드시 빈객이 찾아오게 되어서 하는 일은 아니다. 『관자(管子)』「제자직(弟子職)」편에서는 "쓰레받기를 잡을 때에는 앞면이 자신의 가슴 쪽으로 향하게 하며, 그 사이에 빗자루를 올려 둔다."[3]라고 했는데, 이것은 최초 그 장소에 가서 더러운 것을 치울 때를 뜻한다. 또 "쓰레받기의 입구가 자신을 향하도록 하고, 빗자루를 쓰레받기에 올려둔다."[4]라고 했는데, 이것은 더러운 것을 치우는 일이 끝나서 그 자리를 떠나려고 할 때를 뜻한다. 이 기록은 처음 그 장소로 가거나 더러운 것을 다 치운 뒤 쓰레받기를 잡을 때에는 모두 그 입구가 자신의 가슴을 향하도록 한다는 사실을 나타낸다.

---

3) 『관자(管子)』「제자직(弟子職)」: 執箕膺揲, 厥中有帚.
4) 『관자(管子)』「제자직(弟子職)」: 坐板排之, 以葉適己, 實帚于箕.

## • 제 7 절 •

## 거북점과 시초점에 대해 묻는 예절

【433b~c】

**不貳問. 問卜筮, 曰: "義與志與?" 義則可問, 志則否.**

**직역** 問은 不貳한다. 卜筮를 問하면, 曰, "義인가? 志인가?" 義라면 問이 可하며, 志라면 否한다.

**의역** 거북점과 시초점은 동일한 사안에 대해서 재차 점을 치지 않는다. 거북점과 시초점을 치는 것을 보고 어떤 사안인가 궁금하여 질문을 하게 되면, "의로운 일인가? 아니면 자신의 뜻에 따른 것인가?"라고 말한다. 의로운 일이라면, 어떤 사안인지를 물어볼 수 있지만, 자신의 뜻에 따른 일이라면, 물어보아서는 안 된다.

**集說** 不貳問, 謂謀之龜筮, 事雖正而兆不吉, 則不可以不正者再問之也. 見人卜筮, 欲問其所卜何事, 則曰義與志與. 義者, 事之宜爲. 志, 則心之隱謀也. 故義者則可問其事, 志則不可問其事也. 一說, 卜者, 問求卜之人, 義則爲卜之, 志則不爲之卜, 亦通.

**번역** "질문을 두 번 하지 않는다."는 말은 거북점과 시초점을 통해 계책을 물을 때, 그 사안이 비록 바르지만, 조짐이 길하지 않다고 나왔다면, 올바르지 않은 것으로 재차 거북점과 시초점을 쳐서는 안 된다는 뜻이다. 남이 거북점과 시초점을 치는 것을 보고서, 어떤 일에 대해서 점을 치는가를 묻고자 한다면, "의로운 일인가? 자기의 뜻에 따른 것인가?"라고 말한다. 의로운 일은 마땅히 시행해야 할 사안을 뜻한다. 자기의 뜻에 따른 것은 마음속으로 은밀히 계획을 세운 것이다. 그렇기 때문에 의로운 일에 해당하면, 그 사안에 대해서 물어볼 수 있지만, 자기의 뜻에 따른 것이라면, 그 사안을 물어볼 수 없다. 일설에는 점치는 자가 점을 의뢰한 자에게 질문을 한 것으로, 의로운 일에 해당한다면 그를 위해 점을 치고, 개인적인 뜻에 따른 것이라면 그를 위해 점을 치지 않는 뜻이라고 했는데, 이 또한 통용되는 해석이다.

**大全** 長樂劉氏曰: 凡問卜筮之道, 先正其心, 決定所事之去就, 則從此而違彼, 無疑貳之心矣. 然後問於筮考諸卜, 吾所就而從者, 吉乎凶乎, 是之謂不貳問也, 則擇義以爲主, 而不敢徇其志也. 書曰, 官占, 惟先蔽志, 昆命于元龜. 朕志先定, 詢謀僉同, 鬼神其依, 龜筮協從. 卜不習吉. 言以義蔽志爲先, 人謀次之, 鬼謀又次之, 然後龜筮協從也. 習吉之卜, 徇其志者也, 大卜之所弗筮焉.

**번역** 장락유씨[1]가 말하길, 무릇 거북점과 시초점을 통해 계책을 물을 때의 도에서는 먼저 그 마음을 올바르게 하고, 시행해야 할 일의 거취(去就)를 결정한다면, 이것을 따르고 저것을 멀리하여, 의심스러운 마음이 없게 된다. 이처럼 된 이후에야 시초점을 통해 묻고, 복사(卜辭)를 살펴서, 내가 취하여 따르는 것이 길한지 또는 흉한지를 따지는데, 이것을 두고 두 번 묻지 않는다고 한다면, 의로움을 택하는 것을 위주로 하고, 감히 자기 뜻에 따르지 않는다. 『서』에서는 "점치는 관리는 우선 자신의 뜻을 결정하고, 큰 거북껍질에게 명령한다. 짐의 뜻이 먼저 결정되었는데, 사람들에게 물어보아 모두 같고, 귀신들도 그에 따르며, 거북점과 시초점이 화합하여 따른다. 점괘는 거듭 길하지 않다."[2]라고 했다. 이 말은 도의에 따라 뜻을 가리는 것이 먼저이며, 사람들의 계책이 그 다음이고, 귀신들의 계책이 또한 그 다음이 되니, 그런 뒤에라야 거북점과 시초점이 협력하여 따른다는 뜻이다. 재차 점을 쳐서

1) 장락유씨(長樂劉氏, A.D.1017~A.D.1086) : =유이(劉彝). 북송(北宋) 때의 성리학자이다. 자(字)는 집중(執中)이다. 복주(福州) 출신이며, 어려서 호원(胡瑗)에게서 학문을 배웠다. 『정속방(正俗方)』, 『주역주(周易注)』를 지었으나 현존하지 않는다. 『칠경중의(七經中議)』, 『명선집(明善集)』, 『거이집(居易集)』 등이 남아 있다.

2) 『서』「우서(虞書)·대우모(大禹謨)」: 帝曰, 禹, 官占. 惟先蔽志, 昆命于元龜. 朕志先定, 詢謀僉同, 鬼神其依, 龜筮協從. 卜不習吉. 禹拜稽首固辭.

길한 점괘가 나온 것은 자신의 뜻에 따른 것이니, 거북점을 치는 관리인 대복(大卜)이 점치지 않는 경우이다.

**鄭注** 當正己之心, 以問吉凶於蓍龜. 不得於正, 凶則卜筮其權也. 大卜問來卜筮者也. 義, 正事也. 志, 私意也.

**번역** 마땅히 자신의 마음을 올바르게 하여, 시초점과 거북점에게 길흉을 물어보아야 한다. 올바르지 못한데, 흉하다는 조짐이 나오면, 거북점과 시초점은 그 시기에 따라 알려준 것이다. 대복(大卜)이 찾아와서 거북점과 시초점을 친 자에 대해 물은 것이다. '의(義)'는 올바른 사안이다. '지(志)'자는 사적인 뜻이다.

**釋文** 蓍音尸. 與音餘, 下同. 大音泰.

**번역** '蓍'자의 음은 '尸(시)'이다. '與'자의 음은 '餘(여)'이며, 아래문장에 나오는 글자도 그 음이 이와 같다. '大'자의 음은 '泰(태)'이다.

**孔疏** ●"不貳"至"則否". ○正義曰: 此一節明問[3]卜筮之法.

**번역** ●經文: "不貳"~"則否". ○이곳 문단은 거북점과 시초점에 대해서 묻는 예법을 나타내고 있다.

**孔疏** ●"不二問"者, 凡卜筮之法, 當正己心志而來問於蓍龜, 則得吉兆, 不得二心不正. 若二心不正, 必凶, 則卜筮權時妄告.

---

3) '문(問)'자에 대하여. '문'자는 본래 없던 글자인데, 완원(阮元)의 『교감기(校勘記)』에서는 "혜동(惠棟)의 『교송본(校宋本)』에는 '문'자가 기록되어 있고, 위씨(衛氏)의 『집설(集說)』에도 기록되어 있다. 이곳 판본에는 '문'자가 누락된 것이며, 『민본(閩本)』·『감본(監本)』·『모본(毛本)』도 동일하게 누락되어 있다."라고 했다.

**번역** ●經文: "不二問". ○무릇 거북점과 시초점을 치는 법도에 있어서, 마땅히 자신의 심지를 올바르게 한 뒤에야 찾아와서 시초점과 거북점에 대해서 묻는다면, 길한 조짐을 얻을 수 있으니, 두 마음을 품거나 바르지 못하게 할 수 없다. 만약 두 마음을 품거나 바르지 못하다면, 반드시 흉하게 되니, 거북점과 시초점은 그 시기에 따라 망령스럽게 알려줄 것이다.

**孔疏** ●"問卜筮曰: 義與, 志與"者, 謂大卜問來卜筮者, 爲是道理正義與? 爲是私意志與?

**번역** ●經文: "問卜筮曰: 義與, 志與". ○대복이라는 관리가 와서 거북점과 시초점을 친 일에 대해 물어본 것으로, "이것은 도리에 따른 정의로운 일인가? 아니면 사적인 뜻에 따른 것인가?"라고 묻는 것이다.

**孔疏** ●"義則可問, 志則否"者, 若卜筮者是公義, 則可爲卜筮. 若所問是私心志意, 則不爲之卜筮.

**번역** ●經文: "義則可問, 志則否". ○만약 거북점과 시초점을 치는 것이 공적인 도의에 따른 것이라면, 거북점과 시초점을 칠 수 있다. 만약 물어본 것이 사적인 마음과 뜻에 대한 것이라면, 그를 위해 거북점과 시초점을 치지 않는다.

**集解** 貳, 猶貳心之義. 問宜專向一人, 若貳問則令人難爲答也.

**번역** '이(貳)'자는 두 마음을 갖는다고 할 때의 '이(貳)'자와 뜻이 같다. 마땅히 오로지 한 사람에게만 물어보아야 하는데, 만약 두 사람에게 질문을 한다면, 상대로 하여금 대답하기 어렵게 만든다.

**集解** 註疏以問爲問卜筮, 非是. 下句方言"問卜筮", 則此"問"不謂卜筮.

**번역** 정현의 주와 공영달의 소에서는 '문(問)'자를 거북점과 시초점에 대해서 묻는다고 여겼는데, 잘못된 주장이다. 아래 구문에서는 "거북점과 시초점에 대해서 묻는다."라고 말했으니, 이곳의 '문(問)'자는 거북점과 시초점을 뜻하는 말이 아니다.

**集解** 輔氏廣曰: 問卜筮, 必義而後可, 不可行險以僥幸. 左傳"南蒯將叛", "筮而遇坤之比", 子服惠伯曰, "忠信之事則可, 不然則否." 又曰, "易不可以占險."

**번역** 보광이 말하길, 거북점과 시초점에 대해 물을 때에는 반드시 의로운 일인 이후에야 가능하며, 위험한 일을 요행으로 시행할 수 없다. 『좌전』에서는 "남괴(南蒯)가 배반을 하려고 한다."라고 했고, "시초점을 쳐서 곤괘(坤卦)가 비괘(比卦)로 변하는 괘를 얻었다."라고 했으며,[4] 자복혜백(子服惠伯)은 "충신에 따른 일이라면 가능하지만, 그렇지 않다면 해서는 안 된다."라고 했고,[5] 또 "『역』으로는 위험한 일에 대해서 점을 칠 수 없다."라고 했다.[6]

**集解** 愚謂: 義與志與者, 將問而先審度於己也. 義則當質於神, 以審其從違; 若志則當以義自斷, 而其吉凶不必問矣.

**번역** 내가 생각하기에, '의여지여(義與志與)'라는 말은 장차 질문을 하려고 할 때, 우선적으로 자신에게서 살펴본다는 뜻이다. 의로운 일이라면 마땅히 신에게 질문을 해서, 따라야 하는지 또는 어겨야 하는지를 살피고, 만약 사적인 뜻이라면, 마땅히 의로움에 따라 스스로 결단을 내리고, 길흉에 대해서 물어볼 필요가 없다.

---

4) 『춘추좌씨전』「소공(昭公) 12년」: 南蒯之將叛也, 其鄕人或知之, 過之而歎, 且言曰, "恤恤乎, 湫乎攸乎! 深思而淺謀, 邇身而遠志, 家臣而君圖, 有人矣哉!" 南蒯枚筮之, 遇坤☷☷之比☵☷曰, "黃裳元吉", 以爲大吉也.

5) 『춘추좌씨전』「소공(昭公) 12년」: 惠伯曰, 吾嘗學此矣, 忠信之事則可, 不然, 必敗.

6) 『춘추좌씨전』「소공(昭公) 12년」: 且夫易, 不可以占險, 將何事也? 且可飾乎?

그림 7-1 ■ 거북점의 도구와 시초

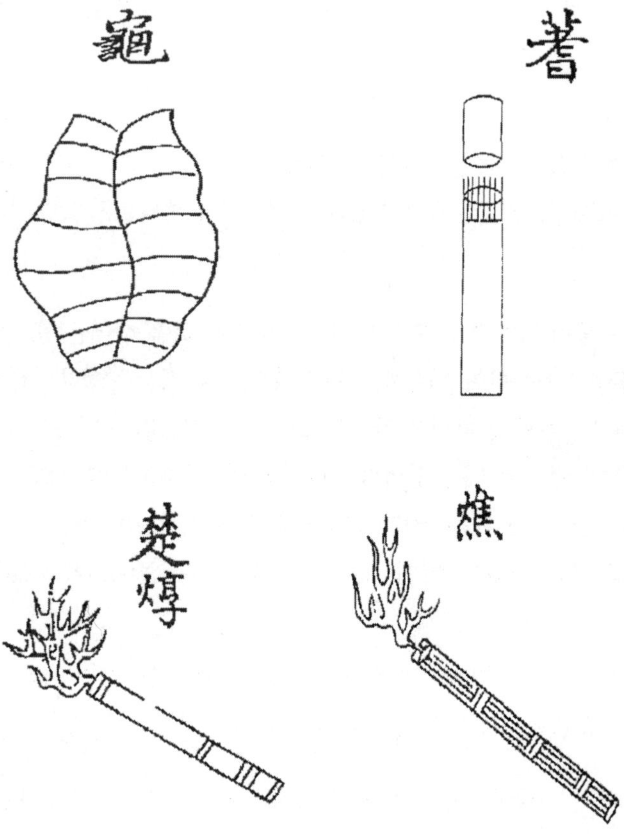


※ **출처:**『삼례도집주(三禮圖集注)』 17권

## • 제 8 절 •

## 존장자를 섬기는 예절 Ⅰ

**【433d】**

**尊長於己踰等, 不敢問其年. 燕見不將命. 遇於道見則面, 不請所之. 喪俟事不犆弔.**

**직역** 尊長이 己에 대해 等이 踰하면, 敢히 그 年을 問함을 不한다. 燕見에는 將命을 不한다. 道에서 遇하여 見하면 面하고, 之한 所를 不請한다. 喪에는 事를 俟하여 犆弔를 不한다.

**의역** 존장자의 나이가 부친이나 조부 항렬에 해당한다면, 감히 그 자의 나이에 대해서 물어보지 않는다. 사적으로 존장자를 찾아가 만나보는 경우에는 명령을 전달하는 자를 통해서 말을 전하지 않는다. 도로에서 우연히 존장자를 보았다면, 상대가 자신을 보면 면전으로 다가가 만나보되 감히 가는 곳을 묻지 않는다. 존장자의 상이 발생했을 때에는 해당 절차가 될 때까지 기다린 뒤에 조문을 하며, 해당 시기가 아닐 때 자기 홀로 조문을 하지 않는다.

**集說** 踰等, 祖與父之行也. 不敢問年, 嫌若序齒也. 燕見不將命, 謂卑幼者燕私來見, 不使擯者傳命, 非賓主之禮也. 若遇尊長於道路, 尊者見己則面見之, 不見則隱避, 不欲煩動之也. 不請所之, 不問其所往也. 若於尊者之喪, 則待主人哭之時而往, 不非時特弔.

**번역** '유등(踰等)'은 상대가 조부나 부친 항렬에 해당한다는 뜻이다. 감히 그 나이를 묻지 않는 것은 나이에 따라 서열을 매기려고 한다는 혐의를 받기 때문이다. "사적으로 만나보는 경우라면 명령을 전달하는 자를 통하지 않는다."라고 했는데, 신분이 낮고 나이가 어린 자가 사적으로 찾아와서 만나보는 경우에는 부관을 시켜서 명령을 전달하도록 시키지 않으니, 빈객과 주인의 예법에 따르지 않기 때문이라는 뜻이다. 만약 우연히 도로에서 존장자를 만나보게 되었을 때, 존장자가 자신을 보았다면 면전으로 가서 만나보고, 보지 못했다면 길을 피하니, 존장자를 번거롭게 움직이도록 하고 싶지 않기 때문이다. "가는 곳을 청해 묻지 않는다."는 말은 가는 곳을 물어보지 않는다는 뜻이다. 만약 존귀한 자의 상인 경우라면, 주인이 곡(哭)을 할 때를 기다렸다가 찾아가니, 해당 시기가 아닐 때 자기 홀로 조문을 하지 않기 때문이다.

**鄭注** 踰等, 父兄黨也. 問年, 則己恭孫之心不全. 自不用賓主之正來, 則若子弟然. 可以隱則隱, 不敢煩動也. 尊長所之或卑褻. 亦不敢故煩動也. 事, 朝夕哭時.

**번역** '유등(踰等)'은 부친이나 형의 친족을 뜻한다. 나이를 묻는다면, 자신의 공손한 마음이 온전하지 않은 것이다. 제 스스로 정식 예법에 따라 찾아가 만나보는 빈객과 주인의 법도를 따르지 않는다면, 자제처럼 따르는 것이다. 피할 수 있다면 피하니, 감히 번거롭게 행동하도록 만들 수 없기 때문이다. 존장자가 가는 곳이 혹여 비천하거나 개인적인 곳일 수도 있기 때문이다. 이 또한 일부러 번거롭게 행동하도록 감히 만들 수 없기 때문이다. '사(事)'는 아침저녁으로 곡(哭)하는 시기를 뜻한다.

**釋文** 孫音遜, 本亦作遜, 同. 見, 賢遍反, 下"請見"同. 褻, 息列反. 特, 本亦作犆, 音特.

**번역** '孫'자의 음은 '遜(손)'이며, 판본에 따라서는 또한 '遜'자로도 기록하는데, 그 음은 동일하다. '見'자는 '賢(현)'자와 '遍(편)'자의 반절음이며, 아래문장에 나오는 '請見'에서의 '見'자도 그 음이 이와 같다. '褻'자는 '息(식)'자와 '列(렬)'자의 반절음이다. '特'자는 판본에 따라서 또한 '犆'자로도 기록하니, 그 음은 '特(특)'이다.

**孔疏** ●"尊長"至"擢馬". ○正義曰: 此一節論卑幼奉命於尊長諸雜之儀.

**번역** ●經文: "尊長"~"擢馬". ○이곳 문단은 신분이 낮고 나이가 어린 자가 존장자의 명령을 받드는 잡다한 사안의 의례들을 논의하고 있다.

**孔疏** ●"燕見不將命"者, 謂卑幼, 私燕而見, 不使擯者將傳其命, 無賓主之禮.

**번역** ●經文: "燕見不將命". ○나이가 어린 자가 사적으로 찾아뵐 때, 부관을 통해서 그 명령을 전달하지 않는다는 뜻이니, 빈객과 주인의 예법이 적용되지 않기 때문이다.

**孔疏** ●"遇於道, 見則面"者, 若於道路遇逢尊者, 尊者若見己, 己則面見. 若尊者不見己, 己則隱也.

**번역** ●經文: "遇於道, 見則面". ○만약 도로에서 우연히 존장자를 만났는데, 존장자가 자신을 보았다면, 본인은 면전으로 다가가 만나보아야 한다. 만약 존장자가 자신을 보지 못했다면, 본인은 길을 피해야 한다.

**孔疏** ●"不請所之"者, 雖面自見, 而不得問尊者何處往也.

**번역** ●經文: "不請所之". ○비록 면전으로 다가가 만나보았더라도, 존장자에게 어디를 가는지 물을 수 없다.

**孔疏** ●"喪俟事, 不犆弔"者, 謂弔於尊長喪法也. 俟事, 謂侍主人朝夕哭時也. 不犆弔, 謂不非時而獨弔也.

**번역** ●經文: "喪俟事, 不犆弔". ○존장자에게 상이 발생했을 때 조문하는 법도를 뜻한다. '사사(俟事)'는 상주가 아침저녁으로 곡(哭)하는 시기까지 기다린다는 뜻이다. '불특조(不犆弔)'는 해당 시기가 아닐 때 홀로 조문을 해서는 안 된다는 뜻이다.

**集解** 愚謂: 踰等, 謂輩行尊於己者, 同姓則世叔父之屬, 異姓則父之執, 母之昆弟之屬. 君之路馬不齒, 有貳車者之乘馬服車不齒, 而況尊長可問其年乎?

**번역** 내가 생각하기에, '유등(踰等)'은 등급의 항렬이 자신보다 존귀한 자를 뜻하니, 동성(同姓)인 경우라면 세숙부 등에 해당하고, 이성(異姓)인 경우라면 부친의 친구 및 모친의 곤제 등에 해당한다. 군주의 노마(路馬)[1]에 대해서는 이빨을 헤아려서 나이를 셈하지 않고,[2] 뒤따르는 수레를 소유한 자에 대해서는 수레와 말에 대해서 연식을 따지지 않는데, 하물며 존장자에 대해서 그 나이를 물어볼 수 있겠는가?

**集解** 愚謂: 不請所之, 亦爲煩長者之答己.

**번역** 내가 생각하기에, 가는 곳을 청해 묻지 않는다는 말 또한 연장자가 번거롭게 자신에게 대답을 하도록 만들기 때문이다.

**【433d】**

## 侍坐弗使不執琴瑟.

**직역** 侍坐에는 使를 弗하면 琴瑟을 不執한다.

**의역** 존장자를 모시고 앉아 있을 때, 존장자가 시키지 않았다면, 금슬(琴瑟)

1) 노마(路馬)는 군주의 수레에 메는 말이다. 군주가 타던 수레를 노거(路車)라고 불렀기 때문에, '노마'라는 용어가 생긴 것이다.
2) 『예기』「곡례상(曲禮上)」【46b】: 步路馬, 必中道. 以足蹙路馬芻有誅, 齒路馬有誅.

등의 악기를 제멋대로 잡고서 연주하지 않는다.

**集說** 侍坐於尊者, 不使之執琴瑟, 則不得擅執而鼓之.

**번역** 존장자를 모시고 앉아 있는 경우, 존장자가 그로 하여금 금슬(琴瑟) 등의 악기를 잡도록 시키지 않는다면, 제멋대로 악기를 잡아서 연주할 수 없다.

**孔疏** ●"侍坐, 弗使, 不執琴瑟"者, 卑侍尊者之法也. 侍坐於尊, 尊者若不使己, 己則不得執琴瑟而鼓之. 若使己, 則得執之也.

**번역** ●經文: "侍坐, 弗使, 不執琴瑟". ○미천한 자가 존장자를 모시고 있을 때의 법도에 해당한다. 존장자를 모시고 앉아 있을 때, 존장자가 만약 자신에게 시키지 않았다면, 본인은 금슬(琴瑟) 등의 악기를 잡고서 연주할 수 없다. 만약 자신에게 시켰다면, 잡고서 연주할 수 있다.

**【434a】**

### 不畫地, 手無容, 不翣也. 寢則坐而將命.

**직역** 地에 不畫하며, 手는 容이 無하며, 不翣한다. 寢이라면 坐하여 命을 將한다.

**의역** 존장자를 모시고 앉아 있을 때, 손으로 땅에 그림을 그려서는 안 되며, 손을 공손하지 못하게 놀려서는 안 되고, 덥다고 하더라도 손으로 부채질을 해서는 안 된다. 존장자가 누워 계시다면, 무릎을 꿇고서 말을 전달한다.

**集說** 無故而畫地, 亦爲不敬. 手容恭, 若擧手以爲容, 亦爲不恭. 時雖暑熱, 不得揮扇. 若當尊者寢臥之時而傳命, 必跪而言之, 不可直立以臨之也.

**번역** 특별한 일이 없이 땅에 그림을 그리는 것 또한 불경스러운 태도가 된다. 손의 모습은 공손해야 하니,[3] 만약 손을 들어서 어떤 모양새를 취한다면, 이 또한 공손하지 못한 태도가 된다. 그 시기가 비록 더운 계절이라고 하더라도 손부채질을 할 수 없다. 만약 존장자가 누워 계신 때인데 말을 전달해야 한다면, 반드시 무릎을 꿇고서 말해야 하니, 서서 존장자를 대할 수 없기 때문이다.

**鄭注** 端慤所以爲敬也. 尊長或使彈琴瑟, 則爲之可. 命有所傳辭也. 坐者, 不敢臨之.

**번역** 단정하고 공손하게 행동하는 것은 상대방을 공경하는 태도가 된다. 존장자가 혹여 금슬(琴瑟)을 연주하라고 시킨다면, 연주하는 것이 가능하다. '명(命)'은 전달할 말이 있음을 뜻한다. 무릎을 꿇는 것은 감히 서서 존장자를 대할 수 없기 때문이다.

**釋文** 畫, 胡麥反. 翣, 本亦作萎, 所甲[4]反, 盧云: "扇也." 慤, 苦角反.

**번역** '畫'자는 '胡(호)'자와 '麥(맥)'자의 반절음이다. '翣'자는 판본에 따라서 또한 '萎'자로도 기록하니, '所(소)'자와 '甲(갑)'자의 반절음이며, 노식[5]은 "부채이다."라고 했다. '慤'자는 '苦(고)'자와 '角(각)'자의 반절음이다.

---

3) 『예기』「옥조(玉藻)」【394c】: 足容重, 手容恭.

4) '갑(甲)'자에 대하여. 『십삼경주소(十三經注疏)』 북경대 출판본에서는 "'갑'자는 본래 '각(角)'자로 기록되어 있었는데, 『예기훈찬(禮記訓纂)』에 따라서 고쳤다."라고 했다.

5) 노식(盧植, A.D.159?~A.D.192): =노씨(盧氏). 후한(後漢) 때의 유학자이다. 자(字)는 자간(子幹)이다. 어려서 마융(馬融)을 스승으로 섬겼다. 영제(靈帝)의 건녕(建寧) 연간(A.D.168~A.D.172)에 박사(博士)가 되었다. 채옹(蔡邕) 등과 함께 동관(東觀)에서 오경(五經)을 교정했다. 후에 동탁(董卓)이 소제(少帝)를 폐위시키자, 은거하며 『상서장구(尙書章句)』, 『삼례해고(三禮解詁)』를 저술했지만, 남아 있지 않다.

**孔疏** ●"不畫地"者, 盧云: "不敢無故畫地也."

**번역** ●經文: "不畫地". ○노식은 "감히 까닭도 없이 땅에 그림을 그릴 수 없다."라고 했다.

**孔疏** ●"手無容"者, 盧云: "不弄手也."

**번역** ●經文: "手無容". ○노식은 "손으로 희롱하듯 움직이지 않는다."라고 했다.

**孔疏** ●"不翣也"者, 盧云: "翣, 扇也." 雖熱亦不敢搖扇也. 此皆端慤, 所以爲敬.

**번역** ●經文: "不翣也". ○노식은 "'삽(翣)'자는 부채이다."라고 했다. 비록 날씨가 덥더라도 감히 손으로 부채질을 할 수 없다. 이것은 모두 단정하고 공손하게 행동하는 자세로, 상대방을 공경하는 태도이다.

**孔疏** ●"寢, 則坐而將命"者, 寢, 臥也. 坐, 跪也. 若尊者眠臥, 而侍者, 若傳辭, 當跪前, 不可以立, 恐臨尊者.

**번역** ●經文: "寢, 則坐而將命". ○'침(寢)'자는 "눕다[臥]."는 뜻이다. '좌(坐)'자는 "무릎을 꿇다[跪]."는 뜻이다. 만약 존장자가 누워서 주무시고 있고 자신이 시중을 드는 경우인데, 전달한 말이 있다면, 마땅히 그 앞에 무릎을 꿇어야 하니, 서 있을 수 없는 이유는 서 있는 채로 존장자를 임하게 됨을 염려했기 때문이다.

**集解** 愚謂: 此四者, 皆侍坐之法.

**번역** 내가 생각하기에, 악기를 잡지 않는다는 것부터 부채질을 하지 않는다는 네 가지 규정은 모두 연장자를 모시고 앉아 있을 때의 법도에 해당한다.

**集解** 愚謂: 燕見不將命, 謂己不敢使人將命也. 寢, 則坐而將命, 謂己爲尊長將命也.

**번역** 내가 생각하기에, "사적으로 찾아뵐 때에는 부관을 통해서 말을 전달하지 않는다."는 말은 본인은 감히 남을 통해서 말을 전달할 수 없다는 뜻이다. "누워 계신다면 무릎을 꿇고 말을 전달한다."는 말은 본인이 존장자를 위해서 말을 전달한다는 뜻이다.

그림 8-1 ▣ 금(琴)과 슬(瑟)

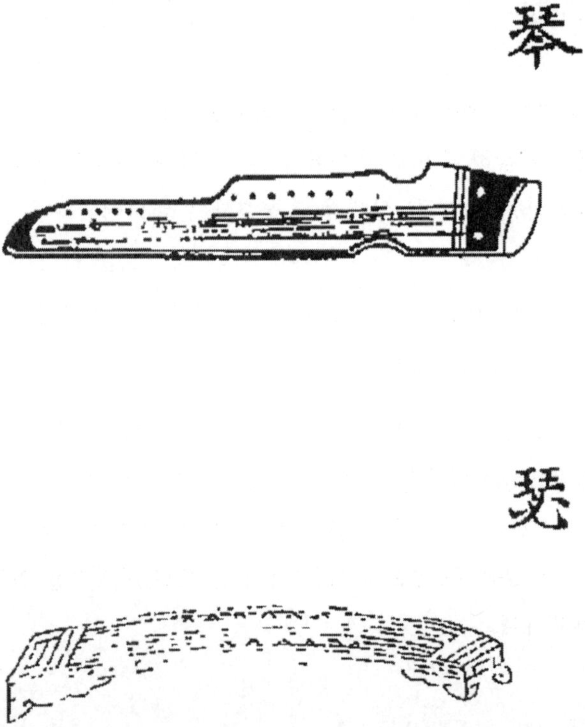


※ 출처: 『삼례도집주(三禮圖集注)』 5권

## • 제 9 절 •

## 존장자와 활쏘기 및 투호를 하는 예절

【434a】

**侍射則約矢.**

**직역** 侍射라면 矢를 約한다.

**의역** 존장자를 모시고 활을 쏘는 경우라면, 모시는 자는 화살을 한꺼번에 가져간다.

**集說** 凡射必二人爲耦. 楅在中庭, 箭倚於楅, 上耦前取一矢, 次下耦又進取一矢, 如是更進, 各得四矢. 若卑者侍射, 則不敢更迭取之, 但一時幷取四矢, 故謂之約矢也.

**번역** 무릇 활을 쏠 때에는 반드시 두 사람이 짝이 된다. 화살을 꼽아두는 복(楅)은 마당에 있고, 화살은 복에 담겨 있는데, 두 명 중 앞서 쏘는 사람이 먼저 하나의 화살을 가져가고, 그 다음으로 뒤이어 쏘는 나머지 한 사람이 또한 나아가서 하나의 화살을 가져가는데, 이처럼 번갈아가며 나아가서 가져가게 된다면 각각 네 개의 화살을 가지게 된다. 만약 신분이 미천한 자가 존장자를 모시고 활을 쏘는 경우라면, 감히 교대로 화살을 가져갈 수 없으니, 단지 한꺼번에 네 개의 화살을 모두 가져간다. 그렇기 때문에 "화살을 한꺼번에 가져간다."라고 말한 것이다.

**鄭注** 不敢與之拾取也.

**번역** 감히 존장자와 함께 번갈아가며 화살을 가져갈 수 없기 때문이다.

**釋文** 射, 食夜反, 下注"客射"同. 拾, 其劫反.

**번역** '射'자는 '食(식)'자와 '夜(야)'자의 반절음이며, 아래 정현의 주에 나오는 '客射'에서의 '射'자도 그 음이 이와 같다. '拾'자는 '其(기)'자와 '劫(겁)'자의 반절음이다.

**孔疏** ●"侍射則約矢"者, 矢, 箭也. 凡射必計耦, 先設楅在中庭. 楅者, 兩頭爲龍頭, 中央共二身, 而倚箭於楅身上, 上耦前取一矢, 下耦又進取一, 如是更進, 各得四箭而升堂, 揷三於要, 而手執一隻. 若卑者侍射, 則不敢更拾進取, 但一時并取四矢, 故云"則約矢"也.

**번역** ●經文: "侍射則約矢". ○'시(矢)'자는 화살이다. 무릇 활을 쏠 때에는 반드시 짝을 맞춰야 하며, 먼저 마당에 화살 통을 설치한다. '복(楅)'이라는 것은 양쪽 끝을 용의 머리 형식으로 조각하고, 중앙에 두 개의 몸체가 있어서, 화살을 그 몸체에 꼽게 되며, 짝을 이룬 사람 중 먼저 쏘는 한 사람이 앞서 하나의 화살을 가져가고, 뒤에 쏘는 사람이 재차 나아가서 하나의 화살을 가져가며, 이처럼 번갈아 나아가게 되어, 각각 네 개의 화살을 가지고서 당(堂)에 오르고, 허리에 세 개의 화살을 꼽고, 손으로 하나의 화살을 잡게 된다. 만약 신분이 낮은 자가 존장자를 모시고 활을 쏘게 된다면, 감히 번갈아가며 화살을 뽑아갈 수 없고, 단지 일시에 네 개의 화살을 모두 가져간다. 그렇기 때문에 "화살을 한꺼번에 가져간다."라고 말한 것이다.

그림 9-1 ▣ 복(楅)

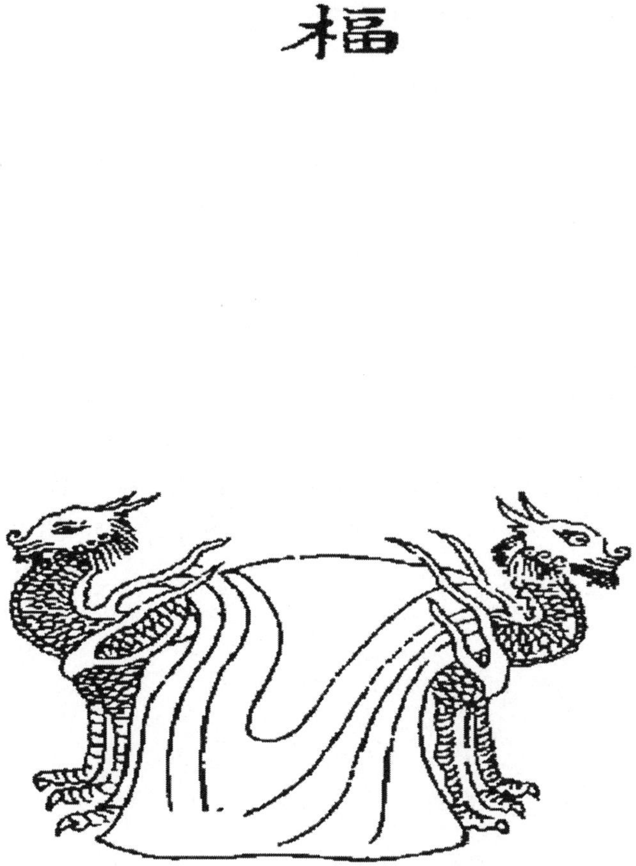


※ **출처:** 『삼례도집주(三禮圖集注)』 8권

【434b】

## 侍投則擁矢.

**직역** 侍投라면 矢를 擁한다.

**의역** 존장자를 모시고 투호를 하는 경우라면, 모시는 자는 화살 네 개를 손에 쥐고 한다.

**集說** 投壺之禮, 亦賓主各四矢. 尊者則委四矢於地, 一一取而投之. 卑者不敢委於地, 故悉擁抱之也.

**번역** 투호의 예법 또한 빈객과 주인이 각각 네 개의 화살을 가지고 한다. 존장자의 경우라면, 땅에 네 개의 화살을 내려놓고, 하나씩 들고서 던지게 된다. 미천한 자는 감히 땅에 내려놓을 수가 없기 때문에 모두 손에 쥐고 한다.

**鄭注** 不敢釋於地也. 投, 投壺也, 投壺坐.

**번역** 감히 땅에 내려놓을 수 없기 때문이다. '투(投)'자는 투호를 뜻하니, 투호를 하는 자리를 의미한다.

**孔疏** ●"侍投則擁矢"者, 投, 投壺也. 擁, 抱也. 矢, 謂投壺箭也, 若柘若棘爲之. 投壺禮, 亦賓主各四矢, 從委於身前坐, 一一取之. 若卑者侍投, 則不敢釋置於地, 但手并抱投之也. 故鄭云"不敢釋於地". 庾云: "擁抱己所當投矢也." 隱義云: "尊者委四矢於地, 一一取以投, 卑者不敢委於地, 悉執之也."

**번역** ●經文: "侍投則擁矢". ○'투(投)'자는 투호를 뜻한다. '옹(擁)'자는 "손에 쥐다[抱]."는 뜻이다. '시(矢)'는 투호에 사용하는 화살이니, 자(柘)나 극(棘) 등의 나무로 만든다. 투호의 예법에서도 또한 빈객과 주인이 각각 네 개의 화살을 사용하는데, 자기 앞에 내려놓고, 하나씩 들어 올린다. 만약 신분이 미천한 자가 존장자를 모시고 투호를 하게 된다면, 감히 땅에 내려놓을 수가 없고, 단지 손으로 모두 쥐고서 던지게 된다. 그렇기 때문에 정현이 "감히 땅에 내려놓을 수 없기 때문이다."라고 말한 것이다. 유울은 "자신이 던져야 할 화살을 쥐고 있는 것이다."라고 했다. 『예기은의』에서는 "존장자는 땅에 네 개의 화살을 내려놓고, 하나씩 들어 올려서 던지며, 신분이 미천한 자는 감히 땅에 내려놓을 수가 없고, 모두 쥐고 있게 된다."라고 했다.

**集解** 愚謂: 此謂侍尊者射及投壺, 而與尊者爲耦也.

**번역** 내가 생각하기에, 이 내용들은 연장자를 모시고 활을 쏘거나 투호를 할 때, 연장자와 함께 짝을 이루게 된 상황을 뜻한다.

**【434b】**

### 勝則洗而以請, 客亦如之. 不角, 不擢馬.

**직역** 勝하면 洗하여 이로써 請하고, 客도 亦히 如한다. 不角하고, 馬를 不擢한다.

**의역** 승리한 자는 잔을 씻어서 술을 권해도 되는지를 청하고, 빈객에 대한 경우 또한 이처럼 한다. 벌주를 줄 때에는 뿔잔을 사용하지 않고, 일반잔을 사용하며, 투호에서 상대방의 마(馬)를 빼앗지 않는다.

**集說** 射與投壺之禮, 勝者之弟子酌酒置于豐上, 其不勝者跪而飮之. 若卑者得勝, 則不敢徑酌, 當前洗爵而請行觴也. 客若不勝, 則主人亦洗而請, 所以優賓也. 角, 兕觥也. 今飮尊者及客不敢用角, 但如常獻酬之爵也. 擢, 進而取之也. 馬者, 投壺之勝算, 每一勝則立一馬, 至三馬而成勝. 若一朋得二馬, 一朋得一馬, 則二馬者, 取彼之一馬, 足成己之三馬. 今卑者雖得二馬, 不敢取尊者之一馬以成己勝也.

**번역** 활쏘기나 투호의 예법에 있어서, 승리를 한 자의 제자는 술잔을 따라서 풍(豐) 위에 놓아두고, 이기지 못한 자는 무릎을 꿇고서 그 술을 마신다. 만약 상대적으로 신분이 미천한 자가 승리를 했다면, 감히 경솔하게 술을 따라서 권할 수 없으니, 마땅히 그보다 앞서 술잔을 씻고서 술을 권해도 되는지 청해야 한다. 빈객이 만약 승리하지 못했다면, 주인 또한 술잔을 씻고서 술을 권해도 되는지 청하니, 빈객을 우대하기 때문이다. '각(角)'은 시굉(兕觥)이라는 뿔잔이다. 현재의 상황은 존귀한 자에게 술을 권하거나 빈객에게 권하게 되어, 뿔잔을 사용하지 않고, 단지 일상적으로 술을 권할 때 사용하는 술잔을 이용한다. '탁(擢)'자는 나아가서 취한다는 뜻이다. '마(馬)'라는 것은 투호를 하여 승리 횟수를 셈하고, 매번 한 번 승리할 때마다 한 개의 마(馬)를 세우고, 세 개의 마(馬)가 서게 되면 최종 승리를 하게 된다. 만약 한쪽이 두 개의 마(馬)를 얻었고, 다른 한쪽이 한 개의 마(馬)를 얻었다면, 두 개의 마(馬)를 가진 자가 상대방의 마(馬) 한 개를 가져가서, 자기가 세워야 하는 세 개의 마(馬)를 만들 수 있다. 현재의 상황은 신분이 미천한 자가 비록 두 개의 마(馬)를 세웠지만, 감히 존귀한 자가 세운 한 개의 마(馬)를 가져다가 자기의 승리를 확정시킬 수 없다.

**鄭注** 洗爵請行觴, 不敢直飮之. 客射若投壺不勝, 主人亦洗而請之. 角, 謂觥, 罰爵也. 於尊長與客, 如獻酬之爵. 擢, 去也, 謂徹也. 己徹馬, 嫌勝故專[1]之.

---

1) '전(專)'자에 대하여. '전'자는 본래 '박(薄)'자로 기록되어 있었는데, 완원(阮元)의 『교감기(校勘記)』에서는 "혜동(惠棟)의 『교송본(校宋本)』에는 '박'자가 '전'자로 기록되어 있고, 『송감본(宋監本)』·『악본(岳本)』·『가정본(嘉靖本)』 및 위씨(衛氏)의 『집설(集說)』, 『고문(考文)』에서 인용하고 있는 『고본(古本)』·『족리본(足利本)』에도 동일하게 기록되어 있다. 따라서 이곳 판본은 잘못 기록한 것이며, 『민본(閩本)』·『감본(監本)』·『모본(毛本)』도 모두 잘못 기록하였다."라고 했다.

**번역** 술잔을 씻고서 술을 권해도 되는지를 청하며, 감히 곧바로 마시게 하지 않는다. 빈객이 활을 쏘거나 투호를 했을 때 이기지 못했다면, 주인은 또한 잔을 씻어서 술을 권해도 되는지를 청한다. '각(角)'은 굉(觥)이라는 술잔이니, 벌주를 줄 때 사용하는 술잔이다. 존장자 및 빈객에 대해서는 일반적으로 술을 권할 때 사용하는 술잔을 사용한다. '탁(擢)'자는 "제거한다[去]."는 뜻이니, 상대방의 것을 치운다는 뜻이다. 자신이 상대방의 마(馬)를 제거하면, 승리를 고집하기 때문에, 자기만 차지하려고 한다는 혐의를 받는다.

**釋文** 飮音蔭. 勝, 詩證反. 觥, 古橫反. 擢, 直角反.

**번역** '飮'자의 음은 '蔭(음)'이다. '勝'자는 '詩(시)'자와 '證(증)'자의 반절음이다. '觥'자는 '古(고)'자와 '橫(횡)'자의 반절음이다. '擢'자는 '直(직)'자와 '角(각)'자의 반절음이다.

**孔疏** ●"勝則洗而以請"者, 若敵射及投壺竟, 司射命酌, 而勝者當應曰"諾". 而勝者弟子, 酌酒南面以置豐上, 豐在西階上兩楹之西. 而不勝者下堂, 揖讓升堂, 就西階上立, 北面, 就豐上取爵, 將飮之, 而跪之曰"賜灌", 灌, 猶飮也. 而勝者立於不勝者東, 亦北面, 跪而曰"敬養". 若卑者得勝, 則不敢直酌當前, 洗爵而請行觴, 然後乃行也.

**번역** ●經文: "勝則洗而以請". ○만약 대등한 신분끼리 활을 쏘거나 투호를 했을 때, 그 일이 끝나면, 사사(司射)를 맡은 관리가 술을 따를 것을 명하고, 승자는 마땅히 "알았다."고 대답해야 한다. 그리고 승자의 제자는 술을 따라서 남쪽을 바라보고, 풍(豐) 위에 올려두는데, 풍(豐)은 서쪽 계단 위 양쪽 기둥의 서쪽에 위치한다. 그리고 승리를 못한 자는 당(堂)에서 내려가서, 읍(揖)을 하고 사양을 한 뒤에 당으로 올라가고, 서쪽 계단 위로 나아가서 서며, 북쪽을 바라보고, 풍(豐) 위에 있는 술잔을 들고, 그것을 마시려고 하면, 무릎을 꿇고서 "술을 마실 수 있도록 하사해주십시오."라고 말한다. '관(灌)'자는 "마신다[飮]."는 뜻이다. 그리고 승자는 승리를 못한 자의 동쪽에 서서 또한 북쪽을 바라보고, 무릎을 꿇고서 "공경스러운 태도로 이 술잔을 통해 기르도록 하십시오."라고 말한다. 만약 신분이 미천한 자가 승리를 얻었다면, 감히 직접적으로 그 앞에 술을 따라 권할 수 없으니, 술잔을 씻고서 술을 권해도 되는지를 청한 연후에야 해당 의례를 시행한다.

**孔疏** ●"客亦如之"者, 客若不勝, 則主人亦洗而請, 如卑侍之法, 所以優賓也.

**번역** ●經文: "客亦如之". ○빈객이 만약 승리를 못했다면, 주인은 또한 술잔을 씻어서 술을 권해도 되는지를 청하여, 미천한 자가 존장자를 섬겼을 때의 예법과 같이 하니, 빈객을 우대하기 위해서이다.

**孔疏** ●"不角"者, 角, 謂行罰爵, 用角酌之也. 詩云"酌彼兕觥", 是也. 今飮尊者及客, 則不敢用角, 但如常獻酬之爵也.

**번역** ●經文: "不角". ○'각(角)'자는 벌주를 줄 때, 뿔잔을 사용해서 술을 따라준다는 뜻이다. 『시』에서 "저 시굉(兕觥)에 술을 따라 권한다."[2]라고 한 말이 바로 이것을 가리킨다. 현재의 상황은 존장자 및 빈객에게 술을 따라 권하게 되어, 감히 뿔잔을 사용하지 않고, 단지 평상시 술을 따라 권할 때 사용하는 술잔을 사용한다.

**孔疏** ●"不擢馬"者, 擢, 去也, 徹也. 投壺立籌爲馬, 馬有威武, 射者所尙也. 凡投壺, 每一勝輒立一馬, 至三馬而成勝. 但頻勝三馬[3]難得, 若一朋得二

---

2) 『시』「주남(周南)·권이(卷耳)」: 陟彼高岡, 我馬玄黃. 我姑酌彼兕觥, 維以不永傷.

3) '삼마(三馬)'에 대하여. '삼마'는 본래 '마삼(馬三)'으로 기록되어 있었는데, 완원(阮元)의 『교감기(校勘記)』에서는 "혜동(惠棟)의 『교송본(校宋本)』에는 '삼마'이라고 기록했고, 위씨(衛氏)의 『집설(集說)』에도 동일하게 기록되어 있다. 이곳 판본은 '삼마'를 전도시켜 '마삼'이라고 잘못 기록한 것이며, 『민본(閩本)』·『감본(監本)』·『모본(毛本)』도 동일하게 잘못 기록하였다."라고 했다.

馬, 一朋得一馬, 於是二馬之朋, 徹取一馬者足以爲三馬, 以成定勝也. 今若卑者朋, 雖得二馬, 亦不敢徹尊者馬足成己勝也.

**번역** ●經文: "不擢馬". ○'탁(擢)'자는 제거한다는 뜻이니, 상대방의 것을 치운다는 의미이다. 투호에서는 투호살을 세우는 것을 '마(馬)'라고 하니, 말은 위엄과 무용이 있어서, 활을 쏘는 자가 숭상하는 것이기 때문이다. 무릇 투호를 하게 되면 매번 한 차례 승리를 할 때마다 하나의 마(馬)를 세우고, 세 개의 마(馬)가 세워지게 되면, 승리를 이루게 된다. 다만 번번이 승리를 하여 세 개의 마(馬)를 세우기는 매우 어려우니, 만약 두 명 중 한쪽이 두 개의 마(馬)를 얻었고, 다른 한쪽이 한 개의 마(馬)를 얻었다면, 두 개의 마(馬)를 세운 자가 상대방이 세운 한 개의 마(馬)를 가져다가 세 개의 마(馬)를 만들어서, 승리를 확정할 수 있다. 현재의 상황은 신분이 미천한 자가 존장자의 상대가 되어, 비록 두 개의 마(馬)를 얻었다고 하더라도, 또한 감히 존장자가 세운 마(馬)를 가져다가 자신의 승리를 확정할 수 없다.

**訓纂** 朱子曰: 此皆是卑者與尊者爲耦. 若己勝而司射命酌, 則不使他弟子酌酒以罰尊者, 必自洗爵而請行觴. 若耦勝, 則不敢煩他弟子亦酌而飮己, 必自洗爵而請自飮也.

**번역** 주자가 말하길, 이 내용들은 모두 신분이 미천한 자가 존귀한 자와 짝을 이루어 시행하는 일들이다. 만약 본인이 승리를 하여, 사사(司射)가 술을 권하라고 말한다면, 남의 제자를 시켜서 술을 따라서 존장자에게 벌주를 내릴 수 없으니, 반드시 직접 술잔을 씻고서 술을 권해도 되는지를 청하게 된다. 만약 상대방이 이긴 경우라면, 감히 남의 제자를 번거롭게 해서 술을 따라 자신이 마실 수 있도록 할 수 없으니, 반드시 직접 술잔을 씻고서 스스로 마셔도 되는지를 청하게 된다.

**集解** 愚謂: 勝則洗而以請者, 謂洗爵酌酒, 就其席前而請之, 不敢奠爵於豐上, 而揖尊者使飮. 鄕射禮若"賓主人大夫不勝", "執爵者取觶降洗升, 實之以授于席前", 是也. 註疏說未晰. 毛詩傳, "兕觥, 罰爵也." 疏云, "觥是觚·觶·角·散之外別有此器, 不用於正禮." 蓋觥以兕角爲之, 故亦名爲角, 而非"四升曰角"之角也. 然鄕射 · 大射罰爵皆用觶, 此用角者, 豈燕射與投壺之禮然與? 投壺禮請賓云"一馬從二馬", "請主人亦如之", 則與客投壺者得擢馬矣. 此云"客亦如之", 唯謂"勝則洗而以請"一事, 若不角·不擢馬, 則唯施於尊者, 而不施於客也. 孔疏於下二事亦兼尊者與客言之, 非是.

**번역** 내가 생각하기에, "승리를 하면 술잔을 씻어서 이로써 청한다."라는 말은 술잔을 씻어서 술을 따른 뒤에 자리 앞으로 나아가서 마시기를 청하고, 감히 풍(豐) 위에 술잔을 내려놓을 수 없으며, 존장자에게 읍(揖)을 하여 마시도록 해야 한다는 뜻이다. 『의례』「향사례(鄕射禮)」편에서 "빈객 · 주인 · 대부가 이기지 못했다."라고 말하고, "술잔을 든 자는 치(觶)를 가지고 내려가서 씻고, 다시 올라가서, 술을 채우고서 자리 앞에 둔다."[4]라고 한 말에 해당한다. 정현의 주와 공영달의 소는 그 해석이 분명하지 않다. 『모시』의 전문(傳文)에서는 "시굉(兕觥)은 벌주를 내릴 때의 술잔이다."라고 했고, 공영달의 소에서는 "굉(觥)은 고(觚) · 치(觶) · 각(角) · 산(散)이라는 술잔 이외에 별도로 있는 술잔으로, 정규 예법에서는 사용하지 않는다."라고 했다. 아마도 굉(觥)은 외뿔소의 뿔로 만들었을 것이다. 그렇기 때문에 그 명칭을 '각(角)'이라고도 한 것이니, "4승(升)[5]의 용적을 가진 술잔을 각(角)이라고 부른다."라고 할 때의 '각(角)'이 아니다. 그런데 『의례』「향사례」편과 「대사(大射)」편에서는 벌주를 내릴 때의 술잔으로 모두 치(觶)를 사용한다고 했고, 이곳에서는 각(角)을 사용한다고 했으니, 어찌 연사례(燕射禮)나 투호의 예법에서만 이러한 것이겠는가? 투호의 예법에서는 빈객에게 청원하며, "하나의 마(馬)는 두 개의 마(馬)를 따른다."라고 했고, "주인에게 청할 때에도 또한 이처럼

---

4) 『의례』「향사례(鄕射禮)」 : 賓 · 主人 · 大夫不勝, 則不執弓, 執爵者取觶降洗, 升, 實之以授于席前.

5) 승(升)은 용량을 재는 단위이다. 지역 및 각 시대마다 다소 차이를 보이는데, 고대에는 10합(合)을 1승(升)으로 여겼고, 10승(升)을 1두(斗)로 여겼다. 『한서(漢書)』「율력지상(律曆志上)」편에는 "合龠爲合, 十合爲升."이라는 기록이 있다.

한다."[6]라고 했으니, 빈객과 투호를 하는 경우에도 상대방의 마(馬)를 취할 수 있다. 이곳에서 "빈객 또한 이와 같다."라고 했는데, 이것은 단지 "승리를 하면 술잔을 씻어서 이로써 청한다."라고 했던 한 사안만을 뜻하니, 각(角)을 쓰지 않고, 상대방의 마(馬)를 취하지 않는 경우라면, 오직 존장자에 대해서만 시행하는 것이며, 빈객에게는 적용하지 않는다. 공영달의 소에서는 뒤의 두 사안에 대해서도 또한 존장자와 빈객에 대한 일을 함께 언급했는데, 잘못된 주장이다.

---

6) 『예기』「투호(投壺)」【676b】: 請賓, 曰, "順投爲入, 比投不釋, 勝飮不勝者. 正爵既行, 請爲勝者立馬, 一馬從二馬. 三馬既立, 請慶多馬." 請主人亦如之.

그림 9-2 ▣ 시투옹시도(侍投擁矢圖)

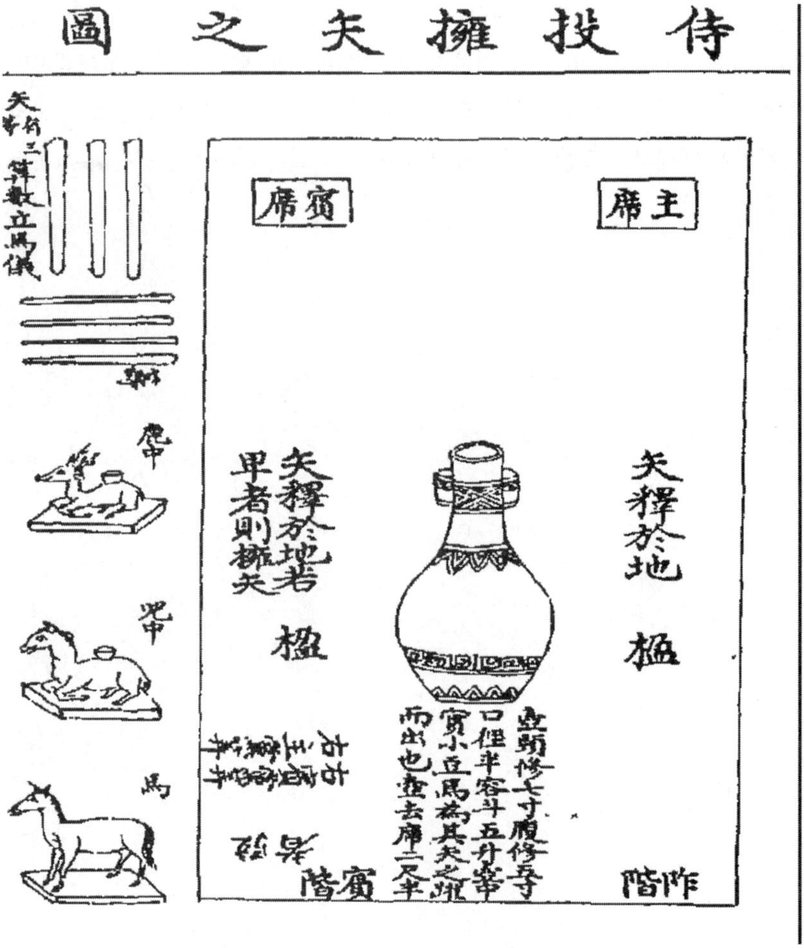


※ 출처:『가산도서(家山圖書)』

그림 9-3 ▣ 투호 : 호(壺) · 화살[矢] · 마(馬)

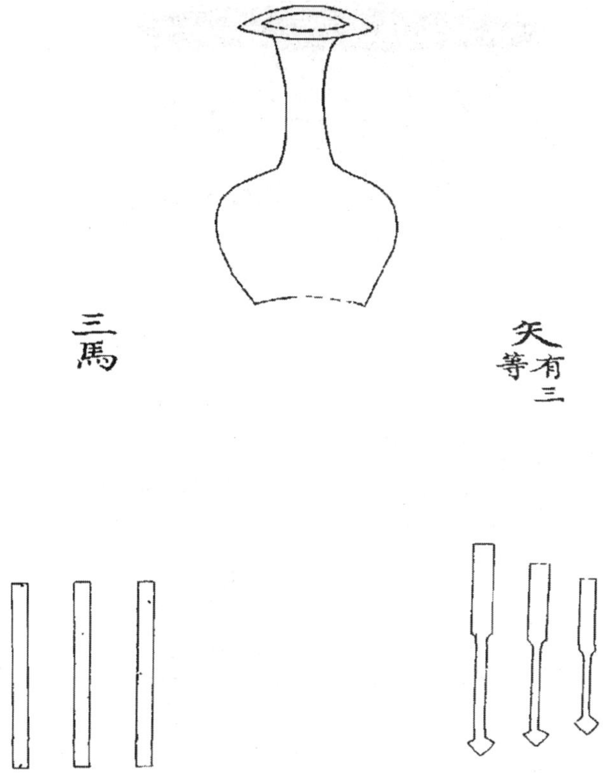


※ **출처:**『삼례도집주(三禮圖集注)』5권

그림 9-4 ▣ 풍(豐)

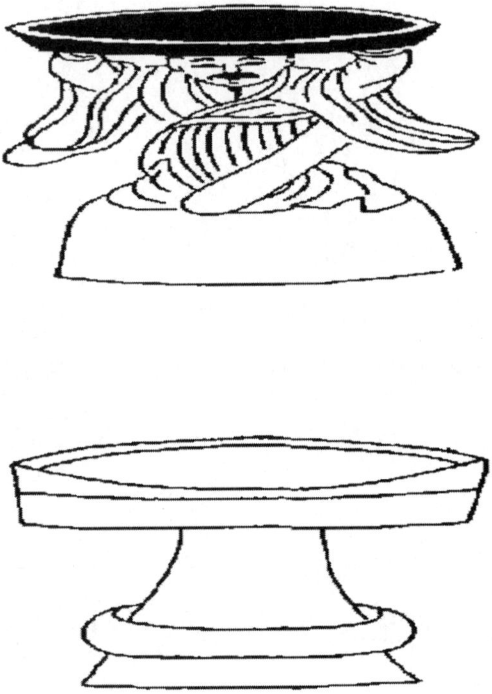

※ **출처:** 상-『삼례도집주(三禮圖集注)』 12권 ; 하-『삼례도(三禮圖)』 4권

그림 9-5 ▣ 치(觶)와 각(角)

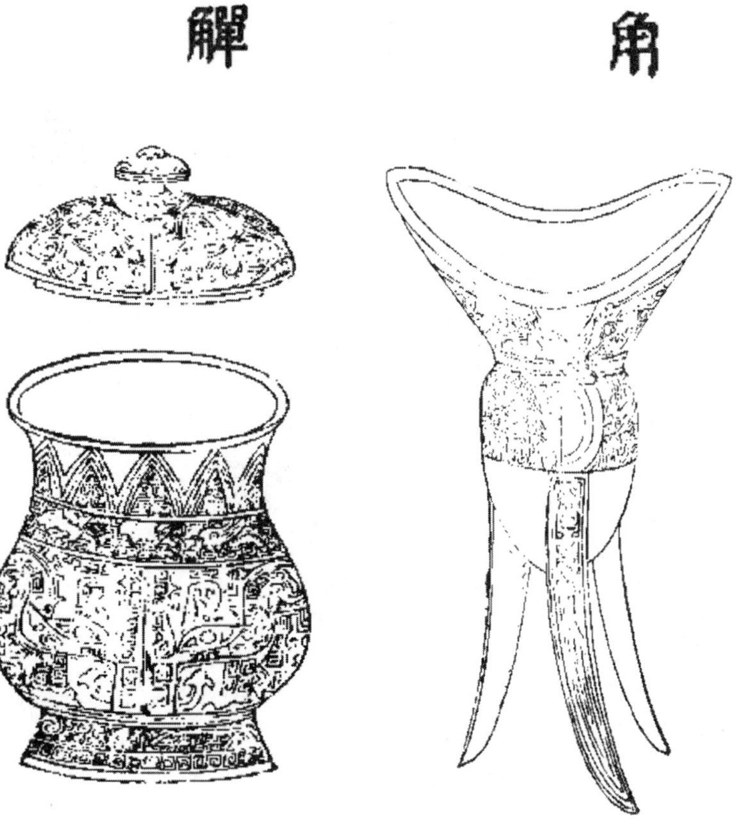


※ **출처:** 『삼재도회(三才圖會)』「기용(器用)」 1권

그림 9-6 ▣ 굉(觥)

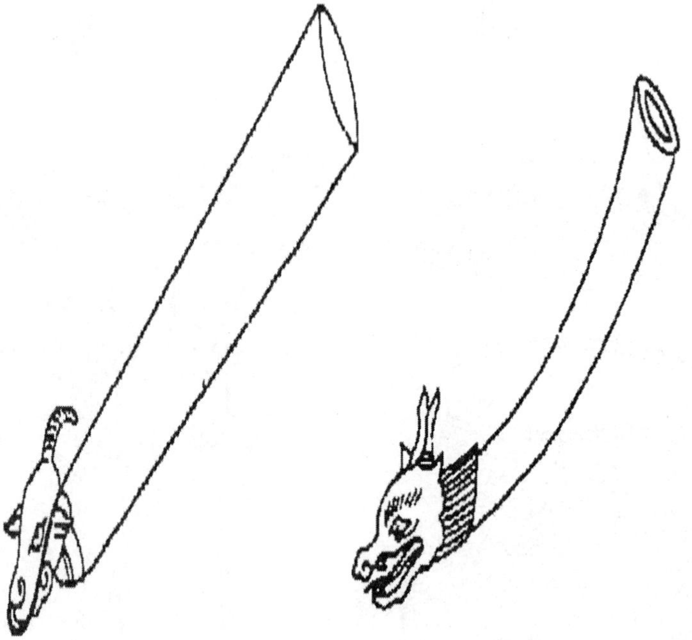

※ **출처:** 우-『삼례도집주(三禮圖集注)』 12권
좌-『육경도(六經圖)』 9권

**그림 9-7** ■ 고(觚)

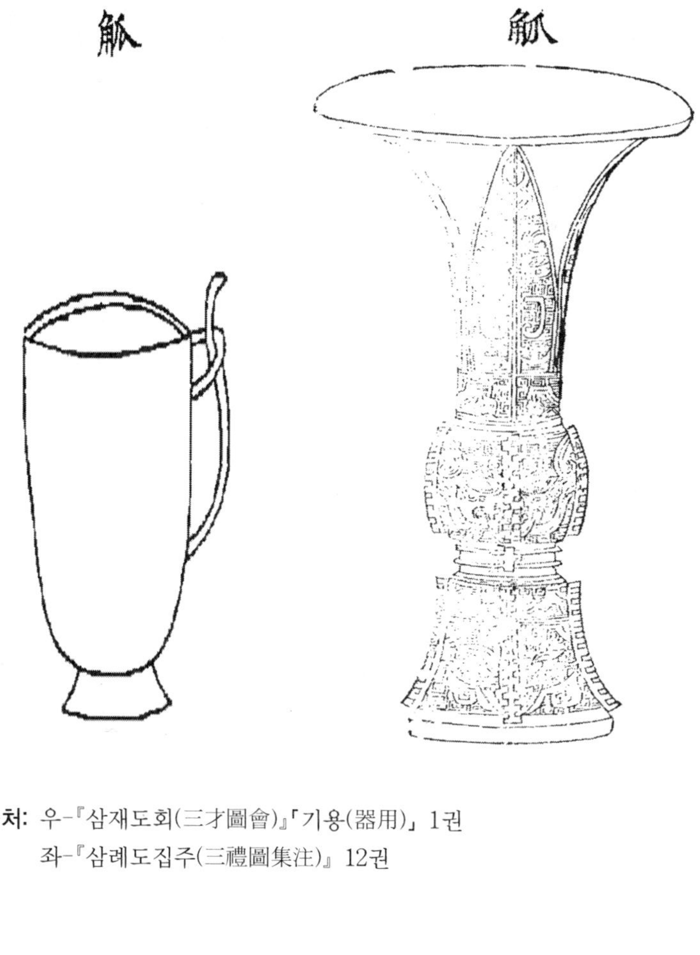


※ **출처:** 우-『삼재도회(三才圖會)』「기용(器用)」 1권
좌-『삼례도집주(三禮圖集注)』 12권

그림 9-8 ▣ 산(散)

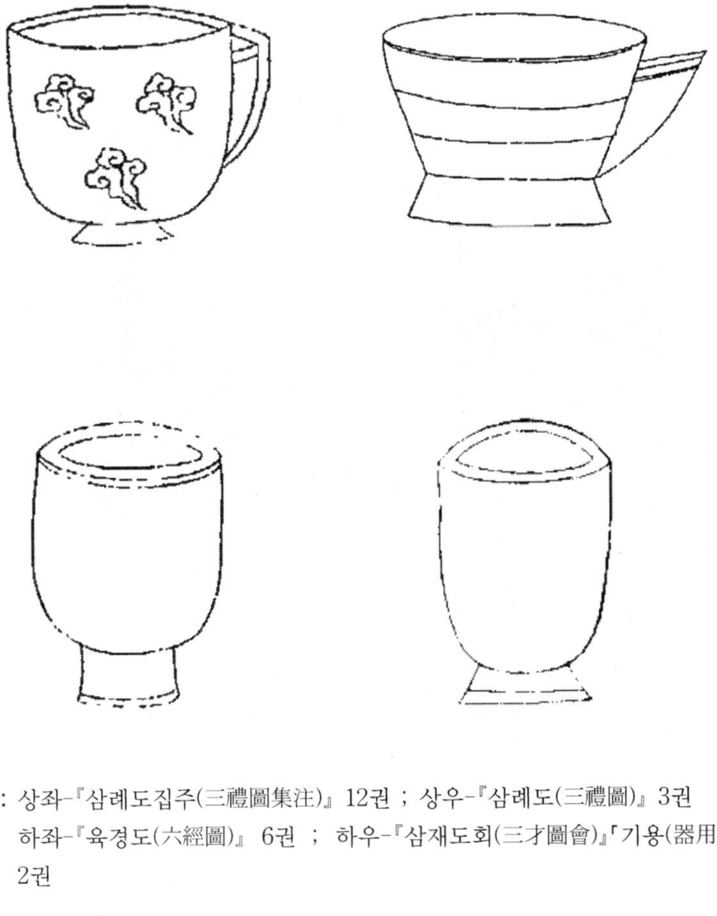

※ **출처:** 상좌-『삼례도집주(三禮圖集注)』 12권 ; 상우-『삼례도(三禮圖)』 3권
하좌-『육경도(六經圖)』 6권 ; 하우-『삼재도회(三才圖會)』「기용(器用)」 2권

## • 제10절 •

## 군주의 수레를 모는 예절

【434c】

**執君之乘車則坐. 僕者右帶劒, 負良綏, 申之面, 拖諸幦. 以散綏升, 執轡然後步.**

**직역** 君의 乘車를 執하면 坐한다. 僕者는 右로 劒을 帶하고, 良綏를 負하며, 面을 申하고, 幦에 拖한다. 散綏로써 升하고, 轡를 執한 然後에 步한다.

**의역** 군주의 수레를 몰게 되면, 무릎을 꿇고 군주가 탈 때까지 기다린다. 수레를 모는 자는 오른쪽으로 검을 차고, 군주가 수레에 탈 때, 군주가 잡는 끈을 등 뒤로 짊어지듯 넘긴 뒤, 끝의 끈을 늘어트리고, 수레의 덮개 위로 끌어당긴다. 수레를 모는 자가 수레에 탈 때에는 산수(散綏)를 이용해서 수레에 오르고, 고삐를 잡은 뒤에는 말이 몇 발자국 이동하도록 하여 상태를 살핀다.

**集說** 方氏曰: 執, 謂執轡也. 凡御必立, 今坐者, 君未升車而車未行也. 劒在左, 以便右抽, 僕則右帶者, 以君在左, 嫌妨君也. 良綏, 正綏也. 猶良車良材之良. 散綏, 貳綏也. 猶散材之散. 正綏君所執, 貳綏則僕執之. 僕在車前, 而君自後升, 故曰負良綏. 申之面者, 言垂綏之末於前也. 拖諸幦者, 引之於車闌覆苓之上也. 以散綏升者, 復言僕初升時也. 執轡然後步者, 防馬之逸也.

**번역** 방씨가 말하길, '집(執)'자는 수레의 고삐를 잡는다는 뜻이다. 무릇 수레를 모는 자는 반드시 서 있어야 하는데, 현재 '좌(坐)'라고 한 것은 군주가 아직 수레에 오르지 않아서, 수레가 아직 움직이지 않았기 때문이다. 검은 좌측에 차서, 오른손으로 뽑기에 편리하도록 하는데, 복(僕)의 경우라면, 우측 허리띠에 차니, 군주가 좌측에 위치하여, 군주에게 방해가 될까를 염려해서이다. '양수(良綏)'는 군주가 수레에 탈 때 잡게 되는 끈이다. '양수(良綏)'라고 부르는 것은 '좋은 수레[良車]'나 '좋은 재목[良材]'이라고 하여 '양(良)'자를 붙이는 것과 같다. '산수(散綏)'는 보조 끈으로, 수레를 모는 자 등이 수레에 오를 때 잡는 끈이다. '산수(散綏)'라고 부르는 것은 '쓸모없는 재목[散材]'이라고 할 때 '산(散)'자를 붙이는 것과 같다. 정수는 군주가 잡는 끈이고, 이수(貳綏)는 복(僕) 등이 잡는 끈이다. 복(僕)은 수레의 전면에 있고, 군주는 뒤로부터 수레에 오르기 때문에, "양수를 짊어진다."라고 말한 것이다. '신지면(申之面)'이라는 말은 앞으로 끈의 끝부분을 늘어트린다는 뜻이다. '타저멱(拖諸幦)'이라는 말은 수레의 난간 덮개 위로 끌어당긴다는 뜻이다. "산수를 잡고 오른다."는 말은 복(僕)이 최초 수레에 오를 때를 재차 설명한 말이다. "고삐를 잡고 몇 발자국을 움직이게 한다."라고 한 말은 말이 실수하는 것을 방지하기 위해서이다.

**集說** 今按: 苓卽軾也.

**번역** 현재 살펴보니, '영(苓)'은 곧 수레의 '식(軾)'이다.

**大全** 朱子曰: 以言以散綏升, 則是此時僕方在車下, 帶劒負綏, 而擲綏末於幦上, 君固未就車也. 及僕以散綏升之後, 君方出而就車, 此疏乃言君由後升, 僕者在車背, 君取綏而拖諸幦, 誤矣. 又疑綏制, 當是以索爲環, 兩頭相屬, 故負之者, 得以如環處, 自左腋下, 過前後各上至背, 則合而出於右腋之中, 以申於前而自車下, 擲於幦上, 君升則還身向後, 復以覆幦如環處授君, 使君得以兩手執之而升也. 按此與曲禮君車將駕以下, 皆非專爲君御者之事, 蓋劒妨左人, 自當右帶, 綏欲授人, 自當負之以升, 又當升時, 無人授己, 故但取散綏以升, 乃僕之通法, 註疏皆誤.

**번역** 주자가 말하길, "산수(散綏)를 이용해서 오른다."라고 말했다면, 이때에 수레를 모는 자가 수레 밑에 있었음을 뜻하고, 검을 차고 수(綏)를 짊어졌으며, 수(綏)의 끝을 덮개 위로 던졌으므로, 이 시기에 군주는 진실로 아직 수레에 다가가지 않은 것이다. 수레를 모는 자가 산수를 이용해서 수레에 오른 뒤에야 군주가 밖으로 나와서 수레로 다가가게 되는데, 이 내용에 대해서 공영달의 소(疏)에서는 곧 군주가 뒤로부터 오르게 되어, 수레를 모는 자가 수레의 뒤쪽에 있고, 군주가 수(綏)를 잡고 덮개 쪽으로 당긴다고 설명했는데, 이것은 잘못된 해석이다. 또한 수(綏)를 제작할 때에는 마땅히 동아줄로 둥글게 꼬아서, 양쪽 끝부분을 서로 연결했을 것이다. 그렇기 때문에 그것을 짊어진다고 했을 때, 둥근 고리처럼 해서, 좌측 겨드랑이 밑으로부터 앞뒤로 빼내어 각각 위로 올려 등 쪽으로 빼내면, 그 둘을 합해서 오른쪽 겨드랑이 사이로 빼내고, 그 끝을 앞으로 펼치고, 수레의 밑으로부터 덮개의 위로 던져놓고, 군주가 수레에 타게 되면, 몸을 돌려 뒤쪽으로 향하게 되며, 재차 덮개를 둥근 고리처럼 하여 군주에게 건네서, 군주로 하여금 양쪽 손으로 그것을 잡고 오르도록 한다. 살펴보니, 이 내용과 『예기』「곡례(曲禮)」편에서 "군주의 수레에 멍에를 멘다."[1]라고 한 구문부터 그 이하의 내용은 모두 전적으로 군주의 수레를 모는 자만을 위한 사안이 아니다. 무릇 검은 좌측에 있는 사람에게 방해가 되므로, 마땅히 오른쪽 띠에 차게 되고, 수(綏)는 남에게 건네려고 하는 것이니, 짊어져서 그것을 이용해 타도록 하고, 또 수레에 탈 때, 자신에게 끈을 건네줄 자가 없기 때문에, 단지 산수(散綏)를 잡고서 오르게 되니, 이것은 곧 수레를 모는 자들에게 일반적으로 통용되는 예법이다. 따라서 정현의 주와 공영달의 소에서 한 설명은 모두 잘못되었다.

**鄭注** 執, 執轡, 謂守之也, 君不在中坐, 示不行也. 面, 前也. 幦, 覆苓也. 良綏, 君綏也. 負之, 由左肩上, 入右腋下, 申之於前覆笭上也. 步, 行也.

**번역** '집(執)'자는 고삐를 잡는다는 뜻이니, 수레를 지킨다는 의미로, 군주가 그 안에 타고 있지 않아서 무릎을 꿇음으로써, 아직 움직이지 않는다는 뜻을 나타낸다. '면(面)'자는 전면[前]을 뜻한다. '멱(幦)'자는 수레의 덮개이다. '양수(良綏)'는 군주가 수레에 오를 때 잡는 끈이다. 짊어질 때에는 좌측

---

1) 『예기』「곡례상(曲禮上)」【43a】: <u>君車將駕</u>, 則僕執策立於馬前.

어깨로부터 우측 겨드랑이 밑으로 집어넣고, 전면의 수레덮개 위로 펼쳐둔다. ‘보(步)’자는 “가다[行].”는 뜻이다.

**釋文** 乘, 繩證反. 轡, 冰媚反. 拕, 徒可反, 引也, 又他左反. 幦, 徐音覓. 笭, 力丁反. 腋音亦. 散, 悉旦反.

**번역** ‘乘’자는 ‘繩(승)’자와 ‘證(증)’자의 반절음이다. ‘轡’자는 ‘冰(빙)’자와 ‘媚(미)’자의 반절음이다. ‘拕’자는 ‘徒(도)’자와 ‘可(가)’자의 반절음으로, 당긴다는 뜻이고, 또한 그 음은 ‘他(타)’자와 ‘左(좌)’자의 반절음도 된다. ‘幦’자의 서음(徐音)은 ‘覓(멱)’이다. ‘笭’자는 ‘力(력)’자와 ‘丁(정)’자의 반절음이다. ‘腋’자의 음은 ‘亦(역)’이다. ‘散’자는 ‘悉(실)’자와 ‘旦(단)’자의 반절음이다.

**孔疏** ●“執君”至“後步”. ○正義曰: 此一節明爲君僕御之法.

**번역** ●經文: “執君”~“後步”. ○이곳 문단은 군주의 수레를 모는 자가 따라야 하는 법도를 나타내고 있다.

**孔疏** ●“執君之乘車則坐”者, 執, 執轡也, 謂君[2]不在車, 而僕執轡守君車時也. 凡御則立, 今守空車則坐, 示君不在車, 車不行也.

**번역** ●經文: “執君之乘車則坐”. ○‘집(執)’자는 고삐를 잡는다는 뜻이니, 군주가 아직 수레에 타지 않아서, 수레를 모는 자가 고삐를 잡고 군주의 수레를 지킬 때를 뜻한다. 무릇 수레를 모는 자는 서 있어야 하는데, 현재 빈 수레를 지키고 있다면 무릎을 꿇으니, 군주가 아직 수레에 있지 않아서, 수레를 움직이지 않는다는 뜻을 나타낸다.

---

2) ‘군(君)’자에 대하여. ‘군’자는 본래 없던 글자인데, 완원(阮元)의 『교감기(校勘記)』에서는 “혜동(惠棟)의 『교송본(校宋本)』에는 ‘군’자가 기록되어 있으니, 이곳 판본에는 ‘군’자가 누락된 것이며, 『민본(閩本)』·『감본(監本)』·『모본(毛本)』도 동일하게 누락되어 있다.”라고 했다.

**孔疏** ●"僕者右帶劒"者, 謂初御法也, "僕"卽御者也. "右帶劒"者, 帶之於腰右邊也, 帶劒之法在左, 以右手抽之便也. 今御者劒右帶者, 御人在中, 君在左, 若左帶劒則妨於君, 故右帶也.

**번역** ●經文: "僕者右帶劒". ○최초 수레를 모는 법도를 뜻하니, '복(僕)'은 곧 수레를 모는 자를 뜻한다. 경문의 "右帶劒"에 대하여. 허리의 우측에 찬다는 의미로, 검을 차는 법도에서는 좌측에 차는 것이 정상이니, 오른손으로 뽑기 편리하기 때문이다. 그런데 현재 수레를 모는 자가 검을 우측에 찬 것은 수레를 모는 자는 중앙에 위치하고, 군주는 좌측에 위치하는데, 만약 좌측에 검을 찬다면, 군주에게 방해가 된다. 그렇기 때문에 우측에 찬다.

**孔疏** ●"負良綏, 申之面"者, 良, 善也. 善綏, 君綏也. 君猶後升, 僕者在車背君, 面嚮前, 取君綏, 由左腋下加左肩上, 繞背入右腋下, 申綏之末於面前.

**번역** ●經文: "負良綏, 申之面". ○'양(良)'자는 "좋다[善]."는 뜻이다. 좋은 끈은 군주가 잡는 끈이다. 군주는 수레의 뒤로 오르니, 수레를 모는 자가 수레에 타 있게 되면 군주를 등지고, 전면을 향하며, 군주가 잡는 끈을 잡아서, 좌측 겨드랑이 밑으로부터 좌측 어깨 위로 올린 뒤, 등 뒤로 둘러서 우측 겨드랑이 밑으로 넣고, 끈의 끝을 앞으로 늘어트리게 된다.

**孔疏** ●"拖諸幦"者, 拖, 猶擲也, 亦引也. 幦, 車覆闌也. 綏申於面前, 而拖末於車前幦上也, 亦云"引之", 可置車幦上也.

**번역** ●經文: "拖諸幦". ○'타(拖)'자는 "던진다[擲]."는 뜻이며, 또한 "당긴다[引]."는 뜻도 된다. '멱(幦)'자는 수레의 난간을 덮는 것이다. 끈을 전면으로 펼쳐서, 그 끝을 수레 전면 덮개 위로 던지는데, 또한 "당긴다."라고 한 것은 수레의 덮개 위에 둘 수도 있기 때문이다.

**孔疏** ●"以散綏升"者, 謂初升時也. 散綏, 副綏也. 僕登車, 旣不得執君綏,故執副綏而升也.

**번역** ●經文: "以散綏升". ○최초 수레에 탈 때를 뜻한다. '산수(散綏)'는 보조 끈이다. 수레를 모는 자가 수레에 탈 때에는 군주가 잡는 끈을 잡을 수 없기 때문에, 보조 끈을 잡고서 수레에 오른다.

**孔疏** ●"執轡然後步"者, 步, 猶行也. 旣升車, 執策分轡, 而後行車也. 行車五步而立待君, 君出上, 則授良綏而升君也.

**번역** ●經文: "執轡然後步". ○'보(步)'자는 "가다[行]."는 뜻이다. 수레에 이미 올라서, 채찍과 고삐를 나눠 쥔 뒤에는 수레를 움직인다. 수레를 움직여서 말이 다섯 발자국 정도 가게 만든 뒤에는 멈추고서, 그 자리에 서서 군주를 기다리며, 군주가 밖으로 나와서 수레에 오르게 되면, 양수(良綏)를 건네서 군주를 오르게 한다.

**孔疏** ◎注"幦, 覆笭也". ○正義曰: 笭, 車前蘭也, 亦名爲"式". 故詩傳云"幭覆式", 與此同. 知"良綏, 君綏"者, 以下云"散綏", 旣有二種, 明良綏君綏, 其散綏則本繫於車, 僕者攬之而登車也.

**번역** ◎鄭注: "幦, 覆笭也". ○'영(笭)'은 수레의 전면에 있는 난간이니, 이것을 또한 '식(式)'이라고도 부른다. 그렇기 때문에 『시전』에서는 "멸(幭)은 식(式)을 덮는 것이다."[3]라고 했던 것이니, 이곳의 내용과 동일하다. 정현이 "'양수(良綏)'는 군주가 수레에 오를 때 잡는 끈이다."라고 했는데, 이 말이 사실임을 알 수 있는 이유는 아래문장에서 '산수(散綏)'라고 말하여, 이미 두 종류의 끈이 있게 되니, 이것은 곧 양수가 군주가 잡는 끈이고, 산수의 경우에는 본래 수레에 연결되어 있어서, 수레를 모는 자가 그것을 잡아당겨서 수레에 오른다는 사실을 나타낸다.

---

3) 이 문장은 『시』「대아(大雅)·한혁(韓奕)」편의 "王錫韓侯, 淑旂綏章. 簟茀錯衡. 玄袞赤舃, 鉤膺鏤鍚, 鞹鞃淺幭, 鞗革金厄."이라는 기록에 대한 정현의 전(箋)이다.

**集解** 愚謂: 此謂初乘車驅之五步而立之時也. 坐, 跪也. 爲君子御者, 始乘則式, 爲君御者, 始乘則坐, 皆所以爲敬也.

**번역** 내가 생각하기에, 이 내용은 최초 수레에 타서 수레를 다섯 걸음 정도 몰고 난 뒤에 멈춰서 서 있을 때를 뜻한다. '좌(坐)'자는 "무릎을 꿇다[跪]."는 뜻이다. 군자의 수레를 모는 자가 되었을 때, 최초 수레에 타게 되면, 식(式)을 잡고 예의를 표하고, 군주의 수레를 모는 자가 되었을 때, 최초 수레에 타게 되면, 무릎을 꿇으니, 이 모두는 공경을 나타내기 위해서이다.

**集解** 愚謂: 綏蓋繫於車之左右闌, 君由左升, 良綏在左; 僕右, 由右升, 其綏在右. 僕必負綏者, 君升授綏, 必繞之於背以挽君, 乃有力, 故於未升時預擬君升授綏之法, 而負之以升也. 此節固爲僕之通法, 註疏承上文, 專以御君言之, 於義亦無害. 至疏謂負綏在車上, 則非是. 又君升則僕當向君, 而以綏授君, 疏乃謂"背君向前", 而"申綏於面", 尤不可曉. 疑是疏文有誤脫, 若刪去"君由後升"至"向前"十三字, 則其文義亦自通曉也.

**번역** 내가 생각하기에, '수(綏)'는 수레의 좌우측 난간에 연결되어 있는데, 군주는 좌측을 통해 오르게 되어, 양수(良綏)는 좌측에 달려 있고, 수레를 모는 자와 호위하는 자는 우측을 통해 오르게 되어, 그들이 잡는 끈은 우측에 달려 있다. 수레를 모는 자가 반드시 수(綏)를 짊어지는 것은 군주가 오를 때 수(綏)를 건네기 위해서인데, 반드시 그것을 등 뒤로 둘러서 군주를 당기는 것은 곧 힘이 실리도록 하기 위해서이다. 그래서 아직 수레에 오르기 전에 미리 군주가 수레에 오를 때 수(綏)를 건네는 법도를 따라서, 그것을 짊어져서 오르도록 한다. 이곳 문단은 진실로 수레를 모는 자들에게 통용되는 법도인데, 정현의 주와 공영달의 소에서는 앞의 문장과 연결시켜서, 전적으로 군주의 수레를 모는 자에 대한 내용으로 언급을 했다. 그 의미에 있어서는 저해됨이 없다. 그러나 소의 해설에 있어서 수레 위에서 수(綏)를 짊어진다고 했는데, 이것은 잘못된 말이다. 또 군주가 수레에 오르게 되면, 수레를 모는 자는 마땅히 군주를 향하여, 수(綏)를 군주에게 주어야 하는데, 공영달의 소에서는

"군주를 등지고 전면을 향한다."라고 했고, "전면으로 수(綏)를 늘어트린다."라고 했는데, 이 말은 더욱 더 이해할 수 없다. 아마도 공영달의 소 문장에는 잘못해서 누락된 글자가 있을 것이며, 만약 '군유후승(君由後升)'이라는 글자부터 '향전(向前)'까지의 13글자를 삭제한다면, 그 문맥과 뜻이 또한 그 자체로 통하게 되어 뜻이 분명해진다.

그림 10-1 ▣ 수레의 각부 명칭

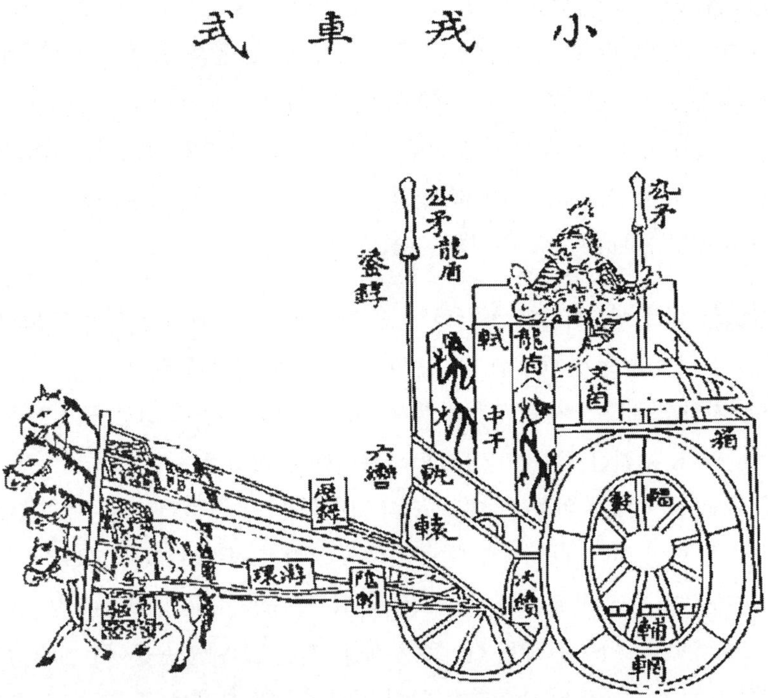


※ 출처: 『육경도(六經圖)』 3권

그림 10-2 ▣ 수레의 윗부분

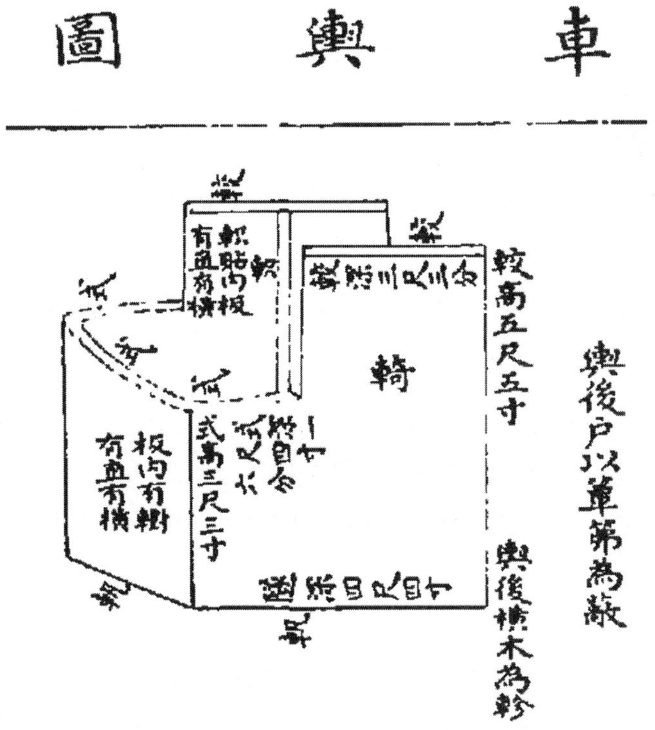


※ **출처:** 『향당도고(鄕黨圖考)』 1권

# • 제11절 •

## 존장자를 섬기는 예절 Ⅱ

【435a】

**請見不請退. 朝廷曰退, 燕遊曰歸, 師役曰罷.**

**직역** 見은 請하되 退는 不請한다. 朝廷에서는 曰, 退하며, 燕遊에서는 曰, 歸하고, 師役에서는 曰, 罷한다.

**의역** 존장자에 대해서는 만나 뵙기를 청하되, 물러나고자 청해서는 안 된다. 되돌아가는 일에 있어서 그 장소가 조정이라면 '퇴(退)'라고 부르고, 한가롭게 거처하는 장소라면 '귀(歸)'라고 부르며, 병역이나 부역을 하던 곳이라면 '파(罷)'라고 부른다.

**集說** 方氏曰: 跂慕則來, 厭斁則去, 人之情也. 請見不請退, 嫌有厭斁之心也. 朝廷人之所趨, 故於其還曰退, 退則爲出故也. 燕遊不可以久, 故於其還曰歸, 歸有所止故也. 師役勞苦爲甚, 故於其還曰罷, 以其疲故也.

**번역** 방씨가 말하길, 흠모하면 찾아오고, 싫어하면 떠나는 것이 사람의 일반적인 감정이다. "뵙기를 청하되 물러나기를 청하지 않는다."는 말은 싫어하는 마음이 있다는 오해를 사기 때문이다. 조정은 사람들이 종종걸음으로 나아가는 장소이기 때문에, 되돌아가는 것에 있어서는 '퇴(退)'라고 부르니, 물러나게 된다면 밖으로 나가기 때문이다. 한가롭게 있을 경우에는 오래도록 있을 수 없기 때문에, 되돌아가는 것에 있어서는 '귀(歸)'라고 부르니, 돌아가는 것에는 그치는 바가 있기 때문이다. 병역이나 부역 등은 매우 수고롭기 때문에, 되돌아가는 것에 있어서는 '파(罷)'라고 부르니, 피로하기 때문이다.

**集說** 愚按: 罷, 當讀如欲罷不能之罷.

**번역** 내가 생각하기에, '파(罷)'자는 "그만두고자 하지만 그만둘 수 없다."[1] 라고 했을 때의 '파(罷)'자처럼 해석해야 한다.

**大全** 長樂陳氏曰: 請見於君子, 有慕德之志, 而請退焉, 則幾於簡賢矣. 朝廷曰退者, 寵榮之地, 人所競進, 君子之道, 雖行而猶請退也. 燕遊之事, 人所樂爲而忘本者衆, 故曰歸者, 不忘反其本也. 師旅之役事干于國, 不敢言歸, 動衆之爲懼也, 曰已疲勞不勝其役可也.

**번역** 장락진씨[2]가 말하길, 군자에 대해서 뵙기를 청할 때에는 그 덕을 사모하는 뜻이 있어서인데, 물러나기를 청하게 된다면, 현명한 자에게 소홀히 대하는 것처럼 보이게 된다. "조정에서는 퇴(退)라고 부른다."라고 했는데, 존엄하고 영예로운 장소는 사람들이 앞 다투어 나아가려고 하는데, 군자의 도에 있어서는 비록 가더라도 오히려 물러나기를 청하게 된다. 연회나 유흥 등의 사안은 사람들이 즐겁게 시행하는 것인데, 근본을 잊어버리는 자가 많기 때문에, "돌아간다[歸]."라고 말한 것이니, 근본으로 되돌아감을 잊지 않기 위해서이다. 병역과 부역 등의 일은 국가의 시책과 관련되므로, 감히 돌아간다고 말할 수 없으니, 군중들을 두려워하도록 만들기 때문이다. 그러므로 "내가 너무 피로하여 그 임무를 감당할 수 없습니다."라고 말하는 것은 괜찮다.

**鄭注** 去止不敢自由. 近君爲進. 禮褻, 主於家也. 罷之言罷勞也. 春秋傳曰:

---

1) 『논어』「자한(子罕)」: 夫子循循然善誘人, 博我以文, 約我以禮, 欲罷不能. 既竭吾才, 如有所立卓爾. 雖欲從之, 末由也已.

2) 진상도(陳祥道, A.D.1159~A.D.1223) : =장락진씨(長樂陳氏)·진씨(陳氏)·진용지(陳用之). 북송대(北宋代)의 유학자이다. 자(字)는 용지(用之)이다. 장락(長樂) 지역 출신으로, 1067년에 과거에 급제하여 태상박사(太常博士) 등을 지냈다. 왕안석(王安石)의 제자로, 그의 학문을 전파하는데 공헌하였다. 저서에는 『예서(禮書)』, 『논어전해(論語全解)』 등이 있다.

"師還曰疲."

**번역** 떠나고 머무는 것은 감히 자기 뜻대로만 할 수 없다. 군주에게 가까이 다가가는 것은 "나아간다[進]."는 뜻이 된다. 연회에서는 예법에 대해 무례하게 굴 수 있고, 귀(歸)라는 말은 집으로 되돌아간다는 뜻을 위주로 한다. '파(罷)'자는 고달프고 피곤하다는 뜻이다. 『춘추전』에서는 "병역에서 되돌아오는 것을 '피(疲)'라고 부른다."라고 했다.

**釋文** 見, 賢遍反. 朝, 直遙反, 後"朝廷"皆同. 近, 附近之近. 罷音皮, 注同. 還音旋, 下文注皆同.

**번역** '見'자는 '賢(현)'자와 '遍(편)'자의 반절음이다. '朝'자는 '直(직)'자와 '遙(요)'자의 반절음이며, 뒤에 나오는 '朝廷'에서의 '朝'자도 그 음이 모두 이와 같다. '近'자는 '부근(附近)'이라고 할 때의 '近'자이다. '罷'자의 음은 '皮(피)'이며, 정현의 주에 나온 글자도 그 음이 이와 같다. '還'자의 음은 '旋(선)'이며, 아래문장과 정현의 주에 나오는 글자도 그 음이 모두 이와 같다.

**孔疏** ●"請見"至"曰罷". ○正義曰: 此一節明卑者見尊, 及朝廷退歸之辭.

**번역** ●經文: "請見"~"曰罷". ○이곳 문단은 신분이 미천한 자가 존귀한 자를 찾아뵙거나 조정에서 물러날 때 하는 말을 나타내고 있다.

**孔疏** ●"請見不請退"者, 謂卑者於尊所, 有請見之理, 旣見, 去必由於尊者, 故不敢請退.

**번역** ●經文: "請見不請退". ○미천한 자가 존귀한 자가 있는 장소에 있을 때에는 만나 뵙기를 청하는 이치가 있지만, 이미 만나 뵈었다면, 물러나는 일은 반드시 존귀한 자에게서 비롯되기 때문에, 감히 물러나길 청할 수 없다.

**孔疏** ●"朝廷曰退"者, 謂於朝廷之中, 若欲散還, 則稱曰"退". 以近君爲進, 還私遠君, 故稱"退". 論語"子退朝", 又云"冉子退朝", 並是對"進"爲言也.

**번역** ●經文: "朝廷曰退". ○조정 안에서 만약 되돌아가고자 한다면, '퇴(退)'라고 말한다는 뜻이다. 군주에게 가까이 다가가는 것을 '진(進)'이라고 하는데, 자신의 집으로 되돌아가서 군주와 멀어지기 때문에, '퇴(退)'라고 부른다. 『논어』에서는 "선생님이 조정에서 퇴(退)하셨다."[3]라고 했고, "염자가 조정에서 퇴(退)했다."[4]라고 하였는데, 이것은 모두 '진(進)'자와 대비해서 쓴 말이다.

**孔疏** ●"燕遊曰歸"者, 若在燕及遊退還稱曰"歸", 以燕遊禮褻, 主於歸家.

**번역** ●經文: "燕遊曰歸". ○만약 연회나 유흥을 할 때 되돌아가게 되면, '귀(歸)'라고 부르니, 연회와 유흥에서는 예법에 대해 무례하게 굴 수 있으니, 집으로 돌아감을 위주로 한다.

**孔疏** ●"師役曰罷"者, 謂於師役之中, 欲散退之時, 稱曰"罷勞".

**번역** ●經文: "師役曰罷". ○병역이나 부역을 하고 있는데 되돌아가고자 할 때, '파로(罷勞)'라고 부른다는 뜻이다.

**孔疏** ◎注"春秋"至"曰疲". ○正義曰: 按莊八年夏, 魯師及齊師圍郕, 郕降於齊師. 秋, 師還. 公羊傳曰: "還者何? 善辭也. 此滅同姓, 何善爾? 病之也." 何休云: "慰勞其罷病也." 是鄭用公羊爲注也.

**번역** ◎鄭注: "春秋"~"曰疲". ○장공(莊公) 8년 여름 기록을 살펴보면, 노(魯)나라 군대와 제(齊)나라 군대는 성(郕)을 포위했는데, 성(郕)은 제나라

---

3) 『논어』「향당(鄕黨)」: 廐焚. <u>子退朝</u>曰, "傷人乎?" 不問馬.
4) 『논어』「자로(子路)」: <u>冉子退朝</u>. 子曰, "何晏也?" 對曰, "有政." 子曰, "其事也. 如有政, 雖不吾以, 吾其與聞之."

군대에 의해 함락되었다.[5] 가을에 군대가 되돌아갔다.[6] 『공양전』에서는 “되돌아간다는 말은 무슨 뜻인가? 좋게 평가한 말이다. 이 일은 동성(同姓)을 멸한 일인데, 어째서 좋게 평가한 것인가? 군대가 피로해졌기 때문이다.”[7]라고 했다. 그리고 하휴[8]는 “군대가 피로해진 것을 위로했다는 뜻이다.”라고 했다. 이것은 정현이 『공양전』의 기록에 따라 주를 작성했음을 나타낸다.

**訓纂** 朱子曰: 易曰“或鼓或罷”, 與史記“將軍罷休就舍”之罷, 亦同.

**번역** 주자가 말하길, 『역』에서 “북을 울리기도 하고 그만두기도 한다.”[9]라고 했고, 『사기』에서 “장군은 그만 돌아가셔서 숙소에서 쉬십시오.”[10]라고 했을 때의 ‘파(罷)’자 또한 위의 ‘파(罷)’자와 동일한 뜻이다.

**集解** 按: 朱子罷如字, 今從之.

**번역** 살펴보니, 주자는 ‘파(罷)’자를 글자대로 읽었으니, 현재 그에 따른다.

**集解** 愚謂: 師, 兵衆也. 役, 徒役也. 罷, 休也. 凡用師役, 曰作曰興, 散師役曰罷.

**번역** 내가 생각하기에, ‘사(師)’자는 군역에 참가한 병사들이다. ‘역(役)’자

---

5) 『춘추』「장공(莊公) 8년」: 夏, 師及齊師圍郕, 郕降于齊師.
6) 『춘추』「장공(莊公) 8년」: 秋, 師還.
7) 『춘추공양전』「장공(莊公) 8년」: 秋, 師還, 還者何? 善辭也. 此滅同姓, 何善爾, 病之也. 曰, 師病矣, 曷爲病之. 非師之罪也.
8) 하휴(何休, A.D.129~A.D.182): 전한(前漢) 때의 금문경학자(今文經學者)이다. 자(字)는 소공(邵公)이다. 『춘추공양전해고(春秋公羊傳解詁)』를 지었으며, 『효경(孝經)』, 『논어(論語)』 등에 대해서도 주를 달았고, 『춘추한의(春秋漢議)』를 짓기도 하였다.
9) 『역』「중부괘(中孚卦)」: 六三, 得敵, 或鼓或罷, 或泣或歌.
10) 『사기(史記)』「손자오기열전(孫子吳起列傳)」: 吳王曰, 將軍罷休就舍, 寡人不願下觀.

는 부역에 참가한 일꾼들이다. '파(罷)'자는 "휴식한다[休]."는 뜻이다. 병사나 일꾼들을 부릴 때에는 '작(作)'이나 '흥(興)'이라고 부르고, 병사나 일꾼들을 돌려보낼 때에는 '파(罷)'라고 부른다.

**【435b】**

**待坐於君子, 君子欠伸·運笏·澤劍首·還屨·問日之蚤莫, 雖請退可也.**

**직역** 君子를 待坐함에, 君子가 欠伸하거나 笏을 運하거나 劍首를 澤하거나 屨를 還하거나 日의 蚤莫을 問하면, 雖히 退를 請해도 可하다.

**의역** 군자를 모시고 앉아 있을 때, 군자가 하품 또는 기지개를 켜거나 홀을 움직이거나 검의 머리 부분을 만지작거린다거나 신발을 신을 수 있도록 돌려놓거나 해가 떠 있는지 아니면 저물었는지를 물어본다면, 비록 물러가기를 청하더라도 괜찮다.

**集說** 運, 轉動之也. 澤, 玩弄而生光澤也. 還屨, 謂轉而正之, 示欲著也. 餘見曲禮.

**번역** '운(運)'자는 움직인다는 뜻이다. '택(澤)'자는 만지작거려서 광택을 낸다는 뜻이다. '환구(還屨)'는 위치를 돌려서 바르게 한다는 뜻이니, 신고자 한다는 뜻을 나타내는 것이다. 나머지 설명은 『예기』「곡례(曲禮)」편에 나온다.[11]

---

11) 『예기』「곡례상(曲禮上)」【22b】에는 "侍坐於君子, 君子欠伸, 撰杖屨, 視日蚤莫, 侍坐者請出矣."라는 기록이 있고, 이에 대한 진호(陳澔)의 『집설(集說)』에서는 "氣乏則欠, 體疲則伸. 撰, 猶持也. 此四者皆厭倦之容, 恐妨君子就安, 故請退."라고 풀이했다. 즉 "'기(氣)'가 부족해지면, 하품을 하게 되고, 몸이 피로해지면, 기지개를 펴게 된다. '찬(撰)'자는 '잡는다[持].'는 뜻이다. 이 네 가지 행동들은 모두 피로해하는 모습들을 뜻하니, 아마도 군자(君

**大全** 慶源輔氏曰: 運笏, 示欲搢而起, 還屨, 示欲著而起, 澤劒首, 則意不在己也.

**번역** 경원보씨가 말하길, 홀을 움직이는 것은 그것을 허리에 꽂고서 일어나고자 함을 나타내며, 신발의 방향을 돌려놓는 것은 그것을 신고서 일어나고자 함을 나타내고, 검의 머리 부분을 문지른다면, 그의 의중이 자신에게 있지 않은 것이다.

**鄭注** 以此皆解倦之狀, 伸, 頻伸也. 運·澤, 謂玩弄也. 金器弄之, 易以汙澤.

**번역** 이러한 행동은 모두 피로한 모양을 뜻하며, '신(伸)'자는 하품을 하고 기지개를 켠다는 뜻이다. '운(運)'자와 '택(澤)'자는 만지작거린다는 뜻이다. 금으로 된 기물은 만지작거리면 광택을 내기 쉽다.

**釋文** 欠, 起劒反. 伸音申. 笏音忽. 還音旋. 蚤音早. 莫音暮. 解, 古賣反. 頻, 本又作嚬, 音頻. 玩, 五亂反. 易, 以豉反. 汙, 戶旦反, 一音烏.

**번역** '欠'자는 '起(기)'자와 '劒(검)'자의 반절음이다. '伸'자의 음은 '申(신)'이다. '笏'자의 음은 '忽(홀)'이다. '還'자의 음은 '旋(선)'이다. '蚤'자의 음은 '早(조)'이다. '莫'자의 음은 '暮(모)'이다. '解'자는 '古(고)'자와 '賣(매)'자의 반절음이다. '頻'자는 판본에 따라서 또한 '嚬'자로도 기록하며, 그 음은 '頻(빈)'이다. '玩'자는 '五(오)'자와 '亂(란)'자의 반절음이다. '易'자는 '以(이)'자와 '豉(시)'자의 반절음이다. '汙'자는 '戶(호)'자와 '旦(단)'자의 반절음이며, 다른 음은 '烏(오)'이다.

**孔疏** ●"侍坐"至"可也". ○正義曰: 此明侍坐法也. 志倦則欠, 體疲則伸, 爲君子久坐而自爲之也.

---

子)가 쉬려고 하는 것을 방해하게 될까 염려되기 때문에, 물러나도 되는지를 여쭙는 것이다."라는 뜻이다.

**번역** ●經文: "侍坐"~"可也". ○이 내용은 모시고 앉아 있을 때의 예법을 나타내고 있다. 정신이 피로해지면 하품을 하고, 몸이 피로해지면 기지개를 펴니, 군자가 오래도록 앉아 있어서, 스스로 이처럼 행동한 것이다.

**孔疏** ●"運笏"者, 運, 動也, 謂君子搖動於笏澤劒首者. 澤, 謂光澤, 玩弄劒首, 則生光澤.

**번역** ●經文: "運笏". ○'운(運)'자는 "움직이다[動]."는 뜻이니, 군자가 홀을 흔들고, 검의 머리 부분을 만지작거린다는 의미이다. '택(澤)'자는 광택이 난다는 뜻이니, 검의 머리부분을 만지작거리면, 광택이 난다.

**孔疏** ●"還屨"者, 還, 轉也, 謂君子自轉屨也. 尊者說屨於戶內, 是屨恒在側, 故得自還轉之也.

**번역** ●經文: "還屨". ○'선(還)'자는 "방향을 돌리다[轉]."는 뜻이니, 군자가 직접 자신의 신발 방향을 돌려둔다는 의미이다. 존장자는 방문 안쪽에 신발을 풀어놓으니, 신발은 항상 자신 곁에 있기 때문에, 직접 신발의 방향을 돌릴 수 있다.

**孔疏** ●"問日之蚤莫"者, 尊者忽問日之蚤晩.

**번역** ●經文: "問日之蚤莫". ○존장자가 갑작스럽게 해가 아직 떠 있는지 또는 저물었는지를 물어본 것이다.

**孔疏** ●"雖請退可也"者, 雖, 假令也. 前言侍者不得請退, 今若見君子有"欠伸"以下諸事, 皆是坐久體倦欲起·或欲臥息之意, 故侍者當此時, 假令請退則可也.

**번역** ●經文: "雖請退可也". ○'수(雖)'자는 가령(假令)이라는 의미이다.

앞에서는 모시고 있는 자는 물러나길 청할 수 없다고 했는데, 현재 만약 군자가 "하품을 하거나 기지개를 편다."라고 한 구문부터 그 이하의 기록에 나온 행동들을 보인다면, 이 모두는 장시간 앉아 있어서 몸이 피로해져 일어나거나 또는 누워서 휴식을 취하려는 뜻에 해당한다. 그렇기 때문에 모시고 있던 자는 이러한 때가 되면, 물러나길 청해도 괜찮다.

**集解** 愚謂: 此承上文而言. 請見雖不請退, 若君子有此諸事, 則雖請退可也, 所以體尊者之意也.

**번역** 내가 생각하기에, 이 내용은 앞 문장에 이어서 한 말이다. 만나 뵙기를 청하면, 비록 물러나기를 청할 수 없지만, 만약 군자에게 이러한 행동이 나타난다면, 비록 물러나길 청하게 되더라도 괜찮으니, 존장자의 뜻을 자신의 뜻처럼 느끼기 때문이다.

그림 11-1 ▣ 홀(笏)

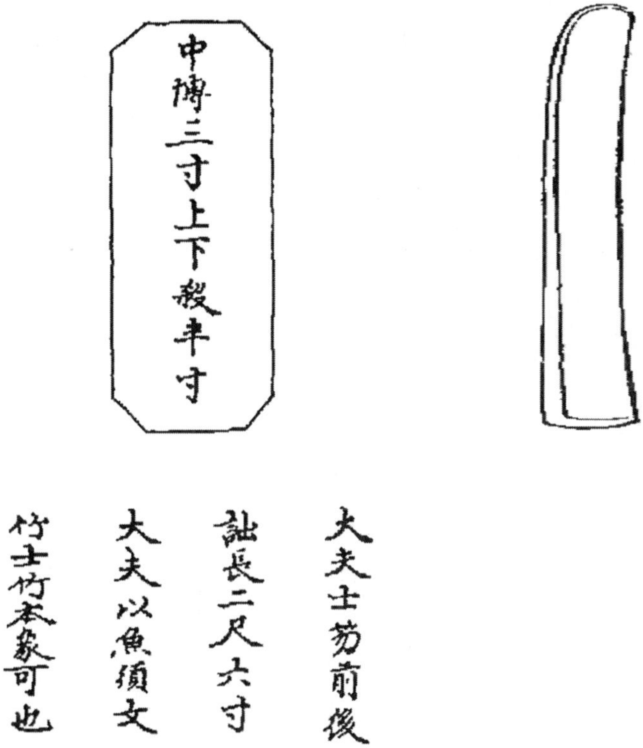
中博三寸上下殺半寸
大夫士笏前後
詘長二尺六寸
大夫以魚須文
竹士竹本象可也

※ **출처:** 좌-『삼례도(三禮圖)』 3권
우-『삼재도회(三才圖會)』「기용(器用) 12권

그림 11-2 ▣ 검(劍)의 수(首)와 도(刀)의 영(穎)

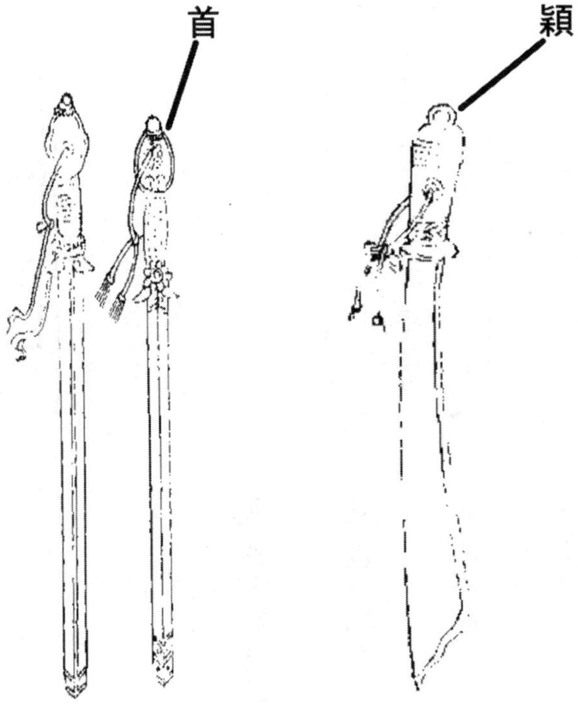


※ 그림: 『삼재도회(三才圖會)』「기용(器用)」 6권

## • 제12절 •

### 신하의 예절 Ⅰ

【435b~c】

**事君者, 量而后入, 不入而后量. 凡乞假於人, 爲人從事者亦然. 然故上無怨而下遠罪也.**

**직역** 君을 事한 者는 量한 后에 入하고, 入한 后에 量을 不한다. 凡히 人에게 乞假하고, 人을 爲해 事에 從한 者도 亦히 然한다. 然하여 故로 上은 怨함이 無하고 下는 罪를 遠한다.

**의역** 군주를 섬길 때에는 먼저 헤아린 이후에야 그의 휘하로 들어가니, 들어간 이후에 헤아리는 것이 아니다. 무릇 남에게 무언가를 요구하거나 빌리고, 또 남을 위해 어떤 일에 종사할 때에도 이처럼 한다. 이처럼 하기 때문에 윗사람은 노여워하는 일이 없고, 아랫사람은 죄를 멀리하게 된다.

**集說** 先度其君之可事而后事之, 則道可行而身不辱; 入而后量, 則有不勝其輕進之悔者矣. 或乞, 或假, 或任人之事, 亦必量其可而后行. 上無怨, 下遠罪, 爲事君者言之.

**번역** 먼저 군주를 섬길 수 있는지를 헤아린 이후에 섬긴다면, 도를 시행할 수 있고, 본인을 욕되게 하지 않는다. 그러나 섬긴 뒤에야 헤아린다면, 경솔하게 관직에 나아가서 발생한 후회를 감당할 수 없게 된다. 요구하거나 빌리거나 남의 일을 떠맡는 경우에도 또한 반드시 가능한지의 여부를 헤아린 후에야 시행해야 한다. 윗사람은 성냄이 없고, 아랫사람이 죄를 멀리한다는 말은 군주를 섬기는 자를 위해서 한 말이다.

**集說** 馬氏曰: 古之人有能盡臣道, 量而后入者, 莫如伊周. 不入而后量者, 莫如孔孟.

**번역** 마씨[1]가 말하길, 고대인들 중 신하의 도리를 다한 사람에 있어서, 헤아린 이후에 들어가서 섬긴 자로는 이윤(伊尹)이나 주공(周公)만한 자가 없다. 또 들어간 이후에야 헤아리는 것을 하지 않았던 자로는 공자(孔子)나 맹자(孟子)만한 자가 없다.

**鄭注** 量, 量其事意合成否.

**번역** '양(量)'자는 그 사안과 의미에 대해 협력하여 이룰 수 있는 것인지의 여부를 헤아린다는 뜻이다.

**釋文** 量音亮. 乞如字, 又音氣. 爲, 于僞反. 遠, 于萬反.

**번역** '量'자의 음은 '亮(량)'이다. '乞'자는 글자대로 읽고, 또는 그 음이 '氣(기)'도 된다. '爲'자는 '于(우)'자와 '僞(위)'자의 반절음이다. '遠'자는 '于(우)'자와 '萬(만)'자의 반절음이다.

**孔疏** ●"事君"至"罪也". ○正義曰: 此一節明臣事君之法.

**번역** ●經文: "事君"~"罪也". ○이곳 문단은 신하가 군주를 섬기는 예법을 나타내고 있다.

**孔疏** ●"事君者量而后入"者, 凡臣之事君者, 欲請爲其事, 先商量事意堪合以否, 然後入而請之.

**번역** ●經文: "事君者量而后入". ○무릇 신하가 군주를 섬길 때, 그 사안을

1) 마희맹(馬晞孟, ?~?) : =마씨(馬氏)·마언순(馬彦醇). 자(字)는 언순(彦醇)이다. 『예기해(禮記解)』를 찬술했다.

시행하고자 청원한다면, 우선 그 사안과 의미를 감당하거나 협력할 수 있는지의 여부를 따진 뒤에야 그 휘하에 들어가서 청원을 한다.

**孔疏** ●"不入而后量"者, 不得先入請見君, 然後始商量成否.

**번역** ●經文: "不入而后量". ○우선 휘하에 들어가서 군주를 만나 뵙기를 청원하고, 그런 뒤에야 비로소 성패의 여부를 헤아려서는 안 된다.

**孔疏** ●"凡乞假於人, 爲人從事者亦然"者, 非直事君如此, 凡乞貸假借於人, 謂就人乞貸假借, 爲人從事, 謂求請事人, 如此之屬, 亦須先商量事意成否, 不可不先商量, 卽當其事, 故云"亦然".

**번역** ●經文: "凡乞假於人, 爲人從事者亦然". ○이처럼 군주를 섬기는 것뿐만이 아니니, 무릇 남에게서 재화를 빌리거나 요구한다는 것은 남에게 가서 재화를 빌리거나 요구한다는 뜻이며, 남을 위해 일에 종사한다는 것은 자신이 요구하여 남을 섬기고자 청한다는 뜻이니, 이와 같은 일들에서도 또한 먼저 그 사안과 의미의 성패 여부를 헤아려야만 하고, 먼저 헤아리지 않고 그 사안을 맡아서는 안 된다. 그렇기 때문에 "또한 이러하다."라고 말한 것이다.

**孔疏** ●"然, 故上無怨而下遠罪也"者, 然猶如此. 事君若能如此, 下不忤上, 故上無怨; 上不責下, 故下遠罪. 然唯解"上"·"下", 不結"乞假"·"從事"者也, 可略.

**번역** ●經文: "然, 故上無怨而下遠罪也". ○'연(然)'자는 "이와 같다[如此]."는 뜻이다. 군주를 섬길 때 만약 이처럼 할 수 있다면, 아랫사람은 윗사람을 거스르지 않기 때문에, 윗사람은 성내는 일이 없고, 윗사람은 아랫사람에 대해 꾸짖지 않기 때문에, 아랫사람은 죄를 멀리하게 된다. 그러나 윗사람이나 아랫사람이라고 풀이를 하고, "빌리거나 요구한다."라는 사안과 "일에 종사한다.”는 사안에 대해서 결론을 맺지 않은 것은 문장을 생략해도 이해할 수 있기 때문이다.

【435c】

**不窺密, 不旁狎, 不道舊故, 不戲色.**

**직역** 密을 不窺하고, 旁狎을 不하며, 舊故를 不道하고, 戲色을 不한다.

**의역** 은밀한 곳을 엿보아서는 안 되고, 친숙하게 대한다고 하여 버릇없이 굴어서는 안 되며, 옛날에 범한 잘못을 말해서는 안 되고, 희롱하는 표정을 지어서는 안 된다.

**集說** 窺覘隱密之處, 論說故舊之非, 非重厚者所爲也.

**번역** 은밀한 곳을 엿보고, 옛날에 범한 잘못을 말하는 것은 중후한 자가 할 일이 아니다.

**集說** 應氏曰: 旁狎, 非必正爲玩狎, 旁近循習而流於狎也. 戲色, 非必見諸笑言, 外貌斯須不敬, 則色不莊矣.

**번역** 응씨[2]가 말하길, ‘방압(旁狎)’은 반드시 희롱하고 친압하게 구는 것은 아니지만, 곁에서 가까이하며 친숙해져서 친압하는 지경에 빠지는 것이다. ‘희색(戲色)’은 반드시 비웃는 말을 하는 것은 아니지만, 외적인 모습이 공경스럽지 못하다면, 얼굴빛이 장엄하지 않게 된다.

---

2) 금화응씨(金華應氏, ?~?) : =응용(應鏞)·응씨(應氏)·응자화(應子和). 이름은 용(鏞)이다. 자(字)는 자화(子和)이다. 『예기찬의(禮記纂義)』를 지었다.

**大全** 朱子曰: 旁, 泛及也. 泛與人狎習, 不恭敬也. 不道舊故, 舊事旣非今日所急, 且或揚人宿過以取憎惡, 如陳勝賓客言勝, 故情爲勝所殺之類也. 戱色, 謂嘻笑侮慢之容.

**번역** 주자가 말하길, '방(旁)'자는 두루 미친다는 뜻이다. 남과 더불어 두루 익숙해지게 되면, 공경하지 못하게 된다. 옛날의 잘못을 언급하지 않는 것은 옛일은 오늘날 어찌할 수 있는 대상도 아니고, 또 상대의 잘못을 드러내어 증오를 살 수 있으니, 마치 진승(陳勝)이 빈객과 말을 할 때, 빈객이 진승이 했던 옛일을 언급하여, 진승에게 살해를 당한 부류와 같다. '희색(戱色)'은 비웃으며 거만스러운 표정을 짓는 모습이다.

**鄭注** 嫌伺人之私也. 密, 隱曲處也. 妄相服習, 終或爭訟. 言知識之過失, 損友也. 孔子曰: "故舊不遺, 則民不偸." 暫變傾顔色爲非常, 則人不長, 失敬也.

**번역** 남의 개인적인 일을 염탐하려 한다는 혐의를 받기 때문이다. '밀(密)'은 은밀하게 숨겨둔 곳을 뜻한다. 망령되게 서로 너무 익숙해지면, 끝내 다투게 될 수도 있다. 알고 있던 잘못을 언급하여, 벗을 험담하는 것이다. 공자는 "옛 친구를 버려두지 않는다면, 백성들도 야박해지지 않는다."[3]라고 했다. 잠시라도 안색을 바꿔서 일상적이지 않은 표정을 짓는다면, 상대방은 관계를 오래도록 유지하지 않으니, 상대방의 공경함을 잃게 된다.

**釋文** 窺, 苦規反. 伺音司. 處, 昌慮反. 爭, 爭鬪之爭. 偸, 他侯反. 不長, 丁丈反, 絶句.

**번역** '窺'자는 '苦(고)'자와 '規(규)'자의 반절음이다. '伺'자의 음은 '司(사)'이다. '處'자는 '昌(창)'자와 '慮(려)'자의 반절음이다. '爭'자는 '쟁투(爭鬪)'라고 할 때의 '爭'자이다. '偸'자는 '他(타)'자와 '侯(후)'자의 반절음이다. '不長'에서의 '長'자는 '丁(정)'자와 '丈(장)'자의 반절음이며, 여기에서 구문을 끊는다.

---

3) 『논어』「태백(泰伯)」: 君子篤於親, 則民興於仁, 故舊不遺, 則民不偸.

**孔疏** ●"不窺"至"戲色". ○正義曰: 此一節明在於僚類當自矜持之事.

**번역** ●經文: "不窺"~"戲色". ○이곳 문단은 동료 관리들에 대해서 제스스로 지켜야 할 일들을 나타내고 있다.

**孔疏** ●"不窺密"者, 人當正視, 不得窺覘隱密之處, 故[4]鄭云: "嫌伺人之私也."

**번역** ●經文: "不窺密". ○사람은 마땅히 올바른 자세로 바라보아야 하니, 은밀한 부분을 엿볼 수 없다. 그렇기 때문에 정현은 "남의 개인적인 일을 염탐하려 한다는 혐의를 받기 때문이다."라고 말한 것이다.

**孔疏** ●"不旁狎", 旁, 猶妄也, 不得妄與人狎習, 或至忿爭, 因狎而爭訟也.

**번역** ●經文: "不旁狎". ○'방(旁)'자는 "망령되다[妄]."는 뜻이니, 망령되게 남에 대해서 너무 친밀하게 굴며 버릇없이 행동하여, 다투는 지경에 이르러서는 안 되니, 너무 친밀한 것에 따라서 다툼이 발생하기 때문이다.

**孔疏** ●"不道舊故"者, 不道說故舊之罪過.

**번역** ●經文: "不道舊故". ○옛날에 범한 과실에 대해서 말할 수 없다.

**孔疏** ●"不戲色"者, 不戲弄其顏色.

**번역** ●經文: "不戲色". ○표정을 희롱하듯 지어서는 안 된다.

---

4) '고(故)'자에 대하여. '고'자는 본래 없던 글자인데, 완원(阮元)의 『교감기(校勘記)』에서는 "혜동(惠棟)의 『교송본(校宋本)』에는 '고'자가 기록되어 있으니, 이곳 판본에는 '고'자가 누락된 것이며, 『민본(閩本)』·『감본(監本)』·『모본(毛本)』에도 동일하게 누락되어 있다."라고 했다.

**孔疏** ◎注"暫變"至"敬也". ○正義曰: 人當恒自矜持, 尊其瞻視. 若暫傾變顔色, 爲非常褻慢, 則人不復長久, 失他人所敬, 故云"則人不長, 失敬也".

**번역** ◎鄭注: "暫變"~"敬也". ○사람은 마땅히 항상 제 스스로 단속해서, 바라보는 것을 존경스러운 태도로 지어야 한다. 만약 잠시라도 안색을 바꾸게 되어, 일상적이지 않은 오만한 표정을 짓게 된다면, 상대는 재차 오래도록 관계를 유지하지 않고, 상대방의 공경스러운 태도를 잃게 된다. 그렇기 때문에 "상대방은 관계를 오래도록 유지하지 않으니, 상대방의 공경함을 잃게 된다." 라고 말한 것이다.

**訓纂** 王氏引之曰: 書傳無訓旁爲妄者, 旁疑讀爲謗, 古字假借. 人與己不相習, 則無由知其過失. 相狎者, 其善惡己所素知, 易生謗訕. 但旣謂之狎, 則與己親近, 謗加于親近之人, 非所以全恩也. 窺密·謗狎·道舊故, 皆發人之惡, 故並言之.

**번역** 왕인지가 말하길, 문헌 중에는 '방(旁)'자를 '망(妄)'자의 뜻으로 풀이한 기록이 없으니, '방(旁)'자는 아마도 "헐뜯다."는 뜻의 '방(謗)'자로 해석해야 할 것 같고, 고자(古字)에서는 가차해서 사용했을 것이다. 상대방과 자신이 서로 친숙하지 않다면, 서로의 과실에 대해서 알 길이 없다. 서로 너무 친하다면, 상대방의 좋은 점과 나쁜 점은 본인도 평소에 알고 있던 것이니, 헐뜯거나 비웃기가 쉽다. 다만 이미 그 관계에 대해 '압(狎)'이라고 불렀다면, 본인과 친근한 관계인데, 친근한 상대에 대해서 헐뜯는다는 것은 은정을 온전히 보존하는 방법이 아니다. 은밀한 곳을 엿보고, 친근한 자를 헐뜯으며, 옛 잘못을 언급하는 일들은 모두 상대방의 악함을 들춰내는 것이기 때문에, 함께 언급한 것이다.

**訓纂** 王氏引之曰: 舊故與故舊不同. 舊故, 舊事也. 廣雅, "故, 事也."

**번역** 왕인지가 말하길, '구고(舊故)'와 '고구(故舊)'는 서로 다르다. '구고

(舊故)'는 옛날에 있었던 일을 뜻한다. 『광아』[5]에서는 "'고(故)'자는 일이다." 라고 풀이했다.

**集解** 愚謂: 此四者皆非恭敬長厚之道, 故戒之.

**번역** 내가 생각하기에, 이 네 가지 행동들은 모두 공경되고 관대하며 온후한 도가 아니기 때문에, 경계를 한 것이다.

**【435d】**

爲人臣下者, 有諫而無訕, 有亡而無疾, 頌而無諂, 諫而無驕, 怠則張而相之, 廢則埽而更之, 謂之社稷之役.

**직역** 人의 臣下가 爲한 者는 諫은 有하되 訕이 無하며, 亡이 有하되 疾이 無하며, 頌하되 諂이 無하고, 諫하되 驕가 無하니, 怠하면 張하여 相하고, 廢하면 埽하여 更하니, 그를 社稷의 役이라 謂한다.

**의역** 남의 신하가 된 자는 간언은 하되 헐뜯는 일은 없으며, 도망은 가되 미워함이 없고, 칭송은 하지만 아첨하지 않으며, 간언은 하지만 교만함이 없으니, 어떤 사안이 느슨해지면 다시 흥기시켜 돕고, 어떤 사안이 폐지되면 폐단을 제거하여 새롭게 고치니, 이러한 자를 사직에 공적을 세운 신하라고 부른다.

**集說** 疏曰: 諫而無驕者, 謂君若從己之諫, 己不得恃己言行謀用而生驕

5) 『광아(廣雅)』는 위(魏)나라 때 장읍(張揖)이 지은 자전(字典)이다. 『박아(博雅)』라고도 부른다. 『이아』의 체제를 계승하고, 새로운 내용을 보충하여, 경전(經典)에 기록된 글자들을 해석한 서적이다. 본래 상·중·하 3권으로 구성되어 있었지만, 수(隋)나라 조헌(曹憲)이 재차 10권으로 편집하였다. 한편 '광(廣)'자가 수나라 양제(煬帝)의 시호였기 때문에, 피휘를 하여, 『박아』라고 부르게 되었다.

慢也.

**번역** 공영달의 소(疏)에서 말하길, "간하되 교만함이 없다."라고 했는데, 군주가 만약 자신의 간언을 따른다면, 본인은 자신의 말이 시행되고 모의한 것이 사용되는 것을 믿고서 교만한 마음이 생겨나도록 해서는 안 된다는 뜻이다.

**集說** 方氏曰: 君有過, 諫之使止可也, 訕之則不恭. 諫不從, 逃而去之可也, 疾之則太傷. 頌而無諂, 則所頌爲公; 諫而無驕, 則所諫爲正. 事弛而不力爲怠, 事弊而無用爲廢. 相之, 更之, 則君豈有失德, 國豈有廢事哉? 謂之社稷之役, 以其有勞於社稷也.

**번역** 방씨가 말하길, 군주에게 과실이 있으면, 간언을 하여 군주로 하여금 그치게 하는 것은 옳지만, 헐뜯는다면 공손하지 못하게 된다. 간언을 따르지 않으면, 피하여 그 자리를 떠나는 것은 옳지만, 미워하게 된다면 큰 해를 당한다. 칭송을 하되 아첨함이 없다면, 칭송한 것은 공적인 것이 되고, 간언을 하되 교만함이 없다면, 간언을 한 것은 올바른 것이 된다. 사안이 느슨해지고 힘을 쓰지 않는 것은 태만함이 되고, 사안에 폐단이 발생하고 사용됨이 없다면 폐지함이 된다. 돕고 고친다면, 군주가 어찌 덕을 잃고, 국가에 어찌 사안을 폐지하는 일이 있겠는가? 그를 사직(社稷)을 돕는 신하라고 부르는 것은 그가 사직에 대해 공적을 세웠기 때문이다.

**大全** 慶源輔氏曰: 以下美上, 易失於諂. 以是諫非, 易失於驕. 志怠則張而助之, 事廢則埽而改之, 謂之社稷之役者, 凡所以竭誠效力如此者, 爲社稷而已.

**번역** 경원보씨가 말하길, 아랫사람이 윗사람을 칭송하면 아첨하는데 빠지기 쉽고, 옳은 일로 그릇됨을 간언하면 교만함에 빠지기 쉽다. 뜻이 태만하게 되면 다시 일으켜 세워 돕고, 사안이 폐지되면 폐단을 제거하여 고치니,

이러한 자들을 사직의 신하라고 부르는 것은 무릇 이처럼 성심을 다하고 힘을 다하는 것은 사직을 위해서 한 일들이기 때문이다.

**鄭注** 亡, 去也. 疾, 惡也. 頌, 謂將順其美, 匡救其惡. 驕, 謂恃知而慢也. 怠, 墮也. 相, 助也. 廢, 政敎壞亂, 不可因也. 役, 爲也.

**번역** '망(亡)'자는 "떠난다[去]."는 뜻이다. '질(疾)'자는 "미워한다[惡]."는 뜻이다. '송(頌)'자는 그의 좋은 점을 받아들여 순종하고, 그의 나쁜 점을 바로잡아 고친다는 뜻이다. '교(驕)'자는 자신의 지식을 믿고서 태만하게 군다는 뜻이다. '태(怠)'자는 "게으르다[墮]."는 뜻이다. '상(相)'자는 "돕다[助]."는 뜻이다. '폐(廢)'자는 정치와 교화가 무너지고 문란하게 되어, 그에 따를 수 없다는 뜻이다. '역(役)'자는 "위한다[爲]."는 뜻이다.

**釋文** 訕, 所諫反, 徐所姦反. 惡, 烏路反. 讇, 稔變反. 相, 息亮反, 注同. 惰, 徒臥反. 更音庚.

**번역** '訕'자는 '所(소)'자와 '諫(간)'자의 반절음이며, 서음(徐音)은 '所(소)'자의 '姦(간)'자의 반절음이다. '惡'자는 '烏(오)'자와 '路(로)'자의 반절음이다. '讇'자는 '稔(임)'자와 '變(변)'자의 반절음이다. '相'자는 '息(식)'자와 '亮(량)'자의 반절음이며, 정현의 주에 나오는 글자도 그 음이 이와 같다. '惰'자는 '徒(도)'자와 '臥(와)'자의 반절음이다. '更'자의 음은 '庚(경)'이다.

**孔疏** ●"爲人"至"之役". ○正義曰: 此明臣事君之道.

**번역** ●經文: "爲人"~"之役". ○이곳 문단은 신하가 군주를 섬기는 도를 나타내고 있다.

**孔疏** ●"有諫而無訕"者, "訕"爲道說君之過惡及謗毁也. 君若有[6]惡, 臣當諫之, 不得嚮人道說謗毁. 故論語云: "惡居下流而訕上者."

**번역** ●經文: "有諫而無訕". ○'산(訕)'자는 군주가 저지른 과실과 악행을 언급하거나 헐뜯는다는 뜻이다. 군주에게 만약 나쁜 점이 있다면, 신하는 마땅히 간언을 해야 하지만, 남에게 언급을 하거나 헐뜯을 수 없다. 그렇기 때문에 『논어』에서는 "밑에 있으면서 위에 대해 헐뜯는 자를 싫어한다."[7]라고 했다.

**孔疏** ●"有亡而無疾"者, 亡, 猶去也. 疾, 猶憎惡也. 君若有過, 三諫不從, 乃出境而去, 不得强留而而憎惡君也.

**번역** ●經文: "有亡而無疾". ○'망(亡)'자는 "떠난다[去]."는 뜻이다. '질(疾)'자는 증오한다는 뜻이다. 군주에게 만약 과실이 있어서, 세 차례 간언을 했는데도 따르지 않는다면, 곧 그 나라의 국경을 벗어나 떠나니, 억지로 머물면서 군주에 대해 증오를 해서는 안 된다.

**孔疏** ●"頌而無諂"者, 頌, 美盛德之形容也. 諂, 謂橫求見容. 若君有盛德, 臣當美而頌之也. 君苟無德, 則匡而救之, 不得虛妄以惡爲美, 橫求見容. 故孝經云: "將順其美, 匡救其惡."

**번역** ●經文: "頌而無諂". ○'송(頌)'자는 융성한 덕의 모습을 아름답게 기린다는 뜻이다. '첨(諂)'자는 상대방을 위해 억지로 좋은 모습을 드러낸다는 뜻이다. 만약 군주에게 융성한 덕이 있다면, 신하는 마땅히 그것을 아름답게 기려 칭송해야 한다. 군주에게 만약 덕이 없다면, 올바르게 바로잡아야 하며, 허황되게 추함을 아름다움으로 묵인하여, 억지로 좋은 모습을 드러내어서는

---

6) '유(有)'자에 대하여. '유'자는 본래 없던 글자인데, 완원(阮元)의 『교감기(校勘記)』에서는 "혜동(惠棟)의 『교송본(校宋本)』에는 '약(若)'자 뒤에 '유'자가 기록되어 있고, 위씨(衛氏)의 『집설(集說)』에도 동일하게 기록되어 있다. 따라서 이곳 판본에는 '유'자가 누락된 것이며, 『민본(閩本)』·『감본(監本)』·『모본(毛本)』도 동일하게 글자가 누락되어 있다."라고 했다.

7) 『논어』「양화(陽貨)」: 子貢曰, "君子亦有惡乎?" 子曰, "有惡, 惡稱人之惡者, 惡居下流而訕上者, 惡勇而無禮者, 惡果敢而窒者."

안 된다. 그렇기 때문에 『효경』에서는 "그의 좋은 점을 받아들여 순종하고, 그의 나쁜 점을 바로잡아 고친다."[8]라고 한 것이다.

**孔疏** ●"諫而無驕"者, 君若從己諫, 則己不得藉己言行謀用, 恃知而生驕慢.

**번역** ●經文: "諫而無驕". ○군주가 만약 자신의 간언을 따르게 된다면, 본인은 자신의 말이 시행되고 간언이 채택된다는 것에 의탁해, 자신의 지식을 믿고서 교만함을 나타내서는 안 된다.

**孔疏** ●"怠則張而相之"者, 怠, 惰也. 相, 助也. 若君政怠隋, 則臣當爲張起而助成之也. 隱義云: "若怠隋, 當張設法而助之, 或張强其志, 以廣大之也."

**번역** ●經文: "怠則張而相之". ○'태(怠)'자는 "게으르다[惰]."는 뜻이다. '상(相)'자는 "돕다[助]."는 뜻이다. 만약 군주의 정사가 태만하게 된다면, 신하는 마땅히 다시 일으켜 세워서 그를 도와 정사를 완성시켜야 한다. 『예기은의』에서는 "만약 태만하게 된다면, 마땅히 예법을 일으켜 세워서 돕거나 그 뜻을 굳세게 만들어서 광대하게 넓혀야 한다."라고 했다.

**孔疏** ●"廢則埽而更之"者, 君政若已廢壞, 無可復張助者, 則當埽蕩而更創立爲新政也.

**번역** ●經文: "廢則埽而更之". ○군주의 정사가 이미 폐지되고 무너져서, 재차 일으켜 세워 도울 것이 없게 된다면, 마땅히 폐단을 제거하여, 새롭게 창립해서 새로운 정치를 시행해야 한다.

**孔疏** ●"謂之社稷之役"者, 役, 爲也[9], 謂事君如上者, 是可謂爲社稷之臣

---

8) 『효경』「사군장(事君章)」: 子曰, 君子之事上也. 進思盡忠, 退思補過, 將順其美, 匡救其惡, 故上不能相親也.

也. 故衛君云: "柳莊者, 是社稷之臣也."

**번역** ●經文: "謂之社稷之役". ○'역(役)'자는 "위한다[爲]."는 뜻이니, 위에서 말한 것처럼 군주를 섬기는 자는 사직을 위하는 신하라고 부를 수 있다. 그렇기 때문에 위(衛)나라 군주는 "유장(柳莊)은 사직을 위하는 신하이다."라고 말한 것이다.[10]

**孔疏** ◎注"役, 爲也". ○正義曰: 爲, 謂助爲也. 社稷之臣, 謂爲助社稷之臣也.

**번역** ◎鄭注: "役, 爲也". ○'위(爲)'자는 도와서 시행한다는 뜻이다. 사직의 신하는 사직을 돕는 신하를 뜻한다.

**訓纂** 朱氏軾曰: 驕, 矜也. 凡敢言者, 意氣慷慨, 多失於驕矜. 汲長孺·寇萊公亦時有此病.

**번역** 주식이 말하길, '교(驕)'자는 "자랑하다[矜]."는 뜻이다. 무릇 과감히 직언을 올리는 자는 뜻과 기상이 정의감에 불타올라서 대부분 교만하거나 자신을 과시하는 폐단에 빠지게 된다. 급장유(汲長孺)나 구래공(寇萊公) 또한 당시에 이러한 병폐가 있었다.

**訓纂** 王氏念孫曰: 正義"爲, 謂助爲也." 爲, 讀如"夫子爲衛君乎"之爲. 牧誓"以役西土", 馬融曰"役, 爲也." 大雅鳧鷖箋云"爲, 猶助也." 廣雅"役, 助也.

---

9) '야(也)'자에 대하여. '야'자는 본래 없던 글자인데, 완원(阮元)의 『교감기(校勘記)』에서는 "혜동(惠棟)의 『교송본(校宋本)』에는 '야'자가 기록되어 있으니, 이곳 판본에는 '야'자가 누락된 것이며, 『민본(閩本)』·『감본(監本)』·『모본(毛本)』도 동일하게 글자가 누락되어 있다."라고 했다.

10) 『예기』「단궁하(檀弓下)」【125d】: 衛有太史曰柳莊, 寢疾. 公曰: "若[1]疾革, 雖當祭必告." 公再拜稽首請於尸曰: "有臣柳莊也者, 非寡人之臣, 社稷之臣也. 聞之死, 請往." 不釋服而往, 遂以襚之, 與之邑裘氏與縣潘氏, 書而納諸棺曰: "世世萬子孫毋變也."

役, 爲也.” 此言爲人臣若此, 則可爲社稷之助也.

**번역** 왕념손[11]이 말하길, 『정의』에서는 “위(爲)자는 도와서 시행한다는 뜻이다.”라고 했다. ‘위(爲)’자는 “선생님께서는 위(衛)나라 군주를 위해서 일하시겠습니까?”[12]라고 했을 때의 ‘위(爲)’자처럼 해석해야 한다. 『서』「목서(牧誓)」편에서는 “이로써 서쪽 지역의 군사로 일하게 하라.”[13]라고 했고, 마융[14]은 “역(役)자는 일한다는 뜻이다.”라고 했다. 『시』「대아(大雅) · 부예(鳧鷖)」편의 전문(箋文)에서는 “위(爲)자는 돕다는 뜻이다.”라고 했다. 『광아』에서는 “역(役)자는 돕는다는 뜻이다. 역(役)자는 일하다는 뜻이다.”라고 했다. 이 말은 곧 남의 신하가 된 자가 이처럼 할 수 있다면, 사직을 위해 도울 수 있다는 뜻이다.

11) 왕념손(王念孫, A.D.1744~A.D.1832) : 청(淸)나라 때의 학자이다. 자(字)는 회조(懷祖)이고, 호(號)는 석구(石臞)이다. 부친은 왕안국(王安國)이고, 아들은 왕인지(王引之)이다. 대진(戴震)에게 학문을 배웠다. 저서로는 『독서잡지(讀書雜志)』 등이 있다.

12) 『논어』「술이(述而)」: 冉有曰, “夫子爲衛君乎?” 子貢曰, “諾, 吾將問之.” 入曰, “伯夷叔齊何人也?” 曰, “古之賢人也.” 曰, “怨乎?” 曰, “求仁而得仁, 又何怨? 出曰, “夫子不爲也.”

13) 『서』「주서(周書)·목서(牧誓)」: 尙桓桓如虎如貔如熊如羆于商郊, 弗迓克奔, 以役西土. 勗哉, 夫子. 爾所弗勗, 其于爾躬有戮.

14) 마융(馬融, A.D.79~A.D.166) : =마계장(馬季長). 후한대(後漢代)의 경학자(經學者)이다. 자(字)는 계장(季長)이며, 마속(馬續)의 동생이다. 고문경학(古文經學)을 연구하였으며, 『주역(周易)』, 『상서(尙書)』, 『모시(毛詩)』, 『논어(論語)』, 『효경(孝經)』 등을 두루 주석하고, 『노자(老子)』, 『회남자(淮南子)』 등도 주석하였지만 현재 전해지지 않는다.

# • 제13절 •

## 일반 예절 Ⅰ

【436a】

毋拔來, 毋報往.

**직역** 拔來함이 毋하고, 報往함이 毋하다.

**의역** 갑작스럽게 와서는 안 되고, 갑작스럽게 떠나서는 안 된다.

**集說** 朱子曰: 拔, 是急走倒從這邊來. 赴, 是又急再還倒向那邊去. 來往, 只是向背之意. 此兩句文義, 猶云其就義若熱, 則其去義若渴. 言人見有箇好事, 火急歡喜去做, 這樣人不耐久, 少間心懶意闌, 則速去之矣. 所謂其進銳者, 其退速也.

**번역** 주자가 말하길, '발(拔)'자는 급히 달려서 이쪽으로 오는 것이다. '부(赴)'자는 또한 재차 급히 돌아가서 저쪽으로 가는 것이다. '내왕(來往)'은 단지 향하고 등지는 쪽을 뜻할 따름이다. 이곳 양 구문의 뜻은 마치 "의로움에 나아갈 때 맹렬하게 한다면 의로움을 떠나갈 때에도 목이 마른 듯 신속히 떠난다."라고 한 말과 같다. 즉 사람이 좋은 일이 있는 것을 보고 불처럼 급속히 기뻐하는데, 이러한 사람들은 오래 견뎌낼 수 없어서, 작은 틈에 마음이 게을러지고 뜻이 무뎌지면, 신속히 떠나가게 됨을 뜻한다. 이것은 이른바 "나아가길 민첩히 하는 자는 떠나갈 때에도 신속하다."[1]는 뜻이다.

---

1) 『맹자』「진심상(盡心上)」: 孟子曰, "於不可已而已者, 無所不已. 於所厚者薄, 無所不薄也. 其進銳者, 其退速."

**鄭注** 報, 讀爲赴疾之赴, 拔·赴, 皆疾也. 人來往所之, 常有宿漸, 不可卒也.

**번역** '보(報)'자는 부질(赴疾)이라고 할 때의 '부(赴)'자로 해석하니, '발(拔)'자와 '부(赴)'자는 모두 "신속하다[疾]."는 뜻이다. 사람이 왕래하며 어느 곳에 가게 되면 항상 머물며 천천히 해야 함이 있으니, 갑작스럽게 할 수 없다.

**釋文** 拔, 蒲末反, 注同. 急, 疾也, 王本作校, 古孝反. 報音赴. 卒, 才忽反.

**번역** '拔'자는 '蒲(포)'자와 '末(말)'자의 반절음이며, 정현의 주에 나오는 글자도 그 음이 이와 같다. '急'자는 빠르다는 뜻이며, 『왕본(王本)』에는 '校'자로 기록되어 있는데, 그 음은 '古(고)'자와 '孝(효)'자의 반절음이다. '報'자의 음은 '赴(부)'이다. '卒'자는 '才(재)'자와 '忽(홀)'자의 반절음이다.

**孔疏** ●"毋拔"至"言語". ○正義曰: 此一節廣明爲人之法.

**번역** ●經文: "毋拔"~"言語". ○이곳 경문은 사람으로서 따라야 하는 예법을 폭넓게 나타내고 있다.

**孔疏** ●"毋拔來, 毋報往"者, 報, 謂赴也. 拔·赴, 皆速疾之意. 凡人所之適, 必有宿漸, 毋得疾來, 毋得疾往.

**번역** ●經文: "毋拔來, 毋報往". ○'보(報)'자는 '부(赴)'자를 뜻한다. '발(拔)'자와 '부(赴)'자는 모두 신속하다는 뜻이다. 무릇 사람이 어느 곳으로 갈 때에는 반드시 머물며 천천히 해야 함이 있으니, 갑작스럽게 찾아오고 또 갑작스럽게 가서는 안 된다.

**訓纂** 一切經音義引少儀"毋趕往", 引廣雅"趕, 行也."

**번역** 『일체경음의』[2]에서는 「소의」편의 '무부왕(毋趕往)'이라는 말을 인용했고, 『광아』에서 "부(赴)자는 가다는 뜻이다."라고 한 말을 인용했다.

【436b】

**毋瀆神, 毋循枉, 毋測未至.**

**직역** 神을 瀆함을 毋하고, 枉을 循함을 毋하며, 未至를 測함을 毋한다.

**의역** 신을 업신여겨서는 안 되고, 잘못을 따라서는 안 되며, 아직 오지 않은 일을 함부로 예측해서는 안 된다.

**集說** 神不可瀆, 必敬而遠之. 言行過而邪枉, 當改以從直, 後復循襲, 是貳過矣. 君子以誠自處, 亦以誠待人, 不逆料其將然也. 未至而測之, 雖中亦僞.

**번역** 신은 업신여길 수 없으니, 반드시 공경하며 관계를 멀리 두어야 한다.[3] 언행이 지나쳐서 잘못되었다면, 마땅히 고쳐서 바른 것을 따라야 하는데, 그 이후에 재차 답습을 하게 되면, 이것은 잘못을 반복하는 일이다.[4] 군자는 진심으로 자처하며, 또한 진심으로 남을 대하니, 미리 그 일이 어떻게 될 것을 예측하지 않는다. 아직 도달하지도 않았는데 예측을 한다면, 비록 그것이 적중하더라도 또한 거짓된 것이다.

---

2) 『일체경음의(一切經音義)』는 당(唐)나라 때의 승려인 혜림(慧琳)이 찬술한 음운학 서적이다. 불경(佛經)에 나타난 난해한 글자들을 선별하여, 음과 뜻을 설명한 책이다. 한편 당나라 때의 승려인 현응(玄應)이 찬술한 음운학 서적을 뜻하기도 한다. 『현응음의(玄應音義)』라고도 부른다. 한(漢)나라 때의 고운(古韻)을 인용하고 있기 때문에, 고대 음운학 연구에 있어서는 중요한 서적이 된다.

3) 『논어』「옹야(雍也)」: 樊遲問知. 子曰, "務民之義, 敬鬼神而遠之, 可謂知矣." 問仁. 曰, "仁者先難而後獲, 可謂仁矣."

4) 『논어』「옹야(雍也)」: 哀公問, "弟子孰爲好學?" 孔子對曰, "有顔回者好學, 不遷怒, 不貳過. 不幸短命死矣, 今也則亡, 未聞好學者也."

**鄭注** 瀆, 謂數而不敬. 前日之不正, 不可復遵行以自伸. 測, 意度也.

**번역** '독(瀆)'자는 자주하여 불경하게 된다는 뜻이다. 이전에 바르지 못했던 것은 재차 준수하여 스스로 그 뜻을 펼쳐서는 안 된다. '측(測)'자는 헤아린다는 뜻이다.

**釋文** 數, 色角反. 循枉, 上音旬, 下紆往反, 邪曲也. 復, 扶又反. 意度, 如字, 本又作億, 音抑. 下, 大各反.

**번역** '數'자는 '色(색)'자와 '角(각)'자의 반절음이다. '循枉'에서의 '循'자는 그 음이 '旬(순)'이고, '枉'자는 '紆(우)'자와 '往(왕)'자의 반절음이며, 올바르지 못하다는 뜻이다. '復'자는 '扶(부)'자와 '又(우)'자의 반절음이다. '意度'에서의 '意'자는 글자대로 읽으며, 판본에 따라서는 또한 '億'자로도 기록하는데, 그 음은 '抑(억)'이다. '度'자는 '大(대)'자와 '各(각)'자의 반절음이다.

**孔疏** ●"毋瀆神"者, 謂瀆慢也. 神明正直, 敬而遠之, 不可慢.

**번역** ●經文: "毋瀆神". ○업신여기고 태만하게 군다는 뜻이다. 신명은 올바르고 강직하니, 공경스럽게 대하되 관계를 멀리해야 하고, 태만하게 굴어서는 안 된다.

**孔疏** ●"毋循枉"者, 循, 循追述也. 枉, 邪曲也. 人非圓煨, 不免時或邪曲, 若前已行之, 今當改正, 不得猶追述己之邪事也.

**번역** ●經文: "毋循枉". ○'순(循)'자는 좇아서 따른다는 뜻이다. '왕(枉)'자는 올바르지 못함을 뜻한다. 사람은 완전하지 못하니, 때에 따라 올바르지 못한 일을 저지르는 데에서 벗어날 수 없다. 만약 이전에 이미 그러한 잘못을 저질렀다면, 현재에 이르러서는 마땅히 올바르게 고쳐야 하며, 재차 이전에 범했던 잘못된 일을 따라서는 안 된다.

**孔疏** ●"毋測未至"者, 未至之事, 聖人難之, 凡人故不可豫欲測量之也. 若終不知, 則傷知也.

**번역** ●經文: "毋測未至". ○아직 이르지 않은 일에 대해서는 성인도 예측하기 어려워했으니, 일반인들은 일부러 예측하려고 해서는 안 된다. 만약 끝내 고칠 줄 모르면 앎에 해를 입는다.

**集解** 愚謂: 測未至, 孔子所謂"逆詐億不信"也. 拔來·報往則輕躁, 瀆神則不敬, 循枉則恥過作非, 測未至則不誠.

**번역** 내가 생각하기에, "아직 이르지 않은 것을 헤아린다."는 말은 공자가 "속일까를 미리 억측하고, 믿어주지 않을까를 미리 억측한다."[5]라고 한 말에 해당한다. 급히 오고 급히 간다면 방정맞고 조급한 것이며, 신을 업신여긴다면 공경스럽지 못하며, 잘못에 따른다면 자신의 잘못을 부끄러워하며 숨겨서 그릇됨을 저지르고, 아직 이르지 않은 것을 헤아린다면 진실하지 못하게 된다.

---

5) 『논어』「헌문(憲問)」: 子曰, "不逆詐, 不億不信, 抑亦先覺者, 是賢乎!"

# • 제14절 •

## 사(士)와 공(工)의 예절

【436b】

**士依於德, 游於藝; 工依於法, 游於說.**

**직역** 士는 德에 依하고, 藝에 游하며; 工은 法에 依하고, 說에 游한다.

**의역** 선비는 덕에 의거해서 따르고, 어느 때이건 도예를 익히는데 힘써야 한다. 공인은 규범에 의거해서 따르고, 어느 때이건 강론 등을 익히는데 힘써야 한다.

**集說** 依者, 據以爲常. 游, 則出入無定. 工之法, 規矩尺寸之制也. 說, 則講論變通之道焉.

**번역** '의(依)'자는 그에 따라서 항상된 법칙으로 삼는다는 뜻이다. '유(游)'자는 출입함에 고정됨이 없다는 뜻이다. 공인의 법(法)은 규구(規矩)에 따른 길이 등의 제도를 뜻한다. '설(說)'은 강론하고 변화된 이치에 소통되는 도를 뜻한다.

**大全** 嚴陵方氏曰: 依則無日不然, 游則有時而已. 德, 本也, 故言依, 藝, 末也, 故言游. 依於法者, 常法也. 所謂說則有變通存焉. 若規矩準繩, 所謂法也. 故依之而不可違. 若器或利於古而害於今, 則有說, 故游之而不泥.

**번역** 엄릉방씨가 말하길, 의거한다면 어느 때이건 그렇지 않은 적이 없는 것이고, 노닌다면 정해진 때가 있는 것일 뿐이다. 덕은 근본이기 때문에 의거한다고 말했다. 도예는 말단이기 때문에 노닌다고 말했다. 법에 의거한다면 항상된 법도가 된다. 이른바 '설(說)'이라는 것은 변통함이 있다는 뜻이다.

규구나 먹줄 등은 이른바 법(法)에 해당한다. 그렇기 때문에 그것에 의거는 할 수 있어도 어길 수는 없다. 만약 어떤 기물이 고대에는 이로웠지만 현재에는 해롭다면 설(說)이 있게 된다. 그렇기 때문에 자유롭게 노닐되 구애되어서는 안 된다.

**鄭注** 德, 三德也, 一曰至德, 二曰敏德, 三曰孝德. 藝, 六藝也, 一曰五禮, 二曰六樂, 三曰五射, 四曰五御, 五曰六書, 六曰九數. 法, 謂規矩尺寸之數也. 說, 謂鴻殺之意所宜也. 考工記曰: "薄厚之所震動, 淸濁之所由出, 侈弇之所由興, 有說." 說, 或爲伸.

**번역** '덕(德)'은 삼덕(三德)이니, 첫 번째는 지덕(至德)이며, 두 번째는 민덕(敏德)이고, 세 번째는 효덕(孝德)이다. '예(藝)'자는 육예(六藝)를 뜻하니, 첫 번째는 오례(五禮)[1]이고, 두 번째는 육악(六樂)[2]이며, 세 번째는 오사(五射)[3]이고, 네 번째는 오어(五御)[4]이며, 다섯 번째는 육서(六書)[5]이고,

---

1) 오례(五禮)는 고대부터 전해져 온 다섯 종류의 예제(禮制)를 뜻한다. 즉 길례(吉禮), 흉례(凶禮), 군례(軍禮), 빈례(賓禮), 가례(嘉禮)를 가리킨다. 『주례』「춘관(春官)·소종백(小宗伯)」편에는 "掌五禮之禁令與其用等."이라는 기록이 있는데, 이에 대한 정현의 주에서는 정사농(鄭司農)의 주장을 인용하여, "五禮, 吉·凶·軍·賓·嘉."라고 풀이했다.

2) 육악(六樂)은 육무(六舞)와 같은 말이다. 고대 황제(黃帝), 요(堯), 순(舜), 우(禹), 탕(湯), 무왕(武王) 때의 악무(樂舞)인 운문(雲門), 대권(大卷), 대함(大咸), 대소(大磬: =大韶), 대하(大夏), 대호(大濩), 대무(大武)를 뜻한다. 『주례』「지관(地官)·대사도(大司徒)」편에는 "以六樂防萬民之情, 而敎之和."라는 기록이 있고, 이에 대한 정현의 주에서는 정사농(鄭司農)의 주장을 인용하여, "六樂, 謂雲門·咸池·大韶·大夏·大濩·大武."라고 풀이했다.

3) 오사(五射)는 사례(射禮)를 시행할 때 사용되는 다섯 가지 활 쏘는 예법을 뜻한다. 다섯 가지 활 쏘는 예법은 백시(白矢), 삼련(參連), 섬주(剡注), 양척(襄尺), 정의(井儀)이다. '백시'는 화살을 쏘아서 과녁을 꿰뚫는다는 뜻이다. 화살이 과녁을 꿰뚫게 되면, 화살 끝에 달려 있는 흰 깃털만 보인다는 의미에서 '백시'라고 부른다. '삼련'은 앞서 한 발의 화살을 쏘고, 뒤이어 3발의 화살을 연이어 쏜다는 뜻이다. '섬주'는 화살을 쏠 때 끝부분의 깃털이 위로 올라가고, 화살촉이 밑으로 내려간 형태로 화살이 날아가는 것을 뜻한다. '양척'은 신하가 군주와 함께 화살을 쏠 때, 군주가 화살을 쏘는 장소로부터

1척(尺) 정도 물러나서 쏘는 것을 뜻한다. '정의'는 4발의 화살을 쏘아서 과녁을 명중시킬 때, 정(井)자의 형태가 되도록 쏘는 것을 뜻한다. 『주례』「지관(地官) · 보씨(保氏)」편에는 "養國子以道, 乃教之六藝, 一曰五禮, 二曰六樂, 三曰五射, 四曰五馭, 五曰六書, 六曰九數."라는 기록이 있고, 이에 대한 정현의 주에서는 정사농(鄭司農)의 주장을 인용하여, "五射, 白矢 · 參連 · 剡注 · 襄尺 · 井儀也."라고 풀이했으며, 가공언(賈公彦)의 소(疏)에서는 "云白矢者, 矢在侯而貫侯過, 見其鏃白; 云參連者, 前放一矢, 後三矢連續而去也; 云剡注者, 謂羽頭高鏃低而去, 剡剡然; 云襄尺者, 臣與君射, 不與君並立, 襄君一尺而退; 云井儀者, 四矢貫侯, 如井之容儀也."라고 풀이했다.

4) 오어(五馭)는 오어(五御)라고도 부르며, 수레를 몰 때 사용되는 다섯 가지 기술을 뜻한다. 다섯 가지 기술은 명화란(鳴和鸞), 축수곡(逐水曲), 과군표(過君表), 무교구(舞交衢), 축금좌(逐禽左)이다. '명화란'은 수레를 몰 때 방울 소리가 조화롭게 울린다는 뜻이다. '화(和)'와 '란(鸞)'은 모두 수레에 다는 일종의 방울인데, 수레를 편안하게 몰기 때문에 소리가 조화롭게 울린다는 뜻이다. '축수곡'은 물길 옆에 있는 도로를 따라 수레를 몬다는 뜻이다. 즉, 물길의 굴곡에 따른 굽이진 곳을 이동하면서도 수레가 물에 빠지지 않도록 운전을 잘 한다는 뜻이다. '과군표'는 군주가 있는 곳은 깃발 등으로 표시를 하는데, 그곳을 지나갈 때에는 수레를 몰지 않는다는 뜻이다. 일종의 군주에게 공경의 뜻을 표하는 방법이다. '무교구'는 교차로에서 수레끼리 교차하게 될 때, 서로에게 피해를 주지 않기 위해 춤추는 절도에 따라 서로 수레를 돌린다는 뜻이다. '축금좌'는 사냥할 때 수레를 모는 방법이다. 사냥을 할 때 존귀한 자는 좌측에 타서 활을 쏘게 되는데, 짐승을 잘 맞출 수 있도록 수레의 좌측 방향으로 짐승을 몬다는 뜻이다. 『주례』「지관(地官) · 보씨(保氏)」편에는 "養國子以道, 乃教之六藝, 一曰五禮, 二曰六樂, 三曰五射, 四曰五馭, 五曰六書, 六曰九數."라는 기록이 있고, 이에 대한 정현의 주에서는 정사농(鄭司農)의 주장을 인용하여, "五馭, 鳴和鸞 · 逐水曲 · 過君表 · 舞交衢 · 逐禽左."라고 풀이했으며, 가공언(賈公彦)의 소(疏)에서는 "云五馭者, 馭車有五種. 云鳴和鸞者, 和在式, 鸞在衡. 按韓詩云, '升車則馬動, 馬動則鸞鳴, 鸞鳴則和應.' 先鄭依此而言. 云逐水曲者, 無正文, 先鄭以意而言, 謂御車隨逐水勢之屈曲而不墜水也. 云過君表者, 謂若毛傳云, '褐纏旃以爲門, 裘纏質以爲槸, 間容握, 驅而入, 轚則不得入.' 穀梁亦云, '艾蘭以爲防, 置旃以爲轅門, 以葛覆質以爲槷, 流旁握, 御轚者不得入.' 是其過君表卽褐纏旃是也. 云舞交衢者, 衢, 道也, 謂御車在交道, 車旋應於舞節. 云逐禽左者, 謂御驅逆之車, 逆驅禽獸使左, 當人君以射之, 人君自左射. 故毛傳云, '故自左膘而射之, 達于右腢, 爲上殺.' 又禮記云, '佐車止, 則百姓田獵', 是也."라고 풀이했다.

5) 육서(六書)는 한자의 구성과 형성에 대한 여섯 가지 이론으로, 상형(象形), 지사(指事: =處事), 회의(會意), 형성(形聲: =諧聲), 전주(轉注), 가차(假借)를 뜻한다. 『주례』「지관(地官)·보씨(保氏)」편에는 "五曰六書."라는 기록이

여섯 번째는 구수(九數)[6]이다. '법(法)'은 규구(規矩) 등을 통한 길이의 단위를 뜻한다. '설(說)'자는 강약에 따른 합당함을 뜻한다. 『고공기』[7]에서는 "진동하는 울림에 따른 종의 두께, 소리가 나오는 것에 따른 맑은 정도, 소리의 울림에 따른 입구 크기에 대해서는 각각 합당함이 있다."[8]라고 했다. '설(說)'자를 다른 판본에서는 '신(伸)'자로도 기록한다.

**釋文** 於說, 如字, 注同, 又始銳反. 鴻又作洪. 殺, 色戒反. 侈, 昌氏反. 弇, 於檢反.

**번역** '於說'에서의 '說'자는 글자대로 읽으며, 정현의 주에 나온 글자도 그 음이 이와 같고, 또한 '始(시)'자와 '銳(예)'자의 반절음이 되기도 한다. '鴻'자는 또한 '洪'자로도 기록한다. '殺'자는 '色(색)'자와 '戒(계)'자의 반절음이다. '侈'자는 '昌(창)'자와 '氏(씨)'자의 반절음이다. '弇'자는 '於(어)'자와

---

있는데, 이에 대한 정현의 주에서는 정사농(鄭司農)의 주장을 인용하여, "六書, 象形·會意·轉注·處事·假借·諧聲也."라고 풀이했다.

6) 구수(九數)는 고대의 아홉 가지 계산 방법이다. 방전(方田), 속미(粟米), 차분(差分), 소광(少廣), 상공(商功), 균수(均輸), 방정(方程), 영부족(贏不足), 방요(旁要)를 뜻한다. 『주례』「지관(地官) · 보씨(保氏)」편에는 "六曰<u>九數</u>."라는 기록이 있는데, 이에 대한 정현의 주에서는 정중(鄭衆)의 주장을 인용하여, "九數, 方田 · 粟米 · 差分 · 少廣 · 商功 · 均輸 · 方程 · 贏不足 · 旁要."라고 풀이했다.

7) 『고공기(考工記)』는 『동관고공기(冬官考工記)』라고도 부른다. 공인(工人)들에 대한 공예기술(工藝技術) 서적이다. 작자는 미상이다. 강영(江永)은 『고공기』의 작자를 제(齊)나라 사람으로 추정하였고, 곽말약(郭沫若)은 춘추시대(春秋時代) 말기에 제나라에서 제작된 관서(官書)와 관련이 깊다고 추정하였다. 『주례(周禮)』는 천관(天官), 지관(地官), 춘관(春官), 하관(夏官), 추관(秋官), 동관(冬官) 등 육관(六官)의 체제로 구성되어 있는데, 그 중 '동관'에 대한 기록이 누락되어 있어서, 한(漢)나라 무제(武帝) 때, 『고공기』를 가지고 누락된 부분을 보충하게 되었다. 그렇기 때문에 『고공기』를 또한 『동관고공기』라고도 부르는 것이다. 각종 공인들의 직책과 직무들이 기록되어 있다.

8) 『주례』「동관고공기(冬官考工記) · 부씨(鳧氏)」: 薄厚之所震動, 淸濁之所由出, 侈弇之所由興, 有說.

'檢(검)'자의 반절음이다.

**孔疏** ●"士依於德"者, 士, 謂進士有德行者, 當依附於三德.

**번역** ●經文: "士依於德". ○'사(士)'자는 진사(進士)[9] 중 덕행을 갖춘 자를 뜻하니, 마땅히 삼덕(三德)에 의거해야 한다.

**孔疏** ●"游於藝"者, 謂敖游於六藝.

**번역** ●經文: "游於藝". ○육예(六藝)에 대해서 즐거워하며 익힌다는 뜻이다.

**孔疏** ●"工依於法"者, 謂規矩尺寸之法式[10]. 言工巧, 皆當依附於法式.

**번역** ●經文: "工依於法". ○규구에 따른 길이의 법식을 뜻한다. 즉 공인이 하는 작업은 모두 법식에 따라야 한다는 뜻이다.

**孔疏** ●"游於說"者, 說, 謂論說規矩法式之辭, 言游息於規矩法式之文書.

**번역** ●經文: "游於說". ○'설(說)'자는 규구에 따른 법식을 논설한 말을 뜻하니, 규구의 법식에 대해 기록한 문서들을 즐겁게 익힌다는 뜻이다.

**孔疏** ◎注"德三"至"九數". ○正義曰: 按周禮·師氏: "以三德敎國子, 一曰至德, 二曰敏德, 三曰孝德." 彼注云: "至德, 中和之德, 覆燾持載含容者也. 敏德, 仁義順時者也. 孝德, 尊祖愛親." 按大司徒職云: "以鄕三物敎萬民, 一曰

---

9) 진사(進士)는 조사(造士)들 중에서도 뛰어난 자들이다. 태학(太學)에서 학업을 완성한 이후, 진사들은 작위와 녹봉을 받을 수 있는 자격이 부여된다.

10) '식(式)'자에 대하여. '식'자는 본래 '혹(或)'자로 기록되어 있었는데, 완원(阮元)의 『교감기(校勘記)』에서는 "포당(浦鏜)은 '혹'자를 '식'자로 교정하였는데, 살펴보니, '법식(法式)'이라고 기록하는 것이 옳다."라고 했다.

六德, 知·仁·聖·義·忠·和." 知此"依於德"非六德者, 六德所以教萬民, 而云三德所以教國子. 此經云"士", 故知是三德也. 云"一曰五禮"至"九數"者, 是周禮·保氏職文. 按彼注云: "五禮: 吉·凶·賓·軍·嘉也. 六樂: 雲門·大咸·大韶·大夏·大濩·大武也. 五射: 白矢·參連·剡注·襄尺·井儀也. 五御: 鳴和鸞·逐水曲·過君表·舞交衢·逐禽左. 六書: 象形·會意·轉注·處事·假借·諧聲也. 九數: 方田·粟米·差分·少廣·商功·均輸·方程·贏不足·旁要. 今有重差·句股." 然五禮六樂之等, 皆鄭康成所注, 其五射以下, 鄭司農所解. 但九數之名, 書本多誤, 儒者所解, 方田一·粟米二·差分三·少廣四·商功五·均輸六·方程七·贏不足八·旁要九. 云"今有重差·句股"者, 鄭司農指漢時, 云今世於九數之內有重差·句股二篇, 其重差卽與舊數差分一也. 去舊數旁要, 而以句股替之, 爲漢之九數, 卽今之九章也. 先師馬融·干寶等更云今有夕桀各爲二篇, 未知所出. 今依司農所注周禮之數, 餘並不取[11].

**번역** ◎鄭注: "德三"~"九數". ○『주례』「사씨(師氏)」편을 살펴보면, "삼덕으로 국자(國子)들을 가르치니, 첫 번째는 지덕(至德)이며, 두 번째는 민덕(敏德)이고, 세 번째는 효덕(孝德)이다."[12]라고 했다. 그리고 「사씨」편에 대한 정현의 주에서는 "지덕은 중화의 덕이니, 은혜를 베풀고 만물을 받들며,[13] 관대하게 대하는 것이다. 민덕은 인의를 실천하되 적절한 시기에 따르는 것이다. 효덕은 조상을 존숭하고 부모를 친애하는 것이다."라고 했다. 『주례』「대사도(大司徒)」편의 직무 기록을 살펴보면, "향(鄕)에서 실시하는

---

11) '취(取)'자에 대하여. '취'자는 본래 '감(敢)'자로 기록되어 있었는데, 완원(阮元)의 『교감기(校勘記)』에서는 "혜동(惠棟)의 『교송본(校宋本)』에는 '감'자를 '취'자로 기록했다. 따라서 이곳 판본은 잘못하여 '감'자로 기록한 것이며, 『민본(閩本)』·『감본(監本)』·『모본(毛本)』도 동일하게 잘못 기록했다." 라고 했다.

12) 『주례』「지관(地官)·사씨(師氏)」: 以三德教國子: 一曰至德, 以爲道本; 二曰敏德, 以爲行本; 三曰孝德, 以知逆惡. 教三行: 一曰孝行, 以親父母; 二曰友行, 以尊賢良; 三曰順行, 以事師長.

13) 『중용』「30장」: 辟如天地之無不持載, 無不覆幬. 辟如四時之錯行, 如日月之代明.

세 가지 사안으로 백성들을 교화하니, 첫 번째는 육덕(六德)으로, 지(知)·인(仁)·성(聖)·의(義)·충(忠)·화(和)이다."[14]라고 했다. 이곳에서 "덕에 의거한다."라고 한 말이 육덕을 가리키지 않는다는 사실을 알 수 있는 이유는 육덕은 백성들을 교화하는 방법이고, 삼덕은 국자들을 가르치는 방법이라고 했기 때문이다. 이곳 경문에서는 '사(士)'라고 했기 때문에, 이 내용이 삼덕을 가리킨다는 사실을 알 수 있다. 정현이 "첫 번째는 오례(五禮)이다."라고 한 말부터 "구수(九數)이다."라고 한 말까지는 『주례』「보씨(保氏)」편에 기록된 직무 기록이다.[15] 「보씨」편에 대한 정현의 주를 살펴보면, "오례(五禮)는 길례(吉禮)·흉례(凶禮)·빈례(賓禮)·군례(軍禮)·가례(嘉禮)이다. 육악(六樂)은 운문(雲門)·대함(大咸)·대소(大韶)·대하(大夏)·대호(大濩)·대무(大武)의 악무이다. 오사(五射)는 백시(白矢)·삼련(參連)·섬주(剡注)·양척(襄尺)·정의(井儀)이다. 오어(五御)는 명화난(鳴和鸞)·축수곡(逐水曲)·과군표(過君表)·무교구(舞交衢)·축금좌(逐禽左)이다. 육서(六書)는 상형(象形)·호의(會意)·전주(轉注)·처사(處事)·가차(假借)·해성(諧聲)이다. 구수(九數)는 방전(方田)·속미(粟米)·차분(差分)·소광(少廣)·상공(商功)·균수(均輸)·방정(方程)·영부족(贏不足)·방요(旁要)이다. 오늘날에는 중차(重差)나 구고(句股)의 셈법이 있다."라고 했다. 그런데 오례와 육악 등에 대해서는 모두 정강성이 주석을 단 것인데, 오사로부터 그 이하의 내용은 정사농이 풀이를 한 것이다. 다만 구수의 명칭에 대해서는 기록된 판본마다 오류가 많은데, 학자들은 그것을 풀이하며, 방전(方田)이 첫 번째이고, 속미(粟米)가 두 번째이며, 차분(差分)이 세 번째이고, 소광(少廣)이 네 번째이며, 상공(商功)이 다섯 번째이고, 균수(均輸)가 여섯 번째이며, 방정(方程)이 일곱 번째이고, 영부족(贏不足)이 여덟 번째

---

14) 『주례』「지관(地官)·대사도(大司徒)」: 以鄕三物敎萬民而賓興之: 一曰六德, 知·仁·聖·義·忠·和; 二曰六行, 孝·友·睦·姻·任·恤; 三曰六藝, 禮·樂·射·御·書·數.

15) 『주례』「지관(地官)·보씨(保氏)」: 而養國子以道, 乃敎之六藝: 一曰五禮, 二曰六樂, 三曰五射, 四曰五馭, 五曰六書, 六曰九數; 乃敎之六儀: 一曰祭祀之容, 二曰賓客之容, 三曰朝廷之容, 四曰喪紀之容, 五曰軍旅之容, 六曰車馬之容.

이며, 방요(旁要)가 아홉 번째라고 했다. 그런데 "오늘날에는 중차(重差)나 구고(句股)의 셈법이 있다."라고 했는데, 이것은 정사농이 한나라 때의 상황을 가리켜서 한 말로, 즉 오늘날에는 구수 안에 중차(重差)와 구고(句股) 등의 두 편이 포함되어 있는데, 중차(重差)는 곧 옛 셈법 중 하나인 차분(差分)과 동일하다. 그리고 옛 셈법 중 방요(旁要)를 제외하고, 구고(句股)로 대체를 해서, 이것을 한나라 때의 구수로 삼았으니, 오늘날의 『구장(九章)』에 해당한다는 뜻이다. 선대 학자들 중 마융이나 간보[16] 등은 재차 오늘날에는 석걸(夕桀)이라는 것이 각각 두 편을 이루고 있는데, 그 셈법이 어디에서 도출된 것인지는 알 수 없다고 했다. 현재는 정사농이 주를 한 『주례』의 셈법에 따르며, 나머지 주장들에 대해서는 채택하지 않는다.

**孔疏** ◎注"說謂[17]"至"宜也". ○正義曰: 此經云"依於法, 游於說", 法旣是規矩法式, 法外又云"說", 是說與法不同, 謂說此法式文書, 論其法式大小鴻殺之意, 與法大同小異, 法式據其體, 論法據其文. 引考工記者, 證說是說法度之意, 彼說鑄鐘形狀, 言鐘或薄或厚, 聲之振動, 其聲淸濁, 由薄厚而出. 云"侈弇之所由興"者, "侈"謂鐘口寬大, "弇"謂鐘口內小, 從此法式所由興, 有說, 或大或小, 或侈或弇, 皆有所宜之意: 鐘厚則聲不散, 薄則聲散; 大短, 出聲疾易竭; 小長, 聲緩深遠; 弇則聲不舒揚, 故云"有說".

**번역** ◎鄭注: "說謂"~"宜也". ○이곳 경문에서는 "법(法)에 의거하고, 설(說)에 노닌다."라고 했는데, 법이라는 것은 규구에 따른 법식을 뜻하고, 법 이외에 또 '설(說)'이라고 했으니, 이 말은 설(說)과 법(法)이 다르다는 사실을 나타내므로, 설(說)이란 이러한 법식을 기록한 문헌을 언급하여, 법식의 대소 및 강약 등의 의미를 논정한 것으로, 법(法)과 대동소이하지만, 법식은

16) 간보(干寶, ?~A.D.336) : 동진(東晋) 때의 문인(文人)이다. 저서로는 『춘추좌씨의외전(春秋左氏義外傳)』 등이 있고, 『주역(周易)』 및 『주례(周禮)』에 대한 주를 달기도 하였다.

17) '위(謂)'자에 대하여. '위'자는 본래 없던 글자인데, 완원(阮元)의 『교감기(校勘記)』에서는 "『고문(考文)』에서 인용하고 있는 『송판(宋板)』에서는 '설(說)' 자 뒤에 '위'자가 기록되어 있다."라고 했다.

그 본체에 의거한 것이고, 법식을 논의한 것은 그 형식에 의거한 것이다. 정현이 『고공기』를 인용한 이유는 설(說)이 법도를 논설한 것을 뜻한다는 사실을 증명하기 위해서인데, 『고공기』의 설(說)은 곧 종을 주조할 때의 형태에 대한 것으로, 종을 얇게 하거나 두껍게 하면 소리의 진동이 달라지고, 그 소리의 맑은 정도는 두께에 따라 나타난다는 의미이다. 정현이 "소리의 울림에 따른 입구 크기이다."라고 했는데, '치(侈)'자는 종의 입구가 크고 넓은 것이며, '엄(弇)'자는 종의 입구 내면이 작은 것인데, 이러한 법식에 따라서 소리의 울림이 발생하며, 그것에 따른 설(說)이 있어서, 크게 하거나 작게 하고, 넓게 하거나 좁게 하여, 각각 합당함에 따르는 뜻이 있다는 의미이다. 즉 종이 두꺼우면 소리가 퍼지지 못하고, 얇으면 소리가 흩어진다. 반대로 크고 짧으면 소리가 빠르게 퍼지지만 쉽게 끊어지고, 작고 길면 소리가 느리게 퍼지지만 매우 멀리 뻗어나간다. 또 입구가 좁으면 소리가 퍼지지 못한다. 그렇기 때문에 "설(說)이 있다."라고 말한 것이다.

**集解** 愚謂: 依於德以立其本, 游於藝以該其末, 依於法以循其所當然, 游於說以知其所以然.

**번역** 내가 생각하기에, 덕에 의거해서 근본을 세우고, 도예에 노닐어서 말단을 갖추며, 법에 의거해서 당연한 것을 따르며, 논설에 노닐어서 그러한 이유를 익힌다.

## • 제15절 •

## 일반 예절 II

【436c】

**毋訾衣服成器, 毋身質言語.**

**직역** 衣服과 成器를 訾함을 毋하며, 身은 言語를 質함을 毋한다.

**의역** 남의 아름다운 옷과 기물에 대해서 헐뜯어서는 안 되며, 제 자신은 말을 할 때 의심스러운 부분에 대해서 함부로 말을 해서는 안 된다.

**集說** 訾, 毀其不善也. 曲禮"疑事毋質", 與此質字義同, 謂言語之際, 疑則闕之, 不可自我質正, 恐有失誤也.

**번역** '자(訾)'자는 좋지 않은 점을 헐뜯는다는 뜻이다. 『예기』「곡례(曲禮)」편에서는 "의심스러운 일에 대해서는 근거도 없는 말을 지어내서는 안 된다."[1] 라고 했는데, 이때의 '질(質)'자는 이곳의 '질(質)'자와 의미가 같으니, 말을 할 때 의심스러운 점이라면 빼버려야 하고, 제 스스로 따져서 잘잘못을 가려서는 안 되니, 잘못을 범할 수도 있기 때문이다.

**鄭注** 訾, 思也. 成, 猶善也. 思此則疾貪也. 質, 成也, 聞疑則傳疑, 若成之, 或有所誤也.

**번역** '자(訾)'자는 "사모한다[思]."는 뜻이다. '성(成)'자는 "좋다[善]."는 뜻이다. 이러한 기물들을 사모한다면, 탐욕을 부리게 된다. '질(質)'자는 "이룬

---

1) 『예기』「곡례상(曲禮上)」【8b】: 疑事毋質, 直而勿有.

다[成]."는 뜻이니, 의심스러운 말을 들었는데, 그대로 의심스러운 이야기를 전달하여, 만약 그것을 사실인 것처럼 말한다면, 잘못을 범할 수도 있다.

**鄭注** 訾, 子斯反. 傳, 丈專反.

**번역** '訾'자는 '子(자)'자와 '斯(사)'자의 반절음이다. '傳'자는 '丈(장)'자와 '專(전)'자의 반절음이다.

**孔疏** ●"毋訾衣服或器"者, 訾, 思也. 成, 善也. 無得思念衣服善器.

**번역** ●經文: "毋訾衣服或器". ○'자(訾)'자는 "사모한다[思]."는 뜻이다. '성(成)'자는 "좋다[善]."는 뜻이다. 남의 좋은 의복과 기물에 대해서는 부러워하는 마음을 가져서는 안 된다.

**孔疏** ●"毋身質言語"者, 凡言語有疑則稱疑, 無得以身質成言語之疑者, 其言旣疑, 若必成之, 或有所誤也.

**번역** ●經文: "毋身質言語". ○무릇 말을 할 때 의심스러운 점이 있다면, 의심스럽다고 나타내야하며, 말 중의 의심스러운 점을 본인이 제멋대로 판가름하여, 사실인 것처럼 말해서는 안 된다. 그 말이 이미 의심스러운 것인데, 만약 그것을 사실인 것처럼 말하게 된다면, 잘못을 범할 수도 있다.

**訓纂** 江氏永曰: 訾, 亦度也. 人之衣服成器, 不可度其所直也.

**번역** 강영이 말하길, '자(訾)'자 또한 "헤아린다[度]."는 뜻이다. 남의 의복과 기물에 대해서는 그것의 가치를 헤아려서는 안 된다.

**訓纂** 釋詁: 身, 我也.

**번역** 『이아』「석고(釋詁)」편에서 말하길, '신(身)'자는 본인을 뜻한다.

**集解** 今按: 訾字亦當音紫.

**번역** 현재 살펴보니, 이곳의 '訾'자는 또한 '紫(자)'자의 음으로 읽어야 한다.

**集解** 朱子曰: *毋*訾衣服成器, 與不訾重器之意同. *毋*身質言語, 卽疑事*毋*質之意.

**번역** 주자가 말하길, "남의 의복과 기물에 대해서는 헤아리지 않는다."라고 했는데, 이것은 "남의 보물에 대해서는 헤아리지 않는다."[2]라고 한 말과 같은 뜻이다. "본인은 말에 대해서 질정하지 않는다."라고 한 말은 "의심스러운 사안에 대해서 함부로 질정하지 않는다."는 뜻이다.

**集解** 愚謂: *毋*訾衣服成器者, 爲其非人之所樂也. *毋*訾重器, *毋*訾衣服成器, 皆所謂"不苟訾"也.

**번역** 내가 생각하기에, "의복과 기물에 대해서 헐뜯지 않는다."는 말은 그것이 남이 좋아하지 않는 행동이기 때문이다. "남의 보물에 대해서 헐뜯지 않는다."라고 했고, "남의 의복과 기물에 대해서 헐뜯지 않는다."라고 했는데, 이 말은 모두 "구차하게 남을 헐뜯지 않는다."[3]는 뜻에 해당한다.

**【436c~d】**

**言語之美, 穆穆皇皇. 朝廷之美, 濟濟翔翔. 祭祀之美, 齊齊皇皇. 車馬之美, 匪匪翼翼. 鸞和之美, 肅肅雍雍.**

---

2) 『예기』「소의」【433a】: 不疑在躬. 不度民械, 不願於大家, <u>不訾重器</u>.
3) 『예기』「곡례상(曲禮上)」【15d】: 不登高, 不臨深, <u>不苟訾</u>, 不苟笑. 孝子不服闇, 不登危, 懼辱親也.

**직역** 言語의 美는 穆穆하고 皇皇하다. 朝廷의 美는 濟濟하고 翔翔하다. 祭祀의 美는 齊齊하고 皇皇하다. 車馬의 美는 匪匪하고 翼翼하다. 鸞和의 美는 肅肅하고 雍雍하다.

**의역** 말을 할 때의 모습은 조화롭고 공경스러우며, 올바르고 아름답다. 조정에서의 모습은 출입을 할 때 가지런하며, 몸을 숙이고 펼이 선하다. 제사에서의 모습은 재계를 지극히 하여 안정되고, 신령을 찾으나 찾을 수 없어 간절한 마음이 나타난다. 수레에 탔을 때의 모습은 행동에 격식이 나타나고 안정된다. 수레의 방울이 울리는 모습은 공경스럽고 조화롭다.

**集說** 方氏曰: 穆穆者, 敬以和; 皇皇者, 正而美; 濟濟者, 出入之齊; 翔翔者, 翕張之善. 齊齊, 致齊而能定也. 皇皇, 有求而不得也. 匪匪, 言行而有文. 翼翼, 言載而有輔. 肅肅, 唱者之敬. 雍雍, 應者之和. 此卽保氏所教六儀也.

**번역** 방씨가 말하길, '목목(穆穆)'은 조화롭게 공경스러운 태도를 보인다는 뜻이다. '황황(皇皇)'은 바르면서도 아름답다는 뜻이다. '제제(濟濟)'는 출입함이 가지런하다는 뜻이다. '상상(翔翔)'은 몸을 숙이고 펴는 것이 좋다는 뜻이다. '제제(齊齊)'는 재계를 지극히 하여 안정될 수 있다는 뜻이다. '황황(皇皇)'은 찾지만 얻지 못함이 있다는 뜻이다. '비비(匪匪)'는 행동함에 격식이 있다는 뜻이다. '익익(翼翼)'은 수레에 탔는데 보필함이 있다는 뜻이다. '숙숙(肅肅)'은 울리는 소리가 공경스럽다는 뜻이다. '옹옹(雍雍)'은 응답하는 소리가 조화롭다는 뜻이다. 이것들은 곧 보씨(保氏)가 가르치는 육의(六儀)[4]에 해당한다.[5]

---

4) 육의(六儀)는 여섯 가지 의례들을 뜻한다. 즉 '제사 때의 행동 방법[祭祀之容]', '빈객을 접대할 때의 행동 방법[賓客之容]', '조정에서의 행동 방법[朝廷之容]', '상을 치를 때의 행동 방법[喪紀之容]', '군대와 관련된 행동 방법[軍旅之容]', '수레를 몰 때의 행동 방법[車馬之容]'을 뜻한다.

5) 『주례』「지관(地官)·보씨(保氏)」: 乃教之六儀: 一曰祭祀之容, 二曰賓客之容, 三曰朝廷之容, 四曰喪紀之容, 五曰軍旅之容, 六曰車馬之容.

**大全** 五美字, 皆讀爲儀. 然皆如本字, 亦可通.

**번역** 이곳에 나온 다섯 개의 '미(美)'자는 모두 '의(儀)'자로 해석한다. 그러나 이 모두에 대해 본래의 글자대로 해석해도 또한 뜻이 통한다.

**鄭注** 匪, 讀如"四牡騑騑". 齊齊皇皇, 讀如歸往之往. "美"皆當爲"儀"字之誤也. 周禮: "教國子六儀, 一曰祭祀之容, 二曰賓客之容, 三曰朝廷之容, 四曰喪紀之容, 五曰軍旅之容, 六曰車馬之容."

**번역** '비(匪)'자는 "네 필의 말이 끊임없이 달려간다."[6]라고 했을 때의 '비(騑)'자로 해석한다. '제제황황(齊齊皇皇)'에서의 '황(皇)'자는 "되돌아간다[歸往]."라고 했을 때의 '왕(往)'자로 해석한다. '미(美)'자는 모두 '의(儀)'자를 잘못 기록한 것이다. 『주례』에서는 "국자들에게 육의(六儀)를 가르치니, 첫 번째는 '제사 때의 행동 방법[祭祀之容]'이며, 두 번째는 '빈객을 접대할 때의 행동 방법[賓客之容]'이고, 세 번째는 '조정에서의 행동 방법[朝廷之容]'이며, 네 번째는 '상을 치를 때의 행동 방법[喪紀之容]'이고, 다섯 번째는 '군대와 관련된 행동 방법[軍旅之容]'이며, 여섯 번째는 '수레를 몰 때의 행동 방법[車馬之容]'이다."라고 했다.

**釋文** 美音儀, 出注, 下同. 濟, 子禮反. 齊齊皇皇, 齊如字, 皇音往, 徐于況反. 匪, 讀爲騑, 芳非反. 牡音母.

**번역** '美'자의 음은 '儀(의)'이니, 정현의 주에 따른 것이고, 아래문장의 글자도 그 음이 이와 같다. '濟'자는 '子(자)'자와 '禮(례)'자의 반절음이다. '齊齊皇皇'에서의 '齊'자는 글자대고 읽고, '皇'자의 음은 '往(왕)'이며, 서음(徐音)은 '于(우)'자와 '況(황)'자의 반절음이다. '匪'자는 '騑'자로 풀이하니, '芳(방)'자와 '非(비)'자의 반절음이다. '牡'자의 음은 '母(모)'이다.

---

6) 『시』「소아(小雅)·사모(四牡)」 : <u>四牡騑騑</u>, 周道倭遲. 豈不懷歸, 王事靡盬, 我心傷悲.

**孔疏** ●"言語"至"雍雍". ○正義曰: 此一節明諸事之宜. 此美皆當爲儀.

**번역** ●經文: "言語"~"雍雍". ○이곳 문단은 여러 사안의 합당함을 나타내고 있다. 이곳의 '미(美)'자는 모두 '의(儀)'자가 되어야 한다.

**孔疏** ●"言語之美"者, 謂與賓客言語, 故鄭注保氏云: "賓客之容."

**번역** ●經文: "言語之美". ○빈객과 말을 할 때를 뜻한다. 그렇기 때문에 『주례』「보씨(保氏)」편에 대한 정현의 주에서는 "빈객을 접대할 때의 행동 방법이다."라고 말했다.

**孔疏** ●"穆穆皇皇"者, 謂言語形狀穆穆皇皇. 然其天子諸侯行容亦穆穆皇皇, 故曲禮云: "天子穆穆, 諸侯皇皇." 鄭云: "皆行容止之貌." 穆穆皇皇, 皆美大之狀.

**번역** ●經文: "穆穆皇皇". ○말을 할 때의 모습은 목목(穆穆)하고 황황(皇皇)하다는 뜻이다. 그런데 천자 및 제후의 행동 모습 또한 목목(穆穆)하고 황황(皇皇)해야 한다. 그렇기 때문에 『예기』「곡례(曲禮)」편에서는 "천자는 위엄을 갖추고 용모를 꾸밈이 풍성하며, 제후는 장엄하고 융성한 자태를 보인다."[7]라고 말한 것이고, 정현은 "이 모두는 이동할 때의 용모와 행동거지를 뜻한다."라고 한 것이다. 따라서 '목목(穆穆)'과 '황황(皇皇)'이라는 말은 모두 아름답고 성대한 모습을 뜻한다.

**孔疏** ●"濟濟翔翔"者, 據在朝威儀. "濟濟翔翔"者, 謂威儀厚重寬舒之貌. 言語則穆穆皇皇, 威儀則濟濟翔翔.

**번역** ●經文: "濟濟翔翔". ○조정에서 위엄을 갖춘 행동예절에 근거한 말이다. '제제상상(濟濟翔翔)'이라는 말은 위엄을 갖춘 행동예절이 중후하고

---

7) 『예기』「곡례하(曲禮下)」【58d】: 天子穆穆, 諸侯皇皇, 大夫濟濟, 士蹌蹌, 庶人僬僬.

관대한 모습을 뜻한다. 말을 할 때에는 아름답고 융성해야 하며, 위엄을 갖춘 행동예절에서는 중후하고 관대해야 한다.

**孔疏** ●"齊齊皇皇"者, 皇, 讀爲歸往之往. 皇氏云: "謂心所繫往. 孝子祭祀, 威儀嚴正, 心有繼屬, 故齊齊皇皇." 然其言語及威儀皆當如此.

**번역** ●經文: "齊齊皇皇". ○'황(皇)'자는 "되돌아간다[歸往]."라고 했을 때의 '왕(往)'자로 해석한다. 황간[8]은 "마음에 얽매이는 것이다. 자식이 제사를 지내게 되면, 위엄스러운 행동예절을 갖춰 엄숙하고 올바른데, 마음에는 어딘가에 연계되는 점이 있기 때문에, 가지런하면서도 마음에 연계됨이 있다고 했다."라고 했다. 그러므로 말을 할 때 및 위엄스러운 행동예절을 나타낼 때에는 모두 이처럼 해야만 한다.

**孔疏** ●"匪匪翼翼"者, 匪, 讀曰騑. "騑騑翼翼"者, 皆是車馬之形狀, 故詩云: "四牡騑騑." 下又云: "四牡翼翼." 皆是馬之行容貌. 翼翼騑騑, 皆是馬之嚴止.

**번역** ●經文: "匪匪翼翼". ○'비(匪)'자는 "계속해서 달린다."라고 할 때의 '비(騑)'자로 풀이해야 한다. '비비익익(騑騑翼翼)'이라는 말은 수레와 말이 달리는 모습을 나타낸다. 그렇기 때문에 『시』에서는 "네 필의 말이 끊임없이 달려간다."라고 말한 것이다. 아래문장에서는 또한 '사모익익(四牡翼翼)'이라고 했는데, 이 모두는 말이 행동하는 모습을 나타낸다. '익익(翼翼)'과 '비비(騑騑)'는 모두 말이 엄숙한 모습으로 멈춰서 있는 것을 뜻한다.

**孔疏** ●"肅肅雍雍"者, 鸞和聲之形狀, 肅肅然, 雍雍然. 肅肅是敬貌, 雍雍

---

8) 황간(皇侃, A.D.488~A.D.545) : =황씨(皇氏). 남조(南朝) 때 양(梁)나라의 경학자이다. 『주례(周禮)』, 『의례(儀禮)』, 『예기(禮記)』 등에 해박하여, 『상복문구의소(喪服文句義疏)』, 『예기의소(禮記義疏)』, 『예기강소(禮記講疏)』 등을 지었지만, 현재는 전해지지 않는다. 그 일부가 마국한(馬國翰)의 『옥함산방집일서(玉函山房輯佚書)』에 수록되어 있다.

是和貌.

**번역** ●經文: "肅肅雍雍". ○수레에 매달린 난(鸞)과 화(和)의 종소리가 울리는 모습을 뜻하니, 공경스럽고 조화로움을 의미한다. '숙숙(肅肅)'은 공경스러운 모습을 뜻하며, '옹옹(雍雍)'은 조화로운 모습을 뜻한다.

**孔疏** ◎注"匪讀"至"之容". ○正義曰: 詩·小雅云: "四牡騑騑, 周道倭遲." 述文王聘臣之勞. 云"美皆當爲儀"者, 以保氏云: "教國子六儀, 一曰祭祀之容." 容卽儀也, 故知"美皆當爲儀". 鄭彼注"祭祀之容", "朝廷之容", "車馬之容", 皆引此文. 其"賓客之容", 則此"言語穆穆皇皇"也. 彼注"喪紀之容, 纍纍顚顚; 軍旅之容, 暨暨詻詻", 是玉藻文也.

**번역** ◎鄭注: "匪讀"~"之容". ○『시』「소아(小雅)」에서는 "네 필이 끊임없이 달려가니, 큰 길이 굽어 있구나."라고 했다. 이것은 문왕이 신하를 초빙한 공적을 조술한 시이다. 정현이 "'미(美)'자는 모두 '의(儀)'자가 되어야 한다."라고 했는데, 『주례』「보씨(保氏)」편에서는 "국자들에게 육의(六儀)를 가르치니, 첫 번째는 제사 때의 행동 방법이다."라고 했다. '용(容)'자는 곧 '의례에 따른 모습[儀]'을 뜻한다. 그렇기 때문에 "'미(美)'자는 모두 '의(儀)'자가 되어야 한다."라는 말이 사실임을 알 수 있다. 정현은 「보씨」편에 대한 주에서 "제사 때의 행동 방법이다."라는 문장과 "조정에서의 행동 방법이다."라는 문장과 "수레를 몰 때의 행동 방법이다."라는 문장에 대해서, 모두 이곳의 문장을 인용해서 풀이했다. 그리고 「보씨」편에서 "빈객을 접대할 때의 행동 방법이다."라고 한 문장은 이곳에서 "말을 할 때에는 아름답고 융성해야 한다."라고 한 문장에 해당한다. 그리고 「보씨」편에 대한 주에서 "상을 치를 때의 행동 방법은 피곤하고 고단하여 실의에 빠진 것처럼 하고 근심스러운 생각을 떨치지 못한 것처럼 한다.[9] 군대와 관련된 행동 방법은 과감하고 강인해야 하고 엄격하게 교령을 내려야 한다.[10]"라고 했는데, 이것은 『예기』「옥

9) 『예기』「옥조(玉藻)」【395b】 : 喪容纍纍, 色容顚顚, 視容瞿瞿梅梅, 言容繭繭.
10) 『예기』「옥조(玉藻)」【395b】 : 戎容暨暨, 言容詻詻, 色容厲肅, 視容淸明.

조(玉藻)」편의 문장이다.

**集解** 今按: 美字皇字, 皆當如字.

**번역** 현재 살펴보니, '미(美)'자와 '황(皇)'자는 모두 글자 그대로 읽어야 한다.

**集解** 愚謂: 鄭氏引此文以解保氏, 義固無害, 然此所言, 與"六儀"不悉相當, 則不當破"美"爲"儀", 以從保氏也. 穆穆, 和靜不吳敖也. 皇皇, 顯明不蹇躓也. 濟濟, 齊一也. 翔翔, 猶蹌蹌, 軒擧也. 齊齊, 謹愨. 皇皇, 猶"皇皇然如有求而弗得"之意, 言祭時求神而如弗得也. 匪匪, 舒散貌. 翼翼, 嚴正貌. "車馬"以上四者, 言其容之美. 鸞和肅肅雍雍, 言其聲之美.

**번역** 내가 생각하기에, 정현은 이곳 문장을 인용하여, 『주례』「보씨(保氏)」편의 기록을 풀이했는데, 의미상 진실로 저해됨은 없지만, 이곳에서 언급한 내용이 「보씨」편에서 말한 '육의(六儀)'와 모두 일치하는 것은 아니다. 따라서 '미(美)'자를 '의(儀)'자로 고쳐서 「보씨」편의 기록에 맞춰서는 안 된다. '목목(穆穆)'은 조화롭고 고요하여, 크게 떠들며 거만하게 굴지 않는다는 뜻이다. '황황(皇皇)'은 현저하게 드러나며, 지체되지 않는다는 뜻이다. '제제(濟濟)'는 정갈하게 일치된다는 뜻이다. '상상(翔翔)'은 '창창(蹌蹌)'과 같으니, 풍채가 있고 위엄이 있는 모습을 뜻한다. '제제(齊齊)'는 매우 조심하며 성실한 모습을 뜻한다. '황황(皇皇)'은 "몹시 분주하게 돌아다니며, 마치 부모를 찾으나 볼 수 없는 것처럼 행동했다."[11]라고 했을 때의 '황황(皇皇)'의 뜻이니, 제사를 지낼 때 신령을 찾지만 찾지 못한 것과 같다는 뜻이다. '비비(匪匪)'는 펼쳐지는 모습을 뜻한다. '익익(翼翼)'은 엄숙하고 올바른 모습을 뜻한다. '거마(車馬)'로부터 그 앞의 네 가지 것들은 모습의 아름다움을 뜻한다. "난(鸞)과 화(和)가 숙숙(肅肅)하고 옹옹(雍雍)하다."는 말은 소리의 아름다움을 뜻한다.

---

11) 『예기』「단궁하(檀弓下)」【122c】: 顔丁善居喪. 始死, <u>皇皇焉如有求而弗得</u>; 及殯, 望望焉如有從而弗及; 旣葬, 慨焉如不及其反而息.

# • 제16절 •

## 나이를 묻는 예절

【436d~437a】

**問國君之子長幼, 長則曰: "能從社稷之事矣"; 幼則曰: "能御"·"未能御". 問大夫之子長幼, 長則曰: "能從樂人之事矣"; 幼則曰: "能正於樂人"·"未能正於樂人". 問士之子長幼, 長則曰: "能耕矣"; 幼則曰: "能負薪"·"未能負薪".**

**직역** 國君의 子에 대해 長幼를 問하면, 長이라면 曰, "能히 社稷의 事에 從합니다"하며; 幼라면 曰, "御에 能합니다"하거나 "御에 未能합니다"한다. 大夫의 子에 대해 長幼를 問하면, 長이라면 曰, "能히 樂人의 事에 從합니다"하며; 幼라면 曰, "能히 樂人에 대해 正합니다"하거나 "樂人에 대해 正함을 未能합니다"한다. 士의 子에 대해 長幼를 問하면, 長이라면 曰, "耕을 能합니다"하며; 幼라면 曰, "能히 薪을 負합니다"하거나 "薪을 負함에 未能합니다"한다.

**의역** 제후의 자식에 대해 그 나이를 묻게 되면, 자식이 장성한 나이에 해당하면, "사직의 일을 잘해내실 수 있습니다."라고 말하고, 나이가 어리다면, "수레를 잘 모실 수 있습니다."라고 말하고, 나이가 매우 어리다면, "아직은 수레를 잘 모실 수 없습니다."라고 말한다.[1] 대부의 자식에 대해 그 나이를 묻게 되면, 자식이 장성

---

1) 『예기』「곡례하(曲禮下)」【61b】에는 "問國君之年, 長曰能從宗廟社稷之事矣, 幼曰未能從宗廟社稷之事也."라는 기록이 있다. 즉 "제후의 나이를 묻게 되면, 제후의 신하가 대답을 하며, 제후의 나이가 장성한 나이에 해당한다면, '종묘(宗廟)와 사직(社稷)의 제사를 잘해내실 수 있습니다.'라고 말하고, 나이가 아직 어리다면, '종묘와 사직의 제사에 대해서 아직 잘 해내실 수 없습니다.'라고 말한다."라는 뜻이다. 또 이 문장에 대한 진호(陳澔)의 『집설(集說)』에서는 "爲國以禮, 而禮莫重於祭宗廟社稷, 事無有先於此者, 能則知其長, 未能則知其幼."라고 풀이했다. 즉 "나라는 예(禮)로써 다스리고, 예(禮) 중에서 종묘(宗廟)와 사직(社稷)에 대한 제사보다 막중한 것이 없으

한 나이에 해당하면, "대사악이 가르치는 일들에 대해서 잘 따를 수 있습니다."라고 말하고, 나이가 어리다면, "악공들의 일에 대해 시비를 올바르게 가릴 수 있습니다."라고 말하고, 나이가 매우 어리다면, "아직은 악공들의 일에 대해 시비를 올바르게 가릴 수 없습니다."라고 말한다.[2] 사의 자식에 대해 그 나이를 묻게 되면, 자식이 장성한 나이에 해당한다면, "경작을 잘 할 수 있습니다."라고 말하고, 나이가 어리다면, "땔나무를 짊어질 수 있습니다."라고 말하고, 나이가 매우 어리다면, "아직은 땔나무를 짊어질 수 없습니다."라고 말한다.[3]

**集說** 社稷之事, 如祭祀軍旅之類皆是也. 御者, 六藝之一. 國君尊, 故以社

---

며, 일[事] 중에서도 이 제사들보다 우선시 되는 것이 없으니, 이런 일들을 잘해낼 수 있다면, 그가 장성했다는 사실을 알 수 있고, 아직 잘해내지 못한다면, 그가 아직 어리다는 사실을 알 수 있다."라는 뜻이다.

2) 『예기』「곡례하(曲禮下)」【61b】에는 "問大夫之子, 長曰能御矣, 幼曰未能御也."라는 기록이 있다. 즉 "대부(大夫)의 아들에 대해서 그 나이를 묻게 되면, 대부의 가신(家臣)이 대답을 하며, 대부의 아들이 장성한 나이에 해당한다면, '수레를 잘 몰 수 있습니다.'라고 말하고, 나이가 아직 어리다면, '수레를 아직은 잘 몰 수 없습니다.'라고 말한다."라는 뜻이다. 또 이 문장에 대한 진호(陳澔)의 『집설(集說)』에서는 "古者五十命爲大夫, 故不問其年而問其子之長幼. 御, 謂御車也. 御者六藝之一, 幼則未能."이라고 풀이했다. 즉 "고대에는 50세가 되면, 대부(大夫)로 임명이 되었다. 그렇기 때문에 대부의 나이에 대해서 묻지 않고, 그 아들의 나이에 대해서 묻는 것이다. '어(御)'자는 수레를 몬다는 뜻이다. 수레를 모는 일은 육예(六藝) 중의 하나이니, 나이가 어리다면, 잘 할 수 없는 것이다."라는 뜻이다.

3) 『예기』「곡례하(曲禮下)」【61c】에는 "問士之子, 長曰能典謁矣, 幼曰未能典謁也."라는 기록이 있다. 즉 "사(士)의 아들에 대해서 그 나이를 묻게 되면, 사(士)의 아전들이 대답을 하며, 아들이 장성한 나이에 해당한다면, '빈객(賓客)들을 대하며 아뢰고 청하는 일을 잘합니다.'라고 말하고, 나이가 아직 어리다면, '아뢰고 청하는 일을 아직은 잘하지 못합니다.'라고 말한다."는 뜻이다. 또 이 문장에 대한 진호(陳澔)의 『집설(集說)』에서는 "謁, 請也. 典謁者, 主賓客告請之事. 士賤無臣下, 自典告也."라고 풀이했다. 즉 "'알(謁)'자는 '청원한다[請].'는 뜻이다. 따라서 '전알(典謁)'이라는 말은 빈객(賓客)들을 대하며 아뢰고 청원하는 일을 주관한다는 뜻이다. 사(士)의 신분은 미천하기 때문에, 그 밑에 신하가 없으므로, 그 아들이 직접 아뢰는 일을 맡는 것이다."라는 뜻이다.

稷言. 樂人之事, 如周禮樂德 · 樂語 · 樂舞之類, 大司樂以敎國子者. 正者, 正其善否. 大夫下於君, 故以敎子言. 士賤, 則以耕與負薪言. 此與曲禮所記不同, 蓋記者之辭異耳.

**번역** 사직에 대한 일은 제사를 지내거나 군대에 대한 일 등이 모두 여기에 해당한다. 수레를 모는 것은 육예(六藝) 중 하나이다. 제후는 존귀하기 때문에, 사직을 통해 언급한 것이다. 악인(樂人)의 일은 『주례』에서 말한 악덕(樂德)[4] · 악어(樂語)[5] · 악무(樂舞)[6] 등의 부류로,[7] 대사악(大司樂)이 이를 통해 국자

---

4) 악덕(樂德)은 음악을 가르치면서 교육했던 여섯 가지 음악의 덕목이다. 여섯 가지 덕목은 중(中) · 화(和) · 지(祗) · 용(庸) · 효(孝) · 우(友)이다. '중'은 충심을 뜻한다. '화'는 굳셈과 부드러움이 알맞은 것을 뜻한다. '지'는 공경함을 뜻한다. '용'은 항상된 법도를 지닌다는 뜻이다. '효'는 부모를 잘 섬기는 것을 뜻한다. '우'는 형제들과 잘 지내는 것을 뜻한다. 『주례』「춘관(春官) · 대사악(大司樂)」편에는 "以樂德敎國子: 中 · 和 · 祗 · 庸 · 孝 · 友."라는 기록이 있고, 이에 대한 정현의 주에서는 "中, 猶忠也; 和, 剛柔適也; 祗, 敬; 庸, 有常也; 善父母曰孝; 善兄弟曰友."라고 풀이했다.

5) 악어(樂語)는 음악의 가사를 익힐 때의 여섯 가지 이론을 뜻한다. 여섯 가지 이론은 흥(興) · 도(道) · 풍(諷) · 송(誦) · 언(言) · 어(語)이다. '흥'은 선한 사물을 통해서 선한 사안을 비유하는 것이다. '도'는 인도한다는 뜻으로, 고대의 일을 언급하여 현재의 일에 알맞게 하는 것이다. '풍'은 가사를 암송하는 것이다. '송'은 소리에 맞춰서 읽는 것이다. '언'은 직접적으로 언급하는 것이다. '어'는 답변을 조술하는 것이다. 『주례』「춘관(春官) · 대사악(大司樂)」편에는 "以樂語敎國子: 興·道·諷·誦·言·語."라는 기록이 있고, 이에 대한 정현의 주에서는 "興者, 以善物喩善事; 道讀曰導, 導者, 言古以剴今也; 倍文曰諷; 以聲節之曰誦; 發端曰言; 答述曰語."라고 풀이했다.

6) 악무(樂舞)는 음악을 연주할 때 추는 육대(六代)의 춤을 뜻한다. 육대의 춤은 운문(雲門) · 대권(大卷) · 대함(大咸) · 대소(大韶) · 대하(大夏) · 대호(大濩) · 대무(大武)이다. '운문'과 '대권'은 황제(黃帝) 때의 악무이다. '대함'은 요(堯)임금 때의 악무이다. '대소'는 순(舜)임금 때의 악무이다. '대하'는 우(禹)임금 때의 악무이다. '대호'는 탕(湯)임금 때의 악무이다. '대무'는 무왕(武王)에 대한 악무이다. 『주례』「춘관(春官) · 대사악(大司樂)」편에는 "以樂舞敎國子: 舞雲門 · 大卷 · 大咸 · 大韶 · 大夏 · 大濩 · 大武."라는 기록이 있다.

7) 『주례』「춘관(春官) · 대사악(大司樂)」 : 以樂德敎國子: 中 · 和 · 祗 · 庸 · 孝 · 友. 以樂語敎國子: 興 · 道 · 諷 · 誦 · 言 · 語. 以樂舞敎國子: 舞雲門 · 大卷 · 大咸 · 大韶 · 大夏 · 大濩 · 大武.

들을 가르쳤다. '정(正)'자는 선하고 그렇지 못함을 올바르게 가린다는 뜻이다. 대부는 제후보다 낮기 때문에, 자식을 가르치는 일로 언급한 것이다. 사는 미천한 신분이니, 경작을 하거나 땔감을 짊어지는 일로 언급한 것이다. 이 내용은 『예기』「곡례(曲禮)」편에서 기록한 것과 동일하지 않은데, 아마도 『예기』를 기록한 자가 달리 들었던 내용을 기록한 것일 뿐이다.

**大全** 嚴陵方氏曰: 國君以能保社稷爲孝, 國君之子則從社稷之事而已. 正於樂人, 謂從其政也. 長則能其事, 幼則從其政而已. 負薪, 易於耕田, 故長則曰能耕, 幼則曰能負薪, 未能負薪.

**번역** 엄릉방씨가 말하길, 제후는 사직을 잘 수호하는 것을 효(孝)로 여기니, 제후의 자식인 경우라면 사직의 일들에 대해서 따르기만 할 따름이다. "악인(樂人)에 대해서 바르게 한다."라는 말은 그 정치를 따른다는 뜻이다. 나이가 장성했다면 그 사안을 잘 할 수 있지만, 어리다면 그 정사를 따르기만 할 따름이다. 땔나무를 짊어지는 것은 밭을 경작하는 것보다 쉽다. 그렇기 때문에 장성한 경우에는 "경작을 잘합니다."라고 말하고, 어리다면 "땔나무를 잘 짊어집니다."라고 말하거나 "아직은 땔나무를 잘 짊어지지 못합니다."라고 말한다.

**鄭注** 御, 謂御事. 正, 樂政也. 周禮·大司樂: "以樂德教國子, 中 · 和 · 祗 · 庸 · 孝 · 友. 以樂語教國子, 興 · 道 · 諷 · 誦 · 言 · 語. 以樂舞教國子, 舞雲門 · 大卷 · 大咸 · 大韶 · 大夏 · 大濩 · 大武." 士祿薄, 子以農事爲業.

**번역** '어(御)'자는 일을 다스린다는 뜻이다. '정(正)'자는 음악에 대한 일을 뜻한다. 『주례』「대사악(大司樂)」편에서는 "악덕(樂德)으로 국자들을 가르치니, 중(中) · 화(和) · 지(祗) · 용(庸) · 효(孝) · 우(友)이다. 악어(樂語)로 국자들을 가르치니, 흥(興) · 도(道) · 풍(諷) · 송(誦) · 언(言) · 어(語)이다. 악무(樂舞)로 국자들을 가르치니, 운문(雲門) · 대권(大卷) · 대함(大咸) · 대소(大韶) · 대하(大夏) · 대호(大濩) · 대무(大武)이다."라고 했다. 사의 녹봉은 적어서, 그의 자식은 농사일을 자신의 본업으로 삼는다.

**釋文** 長, 丁丈反, 下及注同. 樂人, 音岳. 興如字, 又許證反. 道音導. 諷, 福鳳反. 卷音權. 濩, 戶故反.

**번역** '長'자는 '丁(정)'자와 '丈(장)'자의 반절음이며, 아래문장 및 정현의 주에 나오는 글자도 그 음이 이와 같다. '樂人'에서의 '樂'자는 그 음이 '岳(악)'이다. '興'자는 글자대로 읽으며, 또한 그 음은 '許(허)'자와 '證(증)'자의 반절음도 된다. '道'자의 음은 '導(도)'이다. '諷'자는 '福(복)'자와 '鳳(봉)'자의 반절음이다. '卷'자의 음은 '權(권)'이다. '濩'자는 '戶(호)'자와 '故(고)'자의 반절음이다.

**孔疏** ●"問國君"至"不拜". ○正義曰: 此一節明問國君及大夫士之子長幼之稱.

**번역** ●經文: "問國君"~"不拜". ○이곳 문단은 제후 및 대부와 사의 자식에 대해서, 그 나이를 물을 때 쓰는 말을 나타내고 있다.

**孔疏** ●"長, 則曰能從社稷之事矣"者, 謂彼人所問君之子長幼. 若長, 則答之云能從君供社稷之事, 若幼, 則曰: "能御." 御, 治也. 謂已能治事. 若大幼則曰: "未能治事." 此治事, 謂尋常細小事也, 小於社稷事.

**번역** ●經文: "長, 則曰能從社稷之事矣". ○상대방이 제후의 자식에 대해서 나이를 물었다는 뜻이다. 만약 장성한 나이라면, 대답을 하며 "군주를 따라서 사직의 일에 이바지 할 수 있습니다."라고 대답한다. 만약 나이가 어리다면 "잘 다스릴 수 있습니다."라고 말한다. '어(御)'자는 "다스린다[治]."는 뜻이다. 즉 이미 그 사안들을 잘 다스릴 수 있다는 의미이다. 만약 너무 어리다면 "아직 그 사안을 다스릴 수 없습니다."라고 말한다. 이때의 일을 다스린다는 것은 일상적인 소소한 일들을 뜻하니, 사직에 대한 중대사보다는 작은 것을 의미한다.

**孔疏** ●"問大夫之子長幼, 長, 則曰能從樂人之事矣"者, 以大夫之子, 恒習學於樂, 長則已能習樂, 故曰"能從樂人之事矣".

**번역** ●經文: "問大夫之子長幼, 長, 則曰能從樂人之事矣". ○대부의 자식은 항상 음악에 대해서 학업으로 익히게 된다. 장성한 나이가 된다면, 이미 음악을 잘 익힌 것이다. 그렇기 때문에 "악공들의 일을 잘 따를 수 있습니다."라고 말한다.

**孔疏** ●"幼, 則曰能正於樂人, 未能正於樂人"者, 正, 謂政令. 以幼者習樂未成, 但聽政令於樂人, 受樂人所教. 幼, 則云"已能受命令於樂人", 若大幼, 則云"未能受政令於樂人".

**번역** ●經文: "幼, 則曰能正於樂人, 未能正於樂人". ○'정(正)'자는 정령(政令)을 뜻한다. 나이가 어리면 음악을 익히는 것이 아직 완숙하지 못하여, 단지 악인(樂人)에게서 정령을 듣고, 악인의 가르침을 받을 뿐이다. 나이가 어리다면, "이미 악인에 대해서 명령을 받을 수 있습니다."라고 말한다. 만약 너무 어리다면, "악인에 대해서 아직은 정령을 받을 수 없습니다."라고 말한다.

**孔疏** ◎注"正樂"至"大武". ○正義曰: 鄭恐經"正"是樂正之官, 故讀爲政令之"政", 謂年幼受政於樂人也. 引大司樂者, 證卿大夫之子習樂之事. 云"以樂德敎國子, 中·和·祗·庸·孝·友"者, 彼注云: "中, 猶忠也, 和, 剛柔適也. 祗, 敬. 庸, 有常也. 善父母曰孝, 善兄弟曰友." 云"以樂語敎國子, 興·道·諷·誦·言·語"者, 彼注云: "興, 謂以善物喩善事. 導者, 言古以剴今也. 倍文曰諷, 以聲節之曰誦, 發端曰言, 答述曰語." 云"敎國子舞雲門"以下者, 故注云: "黃帝曰雲門·大卷, 言其德如雲之所出, 民得以有族類." 如鄭此言, "如雲之所出", 解雲門也, "民得以有族類", 解大卷也, 言有族類而集聚也. 彼注: "大咸·咸池, 堯樂也, 言其德無所不施. 大韶, 舜樂也, 言有德能紹堯之道. 大夏, 禹樂也, 禹治水, 言其德能大中國. 大濩, 湯樂也, 言其德能使天下得其所. 大武, 武王樂也, 言其德能成武功也." 曲禮問其父身, 此問其子者, 皇氏云: "記人之意異耳."

**번역** ◎鄭注: "正樂"~"大武". ○정현은 경문의 '정(正)'자가 악정(樂正)[8]이라는 관리를 뜻한다고 오해할 것을 염려했기 때문에, 정령(政令)이라고 할 때의 '정(政)'자로 풀이한 것으로, 나이가 어려서 악인에게 정령을 받는다는 뜻이다. 정현이 『주례』「대사악(大司樂)」편의 문장을 인용했는데, 이것은 경이나 대부의 자식이 음악을 익히는 일에 대해서 증명한 것이다. 정현이 "악덕(樂德)으로 국자들을 가르치니, 중(中)·화(和)·지(祗)·용(庸)·효(孝)·우(友)이다."라고 했는데,「대사악」편에 대한 정현의 주에서는 "중(中)은 충심을 뜻한다. 화(和)는 굳셈과 부드러움이 알맞음을 뜻한다. 지(祗)는 공경함이다. 용(庸)은 항상된 법도를 갖춘다는 뜻이다. 부모를 잘 섬기는 것을 효(孝)라고 부르며, 형제들에게 잘하는 것을 우(友)라고 부른다."라고 했다. 또 정현은 "악어(樂語)로 국자들을 가르치니, 흥(興)·도(道)·풍(諷)·송(誦)·언(言)·어(語)이다."라고 했는데,「대사악」편에 대한 정현의 주에서는 "흥(興)은 좋은 사물로 좋은 일에 대해 비유를 한다는 뜻이다. 도(導)라는 것은 고대의 일을 언급하여 오늘날의 일에 알맞게 한다는 뜻이다. 암송하는 것을 풍(諷)이라고 부르며, 소리로 절도를 맞춰 읽는 것을 송(誦)이라고 부르고, 단서를 꺼내는 것을 언(言)이라고 부르며, 답변을 조술하는 것을 어(語)라고 부른다."라고 했다. 정현이 "국자들에게 운문(雲門)을 가르친다."라고 한 말로부터 그 이하의 내용들에 대해서,「대사악」편의 주에서는 "황제 때의 음악을 운문(雲門)과 대권(大卷)이라고 부르니, 그 덕이 구름이 나오는 것과 같아서, 백성들이 종족을 이룰 수 있다는 뜻이다."라고 했다. 만약 정현의 이러한

---

8) 악정(樂正)은 음악을 담당했던 관리들의 우두머리를 뜻한다. 정(正)자는 우두머리를 뜻하는 장(長)자와 같다. 한편 『주례』에는 '악정'이라는 직책은 보이지 않으며, 대신 대사악(大司樂)이라는 직책이 있다. 한편 『의례』「향사례(鄕射禮)」편에는 "樂正先升, 北面立于其西."라는 기록이 있는데, 이에 대한 가공언(賈公彦)의 소(疏)에서는 "案周禮有大司樂, 樂師, 天子之官. 此樂正, 諸侯及士大夫之官."이라고 풀이했다. 즉 '악정'은 제후 및 대부(大夫)의 관리였고, 천자에게는 대신 '대사악'과 악사(樂師)라는 관리가 소속되어 있었다. 따라서 간혹 '악정'을 '대사악'과 같은 의미로 사용하기도 한다.

말대로라면, "구름이 나오는 것과 같다."는 말은 운문(雲門)의 뜻을 풀이한 것이고, "백성들이 종족을 이룰 수 있다."는 말은 대권(大卷)의 뜻을 풀이한 것이니, 종족을 이루어서 운집할 수 있다는 의미이다. 그리고 「대사악」편의 주에서는 "대함(大咸)과 함지(咸池)는 요(堯)임금 때의 음악으로, 그 덕이 베풀어지지 않는 곳이 없음을 뜻한다. 대소(大韶)는 순(舜)임금 때의 음악으로, 그 덕은 요임금의 도를 이을 수 있음을 뜻한다. 대하(大夏)는 우(禹)임금 때의 음악으로, 우임금은 치수 사업을 했으니, 그 덕은 중국을 광대하게 넓힐 수 있음을 뜻한다. 대호(大濩)는 탕(湯)임금 때의 음악으로, 그 덕은 천하의 모든 사람들로 하여금 자신의 자리를 얻게끔 할 수 있음을 뜻한다. 대무(大武)는 무왕(武王)에 대한 음악으로, 그 덕이 무공(武功)을 이룰 수 있음을 뜻한다."라고 했다. 『예기』「곡례(曲禮)」편의 기록은 그의 부친 본인에게 질문을 한 내용인데, 이곳의 내용은 그의 자식에게 질문하는 내용이다. 이 문제에 대해 황간은 "『예기』를 기록한 자의 의중이 다른 것일 뿐이다."라고 했다.

**集解** 長謂已冠, 幼謂未冠. 曲禮曰, "人生十年曰幼, 二十曰弱." 御, 御車也. 成童學射御, 能御, 成童以上; 未能御, 成童以下也. 能從樂人之事, 二十而舞大夏, 學大舞也. 能正於樂人, 十三舞勺, 成童舞象, 學小舞也. 保氏敎國子以六藝, 御與樂皆六藝之事, 故君大夫之子以此爲言. 士祿薄, 其子或別受田, 漢書食貨志"士工商受田, 五口乃當農夫一人", 是也, 故以耕與負薪爲言. 古者民年二十而受田, 能負薪未能負薪, 亦謂成童上下與.

**번역** '장(長)'자는 이미 관례(冠禮)를 치른 자를 뜻한다. '유(幼)'자는 아직 관례를 치르지 못한 자를 뜻한다. 『예기』「곡례(曲禮)」편에서는 "사람이 태어나서 10세가 되면, 그런 사람을 어리다는 뜻에서 유(幼)라고 부르고, 20세가 되면, 아직 장성한 것이 아니기 때문에 약(弱)이라고 부른다."[9]라고 했다.

---

9) 『예기』「곡례상(曲禮上)」【12b】: <u>人生十年曰幼</u>, 學. <u>二十曰弱</u>, 冠. 三十曰壯, 有室. 四十曰强, 而仕. 五十曰艾, 服官政. 六十曰耆, 指使. 七十曰老, 而傳. 八十九十曰耄, 七年曰悼, 悼與耄, 雖有罪, 不加刑焉. 百年曰期, 頤.

'어(御)'자는 수레를 몬다는 뜻이다. 성동[10]은 활쏘기와 수레를 모는 일을 학업으로 익히니, 수레를 잘 몰 수 있다면 성동 이상의 나이이며, 아직 수레를 잘 몰지 못한다면 성동 이하의 나이이다. 악인의 일을 잘 따를 수 있다고 했는데, 20세가 되면 대하(大夏)라는 춤을 추니,[11] 대무(大舞)[12]를 학업으로 익힌다. 악인에 대해서 올바르게 할 수 있다고 했는데, 13세가 되면 작(勺)이라는 춤을 추고, 성동이 되면 상(象)이라는 춤을 추니,[13] 소무(小舞)[14]를 학업으로 익힌다. 보씨(保氏)는 국자들에게 육예(六藝)를 가르치는데, 수레를 모는 일과 음악에 대한 일은 모두 육예에 포함되는 사안이다. 그렇기 때문에 제후와 대부의 자식에 대해서는 이러한 일을 통해 언급한 것이다. 사의 녹봉은 적고, 그의 자식은 간혹 별도로 농경지를 받기도 하는데, 『한서(漢書)』「식화지(食貨志)」편에서 "사(士)·공(工)·상(商) 계층이 부여받는 농경지는 곧 다섯 사람이 농부 한 사람이 받는 것에 해당한다."[15]라고 한 말이 바로 이러한 사실을 나타낸다. 그렇기 때문에 농사를 짓는 일 및 땔감을 짊어지는 일을 통해 언급한 것이다. 고대에는 백성의 나이가 20세가 되면 농경지를 부여받았으니, 땔감을 잘 짊어지거나 또는 아직 잘 짊어질 수 없는 사안은 또한 성동의 나이 이상이나 성동의 나이 이하에 해당할 것이다.

---

10) 성동(成童)은 아동들 중에서도 나이가 찬 자들을 뜻한다. 8세 이상이 된 아동을 뜻한다고 풀이하기도 하며, 15세 이상이 된 아동을 뜻한다고 풀이하기도 한다. 『춘추곡량전』「소공(召公) 19년」편의 "羈貫成童, 不就師傅, 父之罪也."라는 기록에 대해, 범녕(范甯)의 주에서는 "成童, 八歲以上."이라고 풀이했고, 『예기』「내칙(內則)」편의 "成童, 舞象, 學射御."라는 기록에 대해, 정현의 주에서는 "成童, 十五以上."이라고 풀이했다.

11) 『예기』「내칙(內則)」【368d】: 二十而冠, 始學禮, 可以衣裘帛, 舞大夏, 惇行孝弟, 博學不教, 內而不出.

12) 대무(大舞)는 악무(樂舞) 중에서도 성대한 것으로, 나이가 어린 자들이 익히는 소무(小舞)와 상대된다. '대무'는 정규 제사에서 사용되었으며, 대사악(大司樂)이 그 교육을 담당했다.

13) 『예기』「내칙(內則)」【368c】: 十有三年, 學樂, 誦詩, 舞勺. 成童, 舞象, 學射御.

14) 소무(小舞)는 악무(樂舞) 중에서도 규모가 작은 것으로, 성인들이 추는 대무(大舞)와 상대된다. '소무'에 대한 교육은 악사(樂師)가 담당했다.

15) 『한서(漢書)』「식화지(食貨志)」: 士工商家受田, 五口乃當農夫一人.

**集解** 應氏鏞曰, 曲禮之問, 乃他人旁自相問, 故對之者其辭文; 此則人問其子於父, 故對之者其辭卑.

**번역** 응용이 말하길, 『예기』「곡례(曲禮)」편에서 나이에 대해 질문한 것은 다른 사람이 측근에게 질문을 한 것이다. 그렇기 때문에 대답하는 말에 있어서 그 말이 격식을 높인 것이다. 이곳의 내용은 상대방의 부모에게 자식의 나이를 물어본 것이다. 그렇기 때문에 대답하는 말에 있어서 그 말이 격식을 낮춘 것이다.

# • 제17절 •

## 일반 예절 III

【437b】

**執玉執龜筴不趨, 堂上不趨, 城上不趨. 武車不式, 介者不拜.**

**직역** 玉을 執하고 龜筴를 執하고는 不趨하며, 堂上에서는 不趨하고, 城上에서는 不趨한다. 武車에서는 不式하고, 介者는 不拜한다.

**의역** 옥을 들거나 거북껍질 및 시초를 들고 있을 때에는 종종걸음으로 걷지 않고, 당상(堂上)에서는 종종걸음으로 걷지 않으며, 성곽 위에서는 종종걸음으로 걷지 않는다.[1] 전쟁용 수레에 타서는 식(式)을 잡고서 예의를 표하는 일을 하지

---

1) 『예기』「곡례상(曲禮上)」【19a】에서는 "帷薄之外不趨, 堂上不趨, 執玉不趨. 堂上接武, 堂下布武, 室中不翔."이라고 했다. 즉 "장막과 주렴 밖에 사람이 없다면, 공경스러운 태도를 보이기 위해 굳이 종종걸음으로 걷지 않는다. 또한 당(堂) 위에서는 공간이 좁으므로 종종걸음으로 걷지 않고, 옥(玉)을 들고 있을 때에는 실수로 떨어트릴 수도 있으니, 종종걸음으로 걷지 않는다. 한편 당 위에서는 보폭을 적게 하여 발자국이 이어지도록 걷고, 당 아래에서는 보폭을 넓게 해서 성큼 성큼 걸으며, 방안에서는 공간이 협소하므로 양팔을 벌려서 걷지 않는다."라는 뜻이다. 또 이 문장에 대한 진호(陳澔)의 『집설(集說)』에서는 "疏曰: 帷, 幔也. 薄, 簾也. 接武, 足迹相接也. 陳氏曰: 文者上之道, 武者下之道, 故足在體之下曰武, 卷在冠之下亦曰武. 執玉不趨, 不敢趨也; 室中不翔, 不可翔也. 行而張拱曰翔. 朱氏曰: 帷薄之外無人, 不必趨以示敬. 堂上地迫, 室中地尤迫, 故不趨不翔也."라고 했다. 즉 "공영달(孔穎達)의 소(疏)에서 말하길, '유(帷)'자는 장막[幔]을 뜻한다. '박(薄)'자는 주렴[簾]을 뜻한다. '접무(接武)'는 발자국이 서로 이어지도록 작은 보폭으로 걷는다는 뜻이다. 진씨가 말하길, '문(文)'이라는 말은 상위의 도를 뜻하고, '무(武)'라는 말은 하위의 도를 뜻한다. 그렇기 때문에 발은 신체부위 중 아래에 있으므로, '무'라고 표현한 것이고, '관(冠)의 테두리[卷]'도 관의 아래에 달려 있기 때문에, 이 또한 '무'라고 표현한 것이다. 옥(玉)을 차고서 종종걸음으로 걷지 않는 이유는 경박하게 보이므로 감히 종종걸음으로

**않고,[2] 갑옷을 착용한 자는 절을 하지 않는다.[3]**

**集說** 說見曲禮.

**번역** 설명이 『예기』「곡례(曲禮)」편에 나온다.

---

걸을 수 없기 때문이며, 방 안에서 팔을 벌리고 걷지 않는 이유는 공간이 협소하여 팔을 벌릴 수 없기 때문이다. 걸으면서 두 팔을 길게 벌리는 것을 '상(翔)'이라고 부른다. 주씨가 말하길, 장막과 주렴이 쳐진 곳 밖에 사람이 없다면, 굳이 종종걸음으로 걸으며 공경스러운 태도를 보일 필요는 없다. 당(堂) 위는 공간이 협소하고, 방안은 더욱 협소하기 때문에, 종종걸음으로 걷지 않고, 팔을 벌리며 걷지 않는 것이다."라는 뜻이다.

2) 『예기』「곡례상(曲禮上)」【38c】에서는 "兵車不式, 武車綏旌, 德車結旌."이라고 해다. 즉 "전쟁용 수레에서는 '식(式)'을 잡고서 공경을 표시하지 않고, '정(旌)'[1]을 드리우며, 덕거(德車)에서는 '정'을 결박해둔다."라는 뜻이다. 또 이 문장에 대한 진호(陳澔)의 『집설(集說)』에서는 "疏曰: 兵車, 革路也. 尙武猛無推讓, 故不式. 武車, 亦革路也. 取其建戈刃, 卽云兵車, 取其威猛, 卽云武車也. 旌, 車上旌旛也. 尙威武, 故舒散若垂緌然. 玉金象木四路不用兵, 故曰德車. 德美在內, 不尙赫奕, 故纏結其旌於竿也."라고 했다. 즉 "공영달(孔穎達)의 소(疏)에서 말하길, 병거(兵車)는 혁로(革路)[1]이다. 전쟁용 수레에서는 무용과 용맹을 숭상하고, 겸손함을 차리지 않기 때문에, '식(式)'을 잡는 예법(禮法)을 따르지 않는 것이다. '무거(武車)' 또한 '혁로'를 뜻한다. 창과 칼을 세워두었다는 측면에서, '병거'라고 부르는 것이며, 위엄과 용맹함의 측면에서, '무거'라고 부르는 것이다. '정(旌)'은 수레에 세우는 깃발이다. 위엄과 무용을 숭상하기 때문에, 깃발을 펄럭이도록 펼쳐서, 마치 늘어트린 모양처럼 하는 것이다. 다섯 가지 수레 중 옥로(玉路)·금로(金路)·상로(象路)·목로(木路)는 전쟁용으로 사용하지 않기 때문에, '덕거(德車)'라고 부른다. 아름다운 덕성은 내재된 것이며, 겉으로 드러나는 화려한 아름다움을 숭상하지 않는다. 그렇기 때문에 깃발이 펄럭이지 못하도록, 깃발을 깃대에 결박해두는 것이다."라는 뜻이다.

3) 『예기』「곡례상(曲禮上)」【45a】에서는 "介者不拜, 爲其拜而蓌拜."라고 했다. 즉 "갑옷을 입은 자는 절을 하지 않으니, 갑옷을 입은 자가 절을 하게 되면, 절을 할 때 몸을 굽히기 힘들기 때문이다."라고 했다. 또 이 문장에 대한 진호(陳澔)의 『집설(集說)』에서는 "介, 甲也. 朱子曰: 蓌猶言有所枝拄, 不利屈伸也."라고 했다. 즉 "'개(介)'자는 갑옷[甲]을 뜻한다. 주자가 말하길, '좌(蓌)'라는 말은 갑옷이 몸을 지탱하고 고정시켜주는 점이 있어서, 굽히고 펴기 어렵다고 말하는 것과 같다."라는 뜻이다.

**鄭注** 於重器, 於近尊, 於迫狹, 無容也. 步張足曰趨. 兵車不以容禮下人也, 軍[4]中之拜肅拜.

**번역** 중요한 기물에 대해서, 존귀한 자를 가까이할 때, 협소한 장소에서는 예법에 따른 평상시의 태도를 취함이 없다. 발걸음에 있어서 보폭을 넓게 하는 것을 '추(趨)'라고 부른다. 전쟁용 수레에서는 예법에 따른 태도를 취하여 상대방에 대해서 자신을 낮추지 않고, 군대 안에서 절을 할 때에는 숙배(肅拜)[5]로 한다.

**釋文** 筴音策. 近, 附近之近. 狹音合. 下, 戶嫁反.

**번역** '筴'자의 음은 '策(책)'이다. '近'자는 '부근(附近)'이라고 할 때의 '近'자이다. '狹'자의 음은 '合(합)'이다. '下'자는 '戶(호)'자와 '嫁(가)'자의 반절음이다.

**集解** 說並見曲禮.

**번역** 설명은 모두 『예기』「곡례(曲禮)」편에 나온다.

**集解** 鄭氏謂"軍中肅拜", 非也. 凡拜必跪, 介者不拜, 以其不能跪也. 左傳

4) '군(軍)'자에 대하여. '군'자는 본래 '거(車)'자로 기록되어 있었는데, 완원(阮元)의 『교감기(校勘記)』에서는 "『고문(考文)』에서 인용하고 있는 『송판(宋板)』에서는 '거'자를 '군'자로 기록했고, 『고본(古本)』·『족리본(足利本)』·『악본(岳本)』·『가정본(嘉靖本)』에서도 동일하게 기록하였다. 이곳 판본은 '거'자로 잘못 기록한 것이며, 『민본(閩本)』·『감본(監本)』·『모본(毛本)』 및 위씨(衛氏)의 『집설(集說)』에도 동일하게 잘못 기록되었다. 단옥재(段玉裁)는 교감을 하며 '거중(車中)은 마땅히 군중(軍中)으로 기록되어야 한다.'라고 했고, 『춘추공양전』 희공(僖公) 32년에 대한 소(疏) 기록에서도 '군'자로 기록했다."라고 했다.

5) 숙배(肅拜)는 구배(九拜) 중의 하나이다. 절을 하는 방법 중 하나로, 무릎을 가지런히 모으고, 단지 손을 아래로만 내리며, 머리는 숙이지 않는 방법이다.

郤至"三肅使者", 肅非拜也. 立而引手曰肅, 跪而引手曰肅拜.

**번역** 정현은 "군대 안에서는 숙배(肅拜)를 한다."라고 했는데, 잘못된 주장이다. 무릇 절을 할 때에는 반드시 무릎을 꿇어야 하는데, 갑옷을 착용한 자가 절을 하지 않는 것은 갑옷으로 인해 무릎을 꿇을 수 없기 때문이다. 『좌전』에서 극지(郤至)는 "세 차례 사신에게 공손한 예를 나타냈다."[6]라고 했는데, 이때의 '숙(肅)'은 절이 아니다. 서 있는 상태로 손을 끌어 당겨서 예를 표하는 것을 '숙(肅)'이라고 하며, 무릎을 꿇고서 손을 끌어 당겨서 예를 표하는 것을 '숙배(肅拜)'라고 부른다.

6) 『춘추좌씨전』「성공(成公) 16년」: 曰, "君之外臣至從寡君之戎事, 以君之靈, 間蒙甲胄, 不敢拜命. 敢告不寧, 君命之辱. 爲事之故, 敢肅使者." 三肅使者而退.

## • 제18절 •

# 부인의 절하는 예절

【437b】

**婦人吉事, 雖有君賜, 肅拜. 爲尸坐, 則不手拜, 肅拜. 爲喪主則不手拜.**

**직역** 婦人은 吉事에서, 雖히 君賜가 有하더라도, 肅拜한다. 尸가 爲하여 坐하면, 手拜를 不하며 肅拜한다. 喪主가 爲하면, 手拜를 不한다.

**의역** 부인은 길한 일에 있어서, 비록 군주의 하사품처럼 중대한 사안일지라도 숙배(肅拜)를 한다. 부인이 시동이 되어서 앉게 된다면, 수배(手拜)를 하지 않고 숙배를 한다. 부인이 상주가 되었다면, 수배를 하지 않는다.

**集說** 肅拜, 如今婦人拜也. 左傳, 三肅使者, 亦此拜. 手拜, 則手至地而頭在手上, 如今男子拜也. 婦人以肅拜爲正, 故雖君賜之重, 亦肅拜而受. 爲尸, 虞祭爲祖姑之尸也. 爲喪主, 夫與長子之喪也. 爲喪主則稽顙, 故不手拜. 若有喪而不爲主, 則手拜矣. 或曰, "爲喪主不手拜, 則亦肅拜也."

**번역** '숙배(肅拜)'는 마치 오늘날의 부인들이 하는 절의 방식과 같다. 『좌전』에서는 "세 차례 사신에게 숙배를 했다."라고 했는데, 이 또한 여기에서 말하는 절의 방식에 해당한다. '수배(手拜)'[1]는 손을 땅에 대고, 머리를 손등 위에 올리는 방식으로, 마치 오늘날 남자들이 하는 절의 방식과 같다. 부인들은 숙배를 절의 정규 방식으로 삼는다. 그렇기 때문에 비록 군주의 하사품처럼 중대한 것에 대해서도 또한 숙배를 하고 받는다. "시동이 되다."라는 말은

1) 수배(手拜)는 무릎을 꿇고서 절을 하는 방법 중 하나이다. 양쪽 손을 먼저 땅바닥에 대고, 동시에 머리를 내리되 손등 위에 도달하면 그치게 된다.

우제(虞祭)[2]를 치르며, 조모(祖母)의 시동이 되었다는 뜻이다. "상주가 되다." 라는 말은 남편 및 장자의 상을 치르는 경우를 뜻한다. 상주가 된 여자는 이마가 땅에 닿도록 조아리는 절을 하기 때문에 수배를 하지 않는다. 만약 상이 발생했지만 상주를 맡지 않은 여자라면 수배를 한다. 어떤 자는 "상주가 되어서 수배를 하지 않는다면, 또한 숙배를 하는 것이다."라고 했다.

**鄭注** 肅拜, 拜低頭也. 手拜, 手至地也. 婦人以肅拜爲正, 凶事乃手拜耳. 爲尸, 爲祖姑之尸也. 士虞禮曰: "男, 男尸. 女, 女尸." "爲喪主, 不手拜"者, 爲夫與長子當稽顙也, 其餘亦手拜而已. 雖或爲唯, 或曰喪爲主, 則不手拜, 肅拜也.

**번역** '숙배(肅拜)'는 절을 하며 고개를 숙이는 것이다. '수배(手拜)'는 손이 땅에 닿도록 절하는 것이다. 부인은 숙배를 절의 정규 방식으로 삼고, 흉사에 대해서는 수배를 할 따름이다. 시동이 되었다는 말은 조모의 시동이 되었다는 뜻이다. 『의례』「사우례(士虞禮)」편에서는 "죽은 자가 남자라면 남자 시동을 쓴다. 죽은 자가 여자라면 여자 시동을 쓴다."[3]라고 했다. "상주가 된 여자는 수배를 하지 않는다."라고 했는데, 남편 및 장자를 위해서 상을 치를 때에는 마땅히 이마를 땅에 닿도록 조아리며 절을 하니, 나머지 경우에는 또한 수배만 할 따름이다. '수(雖)'자를 다른 판본에서는 '유(唯)'자로도 기록하며, 혹자는 "상이 발생했을 때 상주가 되었다면, 수배를 하지 않고 숙배를 한다."라고 말한다.

**釋文** 低, 丁兮反. 爲夫, 于僞反.

**번역** '低'자는 '丁(정)'자와 '兮(혜)'자의 반절음이다. '爲夫'에서의 '爲'자는 '于(우)'자와 '僞(위)'자의 반절음이다.

---

2) 우제(虞祭)는 장례(葬禮)를 치르고 난 뒤에 지내는 제사를 뜻한다.
3) 『의례』「사우례(士虞禮)」: <u>男, 男尸. 女, 女尸</u>, 必使異姓, 不使賤者.

**孔疏** ●"婦人"至"手拜". ○正義曰: 此一節論婦人拜儀. 婦人吉禮不手拜, 但肅拜. 肅拜, 如今婦人拜也. 吉事及君賜悉然也.

**번역** ●經文: "婦人"~"手拜". ○이곳 문단은 부인들이 절하는 예절을 논의하고 있다. 부인들은 길례(吉禮)에 있어서 수배(手拜)를 하지 않고, 단지 숙배(肅拜)만 할 따름이다. '숙배(肅拜)'는 마치 오늘날 부인들이 하는 절의 방식과 같다. 길한 일 및 군주로부터 하사를 받은 경우에도 모두 이처럼 한다.

**孔疏** ●"爲尸坐"者, 謂虞祭, 婦人爲祖姑作尸也. 周禮"坐尸", 嫌婦人或異, 故明之也. 若平常祭, 無婦人之尸, 示主於夫, 故設同几而已.

**번역** ●經文: "爲尸坐". ○우제(虞祭)를 치르며, 부인들이 조모의 시동이 된 경우를 뜻한다. 주(周)나라 때의 예법에서는 "시동을 앉아 있도록 했다."라고 했는데,[4] 부인들에 대해서는 혹여 다르게 했을 것이라는 의혹을 사기 때문에 명시한 것이다. 만약 평상시 지내는 정규 제사라면, 부인들이 시동을 맡는 일이 없으니, 남편에게 종속됨을 나타낸다. 그렇기 때문에 안석을 공동으로 하나만 설치할 따름이다.[5]

**孔疏** ●"則不手拜, 肅拜"者, 手拜, 手至地. 婦人爲尸, 或答拜時, 但肅拜, 而不手拜也.

**번역** ●經文: "則不手拜, 肅拜". ○'수배(手拜)'는 손이 땅바닥에 닿도록 하는 절이다. 부인이 시동이 되었을 때, 간혹 답배를 해야 할 때가 되면, 단지 숙배(肅拜)만 하며 수배는 하지 않는다.

---

4) 『예기』「예기(禮器)」【307a】: 周坐尸, 詔侑武方, 其禮亦然, 其道一也.
5) 『예기』「제통(祭統)」【580c】: 鋪筵, 設同几, 爲依神也. 詔祝於室, 而出于祊, 此交神明之道也.

**孔疏** ●"爲喪主, 則不手拜"者, 婦人若有喪而不爲主, 則手拜也. 若爲夫及長子喪主, 則稽顙, 不手拜.

**번역** ●經文: "爲喪主, 則不手拜". ○부인에게 만약 상이 발생했는데 상주가 되지 않았다면, 수배(手配)를 한다. 만약 남편이나 장자를 위해서 상주를 맡는다면, 이마를 땅에 닿도록 조아리는 절을 하며, 수배는 하지 않는다.

**孔疏** ◎注"肅拜"至"拜也". ○正義曰: "手拜, 手至地"者, 解手拜之義. 言手拜之拜, 但以手至地, 則周禮"空首". 按鄭注周禮: "空首, 頭拜至手." 此云"手至地", 不同者, 此手拜之法, 先以手至地, 而頭來至手. 故兩注不同, 其實一也. 云"婦人以肅拜爲正"者, 言肅拜是婦人之常. 而昏禮婦[6]拜扱地, 以其新來爲婦, 盡禮於舅姑故也. 左傳穆嬴頓首於宣子之門者, 有求於宣子, 非禮之正也. 云"凶事乃手拜耳"者, 言婦人除爲喪主, 其餘輕喪, 凶事乃有手拜耳. 鄭知然者, 以經云"爲喪主, 則不手拜", 明不爲喪主, 則手拜, 故云"凶事乃有手拜耳." 云"爲尸, 爲祖姑之尸也"者, 以士虞禮"男, 男尸; 女, 女尸"故也. 若平常吉祭, 則共以男子一人爲尸, 故祭統云"設同几", 是也. 云"爲夫與長子, 當稽顙也"者, 小記文. 以其稽顙, 故不手拜. 云"其餘亦手拜而已"者, 除夫與長子之外, 則上云"凶事乃手拜", 是也. 云"或曰喪爲主, 則不手拜, 肅拜也"者, 鄭更引或解之辭, 云爲喪主, 不作手拜, 但爲肅拜, 與前爲稽顙異, 違小記正文, 其義非也.

**번역** ◎鄭注: "肅拜"~"拜也". ○정현이 "'수배(手拜)'는 손이 땅에 닿도록 절하는 것이다."라고 했는데, 이것은 수배의 의미를 풀이한 말이다. 즉 수배의 절하는 방식은 단지 손을 땅에 닿도록 하는 것이니, 『주례』에서 말한 '공수(空首)'에 해당한다.[7] 『주례』에 대한 정현의 주를 살펴보면, "공수(空首)는 머리

---

6) '부(婦)'자에 대하여. '부'자는 본래 없던 글자인데, 완원(阮元)의 『교감기(校勘記)』에서는 "혜동(惠棟)의 『교송본(校宋本)』에는 '부'자가 기록되어 있고, 위씨(衛氏)의 『집설(集說)』에도 기록되어 있다. 따라서 이곳 판본에는 '부'자가 누락된 것이며, 『민본(閩本)』·『감본(監本)』·『모본(毛本)』도 동일하게 누락되어 있다."라고 했다.

를 숙여서 절을 하여 손까지 이르게 하는 것이다."라고 했다. 그런데 이곳에서는 "손이 땅에 닿도록 한다."라고 하여 차이를 보이는데, 여기에서 말한 수배의 절하는 방식은 먼저 손을 땅에 닿도록 한 뒤에, 머리가 뒤따라 손에 닿는 것이다. 그렇기 때문에 두 주석이 외적으로는 다르지만, 실제로는 동일한 내용이다. 정현이 "부인은 숙배를 절의 정규 방식으로 삼는다."라고 했는데, 이 말은 숙배가 부인들이 일상적으로 하는 절의 방식임을 뜻한다. 그런데 혼례를 치를 때 부인들이 하는 절은 손이 땅까지 닿게 된다. 그 이유는 새로 시집을 와서 그 집안의 부인이 되어, 시부모에게 예법을 다하기 때문이다. 『좌전』에서는 목영(穆嬴)이 선자(宣子)의 집 대문에서 머리를 땅에 대고 두드리듯이 꾸벅거렸다고 했는데,[8] 이것은 선자에게 요구하는 점이 있었기 때문이니, 예법에 따른 절의 정규 방식이 아니다. 정현이 "흉사에 대해서는 수배를 할 따름이다."라고 했는데, 부인들 중 상주가 된 여자를 제외하고, 나머지 사람들은 상주보다 낮추게 되어, 흉사를 치르게 되면 수배만 할 따름이다. 정현이 이러한 사실을 알 수 있었던 이유는 경문에서 "상주가 되었다면 수배를 하지 않는다."라고 했으니, 이 말은 상주가 되지 못한 여자라면, 수배를 한다는 사실을 나타낸다. 그렇기 때문에 "흉사에 대해서는 수배를 할 따름이다."라고 말한 것이다. 정현이 "시동이 되었다는 말은 조모의 시동이 되었다는 뜻이다."라고 했는데, 『의례』「사우례(士虞禮)」편에서 "죽은 자가 남자라면 남자 시동을 쓴다. 죽은 자가 여자라면 여자 시동을 쓴다."라고 했기 때문이다. 만약 평상시 지내는 길제(吉祭)인 경우라면, 남녀 조상에 대해서 공동으로 남자 한 사람을 시동으로 세운다. 그렇기 때문에 『예기』「제통(祭統)」편에서는 "공동으로 안석 한 개를 설치한다."라고 말한 것이다. 정현이 "남편 및 장자를 위해서 상을 치를 때에는 마땅히 이마를 땅에 닿도록 조아리며 절을 한다."라고 했는데, 이것은 『예기』「상복소기(喪服小記)」편의 기록이다.[9] 이마를 땅에

---

7) 『주례』「춘관(春官)·대축(大祝)」 : 辨九拜, 一曰稽首, 二曰頓首, 三曰空首, 四曰振動, 五曰吉拜, 六曰凶拜, 七曰奇拜, 八曰褒拜, 九曰肅拜, 以享右祭祀.

8) 『춘추좌씨전』「문공(文公) 7년」 : 出朝, 則抱以適趙氏, 頓首於宣子, 曰, "先君奉此子也, 而屬諸子, 曰, '此子也才, 吾受子之賜; 不才, 吾唯子之怨.' 今君雖終, 言猶在耳, 而棄之, 若何?"

닿도록 절하기 때문에 수배를 하지 않는다. 정현이 “나머지 경우에는 또한 수배만 할 따름이다.”라고 했는데, 남편 및 장자를 위해 상주를 하는 경우 이외에는 앞에서 말한 “흉사의 경우라면 수배를 한다.”는 것처럼 한다. 정현이 “혹자는 ‘상이 발생했을 때 상주가 되었다면, 수배를 하지 않고 숙배를 한다.’라고 말한다.”라고 했는데, 정현은 혹자가 풀이하는 말을 재차 인용한 것으로, 상주가 된 경우에는 수배를 하지 않고, 단지 숙배만 할 따름이라는 뜻인데, 앞에서 이마를 땅에 닿도록 조아린다고 한 문장과 차이를 보이고, 이것은 「상복소기」편의 경문 기록과도 위배되므로, 그 주장은 잘못되었다.

**集解** 愚謂: 肅拜, 跪引手而下之也. 婦人以肅拜爲正, 故雖受君賜亦然. 士昏禮婦廟見, “拜, 扱地”, 鄭云, “扱地, 手至地也.” 婦人之扱地, 猶男子之稽首, 則婦人拜君賜, 亦當扱地, 蓋扱地乃肅拜之重者, 其異於手拜者, 首不至手也. 爲尸坐, 謂爲尸而坐也. 手拜, 手至地而以首至手, 卽九拜之空首也. 婦人以手拜爲喪拜. 婦人爲尸, 則祖姑之尸也. 婦人爲祖姑大功, 其虞祔·卒哭之祭, 服尙未除, 乃不手拜而肅拜者, 尸以象神, 故不用己之喪拜也. 婦人吉拜皆肅拜, 重則扱地; 喪拜用手拜, 重則稽顙.

**번역** 내가 생각하기에, 숙배(肅拜)는 무릎을 꿇고 손을 끌어 당겨서 밑으로 내리는 것이다. 부인은 숙배를 정규 절하는 방식으로 삼는다. 그렇기 때문에 비록 군주의 하사품을 받게 되더라도 또한 이처럼 한다. 『의례』「사혼례(士昏禮)」편에서 부인이 묘(廟)에서 알현을 하게 되면, “절을 하여 땅에 미친다.”[10]라고 했는데, 정현은 “급지(扱地)는 손이 땅에 닿는 것이다.”라고 했다. 부인이 손을 땅에 닿도록 하는 것은 남자들이 이마가 땅에 닿도록 조아리는 경우와 같으니, 부인이 군주의 하사품을 받을 때에도 또한 마땅히 손이 땅에 닿도록 해야 한다. 무릇 손을 땅에 닿도록 하는 것은 숙배 중에서도 중대한 것인데, 수배(手拜)와 다른 점은 머리가 손등 위까지 내려오지

---

9) 『예기』「상복소기(喪服小記)」【408a】: 婦人爲夫與長子稽顙, 其餘則否.

10) 『의례』「사혼례(士昏禮)」: 祝告, 稱婦之姓曰, “某氏來婦, 敢奠嘉菜于皇舅某子.” 婦拜扱地, 坐, 奠菜于几東席上, 還, 又拜如初.

않는다는 점이다. '위시좌(爲尸坐)'라는 말은 시동이 되어서 자리에 앉았다는 뜻이다. '수배(手拜)'는 손이 땅에 닿고 머리를 손등 위로 올리는 것이니, 곧 구배(九拜)[11] 중 공수(空首)에 해당한다. 부인은 수배를 상에서 절하는 방식으로 삼는다. 부인이 시동이 되었다면, 조모의 시동이 된 것이다. 부인은 본래 조모를 위해서 대공복(大功服)을 착용하는데, 조모의 우부[12] 및 졸곡[13]의 제사를 지내게 되면, 상복은 여전히 제거하지 않은 상태이므로,

---

11) 구배(九拜)는 제사를 지낼 때 사용하게 되는 아홉 종류의 절하는 형식을 뜻한다. 계수(稽首), 돈수(頓首), 공수(空首), 진동(振動), 길배(吉拜), 흉배(凶拜), 기배(奇拜), 포배(褒拜), 숙배(肅拜)에 해당한다. '계수'는 절을 하며 머리가 지면에 닿도록 하는 것이며, '돈수'는 절을 하며 머리가 땅을 두드리듯이 꾸벅거리는 것이고, '공수'는 절을 하며 머리가 손을 포갠 곳에 닿도록 하는 것이니, '배수(拜手)'라고 부르는 것에 해당한다. '길배'는 절을 한 이후에 이마를 땅에 닿게 하는 것이며, '흉배'는 이마를 땅에 닿게 한 이후에 절을 하는 것이다. '진동'의 경우 애통하게 울면서 절을 하는 것을 뜻하기도 하고, 양손을 서로 부딪치는 것을 뜻하기도 하며, 위엄을 갖추고 절을 하는 것을 뜻하기도 한다. '기배'는 절하는 횟수를 홀수로 하는 것을 뜻하기도 하며, 한쪽 무릎만 굽히고 하는 절이나 손에 쥐고 있는 물건 등에 의지해서 절하는 것을 뜻하기도 하고, 한 번 절하는 것을 뜻하기도 한다. '포배'는 답배를 뜻하기도 하니, 재배(再拜)에 해당하고, 또 손에 물건을 쥐고 절하는 것을 뜻하기도 한다. '숙배'는 단지 손을 아래로 내려서 몸에 붙이는 것에 해당한다. 『주례』「춘관(春官)·대축(大祝)」편에는 "辨九拜, 一曰稽首, 二曰頓首, 三曰空首, 四曰振動, 五曰吉拜, 六曰凶拜, 七曰奇拜, 八曰褒拜, 九曰肅拜, 以享右祭祀."라는 기록이 있고, 이에 대한 정현의 주에서는 "稽首, 拜頭至地也. 頓首, 拜頭叩地也. 空首, 拜頭至手, 所謂拜手也. 吉拜, 拜而后稽顙, 謂齊衰不杖以下者. 言吉者, 此殷之凶拜, 周以其拜與頓首相通, 故謂之吉拜云. 凶拜, 稽顙而后拜, 謂三年服者. 杜子春云, '振讀爲振鐸之振, 動讀爲哀慟之慟, 奇讀爲奇偶之奇, 謂先屈一膝, 今雅拜是也. 或云, 奇讀曰倚, 倚拜謂持節·持戟拜, 身倚之以拜.' 鄭大夫云, '動讀爲董, 書亦或爲董. 振董, 以兩手相擊也. 奇拜, 謂一拜也. 褒讀爲報, 報拜, 再拜是也.' 鄭司農云, '褒拜, 今時持節拜是也. 肅拜, 但俯下手, 今時揖是也. 介者不拜, 故曰爲事故, 敢肅使者.' 玄謂振動戰栗變動之拜. 書曰王動色變. 一拜, 答臣下拜. 再拜, 拜神與尸. 享, 獻也, 謂朝獻饋獻也. 右讀爲侑. 侑勸尸食而拜."라고 풀이했다.

12) 우부(虞祔)는 우제(虞祭)와 부제(祔祭)를 뜻한다. 부제(祔祭)는 졸곡(卒哭)을 지낸 다음, 죽은 자의 신주(神主)를 조상의 신주가 있는 곳에 합사하며 지내는 제사이다.

13) 졸곡(卒哭)은 우제(虞祭)를 지낸 뒤에 지내는 제사이다. 이 제사를 지내게

수배를 하지 않고 숙배를 하는데, 시동은 신을 형상화하는 자이기 때문에, 본래 본인이 따르는 상에서의 절하는 방식을 사용하지 않는 것이다. 부인이 길한 시기에 하는 절은 모두 숙배로 하며, 중대한 경우라면 손을 땅에 닿게 내리고, 상에서 절하는 방식은 수배를 사용하며, 중대한 경우라면 이마를 땅에 닿도록 조아린다.

그림 18-1 ▣ 궤(几)

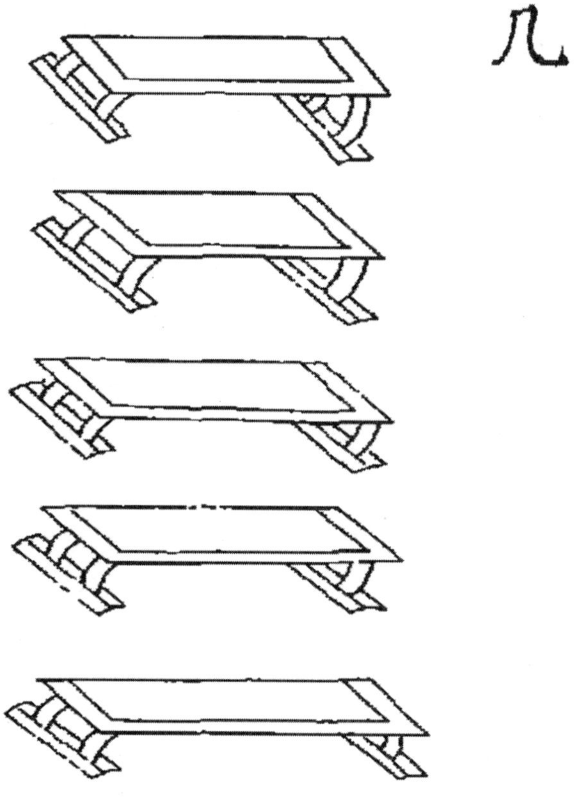


※ **출처:** 『삼례도집주(三禮圖集注)』 8권

되면, 수시로 곡(哭)하던 것을 멈추고, 아침과 저녁때에만 한 번씩 곡을 하게 된다. 그렇기 때문에 '졸곡'이라고 부르게 된 것이다.

# • 제19절 •

## 상례(喪禮) 예절

【437c】

葛絰而麻帶.

**직역** 葛絰하고 麻帶한다.

**의역** 부인들은 졸곡(卒哭)을 한 이후에 갈(葛)로 된 수질(首絰)을 쓰고, 마(馬)로 된 요대(要帶)를 찬다.

**集說** 婦人遭喪, 卒哭後, 以葛絰易首之麻絰, 而要之麻絰不變, 故云葛絰而麻帶也.

**번역** 부인은 상을 당했을 때, 졸곡(卒哭)을 한 후에는 갈(葛)로 만든 질(絰)로 머리에 쓰고 있던 마(麻)로 된 질(絰)을 바꾸지만, 허리에 차고 있던 마(麻)로 만든 질(絰)은 바꾸지 않는다. 그렇기 때문에 "갈(葛)로 된 수질(首絰)을 쓰고, 마(馬)로 된 요대(要帶)를 찬다."라고 말한 것이다.

**鄭注** 謂旣虞·卒哭也. 帶, 所以自結束也. 婦人質, 少變, 於喪之帶, 有除而無變.

**번역** 우제(虞祭)와 졸곡(卒哭)을 치른 이후를 뜻한다. '대(帶)'는 스스로를 결속하는 도구이다. 부인은 질박하기 때문에 변화를 적게 하여, 상을 치를 때의 대(帶)에 있어서는 제거하는 경우는 있어도 바꾸는 경우는 없다.

**孔疏** ●"葛絰而麻帶". ○正義曰: 此謂婦人旣虞·卒哭, 其絰以葛易麻, 故云"葛絰". 婦人尙質, 所貴在要, 帶有除無變, 終始是麻, 故云"麻帶也".

**번역** ●經文: "葛絰而麻帶". ○이 내용은 다음과 같다. 부인이 우제(虞祭)와 졸곡(卒哭)을 끝낸 뒤, 질(絰)에 있어서 갈(葛)로 만든 것으로 마(麻)로 된 것을 바꾸기 때문에, "갈(葛)로 된 질(絰)을 쓴다."라고 말한 것이다. 그런데 부인은 질박함을 숭상하며 귀중하게 여기는 것은 허리에 있으니, 대(帶)에 있어서는 제거하는 경우는 있어도 바꾸는 경우는 없어서, 시종일관 마(麻)로 된 것을 차게 된다. 그렇기 때문에 "마(麻)로 된 대(帶)를 찬다."라고 말한 것이다.

【437c】

**取俎·進俎不坐.**

**직역** 俎에서 取하고 俎에 進함에는 不坐한다.

**의역** 도마에서 제수를 취하거나 도마에 제수를 진설할 때에는 무릎을 꿇지 않는다.

**集說** 取俎, 就俎上取肉也. 進俎, 進肉於俎也. 俎有足, 立而取進爲便, 故不跪.

**번역** '취조(取俎)'는 도마로 다가가 그 위에 있는 고기를 가져간다는 뜻이다. '진조(進俎)'는 도마에 고기를 진설한다는 뜻이다. 도마에는 다리가 붙어 있어서, 서서 그곳에서 물건을 취하거나 진설하는 것이 편리하다. 그렇기 때문에 무릎을 꿇지 않는다.

**鄭注** 以其有足, 亦柄尺之類.

**번역** 도마에는 다리가 달려 있기 때문이니, 또한 병척(柄尺)의 부류와 같다.

**釋文** 柄, 兵命反.

**번역** '柄'자는 '兵(병)'자와 '命(명)'자의 반절음이다.

**孔疏** ●"取俎·進俎不坐". ○正義曰: 取俎, 謂就俎上取肉. 進俎, 謂進肉於俎. 俎旣有足, 立而進取便, 故不坐.

**번역** ●經文: "取俎·進俎不坐". ○'취조(取俎)'는 도마로 다가가 그 위에 있는 고기를 가져간다는 뜻이다. '진조(進俎)'는 도마에 고기를 진설한다는 뜻이다. 도마에는 다리가 붙어 있어서, 서서 그곳에서 물건을 취하거나 진설하는 것이 편리하다. 그렇기 때문에 무릎을 꿇지 않는다.

**孔疏** ◎注"亦柄尺之類". ○正義曰: 按管子書·弟子職云"進柄尺, 謂爵豆之屬", 是也.

**번역** ◎鄭注: "亦柄尺之類". ○『관자서(管子書)』「제자직(弟子職)」편을 살펴보면, "병척(柄尺)을 진설한다는 것은 술잔이나 두(豆) 등의 부류를 뜻한다."라고 했다.[1]

**訓纂** 劉氏台拱曰: 按弟子職云"柄尺不跪", 是進豆法也. 鄭注取以釋此, 與下文"取祭, 反之, 不坐"義不同. 取俎, 徹俎也. 進俎, 設俎也.

**번역** 유태공이 말하길, 『관자(管子)』「제자직(弟子職)」편을 살펴보면, "병척(柄尺)에 대해서는 무릎을 꿇지 않는다."라고 했는데, 이것은 두(豆)를 진설하는 법도에 해당한다. 정현의 주에서는 이 내용을 가져다가 이곳 문장을

---

1) 『관자(管子)』「제자직(弟子職)」: 柄尺不跪. 是謂貳紀. 先生已食, 弟子乃徹, 趨走進漱, 拚前斂祭.

풀이했는데, 아래문장에서 "이것을 가지고 제사를 지내거나 끝내고 돌려놓을 때에는 무릎을 꿇지 않는다."[2]라고 한 뜻과는 다르다. '취조(取俎)'라는 말은 도마를 치운다는 뜻이다. '진조(進俎)'라는 말은 도마를 진설한다는 뜻이다.

**그림 19-1** ▣ 조(俎)

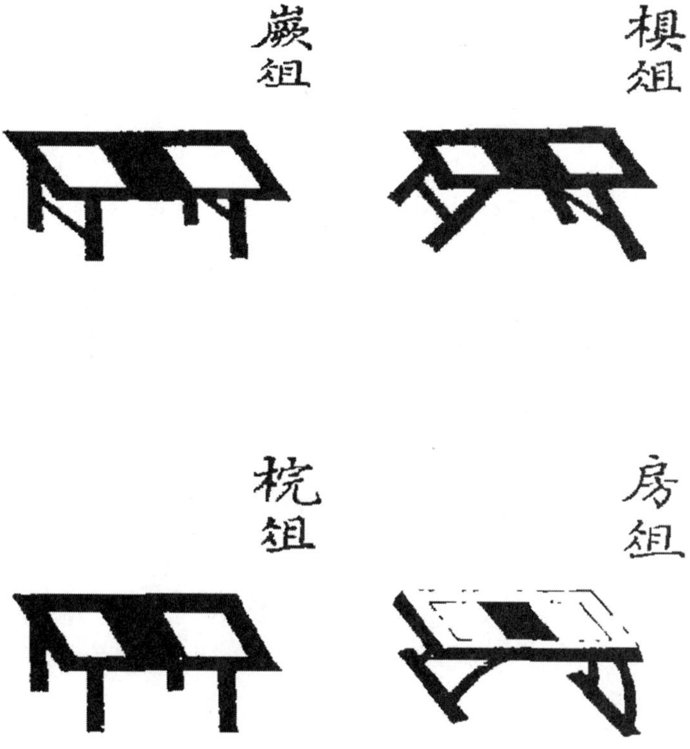


※ **출처:** 『삼례도집주(三禮圖集注)』 13권

2) 『예기』「소의」【441d~442a】: 其有折俎者, 取祭, 反之, 不坐. 燔亦如之. 尸則坐.

그림 19-2 ■ 작(爵)

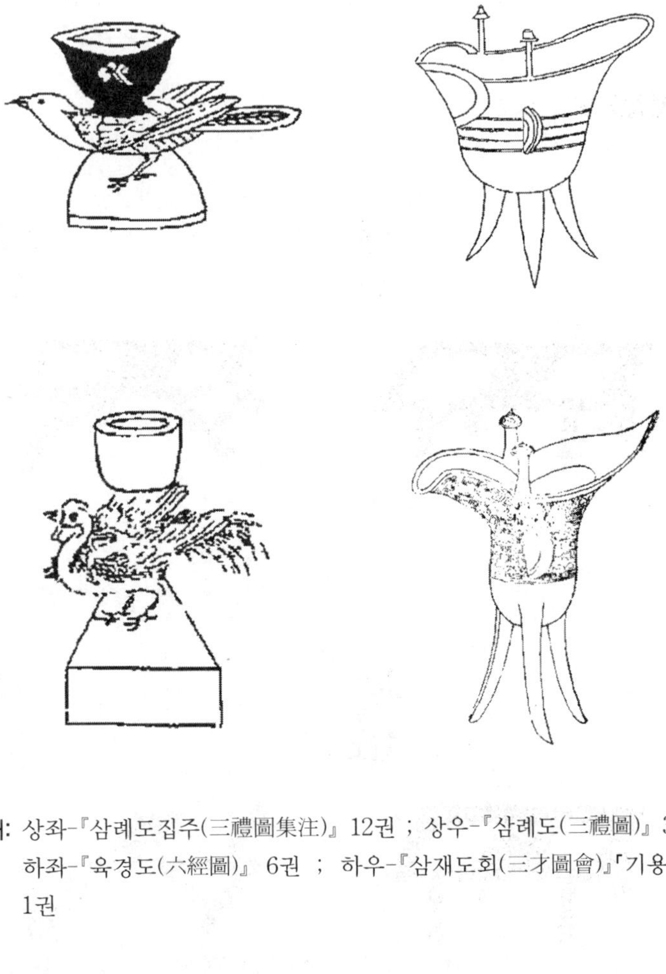

※ 출처: 상좌-『삼례도집주(三禮圖集注)』 12권 ; 상우-『삼례도(三禮圖)』 3권
하좌-『육경도(六經圖)』 6권 ; 하우-『삼재도회(三才圖會)』「기용(器用)」 1권

그림 19-3 ▣ 두(豆)

※ **출처:** 상좌-『육경도(六經圖)』 6권; 상우-『삼례도(三禮圖)』 4권
하좌-『삼례도집주(三禮圖集注)』 13권; 하우-『삼재도회(三才圖會)』「기용(器用)」 1권

## • 제20절 •

## 일반 예절 Ⅳ

【437c】

**執虛如執盈, 入虛如有人.**

**직역** 虛를 執함에 盈을 執함과 如하고, 虛에 入함에 人이 有함과 如한다.

**의역** 빈 그릇을 잡을 때에는 마치 물건이 가득 찬 그릇을 잡는 것처럼 하고, 빈 방에 들어갈 때에는 사람이 있는 방에 들어가는 것처럼 한다.

**集說** 皆敬心之所寓.

**번역** 이 모두는 공경하는 마음에서 비롯된 것이다.

**大全** 嚴陵方氏曰: 曲禮曰, 執輕如不克, 執虛如執盈之謂也. 詩曰, 相在爾室, 尙不愧于屋漏, 入虛如有人之謂也. 執虛猶如執盈, 況於有物之器而敢忽乎? 入虛猶如有人, 況於有人之室而敢怠乎? 故孔子執圭如不勝, 出門如見大賓者, 此也. 君子推執器之道, 以任天下之事, 雖微小在所不可遺也, 況萬鈞之重者乎? 推入室之道, 以遇天下之事, 雖幽暗在所不可欺也, 況十目之視者乎?

**번역** 엄릉방씨가 말하길, 『예기』「곡례(曲禮)」편에서는 "가벼운 물건을 받들게 되더라도 마치 무거운 물건을 든 것처럼 조심스럽게 행동한다."[1]라고 했으니, "빈 그릇을 잡을 때에는 마치 물건이 가득 찬 그릇을 잡는 것처럼

---

1) 『예기』「곡례하(曲禮下)」【47b】: 凡執主器, <u>執輕如不克</u>. 執主器, 操幣圭璧, 則尙左手, 行不擧足, 車輪曳踵.

한다."는 뜻이다. 『시』에서는 "너의 방에 있음을 보건데, 옥루(屋漏)에 부끄럽지 않게 하라."[2]라고 했으니, "빈 방에 들어갈 때에는 사람이 있는 방에 들어가는 것처럼 한다."는 뜻이다. 빈 그릇을 들 때에도 여전히 물건이 가득 찬 그릇을 드는 것처럼 하는데, 물건이 담겨진 그릇을 들 때 감히 소홀히 할 수 있겠는가? 또 빈 방에 들어갈 때에도 여전히 사람이 있는 방에 들어가는 것처럼 하는데, 사람이 있는 방에 들어갈 때 감히 태만하게 굴 수 있겠는가? 그러므로 공자가 규(圭)를 들 때 그 무게를 감당하지 못하는 것처럼 했고,[3] 문을 나설 때 큰 손님을 뵙는 것처럼 한 것[4]도 바로 이러한 이유 때문이다. 군자는 그릇을 잡는 도리를 미루어서 천하의 모든 일에 임하니, 비록 미미한 일이라 하더라도 빠트리는 일이 없는데, 하물며 매우 중대한 일에 있어서는 어찌 하겠는가? 또 방으로 들어가는 도리를 미루어서 천하의 모든 일을 접하니, 비록 아무도 없는 곳일지라도 속이지 않는데, 하물며 모든 사람이 지켜보는 일에 있어서는 어찌 하겠는가?

**鄭注** 重愼.

**번역** 신중을 거듭하기 때문이다.

**集解** 輔氏廣曰: 敬謹有常心, 不以在外者變也.

**번역** 보광이 말하길, 공경하고 삼감에 항상된 마음이 있어서, 외적으로 드러나는 것에 변화가 없다.

---

2) 『시』「대아(大雅)·억(抑)」: 視爾友君子, 輯柔爾顔, 不遐有愆. 相在爾室, 尙不愧于屋漏. 無曰不顯, 莫予云覯. 神之格思, 不可度思, 矧可射思.

3) 『논어』「향당(鄕黨)」: 執圭, 鞠躬如也, 如不勝. 上如揖, 下如授. 勃如戰色, 足蹜蹜如有循. 享禮, 有容色. 私覿, 愉愉如也.

4) 『논어』「안연(顔淵)」: 仲弓問仁. 子曰, "出門如見大賓, 使民如承大祭. 己所不欲, 勿施於人. 在邦無怨, 在家無怨." 仲弓曰, "雍雖不敏, 請事斯語矣."

**集解** 愚謂: 此二句形容主敬全體之功, 與論語"出門如見大賓, 使民如承大祭"之義同. 人之所以操存其心者, 苟能如此, 則可以無患乎惰慢邪辟之干矣.

**번역** 내가 생각하기에, 이 두 구문은 공경함을 중심으로 삼아 본체를 온전히 하는 노력을 나타내고 있으니, 『논어』에서 "문을 나설 때에는 큰 손님을 뵙는 것처럼 하고, 백성들에게 일을 시킬 때에는 큰 제사를 받들듯이 한다."라고 한 말과 의미가 같다. 사람들이 마음에 보존한 것이 진실로 이와 같다면, 태만하거나 사벽한 마음이 간여할 것에 대해서는 근심할 것이 없게 된다.

【437d】

凡祭, 於室中堂上無跣, 燕則有之.

**직역** 凡祭에 室中과 堂上에서는 跣이 無하며, 燕이라면 有한다.

**의역** 모든 제사에 있어서 방안과 당상(堂上)에서는 신발을 벗는 일이 없는데, 연례(燕禮)를 시행하는 경우라면, 당상에서 신발을 벗는 경우도 있다.

**集說** 凡祭, 通言君臣上下之祭也. 跣, 脫屨也. 祭禮主敬, 凡祭在室中者, 非惟室中不脫屨, 堂上亦不敢脫屨. 燕則有之者, 謂行燕禮, 則堂上可跣也. 又按下大夫及士陰陽二厭及燕尸, 皆於室中, 上大夫陰厭及祭在室, 若儐尸則于堂.

**번역** '범제(凡祭)'는 군주와 신하 및 상하 모든 계층이 지내는 제사를 통괄적으로 말한 것이다. '선(跣)'자는 신발을 벗는다는 뜻이다. 제례에서는 공경함을 위주로 하니, 실(室)에서 지내는 모든 제사에서는 방안에서만 신발을 벗지 않는 것이 아니며, 당상(堂上)에서도 또한 감히 신발을 벗을 수 없다. "연회인 경우라면 그러한 경우가 있다."라고 했는데, 이 말은 연례를 시행하면, 당상에서 신발을 벗을 수 있다는 뜻이다. 또 살펴보면 하대부(下大

夫) 및 사(士)가 지내는 음염(陰厭)[5] · 양염(陽厭)[6]의 두 제사 절차와 시동의 노고를 위로하는 경우에는 모두 방안에서 시행하고, 상대부(上大夫)가 지내는 음염(陰厭) 및 제사는 방안에서 시행하는데, 만약 시동을 인도하여 나오게 되면 당(堂)에서 의례절차를 시행한다.

**鄭注** 祭不跣者, 主敬也. 燕則有跣, 爲歡也. 天子諸侯祭, 有坐尸於堂之禮. 祭, 所尊在室, 燕, 所尊在堂. 將燕, 降說屨, 乃升堂.

**번역** 제사를 지낼 때 신발을 벗지 않는 것은 공경함을 위주로 하기 때문이다. 연례를 치르면 신발을 벗는 경우도 있으니, 서로 즐거움을 나누는데 초점이 맞춰져 있기 때문이다. 천자와 제후가 지내는 제사에서는 시동을 당(堂)에 앉히는 예법이 포함된다. 제사에서는 존귀하게 높이는 대상이 실(室)에 있고, 연례에서는 존귀하게 높이는 대상이 당(堂)에 있다. 연례를 시행하려고 하면, 밑으로 내려가서 신발을 벗고, 곧 당(堂)으로 올라간다.

**釋文** 跣, 悉典反. 爲, 于僞反. 稅屨, 本又作脫, 又作說, 吐活反.

**번역** '跣'자는 '悉(실)'자와 '典(전)'자의 반절음이다. '爲'자는 '于(우)'자와 '僞(위)'자의 반절음이다. '稅屨'에서의 '稅'자는 판본에 따라서 또한 '脫'자로도 기록하고, '說'자로도 기록하는데, 그 음은 '吐(토)'자와 '活(활)'자의 반절음이다.

**孔疏** ●"凡[7]祭"至"有之". ○正義曰: 此一經論堂上有跣無跣之事.

---

5) 음염(陰厭)은 적장자가 아직 성년이 되지 않은 상태에서 죽었을 때, 그에 대한 제사는 종묘(宗廟)의 그윽하고 음(陰)한 장소에서 간략하게 치르게 되는데, 이것을 '음염'이라고 부른다.

6) 양염(陽厭)은 시동이 묘실(廟室)을 빠져 나간 이후에, 시동에게 바쳤던 조(俎)와 돈(敦) 등을 거둬들여서, 서북쪽 모퉁이에 다시 진설을 하는 것이다.

7) '범(凡)'자에 대하여. 『십삼경주소(十三經注疏)』 북경대 출판본에서는 "'범'자는 본래 '차(此)'자로 기록되어 있었는데, 앞의 경문을 살펴보니, '범'자로

**번역** ●經文: "凡祭"~"有之". ○이곳 경문은 당상(堂上)에서 신발을 벗거나 신발을 벗지 않는 사안을 논의하고 있다.

**孔疏** ●"凡祭, 於室中·堂上無跣"者, 凡祭, 謂天子至士悉然也. 跣, 說屨也. 下大夫及士陰·陽二厭及燕尸, 皆於室中, 上大夫陰厭及祭在室, 若擯尸則于堂, 天子諸侯則有室有堂. 祭禮主敬, 故凡祭在室中者, 非唯室中不說屨, 堂上亦不敢說屨, 故云"凡祭, 於室中·堂上無跣".

**번역** ●經文: "凡祭, 於室中·堂上無跣". ○'범제(凡祭)'는 천자로부터 사 계급에 이르기까지 모든 계층이 지내는 제사에서 이처럼 따른다는 뜻이다. '선(跣)'자는 신발을 벗는다는 뜻이다. 하대부(下大夫) 및 사 계급이 지내는 음염(陰厭)·양염(陽厭)과 시동의 노고를 위로할 때에는 모두 방안에서 시행하고, 상대부(上大夫)가 지내는 음염과 제사는 방안에서 시행하는데, 만약 시동을 인도하여 나오게 되면 당(堂)에서 시행하고, 천자와 제후의 경우라면 방에서도 시행하고 당에서도 시행한다. 제례에서는 공경함을 위주로 한다. 그렇기 때문에 방안에서 치르는 모든 제사에서는 방안에서만 신발을 벗지 않는 것이 아니라, 당상에서도 또한 감히 신발을 벗지 않는다. 그렇기 때문에 "모든 제사에서는 방안과 당상에서 신발을 벗는 일이 없다."라고 말한 것이다.

**孔疏** ●"燕則有之"者, 有之謂堂上有跣也. 燕禮主歡, 故得說屨而升堂坐也. 燕禮云: "賓及卿大夫皆說屨, 升就席." 注云: "凡燕坐必說屨, 屨賤不在堂也. 禮者尙敬, 敬多則不親, 燕, 安坐相親之心."

**번역** ●經文: "燕則有之". ○'유지(有之)'라는 말은 당상에서 신발을 벗는 경우가 있다는 뜻이다. 연례에서는 기쁨을 나누는 것을 위주로 한다. 그렇기 때문에 신발을 벗고서 당상에 올라가 앉을 수 있다. 『의례』「연

---

기록되어 있고, 완원(阮元)의 교정본을 살펴보더라도 '범'자로 기록되어 있어서, 이러한 기록에 근거해서 글자를 고쳤다."라고 했다.

례(燕禮)」편에서는 "빈객 및 경과 대부는 모두 신발을 벗고 당상에 올라가서 자리로 나아간다."[8]라고 했고, 이 문장에 대한 정현의 주에서는 "무릇 연례에서 자리에 앉을 때에는 반드시 신발을 벗는데, 신발은 미천한 물건에 해당하여 당상에 놓아둘 수 없다. 예에서는 공경함을 숭상하는데, 공경함이 지나치다면 서로 친근하게 대할 수 없다. 연례에서는 편안히 앉아서 서로 친애하는 마음을 위주로 한다."라고 했다.

**孔疏** ◎注"祭不"至"升堂". ○正義曰: 云"祭不跣者, 主敬也"者, 跣, 謂說屨坐而相親. 祭禮主敬, 不敢私自相親, 故云"祭不跣者, 主敬也". 云"天子諸侯祭, 有坐尸於堂之禮"者, 朝事延尸於戶外, 故坐尸於堂. 若卿大夫以下, 祭禮於室, 無坐尸於堂也. 云"祭所尊在室"者, 以經云"凡祭, 於室中·堂上無跣", 故辨之也. 此則貴賤通, 故卿大夫士正祭饋食, 並在室中, 而天子諸侯, 雖朝事延尸於戶外, 非禮之盛節, 初入室灌及饋熟之時, 事神大禮, 故云"祭所尊在室". 云"燕所尊在堂"者, 於燕禮文無在室, 唯在堂行禮, 初時立而致敬, 故云"燕所尊在堂". 云"將燕, 降說屨, 乃升堂"者, 燕禮文也.

**번역** ◎鄭注: "祭不"~"升堂". ○정현이 "제사를 지낼 때 신발을 벗지 않는 것은 공경함을 위주로 하기 때문이다."라고 했는데, '선(跣)'자는 신발을 벗고 앉아서 서로 친근하게 대한다는 뜻이다. 제례에서는 공경함을 위주로 하여, 감히 사적으로 서로 친근하게 대할 수 없다. 그렇기 때문에 "제사를 지낼 때 신발을 벗지 않는 것은 공경함을 위주로 하기 때문이다."라고 말한 것이다. 정현이 "천자와 제후가 지내는 제사에서는 시동을 당(堂)에 앉히는 예법이 포함된다."라고 했는데, 조사[9]에서는 방문 밖으로 시동을 인도하기 때문에 당에 시동을 앉힌다. 만약 경이나 대부 이하

---

8) 『의례』「연례(燕禮)」: 賓反入, 及卿大夫皆脫屨, 升就席.

9) 조사(朝事)는 종묘(宗廟)에서 새벽에 지내는 제사를 가리킨다. 『예기』「제의(祭義)」편에는 "建設朝事, 燔燎羶薌."이라는 기록이 있고, 이에 대한 진호(陳澔)의 『집설(集說)』에서는 "朝事, 謂祭之日, 早朝而行之事也."라고 풀이했다.

의 계층이라면 방안에서 제례를 시행하며, 당에 시동을 앉히는 절차가 없다. 정현이 "제사에서는 존귀하게 높이는 대상이 실(室)에 있다."라고 했는데, 경문에서 "모든 제사에서는 방안과 당상에서 신발을 벗는 일이 없다."라고 했기 때문에, 이처럼 구별한 것이다. 이 내용은 신분의 등급에 상관없이 모두 통용된다. 그렇기 때문에 경·대부·사가 지내는 정규 제사 절차와 궤식[10]에서는 모두 방안에서 진행하는데, 천자와 제후는 비록 조사에서 방문 밖으로 시동을 인도하지만, 이것은 예법에 따른 성대한 절차가 아니며, 최초 방안으로 들어가서 술을 따라 신을 강림시키고, 궤숙[11]을 치르는 때가 신을 섬기는 성대한 예식 절차에 해당한다. 그렇기 때문에 "제사에서는 존귀하게 높이는 대상이 실(室)에 있다."라고 말한 것이다. 정현이 "연례에서는 존귀하게 높이는 대상이 당(堂)에 있다."라고 했는데, 『의례』「연례(燕禮)」편의 기록에는 실(室)에서 치른다는 것이 없고, 오직 당(堂)에서만 의례 절차를 시행하는데, 최초 자리에 서서 공경함을 지극히 하기 때문에, "연례에서는 존귀하게 높이는 대상이 당(堂)에 있다."라고 말한 것이다. 정현이 "연례를 시행하려고 하면, 밑으로 내려가서 신발을 벗고, 곧 당(堂)으로 올라간다."라고 말했는데, 이것은 「연례」편의 기록이다.

**集解** 愚謂: 坐而飮酒乃脫屨, 祭主嚴敬, 始終皆不坐, 故無跣. 燕主歡樂, 徹俎之後, 坐而飮酒, 故有跣.

**번역** 내가 생각하기에, 앉아서 술을 마시게 되면 신발을 벗는데, 제사

---

10) 궤식(饋食)은 음식을 바친다는 뜻이다. 고대에는 천자 및 제후들이 매월 초하루마다 종묘(宗廟)에서 음식을 바치는 의식을 치렀는데, 이것을 '궤식'이라고도 부른다. 『주례』「춘관(春官)·대종백(大宗伯)」편에는 "以饋食享先王."이라는 기록이 있다. 한편 조사(朝事)를 시행할 때, 조천(朝踐)을 끝낸 뒤, 생고기를 삶아서 재차 바치는 의식을 가리키기도 한다.

11) 궤숙(饋孰)은 '궤숙(饋熟)'이라고도 부른다. 제례(祭禮) 의식 중 하나이다. 제사를 시행할 때에는 희생물을 잡아서 생고기를 바치고, 이후에 다시 익힌 고기를 바치는데, '궤숙'은 바로 익힌 음식을 바치는 절차를 뜻한다.

에서는 엄숙함과 공경함을 위주로 하여, 시종일관 모두 자리에 앉지 않는다. 그렇기 때문에 신발을 벗어두는 경우가 없다. 연례에서는 서로 기쁨을 나누는 것을 위주로 하여, 도마를 치운 뒤에는 앉아서 술을 마신다. 그렇기 때문에 신발을 벗어두는 경우가 있다.

【438a】

未嘗不食新.

**직역** 嘗을 未하면 新을 不食한다.

**의역** 새로 수확한 음식을 침묘(寢廟)에 아직 바치지 않았다면, 새로 수확한 것을 먼저 먹지 않는다.

**集說** 嘗者, 薦新物於寢廟也. 未薦, 則孝子不忍先食. 一云, 嘗, 秋祭也.

**번역** '상(嘗)'이라는 것은 침묘(寢廟)[12]에 새로 수확한 물건을 바친다

12) 침묘(寢廟)는 '묘(廟)'와 '침(寢)'을 합쳐 부르는 말이다. 종묘(宗廟)에 있어서, 앞에 있는 정전(正殿)을 '묘'라고 부르며, 뒤에 있는 후전(後殿)을 '침'이라고 부른다. 이때 '묘'는 접신(接神)하는 장소이기 때문에 앞쪽에 있는 것이다. '침'은 의관(衣冠) 등을 보관하는 장소이다. '묘'에 비해 상대적으로 낮기 때문에 뒤에 위치하게 된다. 그리고 '묘'에는 동서쪽에 상(廂)이 있고, 서장(序牆)이 있는데, '침'에는 단지 실(室)만이 있게 된다. 『시』「소아(小雅)·교언(巧言)」편에는 "奕奕寢廟, 君子作之."라는 용례가 있다. 또한 『예기』「월령(月令)」편에는 "寢廟畢備."이라는 기록이 있는데, 이에 대한 정현의 주에서는 "凡廟, 前曰廟, 後曰寢."이라고 풀이하였으며, 공영달(孔穎達)의 소(疏)에서는 "廟是接神之處, 其處尊, 故在前, 寢, 衣冠所藏之處, 對廟爲卑, 故在後. 但廟制有東西廂, 有序牆, 寢制唯室而已. 故釋宮云, 室有東西廂曰廟, 無東西廂有室曰寢, 是也."라고 풀이하였다. 또한 '침묘'는 사람이 거주하는 집과 종묘를 지칭하는 용어로 사용되기도 한다. 『시』「대아(大雅)·숭고(崧高)」편에는 "有俶其城, 寢廟既成."이라는 기록이 있는데, 이에 대한 공영달의 소에서는 "寢, 人所處, 廟神亦有寢, 但此宜, 處人神, 不應獨言廟事, 故以爲人

는 뜻이다. 아직 바치지 않았다면 자식은 차마 부모보다 먼저 먹을 수 없다. 한편으로 '상(嘗)'[13]은 가을에 지내는 정규 제사를 뜻한다고 말한다.

**大全** 慶源輔氏曰: 一飮食, 不敢忘父母, 未嘗而遽食新焉, 則是死其親而喪其心矣.

**번역** 경원보씨가 말하길, 한 차례 음식을 먹을 때에도 감히 부모에 대한 마음을 잊을 수가 없으니, 아직 침묘에 바치지 않았는데 갑작스럽게 자신이 먼저 새로 수확한 음식들을 먹게 된다면, 이것은 그 부모를 죽게 만들고 그 마음을 잃도록 하는 행위가 된다.

**鄭注** 嘗, 謂薦新物於寢廟.

**번역** '상(嘗)'자는 침묘에 새로 수확한 사물을 바친다는 뜻이다.

**孔疏** ●"未嘗不食新". ○正義曰: 嘗, 謂薦新物於寢廟也. 未嘗, 則人子不忍前食新也.

**번역** ●經文: "未嘗不食新". ○'상(嘗)'자는 침묘에 새로 수확한 사물을 바친다는 뜻이다. 아직 바치지 않았다면, 자식된 도리에서는 차마 부

---

寢也."라고 풀이하였다.

13) 상(嘗)은 가을에 종묘(宗廟)에서 지내는 제사를 뜻한다. 『이아』「석천(釋天)」편에는 "春祭曰祠, 夏祭曰礿, 秋祭曰嘗, 冬祭曰烝."이라는 기록이 있다. 즉 봄에 지내는 제사를 '사(祠)'라고 부르며, 여름에 지내는 제사를 '약(礿)'이라고 부르고, 가을에 지내는 제사를 '상(嘗)'이라고 부르며, 겨울에 지내는 제사를 '증(烝)'이라고 부른다. 한편 '상'제사는 성대한 규모로 거행하였기 때문에, '대상(大嘗)'이라고도 불렀으며, 가을에 지낸다는 뜻에서, '추상(秋嘗)'이라고도 불렀다. 또한 『춘추번로(春秋繁露)』「사제(四祭)」편에서는 "四祭者, 因四時之所生孰而祭其先祖父母也. 故春曰祠, 夏曰礿, 秋曰嘗, 冬曰蒸. …… 嘗者, 以七月嘗黍稷也."이라고 하여, 가을 제사인 상(嘗)제사는 7월에 시행하며, 서직(黍稷)을 흠향하도록 지낸다는 뜻에서 맛본다는 뜻의 '상'자를 붙였다고 설명한다.

모보다 먼저 새로 수확한 음식을 맛볼 수 없다.

**集解** 愚謂: 嘗, 秋祭也. 食新, 食新穀也. 左傳"不食新矣." 秋時黍稷始熟, 嘗祭用以饋熟, 未嘗則未薦宗廟, 故人子不忍先食新. 此謂大夫士之禮, 人君時祭之外, 別有薦新之禮, 旣薦新, 則可以食之矣.

**번역** 내가 생각하기에, '상(嘗)'자는 가을에 지내는 정규 제사이다. '식신(食新)'은 새로 수확한 곡식을 먹는다는 뜻이다. 『좌전』에서는 "새로 수확한 곡식을 먹지 않는다."[14]라고 했다. 가을에는 서직(黍稷)이 처음으로 익게 되어, 상제사를 지낼 때 이것을 이용해서 익힌 음식을 바치게 되는데, 아직 상제사를 지내지 않았다면, 아직 종묘에 바치지 못한 것이다. 그렇기 때문에 자식된 자는 차마 부모보다 먼저 새로운 곡식을 먹을 수가 없다. 이 내용은 대부와 사에게 해당하는 예법이며, 군주의 경우에는 각 계절마다 지내는 시제 외에 별도로 새로 수확한 음식을 바치는 예법이 포함되니, 이미 새로 수확한 음식을 바쳤다면 그것을 맛볼 수 있다.

---

14) 『춘추좌씨전』「성공(成公) 10년」: 公曰, "何如?" 曰, "不食新矣."

## • 제21절 •

### 수레와 관련된 예절 Ⅰ

【438a】

**僕於君子, 君子升下則授綏, 始乘則式, 君子下行, 然後還立. 乘貳車則式, 佐車則否.**

**직역** 君子에게 僕함에, 君子가 升下하면 綏를 授하고, 始히 乘하면 式하며, 君子가 下行하면, 然後에 還하여 立한다. 貳車에 乘하면 式하고, 佐車라면 否한다.

**의역** 군자의 수레를 몰게 되면, 군자가 수레에 타거나 내릴 때, 잡는 끈을 군자에게 건네고, 처음 수레에 타게 되면, 수레의 식(式)을 잡아서 공경의 예를 표한 뒤 군자가 탈 때까지 기다리며, 군자가 수레에서 내려서 가게 된 뒤에야 수레를 되돌려서 세워 둔다. 조회나 제사 때 뒤따르는 수레에 타게 되면, 식(式)을 잡아서 공경의 예를 표하고, 전쟁이나 사냥 때 뒤따르는 수레에 타게 되면, 식(式)을 잡아서 공경의 예를 표하는 행동은 하지 않는다.

**集說** 君子或升或下, 僕者皆授之綏. 始乘之時, 君子猶未至, 則式以待君子之升. 凡僕之禮, 升在君子之先, 下在君子之後, 故君子下車而步, 僕者乃得下而還車以立, 以待君子之去也. 貳車, 朝祀之副車也. 佐車, 戎獵之副車也. 朝祀尚敬, 故式. 戎獵尚武, 故不式.

**번역** 군자가 수레에 오르거나 내릴 때, 수레를 모는 자는 모두 그에게 수레에 오르고 내릴 때 잡는 끈을 건넨다. 수레에 처음 오를 때 군자가 아직 도착하지 않았다면, 식(式)을 잡고서 예의를 표한 상태로 군자가 수레에 탈 때까지 기다린다. 무릇 수레를 모는 자가 따라야 하는 예에서는 군자보다 먼저 수레에 오르고, 군자보다 뒤에 수레에서 내린다. 그렇기 때문에 군자가 수레에서 내려서 걸어가게 되면, 수레를 모는 자는 곧 수레에서 내려서, 수레를 거꾸로 돌려 세워 놓고, 군자가 다시 그 장소를 떠나려고 할 때까지 기다릴 수 있다. '이거(貳車)'는 조회에 참가하거나 제사에 참여할 때 타는 뒤따르는 수레이다. '좌거(佐車)'는 전쟁이나 사냥을 할 때 타는 뒤따르는 수레이다. 조회나 제사에서는 공경함을 숭상하기 때문에 식(式)을 잡고서 예의를 표한다. 전쟁과 사냥에서는 무예를 숭상하기 때문에 식(式)을 잡고 예의를 표하는 행위를 하지 않는다.

**鄭注** 還車而立, 以俟其去. 貳車·佐車皆副車也. 朝祀之副曰貳, 戎獵之副曰佐. 魯莊公敗于乾, 時公喪戎路, 傳乘而歸.

**번역** 수레를 돌려서 세워두고, 군자가 그 장소를 떠날 때를 준비한다. '이거(貳車)'와 '좌거(佐車)'는 모두 뒤따르는 수레이다. 조회나 제사 때 타게 되는 뒤따르는 수레를 '이거(貳車)'라고 부르며, 전쟁이나 사냥 때 타게 되는 뒤따르는 수레를 '좌거(佐車)'라고 부른다. 노(魯)나라 장공(莊公)은 건(乾) 땅에서 패배한 적이 있었는데, 당시 장공은 융로(戎路)를 잃게 되어, 다른 수레에 옮겨 타고 되돌아왔다.[1]

**釋文** 還音旋, 注同. 朝, 直遙反. 喪, 息浪反. 傳乘, 上丈專反, 又陟戀反, 下繩證反, 下文除"乘車"同.

**번역** '還'자의 음은 '旋(선)'이며, 정현의 주에 나오는 글자도 그 음이 이와 같다. '朝'자는 '直(직)'자와 '遙(요)'자의 반절음이다. '喪'자는 '息(식)'자와 '浪(랑)'자의 반절음이다. '傳乘'에서의 '傳'자는 '丈(장)'자와 '專(전)'자의 반절음이며, 또한 그 음은 '陟(척)'자와 '戀(련)'자의 반절음도 되고, '乘'자는 '繩(승)'자와 '證(증)'자의 반절음이고, 아래문장 중 '乘車'에서의 '乘'자를 제외한 나머지 글자들은 그 음이 이와 같다.

---

1) 『춘추좌씨전』「장공(莊公) 9년」: 秋, 師及齊師戰于乾時, 我師敗績. 公喪戎路, 傳乘而歸. 秦子·梁子以公旗辟于下道, 是以皆止.

**孔疏** ●"僕於"至"還立". ○正義曰: 此一經論僕御之禮, 必授人綏, 故君子升及下, 僕者皆授綏也.

**번역** ●經文: "僕於"~"還立". ○이곳 경문은 수레를 모는 자의 예법을 논의하고 있으니, 반드시 상대방이 수레에 오를 때 잡는 끈을 건네게 된다. 그렇기 때문에 군자가 수레에 타거나 내릴 때, 수레를 모는 자는 모든 경우에 끈을 건네게 된다.

**孔疏** ●"始乘則式"者, 謂是僕者始乘, 君子未至, 御者則式, 以待君子升也.

**번역** ●經文: "始乘則式". ○이것은 수레를 모는 자가 처음 수레에 탔을 때, 군자가 아직 도착하지 않은 상태로, 수레를 모는 자는 식(式)을 잡고서 공경을 표하며, 군자가 수레에 탈 때까지 기다린다는 뜻이다.

**孔疏** ●"君子下行, 然後還立"者, 僕人之禮. 若君子將升, 則僕先升, 君子下行, 則僕後下, 更還車而立, 待君子去後, 乃敢自安. 或云君車將駕, 則僕執策立於馬前, 故君子將下車, 則僕亦下車立於馬前, 待君子下行, 乃更還車立, 以俟君去.

**번역** ●經文: "君子下行, 然後還立". ○수레를 모는 자에게 해당하는 예법이다. 만약 군자가 수레에 오르려고 하면 수레를 모는 자는 그보다 앞서 수레에 타고, 군자가 수레에서 내려서 다른 곳으로 이동하게 되면 수레를 모는 자는 그보다 뒤에 내려서, 수레의 방향을 되돌려서 세워두고, 군자가 그곳을 떠나게 될 때의 준비를 끝낸 뒤에야, 편안하게 있을 수 있다. 혹자는 군자의 수레에 장차 멍에를 메게 되면, 수레를 모는 자는 채찍을 들고서 말 앞에 서 있기 때문에, 군자가 장차 수레에서 내리게 되면, 수레를 모는 자 또한 수레에서 내려 말 앞에 서서, 군자가 내려서 이동할 것을 대비한 뒤에, 수레를 되돌려 세워두고, 군자가 떠나게 될 일을 대비한다고 풀이한다.

**孔疏** ●"乘貳"至"則否". ○正義曰: 謂僕乘副車法也. 朝祀副車曰"貳", 戎獵副車曰"佐". 朝祀尚敬, 乘副車者式, 戎獵尚武, 乘副車者不式也.

**번역** ●經文: "乘貳"~"則否". ○수레를 모는 자가 뒤따르는 수레에 탔을 때 따르는 예법을 뜻한다. 조회나 제사에 참여할 때 타는 뒤따르는 수레를 '이거(貳車)'라고 부르고, 전쟁이나 사냥 때 타는 뒤따르는 수레를 '좌거(佐車)'라고 부른다. 조회나 제사에서는 공경함을 숭상하기 때문에, 뒤따르는 수레에 탄 자는 식(式)을 잡고서 공경의 뜻을 나타내며, 전쟁이나 사냥에서는 무예를 숭상하기 때문에, 뒤따르는 수레에 탄 자는 식(式)을 잡고서 공경의 뜻을 나타내는 행동을 취하지 않는다.

**孔疏** ◎注"貳車"至"而歸". ○正義曰: 云"朝祀之副曰貳, 戎獵之副曰佐"者, 以此經佐車·貳車相對. 貳[2]車云式主敬, 故謂"朝祀之副曰貳", 佐車不式主武, 故云"戎獵之副曰佐". 若戎·獵自相對, 則戎車之副曰"倅", 田車之副曰"佐", 故周禮: 戎僕馭倅車, 田僕馭佐車. 熊氏云: "此云'戎獵之副曰佐'者, 據諸侯禮也." 故莊九年"公及齊師戰于乾時, 公喪戎路, 佐車授綏", 是也.

**번역** ◎鄭注: "貳車"~"而歸". ○정현이 "조회나 제사 때 타게 되는 뒤따르는 수레를 '이거(貳車)'라고 부르며, 전쟁이나 사냥 때 타게 되는 뒤따르는 수레를 '좌거(佐車)'라고 부른다."라고 했는데, 이곳 경문에서는 좌거와 이거를 서로 대비가 되는 수레로 기록했기 때문이다. 이거에 대해서 식(式)을 잡는다고 한 것은 공경함을 위주로 한 것이기 때문에, "조회나 제사 때 타게 되는 뒤따르는 수레를 '이거(貳車)'라고 부른다."라고 말한 것이다. 반면 좌거에서 식(式)을 잡지 않는 것은 무예를 숭상한 것이기 때문에, "전쟁이나 사냥 때 타게 되는 뒤따르는 수레를 '좌거(佐車)'라

---

2) '이(貳)'자에 대하여. '이'자는 본래 없던 글자인데, 완원(阮元)의 『교감기(校勘記)』에서는 "혜동(惠棟)의 『교송본(校宋本)』에는 '이'자가 기록되어 있으니, 이곳 판본에는 '이'자가 누락된 것이고, 『민본(閩本)』·『감본(監本)』·『모본(毛本)』도 동일하게 누락되어 있다."라고 했다.

고 부른다."라고 말한 것이다. 만약 전쟁과 사냥에 있어서도 각 사안을 서로 대비한다면, 전쟁용 수레에서 뒤따르는 수레는 '졸거(倅車)'라고 부르며, 사냥용 수레에서 뒤따르는 수레는 '좌거(佐車)'라고 부른다. 그렇기 때문에 『주례』에서는 융복(戎僕)은 졸거를 몰고,[3] 전복(田僕)은 좌거를 몬다[4]고 한 것이다. 웅안생[5]은 "이곳에서 '전쟁과 사냥 때 타는 뒤따르는 수레를 좌거(佐車)라고 부른다.'라고 했는데, 이것은 제후에게 적용되는 예법에 기준한 말이다."라고 했다. 그러므로 장공(莊公) 9년 기록에서 "장공이 제(齊)나라 군대와 건(乾) 땅에서 전쟁을 했을 때, 장공은 융로를 잃어버려서 좌거(佐車)에 탄 자가 수레에 오를 때 타는 끈을 건넸다."라고 한 것이다.

**集解** 僕於君子, 謂爲尊者御也. 升下則授綏者, 升時則授綏以升, 下時則授綏以下也. 凡僕人之禮, 必授人綏, 但非降等之僕則不受耳. 始乘則式, 謂君子未出時, 御者式以待之, 所以爲敬也. 爲君御, 始乘則跪, 爲君子御, 始乘則式, 敬有隆殺也. 然則非降等之僕, 有不必式者與. 還, 謂轉車就旁側也. 立, 駐車也. 君子旣下而行, 然後還車而立, 以俟君子. 公食禮曰, "賓之乘車, 在大門外西方, 北面立."

**번역** '복어군자(僕於君子)'라는 말은 존장자를 위해서 수레를 몬다는 뜻이다. '승하즉수수(升下則授綏)'라는 말은 군자가 수레에 탈 때 잡는 끈을 건네서 오르게 하고, 수레에서 내릴 때 잡는 끈을 건네서 내리게 한다는 뜻이다. 무릇 남의 수레를 몰 때의 예법에 있어서, 반드시 상대에게 잡는 끈을 건네게 되는데, 다만 수레에 타는 자와 신분의 차이가 나지 않

---

3) 『주례』「하관(夏官)·융복(戎僕)」: 掌王倅車之政, 正其服.

4) 『주례』「하관(夏官)·전복(田僕)」: 掌佐車之政.

5) 웅안생(熊安生, ?~A.D.578): =웅씨(熊氏). 북조(北朝) 때의 경학자이다. 자(字)는 식지(植之)이다. 『주례(周禮)』, 『예기(禮記)』, 『효경(孝經)』 등 많은 전적에 의소(義疏)를 남겼지만, 모두 산일되어 남아 있지 않다. 현재 마국한(馬國翰)의 『옥함산방집일서(玉函山房輯佚書)』에 『예기웅씨의소(禮記熊氏義疏)』 4권이 남아 있다.

는 자가 수레를 모는 경우라면, 잡는 끈을 건네지 않을 따름이다. '시승즉식(始乘則式)'이라는 말은 군자가 아직 밖으로 나오지 않았을 때, 수레를 모는 자는 식(式)을 잡고서 기다리니, 공경스러운 태도를 나타내는 방법이다. 군주를 위해서 수레를 몰 때, 처음 수레에 타게 되면 무릎을 꿇게 되는데, 군자를 위해서 수레를 모는 자는 처음 수레에 타게 되면 식(式)을 잡으니, 공경함에 있어서 상대에 따른 차이가 있기 때문이다. 그러므로 신분의 차이가 나지 않는 자가 수레를 몰게 되면, 식(式)을 잡을 필요가 없는 경우도 있었을 것이다. '환(還)'자는 수레를 돌려서 측면으로 옮겨둔다는 뜻이다. '입(立)'자는 수레를 정차시켜둔다는 뜻이다. 군자가 이미 수레에서 내려서 다른 곳으로 갔다면, 그런 뒤에는 수레를 돌려서 한쪽 측면에 세워 두고, 군자가 나올 때까지 기다린다. 『의례』「공사대부례(公食大夫禮)」편에서는 "빈객이 탄 수레는 대문 밖 서쪽에 놓아두되 북쪽을 바라보도록 해서 정차해둔다."[6]라고 했다.

**集解** 愚謂: 乘貳車則式, 所謂"乘君之乘車, 不敢曠左, 左必式"也. 佐車則否, 所謂"武車不式"也.

**번역** 내가 생각하기에, "이거(貳車)에 타게 되면 식(式)을 잡는다."고 한 말은 "군주가 타는 수레에 타게 되면, 감히 좌측을 비워둘 수가 없으니, 좌측에 있는 자는 반드시 식(式)을 잡고서 공경스러운 자세를 유지해야 한다."[7]라는 뜻에 해당한다. "좌거(佐車)에 타면 그처럼 하지 않는다."고 한 말은 "전쟁용 수레에 타게 되면 식(式)을 잡지 않는다."는 뜻에 해당한다.

6) 『의례』「공사대부례(公食大夫禮)」: 賓之乘車在大門外西方, 北面立.
7) 『예기』「곡례상(曲禮上)」【45a】: 祥車曠左. 乘君之乘車, 不敢曠左, 左必式.

【438b】

**貳車者, 諸侯七乘, 上大夫五乘, 下大夫三乘. 有貳車者之乘馬服車不齒, 觀君子之衣服服劍乘馬弗賈.**

**직역** 貳車는 諸侯는 七乘이고, 上大夫는 五乘이며, 下大夫는 三乘이다. 貳車를 有한 者의 乘馬服車에는 不齒하고, 君子의 衣服服劍乘馬를 觀하면 賈를 弗한다.

**의역** 뒤따르는 수레의 경우, 제후는 7대가 있고, 상대부(上大夫)는 5대가 있으며, 하대부(下大夫)는 3대가 있다. 뒤따르는 수레를 가진 자에 대해서, 그 말과 수레에 대해서는 연식을 따지지 않고, 군자의 의복 및 허리에 찬 검과 수레 및 말에 대해서는 가치를 평가하지 않는다.

**集說** 周禮, "貳車, 公九乘, 侯伯七乘, 子男五乘." 又典命云, "卿六命, 大夫四命, 車服各如命數." 與此不同者, 或周禮成而未行, 亦或異代之制也. 服車, 所乘之車也. 馬有老少, 車有新舊, 皆不可齒次其年歲. 服劍, 所佩之劍也. 弗賈, 不可評論其所直多少之價. 曲禮云, "齒路馬有誅." 此皆貴貴之道, 以廣敬也.

**번역** 『주례』에서는 "이거(貳車)의 경우 공작은 9대이고, 후작 · 백작은 7대이며, 자작 · 남작은 5대이다."[8]라고 했고, 「전명(典命)」편에서는 "경(卿)은 6명(命)의 등급이고, 대부(大夫)는 4명(命)의 등급이며, 수레와 의

---

8) 『주례』「추관(秋官) · 대행인(大行人)」: 上公之禮, 執桓圭九寸, 繅藉九寸, 冕服九章, 建常九斿, 樊纓九就, 貳車九乘, 介九人, 禮九牢, 其朝位, 賓主之間九十步, 立當車軹, 擯者五人, 廟中將幣三享, 王禮再祼而酢, 饗禮九獻, 食禮九舉, 出入五積, 三問三勞. 諸侯之禮, 執信圭七寸, 繅藉七寸, 冕服七章, 建常七斿, 樊纓七就, 貳車七乘, 介七人, 禮七牢, 朝位賓主之間七十步, 立當前疾, 擯者四人, 廟中將幣三享, 王禮壹祼而酢, 饗禮七獻, 食禮七舉, 出入四積, 再問再勞. 諸伯執躬圭, 其他皆如諸侯之禮. 諸子執穀璧五寸, 繅藉五寸, 冕服五章, 建常五斿, 樊纓五就, 貳車五乘, 介五人, 禮五牢, 朝位賓主之間五十步, 立當車衡, 擯者三人, 廟中將幣三享, 王禮壹祼不酢, 饗禮五獻, 食禮五舉, 出入三積, 壹問壹勞. 諸男執蒲璧, 其他皆如諸子之禮.

복에 대해서는 각각 명(命)의 등급에 따르다."[9]라고 하여, 이곳 내용과 차이를 보인다. 그 이유는 주(周)나라의 예법이 완성되었지만 아직 시행되지 않았기 때문이거나 또는 다른 시대의 제도를 기록하고 있기 때문이다. '복거(服車)'는 타게 되는 수레를 뜻한다. 말에는 늙거나 젊은 차이가 있고, 수레에는 새것이나 오래된 것의 차이가 있으니, 모두 그 연식에 따라 등급을 나눠서는 안 된다. '복검(服劍)'은 허리에 차게 되는 검이다. '불가(弗賈)'는 두고 있는 물건들의 가치를 평해서는 안 된다는 뜻이다. 『예기』「곡례(曲禮)」편에서는 "노마(路馬)의 나이를 헤아리면, 형벌을 받게 된다."[10]라고 했다. 이러한 규정들은 모두 존귀한 자를 존귀하게 대하는 도이니, 이를 통해 공경스러운 태도를 폭넓게 나타내는 것이다.

**鄭注** 此蓋殷制也. 周禮: 貳車, 公九乘, 侯伯七乘, 子男五乘, 卿大夫各如其命之數. 尊有爵者[11]之物, 廣敬也. 服車, 所乘車也. 車有新舊. 平尊者之物, 非敬也.

**번역** 이 내용은 아마도 은(殷)나라 때의 제도에 해당하는 것 같다. 『주례』에서는 이거(貳車)의 경우 공작은 9대를 사용하고, 자작과 남작은 5대를 사용하며, 경과 대부는 각각 그들의 명(命) 등급에 따른다고 했다. 작위를 가지고 있는 자가 사용하는 물건들을 존중하는 것이니, 공경스러운 태

9) 『주례』「춘관(春官) · 전명(典命)」 : 王之三公八命, 其卿六命, 其大夫四命. 及其出封, 皆加一等. 其國家 · 宮室 · 車旗 · 衣服 · 禮儀亦如之. …… 其宮室 · 車旗 · 衣服 · 禮儀, 各視其命之數.

10) 『예기』「곡례상(曲禮上)」【46b】 : 步路馬, 必中道. 以足蹙路馬芻有誅, 齒路馬有誅.

11) '자(者)'자에 대하여. '자'자는 본래 없던 글자인데, 완원(阮元)의 『교감기(校勘記)』에서는 "혜동(惠棟)의 『교송본(校宋本)』에는 '작(爵)'자 뒤에 '자'자가 기록되어 있고, 『송감본(宋監本)』 · 『악본(岳本)』 · 『가정본(嘉靖本)』 및 위씨(衛氏)의 『집설(集說)』에도 동일하게 기록되어 있다. 『고문(考文)』에서 인용하고 있는 『고본(古本)』과 『족리본(足利本)』에도 동일하게 기록되어 있다. 따라서 이곳 판본에는 '자'자가 누락된 것이며, 『민본(閩本)』 · 『감본(監本)』 · 『모본(毛本)』에도 동일하게 누락되어 있다."라고 했다.

도를 폭넓게 나타내기 위해서이다. '복거(服車)'는 타게 되는 수레이다. 수레에는 새것과 오래된 것의 차이가 있다. 존귀한 자가 사용하는 물건을 평가하는 것은 공경스럽지 못한 행동이다.

**釋文** 賈音嫁.

**번역** '賈'자의 음은 '嫁(가)'이다.

**孔疏** ◎注"此蓋"至"之數". ○正義曰: 按周禮·大行人云: 上公貳車[12]九乘, 侯伯七乘. 又典命云: "卿六命, 其大夫四命, 車服各如其命數." 並與此經不同, 故疑爲殷制.

**번역** ◎鄭注: "此蓋"~"之數". ○『주례』「대행인(大行人)」편을 살펴보면, 상공(上公)[13]은 이거(貳車)가 9대이며, 후작과 백작은 7대라고 했다. 또「전명(典命)」편에서는 "경(卿)은 6명(命)의 등급이며, 그 대부(大夫)는 4명(命)의 등급이며, 수레와 의복은 각각 그들의 명(命) 등급에 따른다."라고 했다. 이러한 기록들은 이곳 경문의 내용과 일치하지 않는다. 그렇기 때문에 정현은 은(殷)나라 때의 제도라고 의심했던 것이다.

---

12) '거(車)'자에 대하여. '거'자는 본래 없던 글자인데, 완원(阮元)의 『교감기(校勘記)』에서는 "혜동(惠棟)의 『교송본(校宋本)』에는 '이(貳)'자 뒤에 '거'자가 기록되어 있는데, 이 기록이 옳다. 『민본(閩本)』·『감본(監本)』·『모본(毛本)』에는 '상이공구승(上貳公九乘)'이라고 기록하여, '공이(公貳)'를 잘못하여 뒤바꿔서 기록했고, '거'자 역시 누락되어 있다."라고 했다.

13) 상공(上公)은 주(周)나라 제도에 있었던 관직 등급이다. 본래 신하의 관직 등급은 8명(命)까지이다. 주나라 때에는 태사(太師), 태부(太傅), 태보(太保)와 같은 삼공(三公)들이 8명의 등급에 해당했다. 그런데 여기에 1명을 더하게 되면 9명이 되어, 특별직인 '상공'이 된다. 『주례』「춘관(春官)·전명(典命)」편에는 "上公九命爲伯, 其國家宮室車旗衣服禮儀, 皆以九爲節."이라는 기록이 있고, 이에 대한 정현의 주에서는 "上公, 謂王之三公有德者, 加命爲二伯. 二王之後亦爲上公."이라고 풀이하였다. 즉 '상공'은 삼공 중에서도 유덕(有德)한 자에게 1명을 더해주어, 제후들을 통솔하는 '두 명의 백(伯)[二伯]'으로 삼았다.

**孔疏** ●"有貳"至"弗賈". ○正義曰: 此一節明廣敬之義.

**번역** ●經文: "有貳"~"弗賈". ○이곳 문단은 공경함을 폭넓게 나타내는 뜻을 설명하고 있다.

**孔疏** ●"有二車者之乘馬·服車不齒"者, 有二車, 則謂下大夫. 二車之乘以下者, 謂其所乘之馬·所服之車, 不敢齒次論其年歲, 評其價數高下. 車所以不得齒者, 以車有新舊, 則年歲有多少, 價數有貴賤, 以尊者之物, 故不敢齒也.

**번역** ●經文: "有二車者之乘馬·服車不齒". ○이거(貳車)를 가지고 있다면, 하대부(下大夫)를 뜻한다. '이거(貳車)'로부터 그 이하의 내용들은 수레에 멍에를 메는 말과 타게 되는 수레를 뜻하는데, 이것들에 대해서는 그 연식을 따져서 순서를 매길 수 없고, 값어치를 평가할 수 없다는 뜻이다. 수레에 대해서는 나이를 매길 수 없는데, 수레에도 새것과 오래된 것의 차이가 있으니, 연식에 있어서도 오래 전에 만든 것과 얼마 전에 만든 차이가 있으며, 가치평가에 있어서도 귀중한 것과 상대적으로 천한 것이 나뉘는데, 존귀한 자가 사용하는 물건이기 때문에, 감히 나이를 따질 수 없는 것이다.

**孔疏** ●"觀君子之衣服·服劍·乘馬弗賈"者, 觀, 視也, 亦不得輕平尊者物堪直多少之價, 亦爲不敬, 故觀而不平.

**번역** ●經文: "觀君子之衣服·服劍·乘馬弗賈". ○'관(觀)'자는 "견주다[視]."는 뜻이니, 이 또한 존귀한 자가 사용하는 물건에 대해서, 그 가치를 평가할 수 없다는 뜻으로, 불경스러운 태도가 되기 때문에, 살펴보되 평가를 하지 않는 것이다.

**訓纂** 王氏引之曰: 曲禮曰, "齒路馬有誅", 僖二年公羊傳, "吾馬之齒, 亦已長矣." 馬有二歲曰駒·三歲曰駣·八歲曰馹之分, 故可計其年齒. 若車衣服有新舊, 曷嘗有年齒之可計乎? "服車"二字當在下文"乘馬"之下"弗賈"之上.

**번역** 왕인지가 말하길, 『예기』「곡례(曲禮)」편에서는 "군주의 노마(路馬)에 대해서 나이를 헤아리면, 형벌을 받는다."라고 했고, 희공(僖公) 2년에 대한 『공양전』의 기록에서는 "내 말의 나이는 이미 많이 되었다."14) 라고 했다. 말에 대해서는 2세가 되면 '구(駒)'라고 부르고, 3세가 되면 '조(駣)'라고 부르며, 8세가 되면 '구(馹)'라고 부르는 등의 구분이 있다. 그렇기 때문에 그 나이에 대해서 셈할 수 있다. 만약 수레와 의복의 경우라면 새것과 오래된 것의 차이가 있는데, 어떻게 나이를 통해 셈할 수 있겠는가? 따라서 '복거(服車)'라는 두 글자는 마땅히 '승마(乘馬)' 뒤와 '불가(弗賈)' 앞에 와야 한다.

**集解** 愚謂: 貳車, 諸侯七乘, 據侯伯之禮也. 周禮大行人上公"貳車九乘," 侯伯"貳車七乘", 子男"貳車五乘". 又大行人云, "凡諸侯之卿, 其禮各下其君二等以下, 及其大夫士亦如之." 此上大夫五乘, 侯伯之卿也. 下大夫三乘, 侯伯之大夫也. 士昏禮曰, "乘墨車, 從車二乘." 昏禮攝盛, 貳車二乘, 則常禮宜一乘也. 以此差之, 則公之孤·卿貳車七乘, 其大夫五乘; 子男之卿貳車三乘, 其大夫二乘; 士卑, 五等之國畧爲一節, 貳車皆一乘與. 鄭氏以此爲殷禮, 蓋以典命言"車服各如其命數", 而此言"上大夫五乘, 下大夫三乘", 皆與命數不合, 故疑其非周禮也. 然唯五等諸侯, 車服各如其命數, 至其卿大夫, 則但視其命數之尊卑爲差等, 非能盡如其命之數也. 公·侯·伯之卿三命, 子·男之卿二命, 而服同三章, 公·侯·伯之大夫再命, 子·男之大夫一命, 而服同一章, 則車服不可盡以命數準矣. 舊說謂"士無貳車". 士昏禮"從車二乘", 疏以爲攝盛, 然士喪禮"貳車白狗攝服", 則非攝盛始有貳車矣. 國語大夫有貳車, 士有陪乘. 陪乘卽貳車也, 殊其名耳. 謂"士無貳車", 非也.

---

14) 『춘추공양전』「희공(僖公) 2년」: 獻公曰, 子之謀則已行矣, 寶則吾寶也, 雖然, 吾馬之齒亦已長矣, 蓋獻之也.

**번역** 내가 생각하기에, '이거(貳車)'에 대해서, "제후는 7대이다."라고 한 말은 후작과 백작의 예법에 기준을 둔 것이다. 『주례』「대행인(大行人)」편에서는 상공에 대해서 "이거가 9대이다."라고 했고, 후작 · 백작에 대해서는 "이거가 7대이다."라고 했으며, 자작·남작에 대해서는 "이거가 5대이다."라고 했다. 또 「대행인」편에서는 "무릇 제후에게 소속된 경(卿)에게 있어서, 그에게 적용되는 예법은 각각 그들의 군주보다 2등급 이하로 낮추고, 그 이하로 대부 및 사 계급에 있어서도 또한 이처럼 한다."[15]라고 했다. 따라서 이곳에서 상대부는 5대를 쓴다고 한 말은 후작과 백작에게 소속된 경(卿)을 가리킨다. 또 하대부는 3대를 쓴다고 한 말은 후작과 백작에게 소속된 대부(大夫)를 가리킨다. 『의례』「사혼례(士昏禮)」편에서는 "묵거(墨車)[16]에 타며, 종거(從車)가 2대이다."[17]라고 했다. 혼례는 일반적인 의례보다 융성하게 치르는데, 이거가 2대라고 한다면 일상적인 의례에서는 마땅히 1대를 사용하게 된다. 이를 통해 차등적으로 나눠보면, 공작에게 소속된 고(孤)와 경(卿)의 이거는 7대이고 대부는 5대이며, 자작과 남작에게 소속된 경(卿)의 이거는 3대이고 대부는 2대이며, 사는 미천한 신분이므로 다섯 등급의 제후국에서 간략히 한 등급으로 맞추니, 사의 이거는 모두 1대였을 것이다. 정현은 이곳 문장을 은(殷)나라 때의 예법이라고 여겼다. 아마도 『주례』「전명(典命)」편에서 "수레와 의복은 각각 그들의 명(命) 등급에 따른다."라고 했는데, 이곳에서는 "상대부는 5대를 쓰고, 하대부는 3대를 쓴다."라고 하여, 모두가 명(命)의 등급과 합치되지 않기 때문에, 이 내용이 주(周)나라의 예법이 아니라고 의심한 것이다. 그러나 오직 다섯 등급의 제후에게 있어서만 수레와 의복이 각각

---

15) 『주례』「추관(秋官) · 대행인(大行人)」: 凡諸侯之卿, 其禮各下其君二等以下, 及其大夫士皆如之.

16) 묵거(墨車)는 별다른 장식을 하지 않고, 흑색으로 칠하기만 한 수레를 뜻한다. 주(周)나라 때에는 주로 대부(大夫)들이 탔다. 『주례』「춘관(春官) · 건거(巾車)」편에는 "大夫乘墨車."라는 기록이 있고, 이에 대한 정현의 주에서는 "墨車, 不畫也."라고 풀이했다.

17) 『의례』「사혼례(士昏禮)」: 主人爵弁, 纁裳緇袘. 從者畢玄端. 乘墨車. 從車二乘.

그들의 명(命) 등급에 따르게 되고, 그들에게 소속된 경이나 대부에게 있어서는 단지 명(命)의 등급에 따른 신분적 차등에 견주어서 차이를 두었을 뿐이니, 모든 것을 명(命)의 등급에 맞췄던 것이 아니다. 예를 들어 공작·후작·백작에게 소속된 경(卿)은 3명(命)의 등급이고, 자작·남작에게 소속된 경(卿)은 2명(命)의 등급인데도, 복장에 있어서는 동일하게 3개의 무늬가 들어가고, 또 공작·후작·백작에게 소속된 대부(大夫)는 2명(命)의 등급이고, 자작·남작에게 소속된 대부(大夫)는 1명(命)의 등급인데도, 복장에 있어서는 동일하게 1개의 무늬가 들어가니, 수레와 의복에 있어서도 모든 것을 명(命)의 등급에 따라 맞출 수 없다. 옛 학설에서는 "사에게는 이거가 없다."라고 했다. 「사혼례」편에서는 "종거가 2대이다."라고 했는데, 가공언[18]의 소(疏)에서는 일상적인 예법보다 융성하게 치렀기 때문이라고 여겼다. 그러나 『의례』「사상례(士喪禮)」편에서는 "이거에는 백색의 개가죽으로 가선을 댄다."[19]라고 했으니, 일상적인 경우보다 융성하게 치르는 때가 아닌데도, 애초부터 이거가 있었다. 또 『국어(國語)』에서는 대부에게는 이거가 있고, 사에게는 배승(陪乘)이 있다고 했다.[20] 여기에서 말한 '배승(陪乘)'은 곧 '이거(貳車)'에 해당하는 것으로, 단지 그 명칭만 달리 썼을 뿐이다. 따라서 "사에게는 이거가 없다."라고 한 말은 잘못된 주장이다.

---

18) 가공언(賈公彦, ?~?) : 당(唐)나라 때의 유학자이다. 정현(鄭玄)을 존숭하였다. 예학(禮學)에 조예가 깊었다. 『주례소(周禮疏)』, 『의례소(儀禮疏)』 등의 저서를 남겼으며, 이 저서들은 『십삼경주소(十三經注疏)』에 포함되었다.

19) 『의례』「기석례(旣夕禮)」 : 主婦之車亦如之, 疏布裧. 貳車白狗攝服, 其他皆如乘車.

20) 『국어(國語)』「노어하(魯語下)」 : 大夫有貳車, 備承事也; 士有陪乘, 告奔走也.

그림 21-1 ■ 묵거(墨車)

※ **출처:** 『삼례도집주(三禮圖集注)』 2권

## • 제22절 •

# 물건을 주고받을 때의 예절 Ⅱ

【438c】

**其以乘壺酒束脩一犬賜人, 若獻人, 則陳酒執脩以將命, 亦曰: "乘壺酒束脩一犬."**

**직역** 그 乘壺의 酒와 束脩와 一犬으로 人에게 賜하거나, 若히 人에게 獻하면, 酒를 陳하고 脩를 執하여 命을 將하며, 亦히 曰, "乘壺의 酒와 束脩와 一犬입니다."

**의역** 4개의 호(壺)에 담긴 술과 속수(束脩) 및 한 마리의 개를 아랫사람에게 하사하거나 윗사람에게 바칠 때라면, 술을 진설하고, 육포를 들고서 말을 전달하며, 또한 "4개의 호(壺)에 담긴 술과 속수와 한 마리의 개입니다."라고 말한다.

**集說** 乘壺, 四壺也. 束脩, 十脡脯也. 卑者曰賜, 尊者曰獻.

**번역** '승호(乘壺)'는 4개의 호(壺)를 뜻한다. '속수(束脩)'는 열 가닥의 마른 육포를 뜻한다. 신분이 낮은 자에게 줄 때에는 "하사한다[賜]."라고 말하며, 존귀한 자에게 바칠 때에는 "바친다[獻]."라고 말한다.

**鄭注** 陳重者, 執輕者, 便也. 乘壺, 四壺也. 酒, 謂淸也, 糟也. 不言"陳犬", 或無脩者, 牽犬以致命也. 於卑者曰"賜", 於尊者曰"獻".

**번역** 무거운 것을 진설하고 가벼운 것을 드는 것은 편리에 따르기 때문이다. '승호(乘壺)'는 4개의 호(壺)를 뜻한다. '주(酒)'자는 맑은 술과 탁한 술을 뜻한다. "개를 진열한다."라고 말하지 않은 것은 간혹 속수가 없는 경우에는 개를 끌고 가서 말을 전달하기 때문이다. 신분이 낮은 자에게 줄 때에는 "하사한다[賜]."라고 말하며, 존귀한 자에게 바칠 때에는 "바친다[獻]."라고 말한다.

**釋文** 便, 婢面反, 下同. 糟, 早勞反.

**번역** '便'자는 '婢(비)'자와 '面(면)'자의 반절음이며, 아래문장에 나오는 글자도 그 음이 이와 같다. '糟'자는 '早(조)'자와 '勞(로)'자의 반절음이다.

**孔疏** ●"其以乘壺酒 · 束脩 · 一犬賜人"至"凡有刺刃者, 以授人則辟刃". ○正義曰: 此一節廣明以物獻遺人法, 各隨文解之.

**번역** ●經文: "其以乘壺酒·束脩·一犬賜人"~"凡有刺刃者, 以授人則辟刃". ○이곳 경문은 사물을 바치거나 다른 사람에게 줄 때의 예법을 폭넓게 나타내고 있으니, 각각의 문장에 따라서 풀이하겠다.

**孔疏** ●"其以乘壺酒 · 束脩 · 一犬賜人, 若獻人"者, 四馬曰"乘", 故知四壺酒亦曰"乘壺". 束脩, 十脡脯也, 酒脯及犬皆可爲禮也. 與卑者曰"賜", 奉尊者曰"獻", 隨其所與, 故云"賜人, 若獻人"也.

**번역** ●經文: "其以乘壺酒 · 束脩 · 一犬賜人, 若獻人". ○4마리의 말을 '승(乘)'이라고 부른다. 그렇기 때문에 4개의 호(壺)에 든 술을 또한 '승호(乘壺)'라고 부른다는 사실을 알 수 있다. '속수(束脩)'는 10가닥의 마른 육포인데, 술과 육포 및 개는 모두 예물로 삼을 수 있다. 신분이 낮은 자에게 주는 것을 "하사한다[賜]."라고 말하며, 신분이 높은 자에게 바치는 것을 "바친다[獻]."라고 말한다. 각각 주는 대상에 따르기 때문에, "남에게 하사하거나 남에게 바친다."라고 말한 것이다.

**孔疏** ●"則陳酒 · 執脩以將命"者, 陳, 列也. 酒重脯輕, 故陳列重者於門外, 而執輕者進以奉命也.

번역 ●經文: "則陳酒·執脩以將命". ○'진(陳)'자는 "진열한다[列]."는 뜻이다. 술은 무겁고 육포는 가볍기 때문에, 무거운 것은 문밖에 진열하고, 가벼운 것을 들고 나아가서 말을 전달하게 된다.

孔疏 ●"亦曰乘壺酒·束脩·一犬"者, 謂將命之時辭也. 雖陳酒·犬, 而單執脯致命, 而其饋, 亦猶曰有酒·脯·犬也. 若二犬, 亦當言二也.

번역 ●經文: "亦曰乘壺酒·束脩·一犬". ○말을 전달하려고 할 때 쓰는 말이다. 비록 술과 개를 진열해두고, 육포만 들고서 말을 전달하지만, 그것을 건네게 되면 또한 "술과 육포와 개가 있습니다."라고 말한다. 만약 두 마리의 개를 건네는 경우라면, 또한 마땅히 두 마리라고 말해야 한다.

孔疏 ◎注"酒謂"至"命也". ○正義曰: 按內則, 酒醴有淸有糟, 齊者曰淸, 不齊者曰糟, 故知此酒或淸或糟. 云"不言陳犬, 或無脩者, 牽犬以致命也"者, 鄭釋初云"有酒脯犬", 而後唯云"陳酒執脯", 不言"陳犬", 故明之也. 若言"陳犬", 則嫌無脯時, 亦猶陳之. 今欲明若無脯者, 則陳酒牽犬以將命, 故不言"陳犬"也. 犬馬不上於堂, 牽之當在下耳.

번역 ◎鄭注: "酒謂"~"命也". ○『예기』「내칙(內則)」편을 살펴보면, 삼주(三酒)[1]와 오제(五齊)[2]에는 맑은 것도 있고 탁한 것도 있는데, 거른 것

1) 삼주(三酒)는 상황에 따라 사용되는 세 가지 술을 뜻한다. 세 가지 술은 사주(事酒), 석주(昔酒), 청주(淸酒)를 가리킨다. 『주례』「천관(天官)·주정(酒正)」편에는 "辨三酒之物, 一曰事酒, 二曰昔酒, 三曰淸酒."라는 기록이 있다. 각 술들에 설명은 주석마다 약간의 차이를 보인다. 위의 기록에 대해서 정현의 주에서는 "鄭司農云, '事酒, 有事而飮也, 昔酒, 無事而飮也, 淸酒, 祭祀之酒.' 玄謂事酒, 酌有事者之酒, 其酒則今之醳酒也. 昔酒, 今之酋久白酒, 所謂舊醳者也. 淸酒, 今中山冬釀接夏而成."이라고 풀이했다. 즉 정사농(鄭司農)의 주장에 따르면, '사주'는 어떤 사안이 있어서 마시게 되는 술을 뜻하고, '석주'는 특별한 일이 없을 때 마시는 술을 뜻하며, '청주'는 제사를 지낼 때 쓰는 술을 뜻한다. 한편 정현의 주장에 따르면, '사주'는 일을 맡아본 자에게 따라주는 술을 뜻하는데, 그 술은 정현 시대의 역주(醳酒)에 해

은 '청(淸)'이라고 부르며, 거르지 않은 것은 '조(糟)'라고 부른다. 그렇기 때문에 여기에서 말하는 술에도 맑은 것도 있고 탁한 것도 있음을 알 수 있다. 정현이 "'개를 진열한다.'라고 말하지 않은 것은 간혹 속수가 없는 경우에는 개를 끌고 가서 말을 전달하기 때문이다."라고 했는데, 최초 "술과 육포와 개가 있다."라고 했지만, 뒤에서는 단지 "술을 진열하고 육포를 든다."라고 하여, "개를 진열한다."라고 말하지 않은 뜻을 정현이 풀이한 것이다. 그렇기 때문에 그 이유를 밝힌 것이다. 만약 "개를 진열한다."라고 말한다면, 육포가 없는 경우에도 또한 개를 진열하게 될까 의심

---

당하고, '석주'는 오래 숙성시킨 술로 백주(白酒)와 같은 것이며, '청주'는 중산(中山) 지역에서 겨울에 술을 담가서 여름쯤 다 익은 술을 뜻한다. 그리고 위의 기록에 대해서 손이양(孫詒讓)의 『정의(正義)』에서는 "三酒之中, 事酒較濁, 亦隨時釀之, 酋繹卽孰. 昔酒較淸, 則冬釀春孰. 淸酒尤淸, 則冬釀夏孰."이라고 풀이했다. 즉 손이양의 주장에 따르면, '사주'는 비교적 탁한 술이며, 또한 수시로 빚은 술을 말하는데, 술독을 열어두어서 곧바로 숙성시키는 술을 뜻한다. '석주'는 비교적 맑은 술이며, 겨울에 빚어서 봄쯤에 다 익는 술을 뜻한다. '청주'는 더욱 맑은 술이며, 겨울에 빚어서 여름쯤에 익는 술을 뜻한다.

2) 오제(五齊)는 술의 맑고 탁한 정도에 따라서 다섯 가지 등급으로 분류한 술을 뜻한다. 또한 술을 범칭하는 용어로도 사용된다. 다섯 가지 술은 범제(泛齊), 례제(醴齊), 앙제(盎齊), 제제(緹齊), 침제(沈齊)를 가리킨다. 『주례』「천관(天官)·주정(酒正)」편에는 "辨五齊之名, 一曰泛齊, 二曰醴齊, 三曰盎齊, 四曰緹齊, 五曰沈齊."라는 기록이 있다. 각 술들에 대해 설명하자면, 위의 기록에 대한 정현의 주에서는 "泛者, 成而滓浮泛泛然, 如今宜成醪矣. 醴猶體也, 成而汁滓相將, 如今恬酒矣. 盎猶翁也, 成而翁翁然, 蔥白色, 如今酇白矣. 緹者, 成而紅赤, 如今下酒矣. 沈者, 成而滓沈, 如今造淸矣. 自醴以上尤濁, 縮酌者. 盎以下差淸. 其象類則然, 古之法式未可盡聞. 杜子春讀齊皆爲粢. 又禮器曰, '緹酒之用, 玄酒之尙.' 玄謂齊者, 每有祭祀, 以度量節作之."라고 풀이했다. 즉 '범제'는 술이 익고 나서 앙금이 둥둥 떠 있는 것으로 정현 시대의 의성료(宜成醪)와 같은 술이고, '례주'는 술이 익고 나서 앙금을 한 차례 걸러낸 것으로 염주(恬酒)와 같은 것이며, '앙제'는 술이 익고 나서 새파란 빛깔을 보이는 것으로 찬백(酇白)과 같은 술이고, '제제'는 술이 익고 나서 붉은 빛깔을 보이는 것으로 하주(下酒)와 같은 술이며, '침제'는 술이 익고 나서 앙금이 모두 가라앉아 있는 것으로 조청(造淸)과 같은 술이다. '범주'는 가장 탁한 술이며, '례주'는 그 다음으로 탁한 술이고, '앙제'부터는 뒤로 갈수록 맑은 술에 해당한다.

되기 때문이다. 현재 육포가 없는 경우에는 술을 진열하고 개를 끌고 가서 말을 전달한다는 사실을 나타내고자 했기 때문에, “개를 진열한다.”라고 말하지 않은 것이다. 개나 말은 당(堂) 위로 가지고 올라갈 수 없으니,[3] 그것을 끌고 가서 당하(堂下)에 둘 따름이다.

**集解** 愚謂: 犬與酒·脯並獻者, 食犬也. 下云“守犬·田犬則授擯者”, 則食犬不授擯者矣, 食犬賤也.

**번역** 내가 생각하기에, 개와 술과 육포를 모두 바친다고 했으니, 이때의 개는 식용으로 사용되는 개다. 아래문장에서는 “집을 지키는 개와 사냥개의 경우에는 부관에게 건넨다.”[4]라고 했는데, 식용으로 사용되는 개는 부관에게 전달하지 않으니, 식용으로 사용되는 개는 상대적으로 미천한 것이기 때문이다.

---

3) 『예기』「곡례상(曲禮上)」【44c】: 客車不入大門. 婦人不立乘. 犬馬不上於堂.
4) 『예기』「소의」【438d】: 犬則執緤, 守犬田犬則授擯者, 既受乃問犬名.

그림 22-1 ▣ 호(壺)

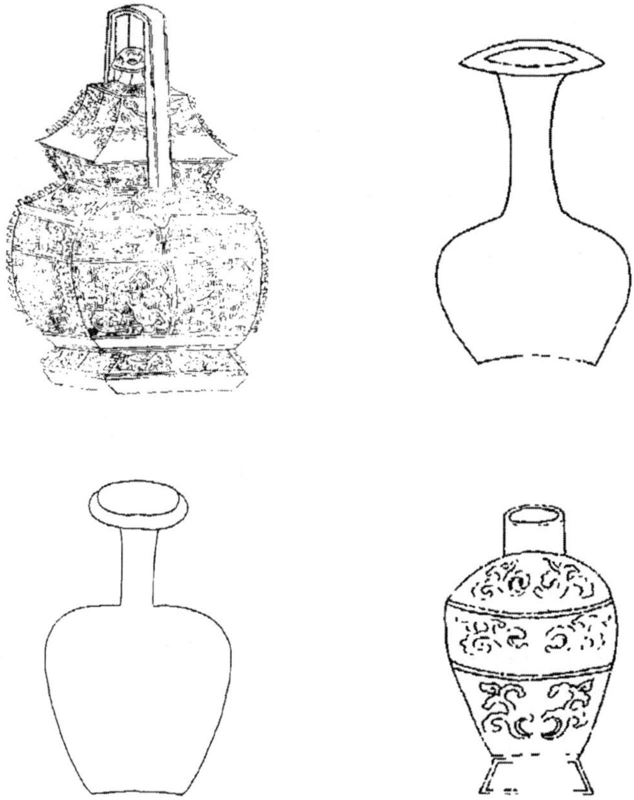

※ **출처:** 상좌-『삼재도회(三才圖會)』「기용(器用)」 1권 ; 상우-『삼례도집주(三禮圖集注)』 5권
하좌-『삼례도(三禮圖)』 4권 ; 하우-『육경도(六經圖)』 6권

【438c】

**其以鼎肉, 則執以將命.**

**직역** 그 鼎肉으로써 하면, 執하여서 命을 將한다.

**의역** 만약 부위별로 잘라낸 고기를 하사하거나 바치는 경우라면, 그것을 들고서 말을 전달한다.

**集說** 鼎肉, 謂肉之已解剔而可升鼎者, 故可執也.

**번역** '정육(鼎肉)'은 고기를 이미 부위별로 잘라서 정(鼎)에 넣을 수 있도록 한 것이다. 그렇기 때문에 들고 갈 수 있다.

**鄭注** 鼎肉, 謂牲體已解, 可升於鼎.

**번역** '정육(鼎肉)'은 희생물의 몸체를 이미 해부하여, 정(鼎)에 넣을 수 있도록 자른 것이다.

**釋文** 已如字, 又音異. 解, 庚買反.

**번역** '已'자는 글자대로 읽고, 또 그 음은 '異(이)'도 된다. '解'자는 '庚(경)'자와 '買(매)'자의 반절음이다.

**孔疏** ●"其以鼎肉, 則執以將命", 謂無脯犬而有酒肉者也, 則亦陳酒而執肉以將命也. 云"鼎肉"者, 謂肉已解剔, 可升於鼎者, 解剔則易執也.

**번역** ●經文: "其以鼎肉, 則執以將命". ○육포나 개가 없고 술과 고기만 있는 경우라면, 또한 술을 진열하고 고기를 들고 가서 말을 전달한다는 뜻이다. '정육(鼎肉)'이라고 부르는 것은 고기를 이미 부위별로 해체하여, 정(鼎)에 담을 수 있도록 자른 것이니, 고기를 해체하였다면 쉽게 들 수 있다.

그림 22-2 ▣ 정(鼎)

※ **출처:** 『삼재도회(三才圖會)』「기용(器用)」 1권

【438d】

其禽加於一雙, 則執一雙以將命, 委其餘.

**직역** 그 禽이 一雙보다 加하면, 一雙을 執하여서 命을 將하고, 그 餘는 委한다.

**의역** 조류를 하사하거나 바칠 경우, 그 수가 한 쌍보다 많다면, 한 쌍만 들고 가서 말을 전달하고, 나머지는 문밖에 진열해 둔다.

**集說** 加於一雙, 不止一雙也. 委其餘, 陳列于門外也.

**번역** "한 쌍보다 많다."는 말은 한 쌍에만 그치지 않는다는 뜻이다. "그 나머지는 내려놓는다."는 말은 문밖에 진열한다는 뜻이다.

**大全** 慶源輔氏曰: 乘壺酒束脩一犬, 此例以多物獻人者, 其以鼎肉, 此例以一物獻人者, 不必須有酒也. 加於一雙, 此例以一物獻人, 物多不盡執者.

**번역** 경원보씨가 말하길, '4개의 호(壺)에 담긴 술, 속수, 한 마리의 개'는 여러 물건을 남에게 줄 때에 대한 용례이다. '자른 고기'는 한 가지 물건을 남에게 줄 때에 대한 용례이니, 술이 반드시 포함될 필요는 없다. '한 쌍보다 많은 것'은 한 가지 종류의 물건을 남에게 주지만, 물건의 수량이 많아서 모두 잡을 수 없을 때에 대한 용례이다.

**鄭注** 加猶多也.

**번역** '가(加)'자는 "많다[多]."는 뜻이다.

**孔疏** ●"其禽加於一雙, 則執一雙以將命, 委其餘"者, 謂以禽獸賜也. 二隻曰雙, 加於一雙, 謂或十或百雙也. 假令多雙, 則唯執一雙將命也. "委其餘”者, 所餘多雙, 則委陳門外也.

**번역** ●經文: “其禽加於一雙, 則執一雙以將命, 委其餘”. ○동물을 하사하는 경우를 뜻한다. 두 마리가 짝을 이루는 것을 ‘쌍(雙)’이라고 부르는데, “한 쌍보다 많다.”는 말은 열 쌍 내지는 백 쌍에 이르는 경우를 뜻한다. 가령 다수의 쌍이 있는 경우라면, 오직 한 쌍만 잡고 가서 말을 전달한다. 경문의 “委其餘”에 대하여. 나머지 다수의 쌍은 문밖에 내려놓아서 진열한다.

**集解** 愚謂: 聘禮記曰“凡獻禽, 執一雙, 委其餘於面”, 非陳於門外也. 然則陳酒·執脩以將命, 其所陳亦不在門外矣.

**번역** 내가 생각하기에, 『의례』「빙례(聘禮)」편의 기문(記文)에서는 “무릇 조류를 헌상할 경우, 한 쌍만 들고, 나머지는 그 앞쪽에 내려놓는다.”[5] 라고 했으니, 문밖에 진열하는 것이 아니다. 그렇다면 술을 진열하고 육포를 들고 가서 말을 전달하는 경우에도 진열하는 장소는 또한 문밖이 아니다.

**【438d】**

**犬則執緤, 守犬田犬則授擯者, 旣受乃問犬名.**

**직역** 犬라면 緤을 執하는데, 守犬과 田犬이라면 擯者에게 授하고, 旣히 受하면 犬名을 問한다.

**의역** 개를 하사하거나 바치게 된다면, 개줄을 잡고서 가며, 집을 지키는 개나 사냥용 개를 바치는 경우라면, 주인의 부관에게 건네고, 부관은 개를 넘겨받은 뒤 개의 이름을 묻는다.

---

5) 『의례』「빙례(聘禮)」: 凡獻執一雙, 委其餘于面. 禽羞俶獻比.

**集說** 緤, 牽犬繩也. 犬有三種, 守禦宅舍曰守犬, 田獵所用曰田犬, 充庖廚所烹曰食犬.

**번역** '설(緤)'은 개를 끌고 갈 때 사용하는 끈이다. 개에는 세 종류가 있다. 집을 지키는 개는 '수견(守犬)'이라고 부르고, 사냥에 사용하는 개는 '전견(田犬)'이라고 부르며, 주방에서 식재료로 사용하는 개는 '식견(食犬)'이라고 부른다.

**孔疏** ●"犬則"至"右之". ○緤, 牽犬繩也. 若牽犬將命, 則執緊犬繩也.

**번역** ●經文: "犬則"~"右之". ○'설(緤)'은 개를 끌고 갈 때 사용하는 끈이다. 만약 개를 끌고 가서 말을 전달하는 경우라면, 개를 끈으로 묶고서 그것을 끌고 간다.

**孔疏** ●"守犬·田犬則受擯者, 旣受, 乃問犬名"者, 犬有三種: 一曰守犬, 守禦宅舍者也; 二曰田犬, 田獵所用也; 三曰食犬, 充君子庖廚庶羞用也. 田犬·守犬有名, 食犬無名. 獻田犬·守犬, 則主人擯者旣受之, 乃問犬名.

**번역** ●經文: "守犬·田犬則受擯者, 旣受, 乃問犬名". ○개에는 세 종류가 있다. 첫 번째는 '수견(守犬)'이니 집을 지키는 것이다. 두 번째는 '전견(田犬)'이니 사냥할 때 사용하는 것이다. 세 번째는 '식견(食犬)'이니 군자의 부엌에서 식재료로 사용하는 것이다. 전견과 수견에는 이름이 있지만, 식견에는 이름이 없다. 전견과 수견을 바치게 된다면, 주인의 부관이 그것을 받은 뒤 개의 이름을 묻게 된다.

【438d】

**牛則執紖, 馬則執靮, 皆右之.**

**직역** 牛라면 紖을 執하고, 馬라면 靮을 執하는데, 皆히 右한다.

**의역** 하사하거나 바치는 것이 소라면 소고삐를 잡고 가고, 말이라면 말고삐를 잡고 가는데, 모두 오른손으로 잡는다.

**集說** 紖·靮, 皆執之以牽者. 右之者, 以右手牽, 由便也.

**번역** '진(紖)'과 '적(靮)'은 잡고서 끌고 갈 때 사용하는 고삐들이다. '우지(右之)'라는 말은 오른손으로 끌고 간다는 뜻이니, 힘을 쓰기에 편리하기 때문이다.

**鄭注** 緤·紖·靮皆所以繫制之者. 守犬·田犬問名, 畜養者當呼之名, 謂若"韓盧"·"宋鵲"之屬. "右之"者, 執之宜由便也.

**번역** '설(緤)'·'진(紖)'·'적(靮)'은 모두 연결해서 제어하는 고삐들이다. 수견(守犬)과 전견(田犬)에 대해서 이름을 묻는 것은 기르는 자는 마땅히 이름으로 불러야 하기 때문이니, '한로(韓盧)'나 '송작(宋鵲)' 등의 부류를 뜻한다. "오른손으로 잡는다."는 말은 잡을 때에는 마땅히 힘을 쓰기에 편리한 쪽을 이용해야 하기 때문이다.

**釋文** 緤, 息列反. 守, 手又反, 又如字, 注同. 紖, 丈引反. 靮, 丁歷反. 畜, 許六反. 鵲, 七略反.

**번역** '緤'자는 '息(식)'자와 '列(렬)'자의 반절음이다. '守'자는 '手(수)'자와 '又(우)'자의 반절음이며, 또한 글자대로 읽기도 하고, 정현의 주에 나오는 글자도 그 음이 이와 같다. '紖'자는 '丈(장)'자와 '引(인)'자의 반절음이다. '靮'자는 '丁(정)'자와 '歷(력)'자의 반절음이다. '畜'자는 '許(허)'자와 '六(륙)'자의 반절음이다. '鵲'자는 '七(칠)'자와 '略(략)'자의 반절음이다.

**孔疏** ●"牛則執紖, 馬則執靮"者, 紖·靮俱牽牛馬之物, 故執之.

**번역** ●經文: "牛則執紖, 馬則執靮". ○'진(紖)'과 '적(靮)'은 모두 소나 말을 끌고 갈 때 사용하는 사물들이다. 그렇기 때문에 그것을 잡는 것이다.

**孔疏** ●"皆右之"者, 謂以右手牽之, 由便故也. 此謂田犬·守犬, 畜養馴善, 無可防禦. 若充食之犬, 則左手牽之, 右手防禦, 故曲禮云"效犬者, 左牽之", 是也.

**번역** ●經文: "皆右之". ○오른쪽으로 잡는다는 뜻이니, 힘을 쓰기에 편리하기 때문이다. 이 내용은 사냥개나 집을 지키는 개는 길러서 순종적으로 되었기 때문에 방어를 할 필요가 없음을 나타낸다. 만약 식용으로 사용하는 개라면 왼손으로 끌고 가며, 오른손으로 다른 짓을 못하도록 방비한다. 그렇기 때문에 『예기』「곡례(曲禮)」편에서는 "개를 바칠 때에는 좌측 손으로 끌고 간다."[6]라고 한 것이다.

**孔疏** ◎注"謂若"至"之屬". ○正義曰: 戰國策云: "韓子盧者, 天下之壯犬也." 桓譚新論云: "夫畜生賤也, 然其尤善者, 皆見記識, 故犬道韓盧宋浞." 又魏文帝說諸方物亦云: "狗於古則韓盧宋鵲." 則浞·鵲音同字異耳, 故鄭亦爲"鵲"字.

**번역** ◎鄭注: "謂若"~"之屬". ○『전국책(戰國策)』에서는 "한자로(韓子盧)는 천하의 개들 중 가장 용맹한 개다."라고 했다. 환담[7]의 『신론(新論)』에서는 "무릇 가축은 미천한 사물인데, 그 중에서도 좋은 것은 모두 본

6) 『예기』「곡례상(曲禮上)」【33a】: 效犬者, 左牽之.

7) 환담(桓譚, B.C.40~A.D.31) : 후한(後漢) 때의 경학자이다. 자(字)는 군산(君山)이다. 오경(五經에 능통하였고, 박학하였다고 전해진다. 유흠(劉歆), 양웅(揚雄) 등과 교우하였다. 그는 경전(經典)의 훈고대의(訓詁大義)를 구하는 것을 중요시했고, 참위(讖緯)에 대해서 반대하였다. 『신론(新論)』 29편을 지었으나, 현재는 전해지지 않으며, 「형신(形神)」편만이 『홍명집(弘明集)』 안에 수록되어 있다.

것을 기억한다. 그렇기 때문에 개가 따라야 하는 길은 한로(韓盧)와 송작(宋猏)처럼 하는 것이다."라고 했다. 또한 위(魏)나라 문제(文帝)는 각 사물들에 대해 말하며, "고대의 개로는 한로(韓盧)와 송작(宋鵲)이 있다."라고 했는데, '작(猏)'자와 '작(鵲)'자는 음은 같은데 자형이 다른 것일 뿐이다. 그렇기 때문에 정현 또한 '작(鵲)'자로 기록한 것이다.

**訓纂** 說文: 紖, 牛系也.

**번역** 『설문해자』에서 말하길, '진(紖)'자는 소를 매는 끈이다.

**訓纂** 鄭司農周禮封人注曰: 絼, 著牛鼻繩, 所以牽牛者.

**번역** 『주례』「봉인(封人)」편에 대한 정사농의 주에서 말하길, '진(絼)'이라는 것은 소의 코를 뚫어서 매다는 끈으로, 소를 끌 때 사용하는 것이다.

**訓纂** 陸元朗曰: 絼, 本又作紖. 廣雅, "紖, 索也."

**번역** 육원랑이 말하길, '진(絼)'자는 판본에 따라서 또한 '진(紖)'자로도 기록한다. 『광아』에서는 "'진(紖)'자는 새끼줄이다."라고 했다.

**訓纂** 廣雅: 靮謂之繮.

**번역** 『광아』에서 말하길, '적(靮)'자는 고삐[繮]를 뜻한다.

**訓纂** 王氏念孫曰: 緤 · 紖 · 靮, 皆引也. 緤之言曳, 紖之言引, 靮之言扚也. 玉篇, "扚, 引也."

**번역** 왕념손이 말하길, '설(緤)' · '진(紖)' · '적(靮)'자는 모두 당기는 줄을 뜻한다. 설(緤)자는 "끌다[曳]."는 뜻이다. 진(紖)자는 "당긴다[引]."는 뜻이다. '적(靮)'자는 작(扚)자의 뜻이다. 『옥편』[8]에서는 "작(扚)자는 당긴다는 뜻이다."라고 했다.

【439a】

臣則左之.

**직역** 臣이라면 左한다.

**의역** 포로를 하사하거나 바치는 경우라면, 왼손으로 포로의 오른쪽 소매를 잡는다.

**集說** 臣, 征伐所獲民虜也. 曲禮云, "獻民虜者操右袂." 左之, 以左手操其右袂, 而右手得以制其非常也.

**번역** '신(臣)'자는 정벌을 해서 포획한 포로를 뜻한다. 『예기』「곡례(曲禮)」편에서는 "포로를 헌상할 때에는 포로의 우측 소매를 잡아서 바친다."[9] 라고 했다. 왼손으로 잡는 것은 왼손으로 포로의 오른쪽 소매를 잡고, 오른손으로 비정상적인 행위를 하는 것에 대해 제어할 수 있기 때문이다.

**鄭注** 異於衆物. 臣, 謂囚俘.

**번역** 다른 사물들과는 다른 점이 있기 때문이다. '신(臣)'자는 포로를 뜻한다.

**釋文** 俘音孚.

---

8) 『옥편(玉篇)』은 남북조시대(南北朝時代) 때 양(梁)나라 고야왕(顧野王, A.D. 519~581)이 편찬한 자서(字書)이다. 이후 송(宋)나라 때 증보가 되어, 『대광익회옥편(大廣益會玉篇)』으로 간행되었다.

9) 『예기』「곡례상(曲禮上)」【31c】: 獻民虜者, 操右袂.

**번역** ‘俘’자의 음은 ‘孚(부)’이다.

**孔疏** ●“臣則左之”者, 謂征伐所獲民虜者也. 左之, 謂左手操其右袂也, 以其異於衆物. 衆物, 犬馬之屬. 犬馬不生變異, 故皆右之. 民虜或起惡慮, 故以左手操右袂, 右手當制之, 是與衆物異也.

**번역** ●經文: “臣則左之”. ○정벌을 하여 포획한 포로를 뜻한다. 왼손으로 잡는다는 말은 왼손으로 포로의 오른쪽 소매를 잡는다는 뜻이니, 다른 사물들과는 다른 점이 있기 때문이다. ‘중물(衆物)’은 개나 말 등속을 뜻한다. 개나 말 등속은 이상한 생각을 품지 않기 때문에 모두 오른손으로 잡는다. 그러나 포로는 간혹 나쁜 마음을 일으킬 수도 있기 때문에, 왼손으로 오른쪽 소매를 잡고, 오른쪽 손으로 제어를 해야만 하니, 이것이 다른 사물을 잡는 방법과 달라지는 이유이다.

**集解** 愚謂: 授擯者, 請主人旣拜受, 又自以授擯者也. 守犬 · 田犬授擯者, 則食犬不授擯者, 蓋以授庖人之屬與.

**번역** 내가 생각하기에, 부관에게 준다는 말은 주인에게 청원하여 이미 절을 하며 받고, 또 그가 이것을 부관에게 준다는 뜻이다. 집을 지키는 개와 사냥개를 부관에게 준다면, 식용으로 사용하는 개는 부관에게 주지 않으니, 아마도 포인(庖人)[10]처럼 부엌에 대한 일을 담당하는 관리에게 주었을 것이다.

---

10) 포인(庖人)은 주(周)나라 때의 관직이다. 『주례』의 체제에 따르면, ‘포인’은 천관(天官)에 소속된 관직으로, 중사(中士) 4명이 담당을 하였고, 그 휘하에는 하사(下士) 8명을 두어 ‘중사’를 보좌하였다. 한편 잡무를 맡아보는 부(府) 2명, 사(史) 4명, 가(賈) 8명, 서(胥) 4명, 도(徒) 40명이 배속되어 있었다. 『주례』「천관총재(天官冢宰)」편에는 “庖人, 中士四人, 下士八人, 府二人, 史四人, 賈八人, 胥四人, 徒四十人.”이라는 기록이 있다. ‘포인’은 주로 각종 고기들을 종류별로 구분하여, 음식을 만드는 부서에 공급하는 일을 담당하였다.

【439a】

**車則說綏, 執以將命. 甲若有以前之, 則執以將命, 無以前之, 則袒櫜奉胄.**

**직역** 車라면 綏를 說하고, 執하여 命을 將한다. 甲한데 若히 前함이 有하다면, 執하여 命을 將하고, 前함이 無하다면, 櫜를 袒하고 胄를 奉한다.

**의역** 수레를 하사하거나 바치는 경우라면, 수레에 탈 때 잡는 끈을 풀어서, 그것을 잡고 나아가서 말을 전달한다. 갑옷을 하사하거나 바치는 경우, 만약 그보다 먼저 건넬 것이 있다면, 먼저 건넬 것을 잡고 나아가서 말을 전달하고, 만약 먼저 건넬 것이 없다면, 갑옷 주머니를 열어서 갑옷을 꺼낸 뒤 투구를 받들고 나아가서 말을 전달한다.

**集說** 前之, 謂以他物先之也. 古人獻物必有先之者, 如左傳所云"乘韋先, 牛十二"之類, 是也. 袒, 開也. 櫜, 弢甲之衣也. 胄, 兜鍪也. 謂開櫜出甲, 而奉胄以將命也.

**번역** '전지(前之)'라는 말은 다른 사물을 그보다 앞서 바친다는 뜻이다. 고대인들은 사물을 헌상할 때 반드시 그보다 앞서 바치는 것들이 있었으니, 예를 들어 『좌전』에서 "4마리의 소가죽을 먼저 바치고, 소 12마리를 바쳤다."[11]라고 한 부류와 같다. '단(袒)'자는 "열다[開]."는 뜻이다. '고(櫜)'자는 갑옷을 넣어두는 주머니이다. '주(胄)'자는 투구를 뜻한다. 즉 갑옷을 넣어둔 주머니를 열어서 갑옷을 꺼내고, 투구를 받들고서 말을 전달한다는 뜻이다.

**鄭注** 甲, 鎧也. 有以前之, 謂他摯幣也. 櫜, 弢鎧衣也. 胄, 兜鍪也. 袒其衣, 出兜鍪以致命.

---

11) 『춘추좌씨전』「희공(僖公) 33년」: 及滑, 鄭商人弦高將市於周, 遇之, 以乘韋先, 牛十二犒師.

**번역** '갑(甲)'자는 갑옷[鎧]이다. "앞설 것이 있다."라는 말은 다른 예물을 폐백으로 삼는다는 뜻이다. '고(櫜)'자는 갑옷을 보관하는 주머니이다. '주(胄)'자는 투구이다. 그 주머니를 열어서 투구를 꺼낸 뒤, 투구를 가져가서 말을 전달한다.

**釋文** 稅, 本又作脫, 又作說, 同, 吐活反. 袒音但. 櫜音羔, 甲衣也. 奉, 芳勇反. 胄, 直又反. 鎧, 苦代反. 弢, 吐刀反. 兜, 丁侯反. 鍪, 亡侯反.

**번역** '稅'자는 판본에 따라 '脫'자로도 기록하고, 또 '說'자로도 기록하는데, 글자의 음은 모두 '吐(토)'자와 '活(활)'자의 반절음이다. '袒'자의 음은 '但(단)'이다. '櫜'자의 음은 '羔(고)'이며, 갑옷을 넣는 주머니이다. '奉'자는 '芳(방)'자와 '勇(용)'자의 반절음이다. '胄'자는 '直(직)'자와 '又(우)'자의 반절음이다. '鎧'자는 '苦(고)'자와 '代(대)'자의 반절음이다. '弢'자는 '吐(토)'자와 '刀(도)'자와 반절음이다. '兜'자는 '丁(정)'자와 '侯(후)'자의 반절음이다. '鍪'자는 '亡(망)'자와 '侯(후)'자의 반절음이다.

**孔疏** ●"車則"至"奉胄". ○獻車馬者, 執策·綏, 故知陳車馬而說綏, 執以將命.

**번역** ●經文: "車則"~"奉胄". ○수레와 말을 바치는 경우, 채찍과 수레에 오를 때 잡는 끈을 잡는다.[12] 그렇기 때문에 수레와 말은 진열해두고, 수(綏)를 풀고서, 그것을 들고 나아가 말을 전달하게 된다는 사실을 알 수 있다.

**孔疏** ●"甲, 若有以前之, 則執以將命"者, 甲, 鎧也. 有以前之, 謂他物也, 謂獻鎧, 若復有他物, 與鎧同獻, 則陳鎧而執他物輕者以將命也.

**번역** ●經文: "甲, 若有以前之, 則執以將命". ○'갑(甲)'자는 갑옷[鎧]을

12) 『예기』「곡례상(曲禮上)」【31b】: 獻車馬者, 執策綏.

뜻한다. "앞설 것이 있다."라는 말은 다른 사물을 뜻하니, 즉 갑옷을 바칠 때, 만약 재차 다른 사물을 바칠 것이 있어서, 갑옷과 함께 바치게 된다면, 갑옷은 진열해두고, 보다 가벼운 다른 사물을 잡고 나아가서 말을 전달한다는 뜻이다.

**孔疏** ●"無以前之, 則袒櫜奉胄"者, 袒, 開也. 櫜, 弢鎧衣也. 胄, 兜鍪也. 若無他物, 唯獻甲而已, 則開甲櫜出[13]胄, 奉之將命也. 曲禮云"獻甲者執胄", 是也.

**번역** ●經文: "無以前之, 則袒櫜奉胄". ○'단(袒)'자는 "열다[開]."는 뜻이다. '고(櫜)'자는 갑옷을 넣는 주머니를 뜻한다. '주(胄)'자는 투구를 뜻한다. 만약 다른 사물이 없고, 오직 갑옷만 바칠 뿐이라면, 갑옷 주머니를 열고서 투구를 꺼내고, 그것을 받들고 나아가 말을 전달한다. 『예기』「곡례(曲禮)」편에서는 "갑옷을 헌상할 때에는 갑옷 전체를 바치는 것이 아니라, 투구만 가져가서 드린다."[14]라고 했다.

**【439b】**

**器則執蓋, 弓則以左手屈韣執拊.**

**직역** 器라면 蓋를 執하고, 弓이라면 左手로 韣을 屈하고 拊를 執한다.

**의역** 그릇을 하사하거나 바치는 경우라면, 뚜껑을 들고 나아가서 말을 전달하

13) '고출(櫜出)'에 대하여. '고출'은 본래 '출고(出櫜)'라고 기록되어 있었는데, 완원(阮元)의 『교감기(校勘記)』에서는 "혜동(惠棟)의 『교송본(校宋本)』에는 '고출'이라고 기록되어 있고, 위씨(衛氏)의 『집설(集說)』에도 동일하게 기록되어 있다. 따라서 이곳 판본은 '고출'을 '출고'로 잘못 기록한 것이며, 『민본(閩本)』·『감본(監本)』·『모본(毛本)』도 동일하게 잘못 기록되었다."라고 했다.

14) 『예기』「곡례상(曲禮上)」【31c】: 獻甲者, 執胄, 獻杖者, 執末.

**고, 활의 경우라면, 왼손으로 활집을 접어 파지하는 부분에서 잡은 뒤, 오른손으로 끝을 잡고 나아가서 말을 전달한다.**

**集說** 執蓋, 蓋輕便於執也. 韣, 弓衣. 拊, 弓把. 左手屈弓衣幷於把而執之, 而右手執簫以將命. 曲禮云, "右手執簫, 左手承弣", 是也.

**번역** "뚜껑을 잡는다."는 말은 뚜껑이 가벼워서 잡기에 편리하기 때문이다. '독(韣)'자는 활을 넣어두는 활집이다. '부(拊)'자는 활의 부위 중 손으로 파지하는 부분이다. 왼손은 활집을 접어 손으로 파지하는 부분에서 함께 잡고, 오른손으로는 활 몸통 끝의 머리 부분을 잡고서 말을 전달한다. 『예기』「곡례(曲禮)」편에서는 "우측 손으로는 활의 끝부분을 잡고, 좌측 손으로는 활 중앙 손잡이를 받쳐서 준다."[15]라고 했다.

**鄭注** 謂有表裏. 韣, 弓衣也. 左手[16]屈衣, 幷於拊執之, 而右手執簫.

**번역** 뚜껑을 잡는다는 말은 겉과 안의 구분이 있음을 뜻한다. '독(韣)'자는 활집이다. 왼손으로는 활집을 접어서, 파지하는 부분에서 함께 잡고, 오른손으로는 활의 끝부분을 잡는다.

**釋文** 韣音獨. 拊, 芳武反. 幷, 必政反.

**번역** '韣'자의 음은 '獨(독)'이다. '拊'자는 '芳(방)'자와 '武(무)'자의 반절음이다. '幷'자는 '必(필)'자와 '政(정)'자의 반절음이다.

---

15) 『예기』「곡례상(曲禮上)」【32a】: 凡遺人弓者, 張弓尙筋, 弛弓尙角. 右手執簫, 左手承弣. 尊卑垂帨. 若主人拜, 則客還辟, 辟拜.

16) '수(手)'자에 대하여. 『십삼경주소(十三經注疏)』 북경대 출판본에서는 "'수'자는 본래 '의(衣)'자로 기록되어 있었는데, 『예기훈찬(禮記訓纂)』의 기록에 따라 글자를 수정하였다."라고 했다.

**孔疏** ●"器則執蓋". ○器, 凡器, 若獻, 則陳底執蓋以將命, 蓋輕便也.

**번역** ●經文: "器則執蓋". ○'기(器)'는 모든 그릇들로, 만약 이것을 헌상하게 되면, 밑 부분은 진열하고 덮개를 잡고 나아가서 말을 전달하니, 가벼운 것은 들기에 편리하기 때문이다.

**孔疏** ●"弓則以左手屈韣執拊", 韣, 弓衣. 拊, 弓把也. 獻弓, 則左手屈弓衣, 幷於把而執之, 以其右手執簫以將命. 曲禮云"右手執簫, 左手承拊", 是也.

**번역** ●經文: "弓則以左手屈韣執拊". ○'독(韣)'자는 활집이다. '부(拊)'자는 활을 파지하는 부분이다. 활을 헌상하게 되면, 왼손으로는 활집을 접고서, 파지하는 부분에서 함께 잡고, 오른손으로는 활의 끝부분을 잡고서 말을 전달한다. 『예기』「곡례(曲禮)」편에서는 "우측 손으로는 활의 끝부분을 잡고, 좌측 손으로는 활 중앙 손잡이를 받쳐서 준다."라고 했다.

**訓纂** 鄭注大射儀: 弣, 弓把也.

**번역** 『의례』「대사(大射)」편에 대한 정현의 주에서 말하길, '부(弣)'는 활을 파지하는 부분이다.

**訓纂** 釋名: 弓中央曰弣. 弣, 撫也, 人所撫持也.

**번역** 『석명』[17]에서 말하길, 활의 중앙 부분을 '부(弣)'라고 부르니, '부(弣)'자는 손으로 쥔다는 뜻으로, 사람이 손으로 잡는 부분이다.

**訓纂** 考工記: 方其峻而高其柎.

**번역** 『고공기』에서 말하길, 활의 끝부분은 네모지게 만들고, 파지하는

---

17) 『석명(釋名)』은 후한(後漢) 때의 학자인 유희(劉熙)가 지은 서적이다. 오래된 훈고학 서적의 하나로 꼽힌다.

부분은 높게 만든다.

**訓纂** 彬按: 弣·柎並與拊同.

**번역** 내가 생각하기에, '부(弣)'자와 '부(柎)'자는 모두 '부(拊)'자와 같은 글자이다.

**그림 22-3** ▣ 활의 각 부분 명칭

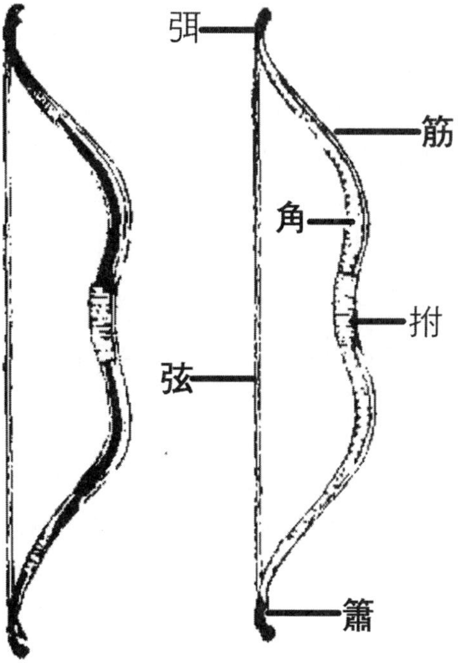


※ **그림:** 『삼재도회(三才圖會)』「기용(器用)」 6권

【439b】

**劒則啓櫝, 蓋襲之, 加夫襓與劒焉.**

**직역** 劒이라면 **櫝**을 啓하고 蓋를 **襲**하며, 夫**襓**를 劒과 與하여 加한다.

**의역** 검을 하사하거나 바치는 경우라면, 검을 넣는 상자를 열고, 상자의 뚜껑을 상자 밑에 합치며, 상자 안에 검집을 넣고, 검집 위에 검을 올리며, 이것을 가지고 가서 말을 전달한다.

**集說** 啓, 開也. 櫝, 劒匣也. 蓋者, 匣之蓋也. 襲, 郤合也. 夫襓, 劒衣也. 開匣以其蓋郤合於匣之底下, 乃加襓於匣中, 而以劒置襓上也.

**번역** '계(啓)'자는 "열다[開]."는 뜻이다. '독(櫝)'자는 검을 넣는 상자이다. '개(蓋)'자는 상자의 뚜껑이다. '습(襲)'자는 합친다는 뜻이다. '부요(夫襓)'는 검집이다. 상자를 열고 그 뚜껑을 상자의 바닥에 합한 뒤 상자 안에 검집을 넣고, 검은 검집 위에 올려둔다는 뜻이다.

**鄭注** 櫝, 謂劒函也. 襲, 却合之. 夫襓, 劒衣也, 加劒於衣上. 夫, 或爲煩, 皆發聲.

**번역** '독(櫝)'자는 검을 넣는 상자이다. '습(襲)'자는 합한다는 뜻이다. '부요(夫襓)'는 검집이며, 검집 위에 검을 올려둔다. '부(夫)'자를 다른 판본에서는 '번(煩)'자로도 기록하는데, 모두 발어사에 해당한다.

**釋文** 櫝音獨. 夫襓, 上音扶, 注同, 下如遙反. 函音咸. 却, 去略反, 下文同.

**번역** '櫝'자의 음은 '獨(독)'이다. '夫襓'에서의 '夫'자 음은 '扶(부)'이며, 정현의 주에 나오는 글자도 그 음이 이와 같고, '襓'자는 '如(여)'자와 '遙(요)'자의 반절음이다. '函'자의 음은 '咸(함)'이다. '却'자는 '去(거)'자와

'略(략)'자의 반절음이며, 아래문장에 나오는 글자도 그 음이 이와 같다.

**孔疏** ●"劒則"至"劒焉". ○啓, 開也. 櫝, 劒函也. 獻劒則先開函也.

**번역** ●經文: "劒則"~"劒焉". ○'계(啓)'자는 "열다[開]."는 뜻이다. '독(櫝)'자는 검을 넣는 상자이다. 검을 헌상하게 되면, 먼저 상자를 연다.

**孔疏** ●"蓋襲之"者, 蓋, 劒函之蓋也. 襲, 謂却合也. 開函而以蓋却合於函下, 底於蓋上. "加夫襓"者, 襓, 劒衣也. 先却合蓋於函下, 又加劒衣函中也.

**번역** ●經文: "蓋襲之". ○'개(蓋)'자는 검을 넣는 상자의 뚜껑이다. '습(襲)'자는 합친다는 뜻이다. 상자를 열고, 그 뚜껑을 상자 밑에 합치니, 바닥이 뚜껑 위로 올라가는 것이다. 경문의 "加夫襓"에 대하여. '요(襓)'자는 검집을 뜻한다. 먼저 뚜껑을 상자 밑에 깔고, 또 상자 안에 검집을 넣는다.

**孔疏** ●"與劒焉"者, 加衣於函中竟, 而以劒置衣上也.

**번역** ●經文: "與劒焉". ○상자 안에 검집을 까는 일이 끝나면, 검을 검집 위에 올려둔다.

**孔疏** ◎注"襲卻[18]"至"發聲". ○正義曰: 皇氏云: "却, 仰也." 謂仰蓋於函底之下, 加函底於上, 重合之, 故云"襲". 云"夫襓, 劒衣也"者, 熊氏云: "依廣雅, 夫襓, 木劒衣." 謂以木爲劒衣者, 若今刀榼. 云"夫, 或爲煩, 皆發聲"者, 以禮記本"夫"或作"煩"字者, 故云"夫, 或爲煩", 皆是發聲, 故云"皆發聲". 然則"襓"之一字, 是衣之正名, 襓字從衣, 當以繒帛爲之. 熊氏用廣雅以木爲之,

---

18) '각(卻)'자에 대하여. '각'자는 본래 없던 글자인데, 완원(阮元)의 『교감기(校勘記)』에서는 "혜동(惠棟)의 『교송본(校宋本)』에는 '각'자가 기록되어 있으니, 이곳 판본에는 '각'자가 누락된 것이며, 『민본(閩本)』·『감본(監本)』·『모본(毛本)』도 동일하게 누락되어 있다."라고 했다.

其義未善也.

**번역** ◎鄭注: "襲卻"~"發聲". ○황간은 "'각(却)'자는 쳐든다는 뜻이다."라고 했다. 즉 뚜껑을 상자 밑쪽에 두어 위쪽을 향하도록 두고, 그 위에 상자 밑 부분을 올려두어서, 겹쳐지도록 한다는 뜻이다. 그렇기 때문에 '습(襲)'이라고 말했다. 정현이 "'부요(夫襓)'는 검집이다."라고 했는데, 웅안생은 "『광아』에 따르면, 부요(夫襓)는 나무로 만든 검집이다."라고 했다. 즉 나무로 검집을 만든 것을 뜻하는데, 현재의 도합(刀榼)과 같다는 의미이다. 정현이 "'부(夫)'자를 다른 판본에서는 '번(煩)'자로도 기록하는데, 모두 발어사에 해당한다."라고 했는데, 『예기』의 판본 중에는 '부(夫)'자를 '번(煩)'자로도 기록한 것이 있기 때문에, "'부(夫)'자를 다른 판본에서는 '번(煩)'자로도 기록한다."라고 말한 것이고, 이 두 글자는 모두 발어사에 해당하기 때문에, "모두 발어사이다."라고 말한 것이다. 그렇다면 '요(襓)'라는 한 글자가 바로 검집의 정식 명칭이다. 그리고 '요(襓)'자는 '의(衣)'자를 구성요소로 하고 있으니, 마땅히 수를 놓은 비단으로 만들어야 한다. 웅안생은 『광아』의 기록을 인용해서 나무로 만들었다고 했는데, 그 주장은 좋은 해석이 아니다.

**【439b~c】**

**笏·書·脩·苞苴·弓·茵·席·枕·几·穎·杖·琴·瑟, 戈有刃者櫝, 筴·籥, 其執之皆尚左手. 刀卻刃授穎, 削授拊. 凡有刺刃者以授人, 則辟刃.**

**직역** 笏·書·脩·苞苴·弓·茵·席·枕·几·穎·杖·琴·瑟과 戈 중 刃가 有한 者를 櫝한 것과 筴·籥은 그 執함에 皆히 左手를 尚한다. 刀는 刃을 卻하고 穎을 授하며, 削은 拊를 授한다. 凡히 刺刃이 有한 者를 人에게 授하면, 刃을 辟한다.

**의역** 홀(笏)·서책·육포·깔개를 대고 감싼 것·활·왕골자리·자리·베개 · 안석 · 나무 베개 · 지팡이 · 금(琴) · 슬(瑟)이나 창 중 칼날이 있어서 상자에 넣은 것, 시초 · 피리 등을 하사하거나 바치게 되면, 그것을 잡을 때에는 모두 왼손을 위로 가게 해서 윗부분을 잡고 오른손으로는 밑을 받친다. 칼을 건넬 때에는 칼날을 피하여 손잡이 끝에 있는 고리 부분을 건네고, 굽어 있는 칼을 건넬 때에는 손잡이를 건넨다. 무릇 날카로운 칼날이 있는 것을 상대에게 건넬 때라면, 칼날이 상대를 향하지 않도록 피해서 준다.

**集說** 笏也, 書也, 脯脩也, 苞苴也, 苴藉而苞裹之, 非特魚肉, 他物亦可苞苴以遺人也. 弓也, 茵褥也, 席也, 枕也, 几也, 穎, 警枕也, 杖也, 琴也, 瑟也, 戈有刃者, 櫝而致之也. 筴, 蓍也. 籥, 如笛而三孔也. 凡十六物, 左手執上, 右手捧下, 陰陽之義也. 穎, 刀環也. 削, 曲刀也. 拊, 刀把也. 辟, 偏也. 謂不以刃正向人也.

**번역** 홀(笏)을 뜻한다. 서책을 뜻한다. 육포를 뜻한다. 포저(苞苴)라고 했는데, 이것은 깔개를 대고 감싼 것이니, 물고기나 육고기뿐만 아니라, 다른 사물들 또한 감싸서 타인에게 줄 수 있다. 활을 뜻한다. 왕골 등으로 짠 자리를 뜻한다. 자리를 뜻한다. 베개를 뜻한다. 안석을 뜻한다. 영(穎)은 나무로 만든 베개를 뜻한다. 지팡이를 뜻한다. 금(琴)을 뜻한다. 슬(瑟)을 뜻한다. 창 중에 칼날이 있는 것은 상자에 넣어서 전달한다. 협(筴)은 시초이다. 약(籥)은 피리[笛]와 비슷한데, 세 개의 구멍이 있는 것이다. 무릇 이러한 열여섯 가지 사물들은 왼손으로 그 위를 잡고 오른손으로 밑을 받치니, 음양(陰陽)의 뜻에 따르기 때문이다. 영(穎)은 칼의 손잡이 끝에 고리가 있는 부분이다. 삭(削)자는 칼날이 굽어 있는 칼이다. 부(拊)는 칼을 파지하는 부분이다. 벽(辟)자는 한쪽으로 치우친다는 뜻이다. 즉 칼날이 곧바로 상대를 향하게 할 수 없다는 의미이다.

**鄭注** 苞苴, 謂編束萑葦以裹魚肉也. 茵, 著蓐也. 熲, 警枕也. 筴, 蓍也. 籥如笛, 三孔. 皆, 十六物也. 左手執上, 上陽也. 右手執下, 下陰也. 辟用時. 穎, 鐶也. 拊, 謂把. 辟刃, 不以正鄉人也.

**번역** '포저(苞苴)'는 풀이나 갈대 등을 엮어서 물고기나 육고기 등을 포장한 것이다. '인(茵)'은 왕골자리이다. '경(熲)'은 나무로 만든 베개이다. '협(筴)'은 시초이다. '약(籥)'은 피리와 같은데 구멍이 세 개다. 이 모두는 16개의 사물이 된다. 왼손으로는 윗부분을 잡으니, 양(陽)을 높이기 때문이다. 오른손으로는 아랫부분을 잡으니, 음(陰)을 낮추기 때문이다. 칼 등에 대해서는 일상적인 방법을 피한다. '영(穎)'자는 둥근 고리가 있는 손잡이 끝부분이다. '부(拊)'자는 손으로 파지하는 부분이다. 칼날을 피하는 것은 곧바로 남을 향하게 할 수 없기 때문이다.

**釋文** 苴, 子余反. 茵音因. 熲, 京頜反, 注同, 警忱也, 又炯迥反. 編, 必綿反. 菅音姦. 葦, 于鬼反. 裹音果. 著蓐, 上音佇, 下音辱. 穎, 役頂反. 削音笑. 辟音避. 把音霸. 刺, 七智反, 又七亦反. 辟, 匹亦反, 注同. 鄉, 許亮反, 下"鄉國"同.

**번역** '苴'자는 '子(자)'자와 '余(여)'자의 반절음이다. '茵'자의 음은 '因(인)'이다. '熲'자는 '京(경)'자와 '頜(령)'자의 반절음이며, 정현의 주에 나오는 글자도 그 음이 이와 같고, 나무로 만든 베개를 뜻하며, 또한 그 음은 '炯(형)'자와 '迥(형)'자의 반절음도 된다. '編'자는 '必(필)'자와 '綿(면)'자의 반절음이다. '菅'자의 음은 '姦(간)'이다. '葦'자는 '于(우)'자와 '鬼(귀)'자의 반절음이다. '裹'자의 음은 '果(과)'이다. '著蓐'에서의 '著'자는 그 음이 '佇(저)'이고, '蓐'자는 그 음이 '辱(욕)'이다. '穎'자는 '役(역)'자와 '頂(정)'자의 반절음이다. '削'자의 음은 '笑(소)'이다. '辟'자의 음은 '避(피)'이다. '把'자의 음은 '霸(패)'이다. '刺'자는 '七(칠)'자와 '智(지)'자의 반절음이며, 또한 '七(칠)'자와 '亦(역)'자의 반절음도 된다. '辟'자는 '匹(필)'자와 '亦(역)'자의 반절음이며, 정현의 주에 나오는 글자도 그 음이 이와 같다. '鄉'자는 '許(허)'자와 '亮(량)'자의 반절음이며, 아래문장에 나오는 '鄉國'에서의 '鄉'자도 그 음이 이와 같다.

**孔疏** ●"笏·書"至"左手". ○笏也, 書也, 脩, 脯也, 苞苴也, 弓也, 茵也,席也, 枕也, 几也, 穎, 警枕也, 杖也, 琴也, 瑟也, 戈有刃者櫝也, 謂戈之有刃者, 以櫝韜之. 筴, 蓍也. 籥, 笛也.

**번역** ●經文: "笏·書"~"左手". ○홀(笏)을 뜻하며, 책을 뜻하고, '수(脩)'는 육포를 뜻하며, 깔개를 대고 감싼 것을 뜻하며, 활을 뜻하고, 왕골자리를 뜻하며, 자리를 뜻하고, 베개를 뜻하며, 안석을 뜻하고, '영(穎)'은 나무로 만든 베개를 뜻하며, 지팡이를 뜻하고, 금(琴)을 뜻하며, 슬(瑟)을 뜻하고, '과유인자독(戈有刃者櫝)'이라는 것은 창 중에서도 날이 있는 것을 상자에 넣었다는 뜻이다. '협(筴)'은 시초를 뜻하고, '약(籥)'은 피리를 뜻한다.

**孔疏** ●"其執之, 皆尙左手"者, 言執此諸物, 皆尊尙左手. 左手在上而執之, 右手在下而承之.

**번역** ●經文: "其執之, 皆尙左手". ○이러한 여러 사물들을 잡을 때에는 모두 왼손을 존귀하게 높인다는 뜻이다. 즉 왼손을 위에 올려놓고 잡고, 오른손을 밑에 두어 받친다는 뜻이다.

**孔疏** ◎注"苞苴"至"陰也". ○正義曰: "苞苴, 謂編束萑葦以裹魚肉"者, 按旣夕禮云"葦苞長三尺." 內則云: "炮取豚, 編萑以苞之." 是編萑葦以裹魚及肉也, 亦兼容他物, 故禹貢云"厥包橘柚", 孔叢子云"吾於木瓜之惠, 見苞苴之禮行", 是也. "茵, 著蓐也"者, 謂茵是以物所著之蓐, 言有著者. 謂之曰"茵". 故旣夕云"茵著用荼", 謂茅莠也, 用荼以著茵也. 云"穎, 警枕也"者, 以經枕外別言穎, 穎是穎發之義, 故爲"警枕". 云"筴, 蓍也"者, 曲禮云: "筴爲筮." 故筴爲蓍也. 云"籥如笛, 三孔"者, 按漢禮器知之. 詩注或云"籥六孔", 兩不同者, 蓋籥有大小, 詩箋: 或云管如篴, 併而吹之. 云"皆, 十六物也"者, 前解經以"也"間之, 卽是其數也.

**번역** ◎鄭注: "苞苴"~"陰也". ○정현이 "'포저(苞苴)'는 풀이나 갈대 등

을 엮어서 물고기나 육고기 등을 포장한 것이다."라고 했는데, 『의례』「기석례(旣夕禮)」편을 살펴보면, "갈대를 엮어 포장한 것은 길이가 3척(尺)이다."[19]라고 했고, 『예기』「내칙(內則)」편을 살펴보면, "포장해서 굽는 요리에서 돼지고기를 가져다가 추(萑)라는 풀을 엮어서 감싼다."[20]라고 했다. 이것은 곧 갈대 등으로 엮어서 물고기와 육고기를 포장한다는 것을 뜻하며, 또한 다른 사물들도 포장할 수 있다. 그렇기 때문에 『서』「우공(禹貢)」편에서는 "귤과 유자를 싸서 가져온다."[21]라고 한 것이고, 『공총자(孔叢子)』에서는 "나는 「목과(木瓜)」편에 대해서, 물건을 싸서 예물로 가져가는 것을 보았다."[22]라고 한 것이다. 정현이 "'인(茵)'은 왕골자리이다."라고 했는데, '인(茵)'은 사물을 놓아두게 되는 깔개를 뜻하므로, '착(著)'자를 함께 언급한 것이다. 그 사물을 '인(茵)'이라고 부르기 때문에, 「기석례」편에서는 "인착(茵著)은 도(荼)를 이용해서 만든다."[23]라고 한 것인데, '도(荼)'라는 것은 띠풀이나 강아지풀 등을 뜻한다. 즉 띠풀이나 강아지풀 등을 이용해서 인(茵)을 만든다는 의미이다. 정현이 "'경(熲)'은 나무로 만든 베개이다."라고 했는데, 경문에는 베개[枕] 외에 별도로 '영(穎)'을 말했고, '영(穎)'이라는 것은 빼어나게 드러난다는 뜻이다. 그렇기 때문에 나무로 만든 베개를 '경침(警枕)'이라고 부르는 것이다. 정현이 "'협(筴)'은 시초이다."라고 했는데, 『예기』「곡례(曲禮)」편에서는 "시초로는 시초점을 친다."[24]라고 했기 때문에, '협(筴)'자는 시초를 뜻한다. 정현이 "'약(籥)'은 피리와

---

19) 『의례』「기석례(旣夕禮)」: 葦苞長三尺一編. 菅筲三, 其實皆瀹.

20) 『예기』「내칙(內則)」【361b~c】: 炮: 取豚若將, 刲之刳之, 實棗於其腹中, 編萑以苴之, 塗之以謹塗. 炮之, 塗皆乾, 擘之, 濯手以摩之, 去其皽, 爲稻粉, 糔溲之以爲酏, 以付豚, 煎諸膏, 膏必滅之. 鉅鑊湯, 以小鼎薌脯於其中, 使其湯毋滅鼎, 三日三夜毋絶火, 而后調之以醯醢.

21) 『서』「하서(夏書)·우공(禹貢)」: 厥篚織貝. 厥包橘柚錫貢.

22) 『공총자(孔叢子)』「기의(記義)」: 於考槃, 見遁世之士而不悶也. 於木瓜, 見包且之禮行也.

23) 『의례』「기석례(旣夕禮)」: 茵著用荼, 實綏澤焉.

24) 『예기』「곡례상(曲禮上)」【42c】: 龜爲卜, 筴爲筮. 卜筮者, 先聖王之所以使民信時日, 敬鬼神, 畏法令也, 所以使民決嫌疑, 定猶與也. 故曰, "疑而筮之, 則弗非也, 日而行事, 則必踐之."

같은데 구멍이 세 개다."라고 했는데, 『한예기(漢禮器)』를 살펴보면, 이러한 사실을 알 수 있다. 『시』에 대한 주에서는 "약(籥)은 구멍이 여섯 개다."라고 하여, 두 주장이 서로 다른데, 그 이유는 약(籥)에는 큰 것과 작은 것의 차이가 있었기 때문이고, 『시』에 대한 전문(箋文)에서는 혹자는 관(管)은 적(篴)과 같은데, 한데 아울러서 분다고 했다.[25] 정현이 "이 모두는 16개의 사물이 된다."라고 했는데, 앞의 경문을 해석하며, '야(也)'자를 붙여서 구문을 구분했으니, 그 개수는 바로 16개가 된다.

**孔疏** ●"刀, 却刃授穎", 言授人以刀, 卻仰其刃, 授之以穎. 穎, 謂刀鐶也, 言以刃鐶授之.

**번역** ●經文: "刀, 却刃授穎". ○남에게 칼을 줄 때에는 칼날을 비껴서, 상대방에게 영(穎)의 부위를 건넨다는 뜻이다. '영(穎)'은 칼 손잡이 끝의 고리부분으로, 칼날을 돌려서 건넨다는 뜻이다.

**孔疏** ●"削授拊"者, 削, 謂曲刀. 拊, 謂削把. 言以削授人, 則以把授之.

**번역** ●經文: "削授拊". ○'삭(削)'자는 칼날이 구부러진 것을 뜻한다. '부(拊)'자는 칼날이 구부러진 칼의 손잡이이다. 즉 남에게 칼날이 구부러진 칼을 건네게 된다면, 손으로 잡는 부분을 건넨다는 뜻이다.

**孔疏** ◎注"穎, 鐶也". ○正義曰: 穎是穎發之義. 刀之在手, 謂之爲穎; 禾之秀穗, 亦謂之爲穎; 枕之警動, 亦謂之穎. 其事雖異, 大意同也.

**번역** ◎鄭注: "穎, 鐶也". ○'영(穎)'자는 빼어나게 드러난다는 뜻이다. 칼 중 손으로 잡는 부분을 '영(穎)'이라고 부르고, 벼의 무르익은 이삭을 또한 '영(穎)'이라고 부르며, 베개 중 나무로 만든 것을 또한 '영(穎)'이라

25) 이 문장은 『시』「주송(周頌)·유고(有瞽)」편의 "旣備乃奏. 簫管備擧. 喤喤厥聲, 肅雝和鳴, 先祖是聽."이라는 기록에 대한 전문(箋文)이다.

고 부른다. 그 사물들은 비록 각각 다르지만, 큰 의미에서는 나타내는 뜻이 동일하다.

**孔疏** ●"凡有刺刃者, 以授人則辟刃", 謂不以刃正鄉人也.

**번역** ●經文: "凡有刺刃者, 以授人則辟刃". ○칼날은 곧바로 상대방을 향해서 건넬 수 없다는 뜻이다.

**訓纂** 王氏引之曰: 穎字當在枕下.

**번역** 왕인지가 말하길, '영(穎)'자는 마땅히 '침(枕)'자 뒤에 와야 한다.

**訓纂** 彬按: 熲, 正義本作"穎", 諸本或作"穎".

**번역** 내가 생각하기에, '경(熲)'자를 『정의』에서는 '영(穎)'자로 기록했는데, 『예기』의 여러 판본 중에는 '영(穎)'자로 기록한 것도 있다.

**訓纂** 王氏引之曰: 策, 蓍也. 籥, 占兆之書所載也. 故并言之. 說文, "篥, 籥也." 篥之言葉也, 與"簡牒"之牒同義. 篥與籥, 一聲之轉.

**번역** 왕인지가 말하길, '책(策)'은 시초이다. '약(籥)'은 거북점의 조짐에 대한 기록이 수록된 것이다. 그렇기 때문에 함께 언급한 것이다. 『설문』에서는 "'엽(篥)'은 약(籥)이다."라고 했다. '엽(篥)'은 곧 잎사귀를 뜻하니, 죽간[簡牒] 등을 뜻할 때의 '첩(牒)'자와 동일한 뜻이다. '엽(篥)'자와 '약(籥)'자는 일성(一聲)이 전이된 것이다.

**集解** 愚謂: 戈有刃者櫝, 謂戈有刃而用函盛之者也. 笏也, 書也, 脩也, 苞苴也, 弓也, 茵也, 席也, 枕也, 几也, 穎也, 杖也, 琴也, 瑟也, 戈有刃者櫝也, 筴也, 籥也, 此十六物, 其執之皆尙左手也. 尙左手, 以左手爲尊也. 蓋物之有上下者, 則以左手執其上端, 以右手執其下端; 其無上下者, 則亦但以左手之所執爲尊. 蓋授受之法, 主人在左, 必如是, 乃得以尊處授主人也. 孔氏謂"尙左手, 以左手在上而執之, 以右手在下而承之", 似謂用兩手在一處, 而上下捧持之, 其義非是. 曲禮言"遺人弓者, 右手執簫, 左手承拊", 則執物尙左手之法見矣. 戈刃在上, 其授人宜辟刃, 此乃尙左手, 而以刃授人者, 以其有櫝故也.

**번역** 내가 생각하기에, '과유인자독(戈有刃者櫝)'이라는 것은 창 중에 칼날이 있는 것을 상자를 이용해서 그 안에 담은 것을 뜻한다. 홀(笏)이라는 것, 서책이라는 것, 육포라는 것, 포장해서 감싼 것, 활이라는 것, 왕골자리라는 것, 자리라는 것, 베개라는 것, 안석이라는 것, 나무로 만든 베개라는 것, 지팡이라는 것, 금(琴)이라는 것, 슬(瑟)이라는 것, 창 중에 칼날이 있어서 상자에 담은 것, 시초라는 것, 피리라는 것 등 이러한 16가지 사물에 대해서는 그것을 잡을 때 모두 왼손을 높이게 된다는 뜻이다. 왼손을 높이는 것은 왼손을 상대적으로 존귀한 부분으로 삼기 때문이다. 무릇 사물 중 상하의 구분이 있는 것이라면, 왼손으로 그 상단을 잡고 오른손으로 그 하단을 잡는다. 만약 상하의 구분이 없는 것이라면, 또한 단지 왼손으로 잡는 부분을 존귀한 부분으로 여긴다. 무릇 물건을 건네고 받을 때의 법도에 있어서, 주인은 좌측에 있으니 반드시 이처럼 해야만 존귀한 부분을 주인에게 건넬 수 있다. 공영달은 "왼손을 높여서, 왼손을 윗부분에 올려놓고 잡으며, 오른손을 그 밑에 두어서 받친다."라고 했는데, 아마도 이 말은 양손을 이용해서 한 지점을 잡고서, 위아래로 받친다는 뜻인 것 같으니, 그 주장은 잘못되었다. 『예기』「곡례(曲禮)」편에서는 "무릇 활을 남에게 증여할 때, 오른손으로는 활의 끝부분을 잡고 왼손으로는 활 중앙 손잡이를 받쳐서 준다."[26]라고 했으니, 사물을 잡을 때 왼손을 높이게 된다는 법도를 확인할 수 있다. 창의 칼날은 위쪽에 있어서, 그것을 남에게 줄 때에는 칼날을 피해야 하는데, 이러한 경우 왼손을 높여서 칼날을 상대방에게 건네게 되니, 그것을 담는 상자가 있기 때

---

26) 『예기』「곡례상(曲禮上)」【32a】: <u>凡遺人弓者</u>, 張弓尙筋, 弛弓尙角. <u>右手執簫, 左手承弣</u>. 尊卑垂帨. 若主人拜, 則客還辟, 辟拜.

문이다.

**集解** 愚謂: 此言執有刃而無櫝者之法也. 辟刃, 不以其鋒向人也. 辟猶卻也, 鄭氏解爲"偏僻"之僻, 非是. 以刀授人, 卻其刃向下, 又卻辟其鋒末, 而以鐶授之也. 以削授人, 亦卻辟其鋒末, 而以其把授之. 不言"卻刃", 從上可知也. 授穎·授拊, 卽是辟刃. 然非獨刀·削如此, 凡有刺刃者以授人, 其法皆然. 刀·削之屬, 以手之所執者爲首. 辟刃而授穎·授把, 則是以末授人, 與他執物尙左手之法異也.

**번역** 내가 생각하기에, 칼에 대한 내용은 칼날이 있지만 상자가 없는 것을 잡을 때의 예법을 설명하고 있다. 칼날은 피하게 하는 것은 뾰족한 부분이 상대방을 향하게 할 수 없기 때문이다. '피(辟)'자는 "피하다[卻]."는 뜻이니, 정현이 '편벽(偏僻)'이라고 할 때의 "치우치다[僻]."는 뜻으로 풀이한 것은 잘못된 주장이다. 칼을 상대방에게 건넬 때에는 칼날을 피해서 밑으로 향하게 하며, 또 뾰족한 부분을 피하고 둥근 고리가 있는 부분을 건네야 한다. 구부러진 칼을 상대에게 건넬 때에도 또한 뾰족한 부분을 피해서 손으로 잡는 부분을 건네야 한다. "칼날을 피한다."라고 말하지 않은 것은 앞의 내용을 통해서 이러한 사실을 알 수 있기 때문이다. "둥근 고리를 건넨다."라고 했고 "잡는 부분을 건넨다."라고 한 말은 바로 칼날을 피한다는 뜻이다. 그런데 유독 칼이나 구부러진 칼에 대해서만 이처럼 하는 것이 아니니, 무릇 뾰족한 칼날이 붙어 있는 것을 상대에게 줄 때에는 그 법도가 모두 이와 같다. 칼과 구부러진 칼 등은 손으로 잡게 되는 부분이 머리 쪽이 된다. 칼날을 피해서 둥근 고리를 건네고 파지하는 부분을 건네게 된다면, 이것은 끝부분을 상대에게 건네게 되니, 다른 사물들을 잡는 방법에서 왼손을 높이는 예법과는 차이를 보인다.

**集解** 自"其以乘壺酒"至此, 明獻遺執物之法.

**번역** "4개의 호(壺)에 담긴 술이다."[27]라고 한 구문부터 이곳 문장까지는 물건을 헌상하거나 보낼 때 그 물건을 잡는 예법을 나타내고 있다.

그림 22-4 ▣ 안석[几]과 지팡이[杖]

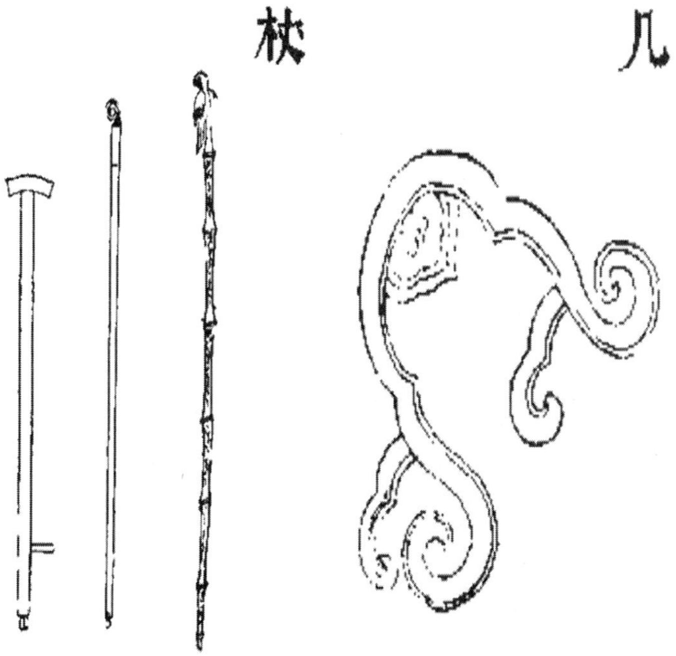


※ **출처:** 궤(几)-『삼재도회(三才圖會)』「기용(器用)」 2권
장(杖)-『삼재도회(三才圖會)』「기용(器用)」 12권

27) 『예기』「소의」【438c】: 其以乘壺酒束脩一犬賜人, 若獻人, 則陳酒執脩以將命, 亦曰: "乘壺酒束脩一犬."

그림 22-5 ■ 적(笛: =篴)과 약(籥)

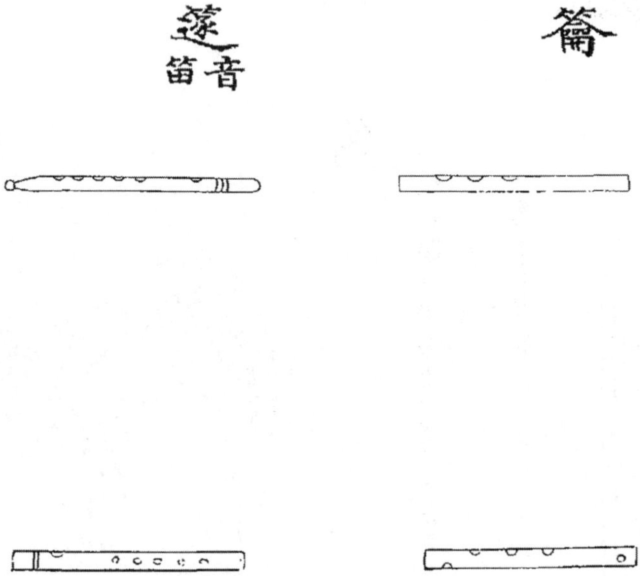


※ **출처:** 상단-『삼례도집주(三禮圖集注)』 5권 ; 하단-『육경도(六經圖)』 5권

## • 제23절 •

# 군대 관련 예절

**【439c】**

**乘兵車, 出先刃, 入後刃. 軍尙左, 卒尙右.**

**직역** 兵車에 乘하면, 出에 刃을 先하고, 入에 刃을 後한다. 軍에서는 左를 尙하고, 卒에서는 右를 尙한다.

**의역** 전쟁용 수레에 타게 되면, 국성을 빠져나갈 때에는 칼날이 전면을 향하게 하고, 국성으로 들어올 때에는 칼날이 후면을 향하게 한다. 장수에게 있어서는 좌측을 높이고, 병사들에게 있어서는 우측을 높인다.

**集說** 先刃, 刃向前也. 入後刃, 不以刃向國也. 左, 陽, 生道也. 右, 陰, 死道也. 左將軍爲尊, 其行伍皆尊尙左方, 欲其無覆敗也. 士卒之行伍尊尙右方, 示有必死之志也.

**번역** '선인(先刃)'은 칼날을 앞쪽으로 향하게 한다는 뜻이다. "들어오면 칼날을 뒤로 한다."라고 한 말은 칼날을 국성 쪽으로 향할 수 없기 때문이다. 좌측은 양(陽)에 해당하니, 생겨나게 하는 도이다. 우측은 음(陰)에 해당하니, 죽게 하는 도이다. 좌장군은 존귀한 자가 되며, 군대[1]에 있어서는 모두 좌측을 존귀하게 높이니, 패배하는 일이 없게끔 하고자 해서이다. 병사들의 대열에서는 우측을 존귀하게 높이니, 반드시 목숨을 걸고서라도 지키겠다는 뜻을 가지고 있음을 드러내는 것이다.

---

1) 행오(行伍)는 군대의 제도에 있어서, 기본 편제 단위를 뜻한다. 5명이 1오(伍)가 도고, 5개의 오(伍)는 1개의 행(行)이 된다. 또한 일반적으로 군대를 가리키는 용어로도 사용되었다.

**鄭注** 不以刃鄕國也. 左, 陽也. 陽主生, 將軍有廟勝之策, 左將軍爲上, 貴不敗績. 右, 陰也. 陰主殺. 卒之行伍, 以右爲上, 示有死志.

**번역** 칼날이 국성을 향하도록 할 수 없기 때문이다. 좌측은 양(陽)에 해당한다. 양은 생겨나게 함을 위주로 하고, 장군은 이미 조정에서 적군을 이기기 위한 묘책을 받았으며, 좌장군을 상등으로 삼으니, 패배하지 않음을 귀하게 여기기 때문이다. 우측은 음(陰)에 해당한다. 음은 주살하는 것을 위주로 한다. 병사들의 대열에서는 우측을 상등으로 삼으니, 목숨을 걸고서라도 지키겠다는 뜻을 가지고 있음을 드러내기 위해서이다.

**釋文** 卒, 子忽反, 注同. 行伍, 戶羽反, 下音五.

**번역** '卒'자는 '子(자)'자와 '忽(홀)'자의 반절음이며, 정현의 주에 나오는 글자도 그 음이 이와 같다. '行伍'에서의 '行'자는 '戶(호)'자와 '羽(우)'자와 반절음이며, '伍'자의 음은 '五(오)'이다.

**孔疏** ●"乘兵"至"尙左". ○正義曰: 此一節論兵車出入及將士所處之宜.

**번역** ●經文: "乘兵"~"尙左". ○이곳 문단은 전쟁용 수레를 타고서 출입하는 방법과 장군과 병사가 위치하는 마땅한 방위에 대해서 논의하고 있다.

**孔疏** ●"出先刃, 入後刃"者, 不欲以刃嚮國.

**번역** ●經文: "出先刃, 入後刃". ○칼날을 국성 방향으로 하고 싶지 않기 때문이다.

**孔疏** ●"軍尙左"者, 軍, 謂軍將. 行伍尊尙左方, 左是陽, 陽主生, 欲其生不敗績也.

**번역** ●經文: "軍尙左". ○'군(軍)'자는 군대의 장수를 뜻한다. 장수의 대오에서는 좌측을 존귀하게 높이니, 좌측은 양(陽)에 해당하고, 양은 생겨나게 함을 위주로 하니, 살아있으며 패배하지 않고자 하기 때문이다.

**孔疏** ●"卒尙右"者, 言士卒行伍貴尙於右, 右爲陰, 示其有必死之心.

**번역** ●經文: "卒尙右". ○병사들의 대오에서는 우측을 존귀하게 높이니, 우측은 음(陰)에 해당하여, 반드시 목숨을 걸고서라도 지키겠다는 뜻이 있음을 드러내기 위해서이다.

# • 제24절 •

## 일반 예절 Ⅴ

【439d】

**賓客主恭, 祭祀主敬, 喪事主哀, 會同主詡. 軍旅思險, 隱情以虞.**

**직역** 賓客은 恭을 主하고, 祭祀는 敬을 主하며, 喪事는 哀를 主하고, 會同은 詡를 主한다. 軍旅는 險을 思하고, 情을 隱하여 虞한다.

**의역** 빈객이 되었을 때에는 공손함을 위주로 하고, 제사를 지낼 때에는 공경함을 위주로 하며, 상사를 치를 때에는 애도함을 위주로 하고, 회동에 참여해서는 말과 기운을 융성하게 함을 위주로 한다. 군대에 있어서는 항상 위험에 대한 생각을 하며, 자신의 실정을 숨기고 상대의 실정을 파악해야 한다.

**集說** 恭, 以容言. 敬, 以心言. 詡者, 辭氣明盛之貌. 前篇德發揚詡萬物, 義亦相近. 軍行舍止經由之處, 必思爲險阻之防, 又當隱密己情, 以虞度彼之情計也.

**번역** 공손함[恭]은 모습을 위주로 한 말이다. 공경함[敬]은 마음가짐을 위주로 한 말이다. '후(詡)'라는 것은 말과 기운이 밝고 융성한 모습을 뜻한다. 앞에서는 "천지의 덕이 발양하여, 만물에게 두루 미친다."[1]라고 했는데, 이때의 '후(詡)'자는 그 의미가 이곳의 '후(詡)'자와 유사하다. 군대가 주둔하거나 경유하는 장소에서는 반드시 위험하게 될 방해 요소를 헤아리고, 마땅히 자신의 실정을 은밀히 숨겨서, 상대의 실정과 계략을

---

1) 『예기』「예기(禮器)」【302d~303a】: 禮之以多爲貴者, 以其外心者也. 德發揚, 詡萬物, 大理物博, 如此則得不以多爲貴乎? 故君子樂其發也.

헤아려야만 한다.

**大全** 慶源輔氏曰: 交際以禮相示, 故以容貌之恭爲主. 祭祀以誠感格, 故以內心之敬爲主. 內外無二致, 恭敬無二理. 行軍之道, 以臨事而懼, 好謀而成爲上. 思險, 謂臨事而懼, 慮敗, 不慮勝也. 隱情以虞, 謂好謀而成, 且兵事露, 則不神也.

**번역** 경원보씨가 말하길, 교제를 할 때에는 예(禮)를 통해 서로 드러내게 된다.[2] 그렇기 때문에 용모의 공손함을 위주로 한다. 제사를 지낼 때에는 진심을 통해 신령이 느껴서 이르도록 한다.[3] 그렇기 때문에 내적인 마음의 공경한 태도를 위주로 한다. 그러나 내외에는 별개로 다해야 할 것이 없고, 공손함과 공경함에는 별개의 이치가 없다. 군대를 움직이는 방법에서는 어떤 사안에 임해서는 두려워하며, 도모하기를 좋아하여 공을 이루는 것을 상등으로 삼는다.[4] 위험을 생각한다는 것은 일에 임해서 두려워 한다는 뜻으로, 패배할 것을 걱정한다는 뜻이지, 이길 것에 대해 걱정하는 것은 아니다. "실정을 숨기고 살핀다."는 말은 "도모하기를 좋아하여 공을 이룬다."는 뜻이며, 또한 군대의 실정이 드러나게 된다면, 신묘하게 운용할 수 없다.

**鄭注** 恭在貌也, 而敬又在心. 詡, 謂敏而有勇, 若齊國佐. 險, 阻, 出奇覆諼之處也. 隱, 意也, 思也. 虞, 度也. 當思念己情之所能, 以度彼之將然否.

**번역** 공손함은 태도에 달린 것이고, 공경함은 또한 마음에 달린 것이다. '후(詡)'자는 민첩하면서도 용맹이 있다는 뜻이니, 제(齊)나라 국좌(國

---

2) 『예기』「중니연거(仲尼燕居)」【601c~d】: 子曰, 愼聽之! 女三人者. …… 以禮樂相示而已.

3) 『서』「우서(虞書)·대우모(大禹謨)」: 至誠感神, 矧玆有苗.

4) 『논어』「술이(述而)」: 子謂顔淵曰, "用之則行, 舍之則藏, 唯我與爾有是夫!" 子路曰, "子行三軍, 則誰與?" 子曰, "暴虎馮河, 死而無悔者, 吾不與也. 必也臨事而懼, 好謀而成者也."

佐)와 같은 자이다. '험(險)'자는 험준한 곳을 뜻하니, 기묘한 계책을 내서 적군을 패배시킬 장소를 뜻한다. '은(隱)'자는 의도[意]를 뜻하며, 생각[思]을 의미한다. '우(虞)'자는 "헤아린다[度]."는 뜻이다. 마땅히 자기 군대의 실정상 할 수 있는 것을 생각하여, 적군의 장수가 그처럼 행동할 것인지의 여부를 헤아려야만 한다.

**釋文** 詡, 況矩反. 阻, 側呂反. 覆, 芳富反, 謂伏兵也, 徐音赴. 諼, 況煩反. 諼, 詐也, 或云: "諼, 譁." 慮, 昌慮反. 度, 大各反, 下同.

**번역** '詡'자는 '況(황)'자와 '矩(구)'자의 반절음이다. '阻'자는 '側(측)'자와 '呂(려)'자의 반절음이다. '覆'자는 '芳(방)'자와 '富(부)'자의 반절음이니, 복병을 뜻하며, 서음(徐音)은 '赴(부)'이다. '諼'자는 '況(황)'자와 '煩(번)'자의 반절음이다. '諼'자는 속인다는 뜻이며, 혹자는 "諼자는 떠들썩하다는 뜻이다."라고 했다. '慮'자는 '昌(창)'자와 '慮(려)'자의 반절음이다. '度'자는 '大(대)'자와 '各(각)'자의 반절음이며, 아래문장에 나오는 글자도 그 음이 이와 같다.

**孔疏** ●"賓客"至"主詡". ○正義曰: 恭在貌, 敬在心. 賓客輕, 故主恭. 祭祀重, 故主敬. "會同主詡"者, 詡, 謂敏大言語. 會同之時, 貴在敏捷勇武自光大.

**번역** ●經文: "賓客"~"主詡". ○공손함은 태도에 달린 것이며, 공경함은 마음에 달린 것이다. 빈객에 대한 일은 상대적으로 덜 중요한 일이기 때문에, 공손함을 위주로 한다. 제사는 중요한 일이기 때문에, 공경함을 위주로 한다. 경문의 "會同主詡"에 대하여. '후(詡)'자는 말을 민첩하게 하고 크게 한다는 뜻이다. 회동을 할 때에는 민첩하게 행동하고 용맹스럽게 하여 스스로 광대하게 몸을 펴는 것을 존귀하게 여긴다.

**孔疏** ◎注"詡謂"至"國佐". ○正義曰: 成二年左傳齊·晉戰於鞍, 齊國佐陳辭以拒晉師, 是"敏而有勇"也.

**번역** ◎鄭注: "詡詡"~"國佐". ○성공(成公) 2년에 대한 『좌전』의 기록에서는 제(齊)나라와 진(晉)나라가 안(鞍) 땅에서 전쟁을 했는데, 제나라 국좌(國佐)가 말로써 진나라 군대를 막았으니, 이것이 바로 "민첩하면서도 용맹함이 있다."는 경우에 해당한다.

**孔疏** ●"軍旅"至"以虞". ○正義曰: "軍旅思險"者, 言軍旅行處, 思其險阻之地, 出奇設謀, 以覆敗前敵.

**번역** ●經文: "軍旅"~"以虞". ○경문의 "軍旅思險"에 대하여. 군대가 움직일 때에는 험준한 장소를 살펴서, 기묘한 계책을 세워 전방의 적을 패배시켜야 한다는 뜻이다.

**孔疏** ●"隱情以虞"者, 隱, 意也, 思也. 虞, 度也. 謂以意思念彼情, 豫測度前敵, 知其所欲爲事. 記者明軍旅之中, 當須如此.

**번역** ●經文: "隱情以虞". ○'은(隱)'자는 의도[意]를 뜻하며, 생각[思]을 의미한다. '우(虞)'자는 "헤아린다[度]."는 뜻이다. 즉 의도와 생각을 통해 상대의 실정을 생각하여, 전방의 적에 대해 미리 예측해서, 의도한 바를 시행으로 옮긴다는 사실을 파악한다는 의미이다. 『예기』를 기록한 자는 군대에서는 마땅히 이처럼 해야 함을 나타낸 것이다.

**孔疏** ◎注"險阻"至"然否". ○正義曰: "險, 阻, 出奇覆謖之處也"者, 鄭解經中"險"字, "險"是地形險阻. 謖, 詐也. 地形旣險, 得出奇謀覆詐, 故云"險, 阻, 出奇覆謖之處". 若其平地, 則不得設奇謀設詐也. "虞, 度也", 釋言文. 云"當思念己情之所能, 以度彼之將然否"者, 言在軍旅, 先須思念己國之情所堪能, 以測度彼軍將欲如此以否.

**번역** ◎鄭注: "險阻"~"然否". ○정현이 "'험(險)'자는 험준한 곳을 뜻하니, 기묘한 계책을 내서 적군을 패배시킬 장소를 뜻한다."라고 했는데,

정현은 경문에 기록된 ‘험(險)’자를 풀이한 것으로, ‘험(險)’자는 지형이 험준한 곳을 뜻한다. ‘훤(諼)’자는 “속이다[詐].”는 뜻이다. 지형이 험준하여 계책을 세워 속일 수 있기 때문에, “‘험(險)’자는 험준한 곳을 뜻하니, 기묘한 계책을 내서 적군을 패배시킬 장소를 뜻한다.”라고 한 것이다. 만약 그 장소가 평지라고 한다면 계책을 세워서 속임수를 부릴 수 없다. 정현이 “‘우(虞)’자는 ‘헤아린다[度].’는 뜻이다.”라고 했는데, 이것은 『이아』「석언(釋言)」편의 문장이다.[5] 정현이 “마땅히 자기 군대의 실정상 할 수 있는 것을 생각하여, 적군의 장수가 그처럼 행동할 것인지의 여부를 헤아려야만 한다.”라고 했는데, 군대에서는 먼저 자기 군대의 실정상 감내할 수 있는 것을 생각해서, 이것을 통해 상대방 군대의 장수가 이처럼 하고자 하는지 또는 그렇지 않은지를 헤아려야만 한다.

**訓纂** 釋詁: 隱, 微也.

**번역** 『이아』「석고(釋詁)」편에서 말하길, ‘은(隱)’자는 “은미하다[微].”는 뜻이다.

**集解** 愚謂: 詡, 發皇之意. 禮器曰, “德發揚, 詡萬物.” 會同主詡, 子產所謂“國不競亦陵”也. 隱情者, 隱己之情, 使敵不能測. 虞者, 度彼之情, 使敵不能欺.

**번역** 내가 생각하기에, ‘후(詡)’자는 탁 트여서 훤하다는 뜻이다. 『예기』「예기(禮器)」편에서는 “천지의 덕이 발양하여, 만물에게 두루 미친다.”라고 했다. 회동에서 후(詡)를 위주로 한다는 것은 자산(子產)이 “나라가 강하지 못하면 또한 침략을 당한다.”[6]라고 한 뜻에 해당한다. ‘은정(隱情)’은 자신의 감정을 숨겨서, 상대로 하여금 헤아리지 못하게 하는 것

---

5) 『이아』「석언(釋言)」: 茹·虞, 度也.
6) 『춘추좌씨전』「소공(昭公) 13년」: 子產曰, “晉政多門, 貳偷之不暇, 何暇討? 國不競亦陵, 何國之爲?”

이다. '우(虞)'자는 상대의 감정을 헤아려서, 상대로 하여금 속임수를 부리지 못하도록 한다는 뜻이다.

## • 제25절 •

## 식사 예절 I

【440a】

**燕侍食於君子, 則先飯而後已. 毋放飯, 毋流歠, 小飯而亟之, 數噍毋爲口容. 客自徹, 辭焉則止.**

**직역** 燕에서 君子를 侍하여 食하면, 先히 飯하고 後에 已한다. 放飯을 毋하고, 流歠을 毋하며, 小飯하고 亟하며, 數히 噍하여 口容을 爲함을 毋한다. 客이 自히 徹함에, 辭하면 止한다.

**의역** 연회를 하며, 군자를 모시고 식사를 하는 경우라면, 군자보다 먼저 밥을 떠서 맛보고, 군자보다 뒤에 식사를 끝낸다. 밥을 크게 떠서 먹어서는 안 되고, 물을 들이키듯 먹어서는 안 되며, 밥을 적게 떠서 신속히 삼켜야 하고, 자주 씹어서 입모양을 우스꽝스럽게 만들어서는 안 된다. 식사를 끝낸 뒤 빈객이 직접 상을 치우려고 하면, 주인은 사양을 하니, 그런 뒤에는 행동을 그친다.

**集說** 先飯, 猶嘗食之禮也. 後已, 猶勸食之意也. 放飯·流歠, 見曲禮. 小飯則無噦噎之患. 亟之, 謂速咽下, 備或有見問之言也. 數噍毋爲口容, 言數數嚼之, 不得弄口以爲容也. 若食訖而客欲自徹食器, 主人辭之則止也.

**번역** 먼저 밥을 먹는다는 말은 음식을 맛보는 예법과 같다. 뒤에 끝낸다는 말은 식사를 권유하는 뜻과 같다. '방반(放飯)'과 '유철(流歠)'에 대해서는 『예기』「곡례(曲禮)」편에 설명이 나온다.[1] 밥을 적게 떠서 먹으면,

1) 『예기』「곡례상(曲禮上)」【28a】에는 "毋摶飯, 毋放飯, 毋流歠."이라는 기록이 있다. 즉 "밥을 뭉치지 말아야 하며, 밥을 크게 떠서 먹어서는 안 되고, 물을 들이키듯 먹어서는 안 된다."는 뜻이다. 또 이에 대한 진호(陳澔)의 『집설

천천히 먹거나 목이 멜 걱정이 없다. '극지(亟之)'는 신속히 삼켜서, 혹여 물어보는 말이 있을 때를 대비한다는 뜻이다. '삭초무위구용(數噍毋爲口容)'이라는 말은 자주 씹어서 입을 오물거려 우스꽝스러운 모습을 지어서는 안 된다는 뜻이다. 식사를 끝냈는데, 빈객이 직접 자신의 식기를 치우려고 할 때, 주인이 사양을 해서 만류하면 멈춘다.

**鄭注** 所以勸也. 亟, 疾也. 備噦噎, 若見問也. 口容, 弄口. 主人辭其徹.

**번역** 음식을 권유하는 방법이다. '극(亟)'자는 "신속하다[疾]."는 뜻이다. 적게 떠서 빨리 삼키는 것은 천천히 먹게 되거나 먹이 메는 것을 대비하기 위해서이며, 또한 질문을 했을 때를 대비하기 위해서이다. '구용(口容)'은 입을 우스꽝스럽게 짓는 것이다. 주인은 빈객이 상을 치우겠다는 것에 대해서 사양을 한다.

**釋文** 飯, 煩晩反, 下"小飯"同. 歠, 昌悅反. 亟, 紀力反, 注同. 噦噎, 上於月反, 下伊結反. 數, 色角反. 噍, 字又作嚼, 子笑反, 又在笑反.

**번역** '飯'자는 '煩(번)'자와 '晩(만)'자의 반절음이며, 아래문장에 나오는 '小飯'에서의 '飯'자도 그 음이 이와 같다. '歠'자는 '昌(창)'자와 '悅(열)'자의 반절음이다. '亟'자는 '紀(기)'자와 '力(력)'자의 반절음이며, 정현의 주에 나오는 글자도 그 음이 이와 같다. '噦噎'에서의 '噦'자는 '於(어)'자와 '月(월)'자의 반절음이며, '噎'자는 '伊(이)'자와 '結(결)'자의 반절음이다. '數'자는 '色(색)'자와 '角(각)'자의 반절음이다. '噍'자는 그 글자를 또한 '嚼'자로도 기록하며, '子(자)'자와 '笑(소)'자의 반절음이고, 또한 '在(재)'자와 '笑(소)'자의 반절음도 된다.

---

(集說)』에서는 "朱氏曰: 放, 謂食之放肆而無所節也. 流, 謂飮之流行而不知止也."라고 했다. 즉 "주씨가 말하길, '방(放)'자는 밥을 맘대로 떠먹으며, 절제하는 점이 없다는 뜻이다. '유(流)'자는 물이 흘러내리듯 그칠 줄 모른다는 뜻이다."라는 뜻이다.

**孔疏** ●"燕侍"至"則止". ○正義曰: 此一節明侍食之法.

**번역** ●經文: "燕侍"~"則止". ○이곳 문단은 모시고 식사를 하는 예법을 나타내고 있다.

**孔疏** ●"先飯而後已"者, 先飯, 先君子之飯, 若嘗食然, 君子食罷而後已, 若勸食然.

**번역** ●經文: "先飯而後已". ○'선반(先飯)'은 군자보다 먼저 밥을 떠서 먹는다는 뜻이니, 마치 음식의 맛을 보는 것처럼 한다. 군자가 식사를 끝낸 이후에야 자신도 식사를 마치니, 마치 식사를 더 드시도록 권유하는 것처럼 한다.

**孔疏** ●"小飯而亟之"者, 小飯, 謂小口而飯. 亟, 謂疾速而咽小飯, 而備噦噎也. 速咽之, 備見問也.

**번역** ●經文: "小飯而亟之". ○'소반(小飯)'은 입을 작게 벌려서 밥을 떠먹는다는 뜻이다. '극(亟)'자는 신속히 적은 양의 밥을 삼켜서, 천천히 먹거나 목이 메는 등의 경우를 대비한다는 뜻이다. 또한 신속히 삼켜서 군자가 질문할 것에 대비한다.

**孔疏** ●"數噍, 毋爲口容"者, 數噍, 謂數數嚼之. "無爲口容"者, 無得弄口以爲容也.

**번역** ●經文: "數噍, 毋爲口容". ○'삭초(數噍)'는 자주 씹는다는 뜻이다. 경문의 "無爲口容"에 대하여. 입을 우스꽝스럽게 놀려서, 이상한 표정을 지을 수 없다는 뜻이다.

**孔疏** ●"客自徹, 辭焉則止"者, 謂食訖, 客欲自徹其俎, 主人辭其徹俎, 客則止而不徹.

**번역** ●經文: "客自徹, 辭焉則止". ○식사를 끝내고, 빈객이 스스로 그 도마를 치우려고 하여, 주인이 도마를 치우겠다는 것에 대해 사양을 하면, 빈객은 행동을 멈추고 상을 치우지 않는다는 뜻이다.

**集解** 曲禮曰, "卒食, 客自前跪, 執飯齊以授相者. 主人興, 辭於客, 然後客坐." 此通言燕食之法, 不與上"侍食於君子"相蒙.

**번역** 『예기』「곡례(曲禮)」편에서는 "식사를 모두 마치면, 빈객(賓客)은 자기가 앉아있던 자리 앞에서 무릎을 꿇고, 밥그릇과 젓갈 등을 치우며 시중을 들던 자에게 건네게 되니, 빈객이 이러한 행동을 취하면, 주인(主人)은 자리에서 일어나서, 빈객에게 그렇게 하지 않아도 괜찮다는 말을 건네고, 그런 연후에야 빈객은 다시 자리에 앉는다."[2]라고 했다. 이것은 연사[3] 때의 예법을 통괄적으로 언급한 것이니, 앞의 "군자를 모시고 식사를 한다."라는 문장과 연결되지 않는다.

---

2) 『예기』「곡례상(曲禮上)」【28d】: 卒食, 客自前跪, 徹飯齊以授相者, 主人興辭於客, 然後客坐.

3) 연사(燕食)는 군주를 포함한 모든 계층들이 일상적으로 먹는 오찬이나 만찬을 뜻한다. 『주례』「천관(天官)·선부(膳夫)에는 "王燕食, 則奉膳贊祭."라는 기록이 있고, 이에 대한 정현의 주에서는 "燕食, 謂日中與夕食."라고 풀이했다. 한편 손이양(孫詒讓)의 『주례정의(周禮正義)』에서는 "王日三食, 日中與夕食, 饌具滅殺, 別於禮食及朝食盛饌, 故謂之燕食."라고 풀이했다. 즉 군주는 하루에 세 차례 식사를 하는데, 오찬 및 만찬에는 반찬의 가짓수가 적기 때문에, 예사(禮食)나 조찬 때 차려내는 성찬(盛饌)과는 구별이 된다. 그렇기 때문에 '연사'라고 부른다. 또한 연회를 시행할 때, 사용하는 음식을 뜻하기도 한다.

## • 제26절 •

# 음주 예절 I

【440b】

**客爵居左, 其飮居右. 介爵·酢爵·僎爵, 皆居右.**

**직역** 客爵은 左에 居하고, 그 飮은 右에 居한다. 介爵·酢爵·僎爵은 皆히 右에 居한다.

**의역** 연회를 하며 술을 마시게 되면, 빈객이 주인으로부터 받은 술잔은 자신의 좌측에 놓아두고, 자신이 마시던 술잔은 우측에 놓아둔다. 빈객의 부관이 사용하는 술잔, 빈객이 주인에게 답례로 따라준 술잔, 선(僎)이 사용하는 술잔들은 모두 우측에 놓아둔다.

**集說** 疏曰: 鄕飮酒禮, 主人酬賓之爵, 賓受奠觶于薦東, 是客爵居左也. 旅酬之時, 一人擧觶于賓, 賓奠觶于薦西, 至旅酬, 賓取薦西之觶以酬主人, 是其飮居右也. 介, 賓副也. 酢, 客酌還答主人也. 僎, 鄕人來觀禮副主人者也. 鄕飮禮, 介爵及主人受酢之爵并僎爵, 皆不明奠置之所, 故記者於此明之.

**번역** 공영달의 소(疏)에서 말하길, 『의례』「향음주례(鄕飮酒禮)」의 기록에 따르면, 주인이 빈객에게 권하는 술잔에 있어서, 빈객은 그것을 받아서 음식이 차려진 곳 동쪽에 술잔 치(觶)를 내려놓는다고 했으니, 이것이 빈객이 받은 술잔은 좌측에 놓아둔다는 뜻이다. 여수[1])를 시행할 때, 한 사람이 빈객에게 치(觶)를 들어 올리면, 빈객은 음식이 차려진 곳 서

1) 여수(旅酬)는 제사가 끝난 후에, 제사에 참가했던 친족 및 빈객(賓客)들이 술잔을 들어 술을 마시고, 서로 공경의 예(禮)를 표하며, 잔을 권하는 의례(儀禮)이다.

쪽에 치(觶)를 내려놓고, 여수를 해야 할 때가 되면, 빈객은 음식이 차려진 곳 서쪽에 내려둔 치(觶)를 들어서 주인에게 술을 권하니, 이것이 자신이 마시던 술잔은 우측에 놓아둔다는 뜻이다. '개(介)'는 빈객의 부관을 뜻한다. '초(酢)'라는 것은 빈객이 술을 따라서 재차 주인에게 답례로 술을 권한다는 뜻이다. '선(僎)'[2]은 향인들 중 찾아와서 의례 시행을 살펴보고 주인을 보좌하는 자이다. 「향음주례」에서는 부관이 마시는 술잔 및 주인이 빈객으로부터 답례로 받은 술잔, 선(僎)의 술잔 등에 대해서는 모두 그 술잔을 놓아두는 장소를 언급하지 않았다. 그렇기 때문에 『예기』를 기록한 자는 이곳 문장에서 그 사실을 명시한 것이다.

**集說** 今按: 賓坐南向, 故以東西分左右也.

**번역** 현재 살펴보니, 빈객의 자리는 남쪽을 바라보게 되어 있다. 그렇기 때문에 동쪽과 서쪽을 각각 좌측과 우측으로 구분지은 것이다.

**鄭注** 客爵, 謂主人所酬賓之爵也, 以優賓耳. 賓不擧, 奠于薦東. 三爵皆飲爵也. 介, 賓之輔也. 酢, 所以酢主人也. 古文禮"僎"作"遵", 遵爲鄕人爲卿大夫來觀禮者. 酢, 或爲作. 僎, 或爲騶.

**번역** '객작(客爵)'은 주인이 빈객에게 술을 권하여 따라준 술잔으로, 이것을 통해 빈객을 예우할 따름이다. 빈객은 술잔을 들지 않고, 음식이 놓인 곳 동쪽에 술잔을 내려놓는다. 세 개의 술잔은 모두 술을 마실 때 사용하는 술잔이다. '개(介)'는 빈객을 보좌하는 자이다. '초(酢)'는 주인에게 술을 권한 것이다. 고문 『예』에서는 '선(僎)'자를 '준(遵)'자로 기록했으니, '준(遵)'이라는 것은 향인들 중 경이나 대부의 신분인 자가 찾아와서 예법을 살펴보는 자이다. '초(酢)'자를 다른 판본에서는 '작(作)'자로 기록한다. '선(僎)'자를 다른 판본에서는 '추(騶)'자로 기록한다.

---

2) 선(僎)은 준(遵)이라고도 부르며, 향음주례(鄕飮酒禮) 등을 시행할 때 주인(主人)이 시행하는 의례절차를 보좌하던 사람이다.

**釋文** 介音界, 注同. 僎音遵. 騶, 責留反, 本又作馴, 一音巡.

**번역** '介'자의 음은 '界(계)'이며, 정현의 주에 나오는 글자도 그 음이 이와 같다. '僎'자의 음은 '遵(준)'이다. '騶'자는 '責(책)'자와 '留(류)'자의 반절음이며, 판본에 따라서는 또한 '馴'자로도 기록하고, 다른 음은 '巡(순)'이다.

**孔疏** ●"客爵"至"居右". ○正義曰: 此一節明客爵所在. 客爵, 依鄕飮酒禮, 主人酬賓之爵. 賓受奠觶于薦東, 是客爵居左也.

**번역** ●經文: "客爵"~"居右". ○이곳 문단은 빈객이 술잔을 놓아두는 장소에 대해서 나타내고 있다. '객작(客爵)'은 『의례』「향음주례(鄕飮酒禮)」편의 기록에 따르면, 주인이 빈객에게 술을 권한 술잔을 뜻한다. 빈객은 그것을 받아서 음식이 차려진 곳 동쪽에 술잔 치(觶)를 내려두니, 이것이 빈객이 받은 술잔을 좌측에 놓아둔다는 뜻이다.

**孔疏** ●"其飮居右"者, 鄕飮酒禮旅酬之時, 一人擧觶于賓, 賓奠觶于薦西, 至旅酬, 賓取薦西之觶, 以酬主人, 是其飮居右也.

**번역** ●經文: "其飮居右". ○『의례』「향음주례(鄕飮酒禮)」편의 기록에 따르면, 여수를 시행할 때 한 사람이 빈객에게 술잔인 치(觶)를 들게 되면, 빈객은 음식이 차려진 곳 서쪽에 치(觶)를 내려놓고, 여수를 할 때가 되면 빈객은 음식이 차려진 곳 서쪽에 있는 치(觶)를 들어서 주인에게 술을 권하니, 이것이 자신이 마시던 술잔을 우측에 놓아둔다는 뜻이다.

**孔疏** ●"介爵·酢爵·僎爵, 皆居右"者, 介, 賓副也. 酢, 謂客酌還答主人也. 僎, 謂鄕人來觀禮, 副主人者也. 此三人旣不被優, 故爵並居右, 示爲飮之. 按鄕飮酒, 介爵及主人受酢之爵幷僎爵, 皆不明奠置之所, 故記者於此明之.

**번역** ●經文: "介爵·酢爵·僎爵, 皆居右". ○'개(介)'는 빈객의 부관을

뜻한다. ‘초(酢)’자는 빈객이 술을 따라서 주인에게 답례로 바친다는 뜻이다. ‘선(僎)’은 향인들 중 찾아와서 의례를 살펴보고, 주인을 보좌하는 자를 뜻한다. 이곳에서 말한 세 사람은 이미 주인에게 우대를 받지 못하기 때문에, 그 술잔들은 모두 우측에 놓아두어서, 그것을 마시게 된다는 사실을 나타낸다. 『의례』「향음주례(鄕飮酒禮)」편을 살펴보면, 부관의 술잔 및 주인이 술을 권하여 받은 술잔과 선(僎)의 술잔에 대해서는 모두 그것을 놓아두는 장소에 대해서 나타내지 않았다. 그렇기 때문에 『예기』를 기록한 자가 이곳에서 그 사실을 명시한 것이다.

**孔疏** ◎注“客爵”至“賓耳”. ○正義曰: 按鄕酒禮, 主人酬賓, 奠觶于薦東. 所以不奠薦西者, 欲優饒其賓, 且令閑裕, 故不奠於薦西. 賓又不盡主人之歡, 還奠薦東, 示不敢飮也.

**번역** ◎鄭注: “客爵”~“賓耳”. ○『의례』「향음주례(鄕飮酒禮)」편을 살펴보면, 주인이 빈객에게 술을 권하면 빈객은 음식이 차려진 곳 동쪽에 받은 치(觶)를 놓아둔다. 이 술잔을 음식이 차려진 곳 서쪽에 놓아두지 않는 이유는 빈객을 예우하고자 해서이고, 또 잠시 여유를 갖도록 하기 위해서이다. 그렇기 때문에 음식이 차려진 곳 서쪽에 놓아두지 않는 것이다. 빈객은 또한 주인이 베풀어준 호의를 다 누릴 수 없어서, 재차 음식이 차려진 곳 동쪽에 놓아두니, 이것을 통해서 감히 마실 수 없음을 드러내는 것이다.

**孔疏** ◎注“三爵”至“禮者”. ○正義曰: 按鄕飮酒禮, 主人獻介, 介飮. 獻賓, 賓酢主人, 主人飮. 主人獻僎, 僎飮. 是三爵皆飮爵. 云“遵謂鄕人爲卿大夫來觀禮”者, 按鄕射禮: “若有遵者, 則入門左.” 注云: “謂此[3]鄕之人爲大夫

3) ‘위차(謂此)’에 대하여. ‘위차’는 본래 ‘차위(此謂)’로 기록되어 있었는데, 완원(阮元)의 『교감기(校勘記)』에서는 “혜동(惠棟)의 『교송본(校宋本)』에는 ‘위차’로 기록되어 있다. 따라서 이곳 판본에서는 ‘위차’라는 두 글자를 뒤바꿔서 기록한 것이다.”라고 했다.

者也. 謂之爲遵者, 方以禮樂化民, 欲其遵法之也." 今文"遵"或爲"僎". 云"酢, 或爲作. 僎, 或爲馴"者, 謂他文書本有作此字者, 故云"或". 他皆倣此.

**번역** ◎鄭注: "三爵"~"禮者". ○『의례』「향음주례(鄕飮酒禮)」편을 살펴보면, 주인은 개(介)에게 술을 따라주어서 개(介)가 마시게 된다. 또 빈객에게 술을 따라 주면 빈객은 주인에게 다시 술을 권하여 주인이 술을 마신다. 주인이 선(僎)에게 술을 따라 주면 선(僎)은 술을 마신다. 이것이 세 술잔은 모두 술을 마실 때 사용하는 술잔임을 나타낸다. 정현이 "'준(遵)'이라는 것은 향인들 중 경이나 대부의 신분인 자가 찾아와서 예법을 살펴보는 자이다."라고 했는데, 『의례』「향사례(鄕射禮)」편을 살펴보면, "만약 준(遵)이 있는 경우라면, 문의 좌측으로 들어온다."[4]라고 했고, 정현의 주에서는 "이 사람은 향인 중 대부의 신분인 자를 뜻한다. 그를 '준(遵)'이라고 한 이유는 예악을 통해 백성들을 교화하여, 그를 좇아 본받고자 하기 때문이다."라고 했다. 그런데 금문(今文) 중에는 '준(遵)'자를 '선(僎)'자로 기록하기도 한다. 정현이 "'초(酢)'자를 다른 판본에서는 '작(作)'자로 기록한다. '순(馴)'자를 다른 판본에서는 '추(騶)'자로 기록한다."라고 했는데, 이 말은 다른 판본에서는 이러한 글자로 기록한 것도 있다는 뜻이다. 그렇기 때문에 '혹(或)'자를 기록한 것이다. 다른 용례들도 모두 이러한 뜻이다.

**集解** 愚謂: 此明鄕飮酒禮奠爵之法也. 主人酬賓之爵曰客爵者, 鄕飮酒禮自介以下無酬爵, 唯賓有之, 故謂酬爵爲客爵也. 居左者, 鄕飮酒禮主人酬賓, "奠于薦西", 賓取, "奠于薦東", 是也. 賓席于牖間, 南向, 以西爲右, 東爲左. 其飮, 謂主人獻賓之爵, 及一人擧觶之爵也. 酬爵, 賓奠于薦東而不擧, 此二爵則賓飮之, 故曰"其飮". 居右者, 鄕飮酒禮主人獻賓, "賓受爵", "奠于薦西", 又"一人升, 擧觶于賓", "奠觶于薦西", 是也. 介爵, 主人獻介之爵. 酢爵, 賓酢主

4) 『의례』「향사례(鄕射禮)」: 大夫<u>若有遵者, 則入門左</u>. 主人降. 賓及衆賓皆降, 復初位.

人之爵. 僎爵, 主人獻僎之爵也. 主人席于阼階上西面, 以北爲右; 介席于西階上東面, 以南爲右; 僎席于賓東, 亦以西爲右. 三爵皆飮, 故居右. 鄕飮記曰, “凡奠者于左, 將擧于右.”

**번역** 내가 생각하기에, 이 내용은 향음주례에서 술잔을 내려놓는 법도를 나타내고 있다. 주인이 빈객에게 술을 권한 술잔을 ‘객작(客爵)’이라고 부르는 것은 『의례』「향음주례(鄕飮酒禮)」편에는 개(介)로부터 그 이하의 계층에 대해서는 술을 권하는 술잔이 없고, 오직 빈객에게만 이러한 술잔이 있다. 그렇기 때문에 술을 권한 술잔을 ‘객작(客爵)’이라고 부르는 것이다. “좌측에 둔다.”라는 말은 「향음주례」편에서 주인이 빈객에게 술을 권하며, “음식이 차려진 곳 서쪽에 놓아둔다.”라고 했고, 빈객이 그것을 가져다가 “음식이 차려진 곳 동쪽에 놓아둔다.”라고 한 말에 해당한다. 빈객은 들창 사이에 자리를 마련해서 앉으며 남쪽을 바라보고 있어서, 서쪽을 우측으로 삼고 동쪽을 좌측으로 삼는다. ‘기음(其飮)’은 주인이 빈객에게 바친 술잔 및 어떤 한 사람이 치(觶)를 들어 올린다고 할 때의 술잔을 뜻한다. 술을 권해서 받은 술잔에 대해, 빈객은 음식이 차려진 곳 동쪽에 내려놓고 들지 않는데, 이러한 두 술잔은 빈객이 마시게 된다. 그렇기 때문에 ‘그가 마시는 것’이라고 말한 것이다. “우측에 둔다.”라는 말은 「향음주례」편에서 주인이 빈객에게 술잔을 바치면, “빈객은 술잔을 받는다.”라고 했고, “음식이 차려진 곳 서쪽에 놓아둔다.”라고 했으며, 또 “한 사람이 올라와서, 빈객에게 치(觶)를 든다.”라고 했고, “음식이 차려진 곳 서쪽에 치(觶)를 놓아둔다.”라고 한 말에 해당한다. ‘개작(介爵)’은 주인이 개(介)에게 바친 술잔을 뜻한다. ‘초작(酢爵)’은 빈객이 주인에게 따라준 술잔을 뜻한다. ‘선작(僎爵)’은 주인이 선(僎)에게 바친 술잔을 뜻한다. 주인은 동쪽 계단 위에 자리를 마련하여 서쪽을 바라보고 있어서, 북쪽을 우측으로 삼는다. 개(介)는 서쪽 계단 위에 자리를 마련하여 동쪽을 바라보고 있어서, 남쪽을 우측으로 삼는다. 선(僎)은 빈객의 동쪽에 자리를 마련하므로 또한 서쪽을 우측으로 삼는다. 이 세 술잔은 모두 마시는 것이기 때문에 우측에 둔다. 「향음주례」편의 기문(記文)에서는 “무릇 놓아두는 것은 좌측에 두고, 장차 들게 되는 것은 우측에 둔다."[5]라고 했다.

**集解** 其飮居右, 孔疏專指爲一人擧觶于賓之爵, 然介爵·僎爵皆指獻爵, 不應賓爵乃專言旅酬而遺正爵也. 又註以酬爵爲優賓, 蓋以介無酬, 唯賓有之, 此乃主人所以優賓, 故賓奠之而不擧. 然主人酬賓, 本奠薦西, 賓轉奠于薦東耳. 孔疏以奠于薦東爲優賓, 旣失鄭氏之意, 且謂"薦東卽爲主人所奠", 與鄕飮酒禮相違, 其失甚矣.

**번역** "마시는 술잔은 우측에 둔다."라고 했는데, 공영달의 소(疏)에서는 전적으로 어떤 한 사람이 빈객에게 치(觶)를 들어 올릴 때의 술잔으로만 여겼다. 그러나 개작(介爵)과 선작(僎爵)은 모두 상대에게 바치는 술잔을 뜻하니, 빈객의 술잔은 곧 전적으로 여수를 하여 남겨두는 정식 술잔만을 뜻하지 않는다. 또 정현의 주에서는 여수를 할 때의 술잔을 빈객을 우대하기 위한 것이라고 여겼는데, 아마도 개(介)에게는 여수를 함이 없고, 오직 빈객에게만 이러한 절차가 있으니, 이것은 곧 주인이 빈객을 우대하는 방법이 된다. 그렇기 때문에 빈객은 그것을 내려놓기만 하고 들지 않는 것이다. 그런데 주인이 빈객에게 술을 권한 술잔은 본래 음식이 차려진 곳 서쪽에 내려놓고, 빈객은 그것의 위치를 바꿔서 음식이 차려진 곳 동쪽에 내려놓을 뿐이다. 그러나 공영달의 소에서는 음식이 차려진 곳 동쪽에 내려놓는 술잔을 빈객을 우대하는 것이라고 여겼으니, 이미 정현의 본지를 놓친 것이다. 또 "음식이 차려진 곳 동쪽에 내려놓는 술잔은 주인에게서 받은 술잔을 두는 것이다."라고 했으니, 「향음주례」편의 기록과 서로 위배가 되므로, 매우 잘못된 주장이다.

5) 『의례』「향음주례(鄕飮酒禮)」: 凡奠者于左, 將擧于右.

## • 제27절 •

# 음식과 관련된 예절 I

【440b】

**羞濡魚者進尾, 冬右腴, 夏右鰭, 祭膴.**

**직역** 濡魚를 羞한 者는 尾를 進하고, 冬에는 腴를 右하며, 夏에는 鰭를 右하고, 膴로 祭한다.

**의역** 물기가 있는 생선을 음식으로 진설할 때에는 꼬리 쪽이 앞을 향하도록 두고, 겨울에는 배 쪽이 오른쪽으로 가도록 진설하며, 여름에는 지느러미가 오른쪽으로 가도록 진설하고, 제사를 지낼 때에는 배 쪽의 살찐 부위로 제사를 지낸다.

**集說** 擘濕魚從後起, 則脇肉易離, 故以尾向食者. 若乾魚則進首也. 腴, 腹下肥處. 鰭在脊. 冬時陽氣在下, 夏則陽在上, 凡陽氣所在之處肥美. 右之者, 便於食也. 祭膴者, 刳魚腹下大臠以祭也. 此言尋常燕食進魚者如此, 祭祀及饗食正禮者不然.

**번역** 물기가 있는 물고기를 뒤로부터 찢으면, 옆의 가시와 살점이 쉽게 분리된다. 그렇기 때문에 꼬리 쪽이 식사하는 자를 향하도록 둔다. 만약 마른 물고기라면 머리 쪽을 앞으로 둔다. '유(腴)'는 배 쪽의 살찐 부위이다. 지느러미[鰭]는 등뼈 쪽에 있다. 겨울에는 양기(陽氣)가 밑으로 내려가니, 여름의 경우에는 양기가 위로 상승한다. 무릇 양기가 있는 부위는 살찌고 맛있는 부위가 된다. 우측으로 둔다는 것은 식사를 하는데 편리하도록 하기 위해서이다. '제무(祭膴)'라는 말은 물고기 배 쪽의 큰 살점을 잘라내서 그것으로 제사를 지낸다는 뜻이다. 이 내용은 일상적인 연사(燕食)에서는 물고기를 이처럼 진설하지만, 제사를 지내거나 향례[1]

및 사례[2] 등의 정식 의례를 시행할 경우에는 이처럼 하지 않는다는 사실을 나타낸다.

**鄭注** 擗之由後, 鯁肉易離也. 乾魚進首, 擗之由前, 理易析也. 氣在下. 腴, 腹下也. 氣在上. 鰭, 脊也. 膴, 大臠, 謂刳魚腹也. 膴讀如冔.

**번역** 생선을 가를 때 뒤쪽으로 하면, 가시와 고기가 쉽게 분리되기 때문이다. 마른 물고기는 머리를 앞쪽으로 두니, 생선을 가를 때 앞쪽으로 하면 쉽게 가를 수 있기 때문이다. 겨울에 배 쪽을 오른쪽으로 두는 것은 기운이 밑에 있기 때문이다. '유(腴)'는 배 쪽의 살이다. 여름에 등 쪽을 오른쪽으로 두는 것은 기운이 위에 있기 때문이다. '기(鰭)'는 등뼈이다. '무(膴)'는 큰 살점 부위이니, 물고기의 배 부분을 자른 것이다. '무(膴)'는 '후(冔)'자로 풀이한다.

**釋文** 濡音儒. 擗, 補麥反, 下同. 鯁, 格猛反. 易, 以豉反, 下同. 析, 星歷反. 腴, 以朱反. 右鰭, 音祈. 脊, 子昔反. 膴, 舊火吳反, 依注音冔, 況甫反, 徐況紆反. 臠, 力轉反. 刳, 口胡反, 又苦侯反.

**번역** '濡'자의 음은 '儒(유)'이다. '擗'자는 '補(보)'자와 '麥(맥)'자의 반

---

1) 향례(饗禮)는 연회의 한 종류이다. 또한 연회를 범칭하는 용어로도 사용된다. 본래 '향례'를 시행할 때에는 희생물을 통째로 바치지만, 그것을 먹지는 않는다. 또 술잔을 가득 채우지만, 마시지는 않으며, 자리에 서 있기만 하고, 앉지는 않는다. 또한 신분의 존비(尊卑)에 의거해서 술잔을 바치게 되는데, 정해진 술잔 바치는 회수가 끝나면, 의식을 끝낸다. 다만 숙위(宿衛)들과 기로(耆老) 및 고아들에게 향례를 할 때에는 술을 취할 때까지 마시게 하는 것을 법도로 삼았다.

2) 사례(食禮)는 연회의 한 종류이다. '사례'는 그 행사에 밥이 있고 반찬이 있는 것이니, 비록 술도 두었지만 마시지는 않았다. 그 예법에서는 밥을 위주로 한 것이기 때문에, '사례'라고 부른 것이다. 『예기』「왕제(王制)」편에는 "殷人以<u>食禮</u>."라는 기록이 있고, 이에 대한 진호(陳澔)의 주에서는 "食禮者, 有飯有殽, 雖設酒而不飮, 其禮以飯爲主, 故曰食也."라고 풀이했다.

절음이며, 아래문장에 나오는 글자도 그 음이 이와 같다. '鯁'자는 '格(격)'자와 '猛(맹)'자의 반절음이다. '易'자는 '以(이)'자와 '豉(시)'자의 반절음이며, 아래문장에 나오는 글자도 그 음이 이와 같다. '析'자는 '星(성)'자와 '歷(력)'자의 반절음이다. '腴'자는 '以(이)'자와 '朱(주)'자의 반절음이다. '右鰭'에서의 '鰭'자는 그 음이 '祈(기)'이다. '脊'자는 '子(자)'자와 '昔(석)'자의 반절음이다. '膴'자의 구음(舊音)은 '火(화)'자와 '吳(오)'자의 반절음이며, 정현의 주에 따르면 그 음은 '冔'이니, '況(황)'자와 '甫(보)'자의 반절음이고, 서음(徐音)은 '況(황)'자와 '紆(우)'자의 반절음이다. '臠'자는 '力(력)'자와 '轉(전)'자의 반절음이다. '剨'자는 '口(구)'자와 '胡(호)'자의 반절음이며, 또한 '苦(고)'자와 '侯(후)'자의 반절음도 된다.

**孔疏** ●"羞濡"至"祭膴". ○正義曰: 此一節明進魚之禮.

**번역** ●經文: "羞濡"~"祭膴". ○이곳 문단은 생선을 진설할 때의 예법을 나타내고 있다.

**孔疏** ●"羞濡魚者進尾", 濡, 溼也, 謂膳羞有溼魚也. "進尾"者, 擗濕魚從後來, 則脊肉易離也.

**번역** ●經文: "羞濡魚者進尾". ○'유(濡)'자는 물기가 있다는 뜻이니, 찬으로 올리는 음식 중 물기에 젖어 있는 물고기를 뜻한다. 경문의 "進尾"에 대하여. 물기가 있는 물고기를 찢을 때에는 뒤쪽으로부터 하면, 가시와 살점이 쉽게 분리된다.

**孔疏** ●"冬右腴"者, 腴, 謂魚腹. 冬時陽氣下在魚腹, 故"右腴".

**번역** ●經文: "冬右腴". ○'유(腴)'는 물고기의 배 부분을 뜻한다. 겨울에는 양기(陽氣)가 아래에 있어서 물고기의 배 쪽에 머물기 때문에, "배를 오른쪽으로 둔다."라고 한 것이다.

**孔疏** ●"夏右鰭"者, 鰭, 謂魚脊. 夏時陽氣上在魚脊, 故"右鰭". 凡陽氣所在之處肥美, 故進魚使嚮右, 以右手取之便也. 此濡魚進尾, 乾魚進首, 及右腴·右鰭之屬, 皆謂尋常燕食所進魚體, 非祭祀及饗食正禮也. 若祭祀, 魚在於俎, 皆縮載, 俎旣橫設, 魚則隨俎而從, 於人爲橫, 無進首進尾之理. 故少牢: "魚用鮒而俎縮載." 其主人正饗亦然. 公食大夫禮"魚七, 縮俎", 是也. 正祭, 魚旣縮載. 少牢: 主人獻祝佐食, 三魚一橫之. 彼是正祭, 魚橫者, 以魚與牲體共俎, 故特橫之, 殊於牲體也. 若天子諸侯繹祭, 及卿大夫儐尸, 魚則橫載之於俎. 俎在人前而橫魚, 則於人爲從, 得有進首尾也. 故有司徹云: "尸俎五魚, 橫載之, 侑主人皆一魚, 亦橫載之." 彼注云: "橫載之者, 異於牲體." 如鄭此言, 正祭之時, 牲體橫而魚縮載. 儐尸之時, 牲體縮而魚橫載之, 故云"橫載之者, 異於牲體也". 正祭則右首進腴, 故少牢魚右首進腴, 變於生人. 若生人, 右首進鰭, 故公食大夫云: "寢右." 注云: "右首也. 寢右, 進鰭也. 乾魚近腴多骨鯁." 按特牲·少牢"魚皆十有五", 鄭云: "從陰類." 昏禮"魚十有四", 減一從偶數. 士喪禮大斂, 及士虞禮及公食禮魚皆七, 其天子諸侯魚數未聞.

**번역** ●經文: "夏右鰭". ○'기(鰭)'자는 물고기의 등뼈를 뜻한다. 여름에는 양기(陽氣)가 위로 상승하여 물고기의 등 쪽에 있다. 그렇기 때문에 "등뼈를 오른쪽으로 둔다."라고 한 것이다. 무릇 양기가 머무는 곳은 살찌고 맛있다. 그렇기 때문에 물고기를 진설할 때 그 부위를 오른쪽으로 두어서, 오른손으로 가져가기 편리하도록 하는 것이다. 이곳에서는 물기가 있는 물고기는 꼬리 쪽을 앞으로 진설하고, 마른 고기는 머리 쪽을 앞으로 진설하며, 배 쪽을 오른쪽으로 두고 또는 등뼈 쪽을 오른쪽으로 둔다고 했는데, 이러한 내용들은 모두 일상적인 연사 때 물고기를 통째로 진설하는 것을 가리키며, 제사나 향례 및 사례와 같은 정식 예법의 경우를 가리키는 것은 아니다. 만약 제사의 경우라면, 물고기는 도마에 올려놓게 되고 모두 세로 방향으로 올려두며, 도마 자체를 가로로 진설하니, 물고기의 경우에는 도마에 따라 세로로 놓여서, 사람에 대해서는 가로 방향이 되어, 머리 쪽을 앞으로 놓거나 꼬리 쪽을 앞으로 놓는 이치가 없게 된다. 그렇기 때문에 『의례』「소뢰궤식례(少牢饋食禮)」편에서는 "물고기는 붕어

[鮒]를 사용하며, 도마에 세로로 올려둔다."3)라고 한 것이다. 그리고 주인이 시행하는 정식 향례에서도 또한 이처럼 한다. 『의례』「공사대부례(公食大夫禮)」편에서 "물고기는 7개를 사용하여, 도마에 세로로 올린다."4)라고 한 말이 이러한 사실을 나타낸다. 정규 제사에서는 물고기를 이미 세로로 올려둔다고 했다. 그런데 「소뢰궤식례」편에서는 주인이 축관과 좌식(佐食)5)에게 술을 따라서 바치며, 껍질 부위 3개와 물고기 1개를 가로로 둔다고 했다.6) 「소뢰궤식례」편의 기록은 정규 제사에 대한 내용이며, 물고기를 가로로 두는 것은 물고기와 희생물의 몸체를 함께 도마에 올리기 때문에, 특별히 가로로 올려서 희생물의 몸체와 구별을 짓는 것이다. 만약 천자나 제후가 지내는 역제(繹祭)7) 및 경이나 대부가 시동에게 대접을 하게 된다면, 물고기는 도마에 가로로 올리게 된다. 도마는 사람 앞에 놓이고 물고기를 가로로 올리게 된다면, 사람에 대해서는 세로 방향이 되어, 머리 쪽이나 꼬리 쪽이 앞으로 올 수 있다. 그렇기 때문에 『의례』「유사철(有司徹)」편에서는 "시동의 도마에는 5개의 물고기를 두는데 가로로 올리고, 음식을 권유하는 자와 주인에 대해서는 모두 1개의 물고기를 올리는데 또한 가로로 올린다."8)라고 한 것이고, 「유사철」편에 대한 정현의 주에서는 "가로로 올려둔다는 것은 희생물의 몸체와 구별하기 위해서이다."라고 한 것이다. 이러한 정현의 주장대로라면, 정규 제사를 지낼 때 희생

---

3) 『의례』「소뢰궤식례(少牢饋食禮)」: 司士三人升魚・腊・膚. 魚用鮒, 十有五而俎, 縮載, 右首, 進腴.

4) 『의례』「공사대부례(公食大夫禮)」: 魚・腊飪. 載體進奏. 魚七縮俎, 寢右. 腸胃七, 同俎.

5) 좌식(佐食)은 제사를 지낼 때, 시동의 옆에서 시동이 제사 음식을 흠향할 수 있도록 시중을 드는 사람이다. 『의례』「특생궤식례(特牲饋食禮)」편에는 "佐食北面, 立於中庭."이라는 기록이 있는데, 이에 대한 정현의 주에서는 "佐食, 賓佐尸食者."라고 풀이했다.

6) 『의례』「소뢰궤식례(少牢饋食禮)」: 佐食設俎, 牢髀, 橫脊一・短脅一・腸一・胃一・膚三・魚一, 橫之, 腊兩髀屬于尻.

7) 역제(繹祭)는 일종의 제례 의식 중 하나이다. 정규 제사를 지낸 다음날 지내는 제사이다.

8) 『의례』「유사철(有司徹)」: 尸俎五魚, 橫載之. 侑・主人皆一魚, 亦橫載之.

물의 몸체는 가로로 올려두고 물고기는 세로로 올려두게 된다. 또 시동을 대접할 때 희생물의 몸체는 세로로 올려두고 물고기는 가로로 올려둔다. 그렇기 때문에 "가로로 올려두는 것은 희생물의 몸체와 구별하기 위해서이다."라고 한 것이다. 정규 제사를 지내게 되면, 머리 쪽을 오른쪽으로 두어서 배 쪽을 앞으로 진설한다. 그렇기 때문에 「소뢰궤식례」편에서는 물고기는 머리를 오른쪽으로 해서 배를 앞으로 진설한다고 한 것이니,[9] 살아있는 사람에 대한 경우에서 변화를 준 것이다. 만약 살아있는 사람에게 물고기를 진설하는 경우라면, 머리를 오른쪽으로 해서 등뼈를 앞으로 진설한다. 그렇기 때문에 「공사대부례」편에서는 '침우(寢右)'[10]라고 한 것이고, 이 문장에 대한 정현의 주에서는 "머리를 오른쪽으로 둔다는 뜻이다. '침우(寢右)'는 등뼈를 앞쪽으로 진설한다는 뜻이다. 마른 물고기는 배 쪽에 가까울수록 가시들이 많다."라고 한 것이다. 『의례』「특생궤식례(特牲饋食禮)」편과 「소뢰궤식례」편을 살펴보면, "물고기는 모두 15개이다."라고 했고, 정현은 "음(陰)의 부류에 따르기 때문이다."라고 했다. 그런데 『의례』「사혼례(士昏禮)」편에서는 "물고기는 14개이다."라고 했으니, 1개를 줄여서 짝수에 따르고 있다. 그리고 『의례』「사상례(士喪禮)」의 대렴(大斂)[11] 및 『의례』「사우례(士虞禮)」와 「공사대부례」편에서는 물고기가 모두 7개라고 했는데, 천자 및 제후의 경우 물고기를 몇 마리 썼었는지에 대해서는 들어보지 못했다.

**孔疏** ●"祭膴"者, 膴, 謂刳魚腹下爲大臠. 此處肥美, 故食魚則刳取以祭先也.

**번역** ●經文: "祭膴". ○'무(膴)'자는 물고기의 배 부분을 잘라내어 큰

---

9) 『의례』「소뢰궤식례(少牢饋食禮)」: 司士三人升魚·腊·膚. 魚用鮒, 十有五而俎, 縮載, 右首, 進腴.

10) 『의례』「공사대부례(公食大夫禮)」: 魚七縮俎, 寢右. 腸胃七, 同俎.

11) 대렴(大斂)은 상례(喪禮) 절차 중 하나이다. 소렴(小斂)을 끝낸 뒤에, 시신을 관에 안치하는 절차이다.

살점으로 덜어낸 것을 뜻한다. 이 부위는 살찌고 맛있는 부위이다. 그렇기 때문에 물고기를 먹게 되면, 이것을 잘라내어 최초 음식을 만들었던 자에 대해서 제사를 지낸다.

**集解** 愚謂: 魚之縮載者, 正法也, 少牢及公食禮, 是也. 若與牲同俎, 則從載牲之法而橫載, 少牢禮祝俎及少牢賓尸之魚皆橫載, 是也. 此所言是私燕, 禮簡, 魚亦與牲同俎而並橫載者, 魚縮載則生人進鬐, 鬼神進腴; 橫載則乾魚進首, 濡魚進尾. 魚用於飮酒, 則有膴祭, 少牢賓尸, 司士載魚, 皆加膴祭於其上, 是也. 若用於食, 則但振祭而無膴祭, 特牲·少牢禮尸擧魚皆振祭, 是也. 振祭, 食乃祭之, 公食禮"魚不祭", 賓不食魚故也.

**번역** 내가 생각하기에, 물고기를 세로로 올려두는 것은 정식 예법에 해당하니, 『의례』「소뢰궤식례(少牢饋食禮)」편 및 「공사대부례(公食大夫禮)」편의 내용이 이러한 사실을 나타낸다. 만약 희생물과 같은 도마에 올리게 된다면, 희생물을 올려놓는 법도에 따라서 가로로 올려놓는데, 「소뢰궤식례」편에 나온 축관의 도마와 시동을 대접할 때 올리는 물고기 등은 모두 가로로 올리니, 바로 이러한 사실을 나타낸다. 이곳에서 언급한 내용은 사적으로 연회를 하는 경우로, 그 예법이 간략하기 때문에 물고기 또한 희생물과 같은 도마에 올리게 되고 모두 가로로 올리게 되는데, 물고기를 세로로 올리게 된다면, 살아있는 자에 대해서는 등지느러미 쪽을 앞으로 진설하고, 귀신에 대해서는 배 쪽을 앞으로 진설하게 되며, 가로로 올리게 된다면, 마른 물고기의 경우에는 머리 쪽을 앞으로 진설하고, 젖어 있는 물고기의 경우에는 꼬리 쪽을 앞으로 진설한다. 물고기를 음주에 사용하게 되면, 배 쪽 살로 제사를 지내는 의식이 포함되니, 「소뢰궤식례」편에서 시동에게 대접을 하며, 사사(司士)라는 관리가 물고기를 올릴 때, 모두 그 위에서 물고기의 배로 제사를 지내는 절차를 더한다고 한 것이 이러한 사실을 나타낸다. 만약 식사에 사용된다면, 단지 진제(振祭)[12]만 하게 되고, 무(膴)로 지내는 제사는 없다. 『의례』「특생궤식례(特牲饋食禮)」편과 「소뢰궤식례」편에서 시동이 물고기를 들어 올리고서 모두 진제를 지낸다고 한 것이 바로 이러한 사실을 나타낸다. '진제(振祭)'는 식사를 하게 되면 제사를 지내는 것인데, 「공사대부례」편에서 "물고기로는 제사를 지내지 않는다."[13]라고 한 이유는 빈객이 물고기를 먹지 않기 때문이다.

【440c】

*凡齊, 執之以右, 居之於左.*

**직역** 凡히 齊에는 執하길 右로써 하고, 居하길 左로써 한다.

**의역** 무릇 음식에 맛을 첨가하는 것들은 오른손으로 잡고, 좌측에 맛을 내는 대상을 놓는다.

**集說** 凡調和鹽梅者, 以右手執之, 而居羹器於左, 則以右所執者調之爲便也.

**번역** 무릇 음식의 맛을 조화롭게 만드는 소금이나 매실 등은 오른손으로 잡고 좌측에 국그릇 등을 놓으니, 오른손으로 잡고 있는 것으로 맛을 내기에 편리하도록 하기 위해서이다.

**鄭注** 齊, 謂食羹醬飮有齊和者也. 居於左手之上, 右手執而正之, 由便也.

**번역** '제(齊)'자는 밥 · 국 · 장 · 음료 등에 대해서 맛을 내도록 조미하는 것이다. 왼손 위에 놓아두고 오른손으로 잡은 뒤에 맛을 내도록 하니,

---

12) 진제(振祭)는 구제(九祭) 중 하나이다. '진제'는 본래 유제(擩祭)와 같은 것으로, '유제'는 아직 입에 대지 않은 음식을 젓갈이나 소금 등에 찍어서 제사를 지내는 것을 뜻하며, '진제'는 젓갈이나 소금 등에 찍은 음식에 대해 겉면에 묻은 젓갈이나 소금을 털어내어 제사를 지내는 것을 뜻한다.

13) 『의례』「공사대부례(公食大夫禮)」: 魚·臘·醬·湇不祭.

편리에 따른 것이다.

**釋文** 齊, 才細反, 注及下"以齊"並同. 食音嗣. 和, 戶臥反, 下"齊和"同. 便, 婢面反.

**번역** '齊'자는 '才(재)'자와 '細(세)'자의 반절음이며, 정현의 주 및 아래 문장에 나오는 '以齊'에서의 '齊자도 모두 그 음이 이와 같다. '食'자의 음은 '嗣(사)'이다. '和'자는 '戶(호)'자와 '臥(와)'자의 반절음이며, 아래문장에 나오는 '齊和'에서의 '和'자도 그 음이 이와 같다. '便'자는 '婢(비)'자와 '面(면)'자의 반절음이다.

**孔疏** ●"凡齊"至"於左". ○正義曰: 此一經明齊和之宜. "凡齊"者, 謂以鹽梅齊和之法.

**번역** ●經文: "凡齊"~"於左". ○이곳 문단은 음식에 조미를 할 때의 마땅함을 나타내고 있다. 경문의 "凡齊"에 대하여. 소금이나 매실 등으로 음식에 조미를 하는 법도를 뜻한다.

**孔疏** ●"執之以右"者, 謂執此鹽梅以右手. "居之於左"者, 謂居處羹食於左手之上, 以右手所執鹽梅調和正之, 於事便也.

**번역** ●經文: "執之以右". ○이러한 소금과 매실을 오른손으로 잡는다는 뜻이다. 경문의 "居之於左"에 대하여. 왼손 위에 국이나 밥 등을 두고, 오른손으로 소금이나 매실 등을 잡아서 맛을 조화롭게 하니, 그 사안의 편리를 위해서라는 뜻이다.

# • 제28절 •

## 신하의 예절 Ⅱ

【440c】

**贊幣自左, 詔辭自右.**

**직역** 幣를 贊함에는 左로 自하고, 詔辭함에는 右로 自한다.

**의역** 군주를 대신하여 폐물을 받는 자는 군주의 좌측에서 받고, 군주의 명령을 전달하는 자는 군주의 우측에서 한다.

**集說** 此言相禮者爲君受幣則由君之左, 傳君之辭命於人, 則由君之右也.

**번역** 이 내용은 의례를 돕는 자가 군주를 위해서 폐물을 받는다면 군주의 좌측에서 하고, 상대에 대해서 군주의 말이나 명령을 전달한다면 군주의 우측에서 한다는 뜻이다.

**鄭注** 自, 由也. 謂爲君授幣, 爲君出命也. 立者尊右.

**번역** '자(自)'자는 '~로부터[由]'라는 뜻이다. 즉 군주를 대신하여 폐물을 전달하고, 군주를 대신하여 명령을 전달한다는 의미이다. 서 있는 경우에는 우측을 존귀하게 높인다.

**釋文** 爲, 于僞反, 下"爲君"同.

**번역** '爲'자는 '于(우)'자와 '僞(위)'자의 반절음이며, 아래문장에 나오는 '爲君'에서의 '爲'자도 그 음이 이와 같다.

**孔疏** ●"贊幣"至"自右". ○正義曰: 此一經論贊幣贊辭之異. 自, 由也. 贊, 助也. 謂爲君授幣之時由君左.

**번역** ●經文: "贊幣"~"自右". ○이곳 경문은 폐물에 대해서 돕고, 말을 전달하는 일을 도울 때의 차이점을 논의하고 있다. '자(自)'자는 '~로부터[由]'라는 뜻이다. '찬(贊)'자는 "돕다[助]."는 뜻이다. 즉 군주를 대신하여 폐물을 전달할 때에는 군주의 좌측에서 한다는 의미이다.

**孔疏** ●"詔辭自右"者, 詔辭, 謂爲君傳辭也. 君辭貴重, 若傳與人時, 則由君之右也.

**번역** ●經文: "詔辭自右". ○'조사(詔辭)'는 군주를 대신하여 말을 전달한다는 뜻이다. 군주의 말은 존귀한 것이니, 만약 상대에게 전달할 때라면 군주의 우측에서 한다.

## • 제29절 •

## 수레와 관련된 예절 II

【440d】

**酌尸之僕, 如君之僕. 其在車, 則左執轡, 右受爵, 祭左右軌范乃飮.**

**직역** 尸의 僕에게 酌함은 君의 僕과 如하다. 그 車에 在하면, 則左로 轡를 執하고, 右로 爵을 受하며, 左右의 軌范에 祭하면 飮한다.

**의역** 시동의 수레를 모는 자에게 술을 따라 줄 때에는 군주의 수레를 모는 자에게 술을 따라줄 때처럼 한다. 그가 수레에 있게 되면, 왼손으로 고삐를 잡고, 오른손으로 술잔을 받아서, 수레바퀴의 좌우측과 식(軾)의 앞부분에 술을 뿌려 제사를 지내고, 곧 그 술을 마신다.

**集說** 尸之僕, 御尸車者. 軌, 轂末也. 范, 軾前也. 尸僕 · 君僕之在車, 以左手執轡, 右手受爵, 祭軌之左右及范, 乃飮之也.

**번역** '시지복(尸之僕)'은 시동의 수레를 모는 자를 뜻한다. '궤(軌)'는 수레바퀴의 끝부분이다. '범(范)'은 식(軾)의 앞부분이다. 시동의 수레를 모는 자와 군주의 수레를 모는 자가 수레에 있으면, 왼손으로 고삐를 잡고 오른손으로 술잔을 받으며, 수레바퀴의 좌우측과 식(軾)의 앞부분에 술을 뿌려 제사를 지내고, 곧 그 술을 마신다.

**鄭注** 當其爲尸則尊. 周禮 · 大御"祭兩軹, 祭軓, 乃飮". 軌與軹於車同謂轊頭也. 軓[1]與范聲同, 謂軾前也.

**번역** 시동을 위해 수레를 몰게 된다면 존귀한 입장이 된다. 『주례』「대어(大御)」편에서는 "양쪽 지(軹)에 제사를 지내고 궤(軌)에 제사를 지내면, 곧 술을 마신다."[2]라고 했다. '궤(軌)'와 '지(軹)'는 수레에 있어서 모두 '굴대의 끝부분[轊頭]'이라고 부른다. '범(軓)'자와 '범(范)'자는 소리가 같으니, 식(軾)의 앞부분을 뜻한다.

**釋文** 軌, 媿美反. 范音犯. 軹音旨. 轊音衛. 軾音式.

**번역** '軌'자는 '媿(괴)'자와 '美(미)'자의 반절음이다. '范'자의 음은 '犯(범)'이다. '軹'자의 음은 '旨(지)'이다. '轊'자의 음은 '衛(위)'이다. '軾'자의 음은 '式(식)'이다.

**孔疏** ●"酌尸"至"乃飮". ○正義曰: 此一節明爲尸之僕祖道祭軷之宜.

**번역** ●經文: "酌尸"~"乃飮". ○이곳 문단은 시동의 수레를 모는 자가 조도[3]를 하며 발제[4]를 할 때의 합당함을 나타내고 있다.

---

1) '범(軓)'자에 대하여. '범'자는 본래 '궤(軌)'자로 기록되어 있었는데, 완원(阮元)의 『교감기(校勘記)』에서는 "혜동(惠棟)의 『교송본(校宋本)』에는 '궤'자가 '범(範)'자로 기록되어 있고, 『송감본(宋監本)』·『악본(岳本)』·『가정본(嘉靖本)』에도 동일하게 기록되어 있으며, 『고문(考文)』에서 인용하고 있는 『족리본(足利本)』에도 동일하게 기록되어 있다. 위씨(衛氏)의 『집설(集說)』에는 '궤'자가 '범(軓)'자로 기록되어 있고, 『고문(考文)』에서 인용하고 있는 『고본(古本)』에는 '범(范)자와 범(範)자는 소리가 동일하다.'라고 했다. 노문초(盧文弨)는 교감을 하며, '『고본(古本)』에는 범(范)자와 범(範)자는 소리가 동일하다고 했는데, 이 말이 옳다. 『송본(宋本)』·『족리본(足利本)』에는 범(範)자는 범(范)자와 소리가 동일하다고 했는데, 잘못된 주장이다.'라고 했다. 살펴보니, 이곳 판본에 '궤'자로 기록한 것은 잘못된 글자이니, 마땅히 '범(軓)'자로 기록해야 하며, 위씨(衛氏)의 『집설(集說)』에는 '범(軓)자와 범(范)자는 소리가 같다.'고 했는데, 이 말은 옳다. 대진(戴震)은 교정을 하며 이처럼 기록했으니, 각각의 판본이 모두 잘못 기록한 것이다."라고 했다.

2) 『주례』「하관(夏官)·대어(大馭)」: 及祭, 酌僕, 僕左執轡, 右祭兩軹, 祭軓, 乃飮.

3) 조도(祖道)는 조제(祖祭)와 같은 의미이다. 외부로 출타하게 되었을 때, 도

**孔疏** ●"酌尸之僕"者, 僕, 爲尸御車之人, 將欲祭軷, 酌酒與尸之僕, 令[5] 爲軷祭, 如似酌酒與君之僕, 以其爲尸, 則尊之似君也.

**번역** ●經文: "酌尸之僕". ○'복(僕)'자는 시동을 위해 수레를 모는 자를 뜻하니, 장차 발제를 지내려고 하면, 술을 따라서 시동의 수레를 모는 자에게 주고, 그로 하여금 발제를 지내도록 하니, 마치 술을 따라서 군주의 수레를 모는 자에게 주는 것처럼 한다. 그는 시동을 위해 수레를 몰기 때문에, 그를 존귀하게 높여서 군주에 대한 경우와 동일하게 하는 것이다.

**孔疏** ●"其在車, 則左執轡, 右受爵"者, 尸僕受酒法也. "其在車", 謂僕在車中時也. 僕旣所主尸車, 故於車執轡而受爵也. 尸位在左, 僕立於右, 故左執轡, 右受爵祭酒也. 君僕亦然.

**번역** ●經文: "其在車, 則左執轡, 右受爵". ○시동의 수레를 모는 자가 술을 받는 법도에 해당한다. 경문의 "其在車"에 대하여. 수레를 모는 자가 수레에 타고 있을 때를 뜻한다. 수레를 모는 자가 이미 시동의 수레를 담당하고 있기 때문에, 수레에서 고삐를 잡고 술을 받는 것이다. 시동의 위치는 좌측이 되고, 수레를 모는 자는 그 우측에 서 있기 때문에, 왼손으로 고삐를 잡고, 오른손으로 술잔을 받아서 술로 제사를 지낸다. 군주의 수레를 모는 자 또한 이처럼 한다.

**孔疏** ●"祭左右軌·范"者, 軌謂轂末, 范謂式前. 僕受爵將飮, 則祭之酒於

---

로의 신(神)에게 지내는 제사이다. 잔치가 병행되기도 했다. 『사기(史記)』「골계열전(滑稽列傳)」에 "故所以同官待詔者, 等比祖道於都門外."라는 용례가 있다.

4) 발제(軷祭)는 조도(祖道) 또는 조제(祖祭)와 같은 의미로, 외부로 출타하게 되었을 때, 도로의 신(神)에게 지내는 제사이다.

5) '령(令)'자에 대하여. '령'자는 본래 '금(今)'자로 기록되어 있었는데, 손이양(孫詒讓)의 『교기(校記)』에서는 "'금'자는 마땅히 '령'자가 되어야 한다. 『민본(閩本)』에는 '령'자로 기록되어 있다."라고 했다.

車左右軌及前范也. 所以祭者, 爲其神助己, 不使傾危故也. “乃飮”者, 祭徧乃自飮也.

**번역** ●經文: “祭左右軌 · 范”. ○‘궤(軌)’자는 수레바퀴의 끝부분이며, ‘범(范)’자는 식(式)의 앞부분을 뜻한다. 수레를 모는 자가 술잔을 받아서 장차 마시려고 한다면, 수레의 좌우측 바퀴와 식(式)의 앞부분에 술을 뿌려서 제사를 지낸다. 이처럼 제사를 지내는 이유는 도로의 신으로 하여금 자신을 도와서 위태로운 여정이 되지 않게끔 하기 위해서이다. 경문의 “乃飮”에 대하여. 제사를 두루 지내고 나면, 직접 그 술을 마신다는 뜻이다.

**孔疏** ◎注“周禮”至“前也”. ○正義曰: 按周禮 · 大馭“祭兩軹, 祭軓[6]”, 此云“祭左[7]右軌 · 范”, 兩文不同, 則左右軌與兩軹是一, 故云“軌與軹於車同謂轊頭”, 謂車轂小頭也. 此云“范”, 大馭云“軓[8]”, 兩事是一, 聲同字異, 故云“聲同”. 謂式前之“範”, 與此“范”, 俱是式前也. 但式前之軓, 車旁著凡, 或作“範”字. 雖作“範”字, 聲同而字異, 卽詩·邶風“濟盈不濡軓”, 亦車旁凡, 與此同也. 若轂末之軌, 則車旁著九, 此經“左右軌”, 是也. 其車轍亦謂之“軌”, 亦車旁著九, 則考工記“經涂九軌”, 是與此字同而事異也.

**번역** ◎鄭注: “周禮”~“前也”. ○『주례』「대어(大馭)」편을 살펴보면, “양쪽 지(軹)에 제사를 지내고, 범(軓)에 제사를 지낸다.”라고 했는데, 이곳

---

6) ‘범(軓)’자에 대하여. ‘범’자는 본래 ‘궤(軌)’자로 기록되어 있었는데, 완원(阮元)의 『교감기(校勘記)』에서는 “혜동(惠棟)의 『교송본(校宋本)』에는 ‘궤’자가 ‘범’자로 기록되어 있고, 아래 문장도 모두 ‘범’자로 기록되어 있다. 살펴보니, ‘범’자로 기록하는 것이 옳고, ‘궤’자로 기록한 것은 잘못되었다. 아래 문장도 동일하다.”라고 했다.

7) ‘좌(左)’자에 대하여. ‘좌’자는 본래 ‘우(右)’자로 기록되어 있었는데, 이 글자는 아마도 ‘좌’자의 오자인 것 같다.

8) ‘대어운범(大馭云軓)’에 대하여. 이 구문은 본래 ‘대어운궤(大御云軌)’로 기록되어 있었는데, 완원(阮元)의 『교감기(校勘記)』에서는 “혜동(惠棟)의 『교송본(校宋本)』에는 ‘어(御)’자가 ‘어(馭)’자로 기록되어 있고, ‘궤(軌)’자가 ‘범(軓)’자로 기록되어 있는데, 이 기록이 옳다.”라고 했다.

에서는 "좌우측의 궤(軌)와 범(范)에 제사를 지낸다."라고 하여, 두 문장의 기록이 동일하지 않으니, 좌우측 궤(軌)와 양쪽 지(軹)는 동일한 사물이다. 그렇기 때문에 "'궤(軌)'와 '지(軹)'는 수레에 있어서 모두 '굴대의 끝부분[轊頭]'이라고 부른다."라고 말한 것이니, 수레바퀴의 굴대 중 작은 끝부분을 뜻한다. 이곳에서는 '범(范)'자로 기록했고 「대어」편에서는 '범(軓)'자로 기록했는데, 두 사안은 동일한 것이니, 두 글자는 소리가 같고 자형만 다르다. 그렇기 때문에 "소리가 같다."라고 말한 것이다. 식(式)의 앞부분을 '범(範)'이라고 부르는데, 이곳에 나온 '범(范)'도 모두 '식(式)'의 앞부분을 뜻한다. 다만 식(式)의 앞부분인 '범(軓)'은 거(車)자에 범(凡)자가 붙은 것인데, 혹은 '범(範)'자로도 기록한다. 비록 '범(範)'자로 기록하더라도, 소리가 같고 자형만 다른 것이니, 『시』「패풍(邶風)」편에서는 "물이 가득한 곳을 건너지만 범(軓)을 적시지 않는다."[9]라고 했는데, 이때에도 거(車)자에 범(凡)자가 붙은 글자로 기록하여, 이곳의 경우와 동일하다. 수레바퀴의 끝을 뜻하는 '궤(軌)'의 경우, 거(車)자에 구(九)자가 붙은 것인데, 이곳 경문에서 "좌우의 궤(軌)이다."라고 했으니, 바로 그 용례가 된다. 수레바퀴의 자국을 또한 '궤(軌)'라고 부르는데, 이것은 또한 거(車)자에 구(九)자가 붙은 것으로, 『고공기』의 경문에서 "남북으로 뻗은 도로는 수레 9대의 바퀴자국이 나란히 찍히도록 만든다."[10]라고 했으니, 이것은 글자가 같지만, 해당 사물은 다르다는 사실을 나타낸다.

**集解** 愚謂: 軌爲車轍, 軹爲轂末, 二者不同. 而註謂"軌與軹於車同爲轊頭"者, 蓋兩轊之下卽爲車轍, 祭酒兩軹, 則下及於軌矣. 大馭言"祭兩軹", 此言"祭左右軌", 所據雖異, 而其實一也. 然此言在車祭酒之禮, 而曰"其"曰"則", 則酌僕與僕之祭不獨在車上矣. 大馭云, "及犯軷, 王自左馭, 馭下, 祝, 登, 受轡, 犯軷, 遂驅之. 及祭, 酌僕, 僕左執轡, 右祭兩軹, 祭軓, 乃飮." 以大馭

9) 『시』「패풍(邶風)·포유고엽(匏有苦葉)」: 有瀰濟盈, 有鷕雉鳴. 濟盈不濡軌, 雉鳴求其牡.
10) 『주례』「동관고공기(冬官考工記)·장인(匠人)」: 國中九經九緯, 經涂九軌.

與此文參觀之, 蓋下祝時已酌僕, 而僕祭之, 至登車, 又酌僕而僕祭之如此與. “軌”字從車旁九, 音媿美反, 車轍也. 此之“祭兩軌”及中庸“車同軌”, 是也. “軓”字從車旁凡, 字亦作“▼(車+(犯-犭))”, 又作“范”, 並音犯, 車式前也. 大馭“祭軓”, 及考工記“軓前十尺, 而策半之”, 是也. “軹”字從車旁只, 音旨. 此字有二義: 一是輢之植者·衡者, 考工記“參分較圍, 去一以爲軹圍”, 是也. 一是轂末, 大馭“祭兩軹”, 及考工記“五分其轂之長, 去一以爲賢, 去三以爲軹”, 又“弓長六尺, 謂之庇軹”, 是也. 但“軌”·“軓”二字, 形體相似, 經典或相亂, 而先儒亦有誤解者. 周禮大馭“祭軓”之軓, 當從“軓”, 而經書爲“軌”, 故杜子春云, “軌當爲▼(車+(犯-犭)).” 此經典傳寫之誤也. 詩“濟盈不濡軌”, “軌”字與“牡”字爲韻, 當從九, 而毛傳云, “由輈以上爲軌.” 釋文云, “軌, 舊龜美反, 謂車轊頭”, 依傳意直音犯. 此先儒傳註之誤也. 又案大馭“祭兩軹”, 故書軹爲“▼(車+幵)”, 杜子春云, “▼(車+幵)當作軹. 或讀▼(車+幵)爲‘簪笄’之笄.” 東原戴氏云, “轂末名▼(車+幵). 轂末出輪外, 似笄出髮外也. 杜子春改▼(車+幵)爲軹, 遂與輢之直者衡者同名. 一車之中, 二名混淆.” 其說甚爲有理. 但周禮中言“軹”者非一, 如“立當車軹”, “五分其轂之長”, “去三以爲軹”, “弓長六尺, 謂之庇軹”, 未必皆故書爲“▼(車+幵)”者, 似未可竟以▼(車+幵)易軹也. 今姑述其說以俟考焉.

**번역** 내가 생각하기에, ‘궤(軌)’자는 수레의 바퀴자국을 뜻하며, ‘지(軹)’자는 수레바퀴의 끝부분을 뜻하니 두 사물은 다르다. 그런데 정현의 주에서는 “‘궤(軌)’와 ‘지(軹)’는 수레에 있어서 모두 ‘굴대의 끝부분[轊頭]’이라고 부른다.”라고 했는데, 아마도 굴대의 양쪽 끝부분 밑은 곧 수레의 바퀴자국에 해당하고, 술로 제사를 지낼 때 양쪽 지(軹)에 한다면, 그 밑으로 궤(軌)까지도 지내기 때문일 것이다. 『주례』「대어(大馭)」편에서는 “양쪽 지(軹)에 제사를 지낸다.”라고 했고, 이곳에서는 “좌우측 궤(軌)에 제사를 지낸다.”라고 하여, 기준을 두고 있는 것이 비록 다르지만 실제로는 동일한 사안이다. 그런데 이 내용은 수레에 타서 술로 제사를 지내는 예법을 뜻한다. 그런데도 ‘기(其)’라고 말하고 ‘즉(則)’이라고 말했으니, 수레를 모는 자에게 술을 따라주는 것과 수레를 모는 자가 제사를 지내는 것은 단지 수레 위에 타 있을 때에만 한정되지 않는다. 「대어」편에서는 "도로의 신에게 제사를 지내기 위해 쌓아둔 흙덩이를 수레의 바퀴가 밟게 되면, 천자는 좌측에 있는 어(馭)를 통해서 수레를 멈추게 하고, 어(馭)가 내리면, 축문을 외우고, 다시 수레에 올라서, 고삐를 건네받으며, 흙덩이를 밟고 마침내 수레를 몰고서 간다. 제사를 지낼 때가 되면, 수레를 모는 자에게 술을 따라주고, 수레를 모는 자는 왼손으로 고삐를 잡고, 오른손으로 양쪽 지(軹)에 제사를 지내며, 범(軓)에 제사를 지내고, 곧 술을 마신다."[11]라고 했다. 「대어」편과 이곳 문장을 통해 살펴보면, 아마도 수레에서 내려서 축문을 외울 때, 이미 수레를 모는 자에게 술을 따라주고, 수레를 모는 자가 제사를 지내고 수레에 오를 때가 되면, 재차 수레를 모는 자에게 술을 따라주어서, 수레를 모는 자가 이곳에서 말한 것처럼 제사를 지냈을 것이다. '궤(軌)'자는 거(車)자와 구(九)자로 구성되어 있으며, 그 음은 '媿(괴)'자와 '美(미)'자의 반절음이니, 수레의 바퀴자국을 뜻한다. 이곳에서 "양쪽 궤(軌)에 제사를 지낸다."라고 한 말과 『중용』에서 "수레의 바퀴자국이 같다."[12]라고 한 말이 바로 그 용례가 된다. '범(軓)'자는 거(車)자와 범(凡)자로 구성되어 있는데, 그 글자는 또한 '▼(車+(犯－犭))'자로도 기록하며, 또 '범(范)'자로도 기록하는데, 두 글자는 음이 모두 '犯(범)'이며, 수레의 식(式) 앞부분을 뜻한다. 「대어」편에서 "범(軓)에 제사를 지낸다."라고 말하고, 『고공기』에서 "범(軓) 앞의 길이는 10척(尺)이고, 채찍은 그 반절 크기이다."[13]라고 한 말이 이것을 가리킨다. '지(軹)'자는 거(車)자와 지(只)자로 구성되어 있는데, 그 음은 '旨(지)'이다. 이 글자에는 두 가지 의미가 있다. 첫 번째는 수레의 양쪽에 기대게 만든 의(輢) 중 세로로 된 것과 가로로 된 것을 뜻하니, 『고공기』에서 "교(較)의 둘레를 세 등분하여, 그 중 하나 만큼을 제외해서, 지(軹)의 둘레로 삼는다."[14]라고 한 말이 바로 이것을 가리킨다. 다른 하나는 수레바퀴의 끝

---

11) 『주례』「하관(夏官)·대어(大馭)」: 大馭; 掌馭王路以祀. 及犯軷, 王自左馭, 馭下祝, 登, 受轡, 犯軷, 遂驅之. 及祭, 酌僕, 僕左執轡, 右祭兩軹, 祭軓, 乃飮.

12) 『중용』「28장」: 今天下車同軌, 書同文, 行同倫.

13) 『주례』「동관고공기(冬官考工記)·주인(輈人)」: 軓前十尺, 而策半之.

부분을 뜻하니, 「대어」편에서 "양쪽 지(軹)에 제사를 지낸다."라고 말하고, 『고공기』에서 "그 곡(轂)의 길이를 다섯 등분하여, 그 중 하나 만큼을 제외해서 현(賢)으로 삼고, 셋 만큼을 제외해서 지(軹)로 삼는다."[15]라고 말하고, 또 "궁(弓)의 길이는 6척(尺)이고, 그것을 비지(庇軹)라고 부른다."[16]라고 한 말이 바로 이것을 가리킨다. 다만 '궤(軌)'자와 '범(軓)'자는 자형이 서로 유사하며, 경전에서는 간혹 두 글자가 서로 혼란스럽게 기록되어, 선대 학자들 중에는 잘못 이해한 자도 있다. 『주례』「대어」편에서 말한 '제범(祭軓)'의 '범(軓)'자는 마땅히 '범(軓)'자로 기록해야 하는데, 경전 기록에서 '궤(軌)'자로 기록했기 때문에, 두자춘[17]은 "'궤(軌)'자는 마땅히 '▼(車+(犯-犭))'자로 기록해야 한다."라고 했다. 따라서 이곳 경전의 기록은 전사되며 잘못 기록된 것이다. 『시』에서 "물이 가득한 곳을 건너되 궤(軌)를 적시지 않는다."라고 했는데, 이때의 '궤(軌)'자는 모(牡)자와 운(韻)이 되니, 마땅히 구(九)자를 구성요소로 따라야 하지만, 『모전』에서는 "끌채[輈]로부터 그 위를 궤(軌)라고 한다."라고 했고, 『경전석문』에서는 "'궤(軌)'자의 구음(舊音)은 '龜(귀)'자와 '美(미)'자의 반절음으로, 수레의 '굴대의 끝부분[轊頭]'을 뜻한다."라고 했는데, 전문의 뜻에 따르면 그 음은 '犯(범)'이 된다. 이것은 선대 학자들이 전주하며 잘못을 범한 것이다. 또 「대어」편을 살펴보면, "양쪽 지(軹)에 제사를 지낸다."라고 했다. 그렇기 때문에, '지(軹)'자를 '▼(車+幵)'자로 기록한 것에 대해, 두자춘은 "'▼(車+幵)'자는 마땅히 '지(軹)'자가 되어야 한다. 혹은 '▼(車+幵)'자를 비녀[簪笄]라고 할 때의 '계(笄)'자로 해석하기도 한다."라고 했고, 동원대씨[18]는 "수레바퀴의 끝부분을 '▼(車+幵)'라고 부른다. 수레바퀴의

---

14) 『주례』「동관고공기(冬官考工記) · 여인(輿人)」 : 參分較圍, 去一以爲軹圍.

15) 『주례』「동관고공기(冬官考工記) · 윤인(輪人)」 : 五分其轂之長, 去一以爲賢, 去三以爲軹.

16) 『주례』「동관고공기(冬官考工記) · 윤인(輪人)」 : 弓長六尺, 謂之庇軹, 五尺謂之庇輪, 四尺謂之庇軫.

17) 두자춘(杜子春, B.C.30?~A.D.58?) : 후한(後漢) 때의 학자이다. 유흠(劉歆)에게서 수학하였다. 정중(鄭衆)과 가규(賈逵)에게 학문을 전수하였다.

18) 대진(戴震, A.D.1724~A.D.1778) : =동원대씨(東原戴氏). 청(淸)나라 때의 학

끝부분은 바퀴 바깥으로 도출되어 있어서, 비녀가 머리카락 밖으로 도출된 것과 같다. 두자춘은 '▼(車+幵)'자를 '지(軹)'자로 고쳐서, 결국 의(輢) 중 세로로 세워진 것 및 가로로 댄 것과 명칭이 같아졌다. 하나의 수레에 두 개의 명칭이 혼란스럽게 사용된 것이다."라고 했다. 그의 주장은 매우 일리가 있다. 다만 『주례』에 나온 '지(軹)'자는 한 가지 뜻은 아니니, 예를 들어 "수레의 지(軹)가 있는 부분에 서 있다."[19]라고 한 말과 "그 곡(轂)의 길이에서 다섯 등분을 한다."라고 한 말과 "그 중 셋 만큼을 제거하여 지(軹)의 길이로 삼는다."라고 한 말과 "궁(弓)의 길이는 6척(尺)이니, 그것을 비지(庛軹)라고 부른다."라는 말들은 모두 옛 서적에 '▼(車+幵)'자로 기록했던 것은 아니니, '▼(車+幵)'자를 모두 '지(軹)'자로 바꿀 수 없는 것과 같다. 현재 그 내용들을 조술해두니, 후대 학자들의 고찰을 기다린다.

---

자이다. 자(字)는 동원(東原)이다. 훈고학에 조예가 깊었다. 저서로는 『이아문자고(爾雅文字考)』, 『맹자자의소증(孟子字意疎證)』, 『원선(原善)』 등이 있다.

19) 『주례』「추관(秋官)·대행인(大行人)」: 上公之禮, 執桓圭九寸, 繅藉九寸, 冕服九章, 建常九斿, 樊纓九就, 貳車九乘, 介九人, 禮九牢, 其朝位, 賓主之間九十步, 立當車軹, 擯者五人, 廟中將幣三享, 王禮再祼而酢, 饗禮九獻, 食禮九擧, 出入五積, 三問三勞.

그림 29-1 ■ 수레의 바퀴부분

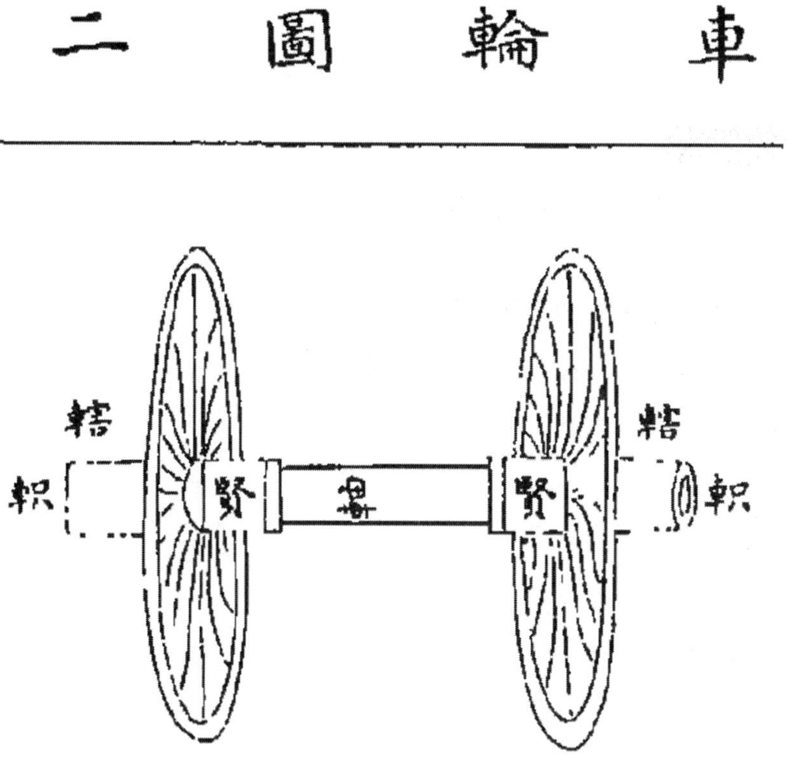


※ **출처:** 『향당도고(鄕黨圖考)』 1권

# • 제30절 •

## 식사 예절 Ⅱ

【440d】

**凡羞, 有俎者, 則於俎內祭.**

**직역** 凡히 羞에, 俎에 有한 者라면, 俎內에서 祭한다.

**의역** 무릇 음식 중에 도마에 담겨진 것이라면, 도마 사이에 덜어내지 않고, 도마 안에서 제사를 지낸다.

**集說** 羞在豆, 則祭之豆間之地. 俎長而橫於人之前, 則祭之俎內也.

**번역** 음식 중 두(豆)에 담겨진 것이라면, 두(豆) 사이의 자리에서 음식을 덜어내어 제사를 지낸다. 도마는 길이가 길고, 상대 앞에 가로로 진설되니, 도마 내에서 음식에 대한 제사를 지낸다.

**鄭注** 俎於人爲橫, 不得祭於間也.

**번역** 도마는 상대에 대해서 가로로 진설되어, 도마 사이에서 제사를 지낼 수 없다.

**孔疏** ●"凡羞"至"則坐". ○正義曰: 此一節廣明祭俎及羞膳之事.

**번역** ●經文: "凡羞"~"則坐". ○이곳 문단은 도마의 음식에 대해 제사를 지내고 여러 음식들을 차리는 일들에 대해서 폭넓게 나타내고 있다.

**孔疏** ●"凡羞有俎者, 則於俎內祭"者, 若羞在豆, 則祭於豆間, 若脩在俎, 則於俎內而祭. 俎在人前橫設, 俎內近人之處, 以俎於人爲橫, 不得祭於俎間也. 俎橫在人前, 故不得祭於俎外及兩俎間也.

**번역** ●經文: "凡羞有俎者, 則於俎內祭". ○만약 음식들 중 두(豆)에 담겨진 것이라면, 두(豆) 사이에 음식을 덜어내서 제사를 지내는데, 육포 중 도마에 담겨진 것이라면, 도마 안에서 음식에 대한 제사를 지낸다. 도마는 상대방 앞에 가로로 진설되고, 도마 내부는 상대와 가까운 지점이 되며, 도마는 상대에 대해서 가로로 진설되어, 도마 사이에 음식을 덜어내어 제사를 지낼 수 없다. 도마는 상대방 앞에 가로로 진설되기 때문에, 도마 밖 및 두 개의 도마 사이에 음식을 덜어내어 제사를 지낼 수 없다.

**【441a】**

君子不食圂腴.

**직역** 君子는 **圂腴**를 不食한다.

**의역** 군자는 개나 돼지의 창자를 먹지 않는다.

**集說** 圂, 與豢同, 謂犬豕也. 腴, 腸也. 犬豕亦食米穀, 其腹與人相似, 故不食其腸也.

**번역** '환(圂)'자는 '가축[豢]'과 동일하니, 개와 돼지를 뜻한다. '유(腴)'자는 창자[腸]를 뜻한다. 개와 돼지 또한 곡식을 먹어서, 그것의 창자는 사람의 것과 유사하다. 그렇기 때문에 그 창자를 먹지 않는 것이다.

**鄭注** 周禮"圂"作"豢", 謂犬豕之屬, 食米穀者也. 腴, 有似於[1]人穢.

**번역** 『주례』에서는 '환(圂)'자를 '환(豢)'자로 기록했으니, 개나 돼지 등속처럼 곡식을 먹는 짐승을 뜻한다. 유(腴)는 사람의 창자와 유사한 점이 있기 때문이다.

**釋文** 圂與豢同, 音患. 濊, 本又作穢, 紆廢反, 一音烏外反.

**번역** '圂'자는 '豢'자와 동일하니, 그 음은 '患(환)'이다. '濊'자는 판본에 따라서 또한 '穢'자로도 기록하니, 그 음은 '紆(우)'자와 '廢(폐)'자의 반절음이고, 다른 음은 '烏(오)'자와 '外(외)'자의 반절음이다.

**孔疏** ●"君子不食圂腴", 圂, 猪·犬也. 腴, 猪·犬腸也. 言猪·犬亦食米穀, 其腹與人相似, 故君子但食他處, 辟其腴, 謂腸胃也. 故鼎闕一也.

**번역** ●經文: "君子不食圂腴". ○'환(圂)'은 돼지와 개를 뜻한다. '유(腴)'는 돼지와 개의 창자를 뜻한다. 즉 돼지와 개 또한 곡식을 먹으니, 그것들의 창자는 사람의 것과 서로 유사하기 때문에, 군자는 단지 다른 부위만 먹고, 창자를 피한다는 뜻으로, 내장과 위 등을 피한다는 의미이다. 그렇기 때문에 솥에서 삶을 때에도 이것을 빼놓는 것이다.

**集解** 愚謂: 羊牛之腸胃用爲俎實, 而豕則不用, 故記者釋之.

**번역** 내가 생각하기에, 양이나 소의 내장과 위는 도마에 담는 음식으로 사용하는데, 돼지의 경우에는 사용하지 않는다. 그렇기 때문에 『예기』를 기록한 자가 그 이유를 설명한 것이다.

---

1) '어(於)'자에 대하여. '어'자는 본래 없던 글자인데, 완원(阮元)의 『교감기(校勘記)』에서는 "혜동(惠棟)의 『교송본(校宋本)』에는 '어'자가 기록되어 있고, 『송감본(宋監本)』·『악본(岳本)』·『가정본(嘉靖本)』 및 위씨(衛氏)의 『집설(集說)』에도 동일하게 기록되어 있다. 따라서 이곳 판본에는 '어'자가 누락된 것이다."라고 했다.

# • 제31절 •

## 음주 예절 Ⅱ

【441a】

**小子走而不趨, 擧爵則坐祭立飮.**

**직역** 小子는 走하되 不趨하며, 爵을 擧하면 坐하여 祭하고 立하여 飮한다.

**의역** 소자는 심부름을 할 때 달려가되 어른처럼 종종걸음으로 걷지 않는다. 술잔을 들게 되면, 무릎을 꿇고 술에 대한 제사를 지내고, 서서 술을 마신다.

**集說** 小子不敢與尊者並禮, 故行步擧爵, 皆異於成人也.

**번역** 소자는 감히 존장자와 함께 의례를 시행할 수 없기 때문에, 걸음걸이와 술잔을 드는 예절을 모두 성인(成人)들과 다르게 한다.

**鄭注** 小子, 弟子也. 卑, 不得與賓·介具備禮容也.

**번역** '소자(小子)'는 제자를 뜻한다. 신분이 미천하므로 빈객이나 개(介)처럼 의례절차를 갖추고 예법에 맞는 행동거지를 취할 수 없다.

**孔疏** ●"小子"至"立飮", 小子, 弟子也. 趨, 徐趨也. 弟子不得與賓主參預禮, 但給役使, 故宜驅走, 不得趨翔爲容也.

**번역** ●經文: "小子"~"立飮". ○'소자(小子)'는 제자를 뜻한다. '추(趨)'자는 종종걸음걸이로 천천히 걷는 것이다. 제자는 빈객 및 주인처럼 정식 의례에 참여할 수 없다. 다만 심부름하는 일에 참여할 수 있기 때문에,

심부름을 할 때에는 마땅히 달려가야 하며, 천천히 용모를 갖춰서 걸어갈 수 없다.

**孔疏** ●"擧爵則坐祭立飮"者, 謂弟子若得酒, 擧爵時則先以坐祭, 祭竟而立飮之也.

**번역** ●經文: "擧爵則坐祭立飮". ○제자가 만약 술을 받게 된다면, 술잔을 들 때 먼저 무릎을 꿇고서 술에 대한 제사를 지내고, 서서 술을 마신다는 뜻이다.

**集解** 愚謂: 成人有趨翔之容, 小子走而不趨, 是容不備. 成人擧爵坐祭, 遂飮之, 小子坐祭立飮, 是禮不備.

**번역** 내가 생각하기에, 성인(成人)은 천천히 걸으면서 예법에 맞는 용모를 갖추게 되는데, 소자들은 달리되 종종걸음으로 걷지 않으니, 예법에 맞는 용모를 갖추지 않는 것이다. 성인은 술잔을 들 때, 무릎을 꿇고서 술에 대한 제사를 지내고, 그 일이 끝나면 마시게 되는데, 소자는 무릎을 꿇고 제사를 지내며 서서 술을 마시니, 의례절차를 제대로 갖추지 않는 것이다.

【441a】

凡洗必盥.

**직역** 凡히 洗에는 必히 盥한다.

**의역** 무릇 술잔을 씻을 때에는 반드시 그보다 먼저 손을 씻어야 한다.

**集說** 洗, 洗爵也. 盥, 洗手也. 凡洗爵必先洗手, 示潔也.

**번역** '세(洗)'자는 술잔을 씻는다는 뜻이다. '관(盥)'자는 손을 씻는다는 뜻이다. 무릇 술잔을 씻을 때에는 반드시 손을 먼저 씻어서, 청결함을 보여야 한다.

**鄭注** 先盥乃洗爵, 先自絜也. 盥有不洗也.

**번역** 먼저 손을 씻은 뒤에 술잔을 씻으니, 우선 제 스스로 청결하게 해야 하기 때문이다. 손을 씻을 때에는 술잔을 씻지 않는 경우도 있다.

**釋文** 盥音管, 又古亂反.

**번역** '盥'자의 음은 '管(관)'이며, 또한 '古(고)'자와 '亂(란)'자의 반절음도 된다.

**孔疏** ●"凡洗必盥", 洗, 洗爵也. 盥, 洗手也. 凡飮酒必洗爵, 洗爵必宜先洗手也.

**번역** ●經文: "凡洗必盥". ○'세(洗)'자는 술잔을 씻는다는 뜻이다. '관(盥)'자는 손을 씻는다는 뜻이다. 무릇 술을 마실 때에는 반드시 술잔을 씻어야 하는데, 술잔을 씻을 때에는 반드시 그보다 먼저 손을 씻어야만 한다.

## • 제32절 •

# 음식과 관련된 예절 Ⅱ

【441a】

**牛羊之肺, 離而不提心.**

**직역** 牛羊의 肺는 離하되 心을 不提한다.

**의역** 소나 양의 폐에 대해서는 자르되 중앙 부분을 자르지 않는다.

**集說** 提, 猶絕也. 心, 中央也. 牛羊之肺雖割離之, 而不絕中央少許, 使可手絕之以祭也. 不言豕事, 事同可知.

**번역** '제(提)'자는 "자른다[絕]."는 뜻이다. '심(心)'자는 중앙을 뜻한다. 소나 양의 폐는 비록 잘라서 나누게 되지만, 중앙의 일정부분은 자르지 않으니, 손으로 끊어서 제사를 지낼 수 있게끔 하기 위해서이다. 돼지 등에 대해서 언급하지 않은 것은 그 사안이 동일하여, 동일하게 따른다는 사실을 알 수 있기 때문이다.

**鄭注** 提猶絕也. ▼(大/刲)離之, 不絕中央少者, 使易[1]絕以祭耳.

**번역** '제(提)'자는 "자른다[絕]."는 뜻이다. 즉 잘라내어 분리시키는데, 중앙의 일정부분은 자르지 않으니, 그것을 손으로 찢어서 제사를 지내게끔 하기 위해서이다.

---

1) '역(易)'자에 대하여. '역'자는 본래 '제(提)'자로 기록되어 있었는데, 손이양(孫詒讓)의 『교기(校記)』에서는 "'역'자는 『민본(閩本)』에 의해 고쳤다. 『무주본(撫州本)』에도 '역'자로 기록되어 있다."라고 했다.

**釋文** 不提心, 丁禮反, 注同, 絶句. 刲, 苦圭反. 𥝖, 本又作離, 同, 力兮反, 又力知反.

**번역** '不提心'에서의 '提'자는 '丁(정)'자와 '禮(례)'자의 반절음이며, 정현의 주에 나오는 글자도 그 음이 이와 같고, 이곳에서 구문을 끊는다. '刲'자는 '苦(고)'자와 '圭(규)'자의 반절음이다. '𥝖'자는 판본에 따라서 또한 '離'자로 기록하는데, 두 글자의 음은 동일하게, '力(력)'자와 '兮(혜)'자의 반절음이며, 또한 '力(력)'자와 '知(지)'자의 반절음도 된다.

**孔疏** ●"牛羊之肺, 離而不提心", 謂祭肺法也. 提, 猶絶也. 取肺刲離之, 不絶心, 心謂肺中央少許耳.

**번역** ●經文: "牛羊之肺, 離而不提心". ○희생물의 폐로 제사를 지내는 법도를 뜻한다. '제(提)'자는 "자른다[絶]."는 뜻이다. 폐를 도려내어 자르되, 중앙은 자르지 않으니, '심(心)'자는 폐의 중앙에 있는 일정 부분을 뜻할 따름이다.

**集解** 愚謂: 割離其四旁, 不絶其中央少許, 食時則絶之以祭也.

**번역** 내가 생각하기에, 네 옆면을 잘라서 분리하되, 중앙의 일정부분은 자르지 않으니, 음식을 먹을 때가 되면, 그 부위를 잘라내어 제사를 지내기 때문이다.

**集解** 肺有二: 一爲祭肺, 亦曰刌肺, 特牲記"刌肺三", 是也. 亦曰切肺, 少牢下篇"侑俎切肺一", 是也. 一爲擧肺, 亦曰離肺, 特牲記"離肺一", 是也. 亦曰嚌肺, 少牢下篇"羊肉湇嚌肺一", 是也. 祭肺爲祭而設, 擧肺爲食而設, 祭祀兼有二肺, 生人唯有擧肺. 有祭肺則擧肺但振祭而已, 無祭肺則於擧肺絶末以祭, 鄕飮酒禮"弗繚, 右絶末以祭", 是也. 賓尸禮有祭肺, 而擧肺亦絶祭者, 賓尸乃飮酒禮, 其有擧肺者正也, 其有祭肺, 乃以其爲尸而盛之. 故雖有二肺, 而祭·擧肺之禮不殺也.

**번역** 희생물의 폐를 사용하는 종류에는 두 가지가 있다. 첫 번째는 폐로 제사를 지내는 것이며, 이것을 또한 '촌폐(刌肺)'라고 부르니, 『의례』「특생궤식례(特牲饋食禮)」편의 기문(記文)에서 "촌폐(刌肺)가 셋이다."[2]라고 한 말이 그 용례이다. 이것을 또한 '절폐(切肺)'라고도 부르니, 『의례』「소뢰궤식례(少牢饋食禮)」 하편에서 "권유하는 자의 도마에는 절폐(切肺)가 하나이다."[3]라고 한 말이 그 용례이다. 다른 하나는 폐를 맛보는 것으로, 이것을 또한 '이폐(離肺)'라고 부르니, 「특생궤식례」편의 기문에서 "이폐(離肺)가 하나이다."[4]라고 한 말이 그 용례이다. 이것을 또한 '제폐(嚌肺)'라고 부르니, 「소뢰궤식례」 하편에서 "양고깃국과 제폐(嚌肺)가 하나이다."[5]라고 한 말이 그 용례이다. 제폐(祭肺)는 제사를 지내기 위해서 진설하는 것이며, 거폐(擧肺)는 먹기 위해서 진설하는 것인데, 제사에서는 이러한 두 가지 폐를 함께 진설하지만, 살아있는 자에 대해서는 오직 거폐만 진설한다. 제폐가 있다면 거폐의 경우에는 단지 진제(振祭)만 할 따름이며, 제폐가 없다면 거폐에 대해서는 끝부분을 잘라내어 제사를 지내는데, 『의례』「향음주례(鄕飮酒禮)」편에서 "요제(繚祭)[6]를 지내지 않으면, 오른손으로 끝부분을 잘라서 제사를 지낸다."[7]라고 한 말이 그 사실을 나

2) 『의례』「특생궤식례(特牲饋食禮)」 : 尸俎右肩·臂·臑·肫·胳, 正脊二骨, 橫脊, 長脅二骨, 短脅, 膚三, 離肺一, 刌肺三, 魚十有五, 腊如牲骨.

3) 『의례』「유사철(有司徹)」 : 侑俎, 豕左肩折·正脊一·脅一·膚三·切肺一, 載于一俎.

4) 『의례』「특생궤식례(特牲饋食禮)」 : 尸俎右肩·臂·臑·肫·胳, 正脊二骨, 橫脊, 長脅二骨, 短脅, 膚三, 離肺一, 刌肺三, 魚十有五, 腊如牲骨.

5) 『의례』「유사철(有司徹)」 : 羊肉湆, 臂一·脊一·脅一·腸一·胃一·嚌肺一, 載于一俎.

6) 요제(繚祭)는 구제(九祭) 중 하나이다. '요제'는 절제(絶祭)와 본래 같은 것으로, 계급에 따라 의례 절차가 많은 경우, 음식에 대해 지내는 제사를 '요제'라고 부르며, 의례 절차가 간소한 경우, 생략해서 지내는 제사를 '절제'라고 부른다.

7) 『의례』「향음주례(鄕飮酒禮)」 : 賓坐, 左執爵, 祭脯醢, 奠爵于薦西, 興右手取肺, 卻左手執本, 坐, 弗繚, 右絶末以祭, 尙左手嚌之, 興加于俎, 坐, 挩手, 遂

타낸다. 시동을 대접할 때의 예법에는 제폐가 포함되지만, 거폐의 경우에는 또한 그것을 잘라서 제사를 지내는데, 그 이유는 시동을 대접하게 되면, 음주를 하는 의례를 시행하게 되니, 거폐를 포함시키는 것이 정식 예법이 되며, 제폐를 포함시키는 것은 곧 시동을 위해서 융성한 대접을 하기 때문이다. 그래서 비록 두 가지 폐를 포함시키지만, 제폐와 거폐에 대한 예법을 경감시키지 않는 것이다.

**【441b】**

## 凡羞, 有湇者, 不以齊.

**직역** 凡히 羞에, 湇이 有한 者는 齊로써 하지 않는다.

**의역** 무릇 음식 중에 국물이 있는 것이라면, 조미를 가미하지 않는다.

**集說** 湇, 大羹也. 大羹不和, 故不用鹽梅之齊也.

**번역** '읍(湇)'은 대갱(大羹)[8]이다. 대갱에는 조미를 가미하지 않기 때문에,[9] 소금이나 매실 등의 조미료를 사용하지 않는다.

---

祭酒, 興, 席末坐, 啐酒, 降席坐, 奠爵, 拜告旨, 執爵興.

8) 대갱(大羹)은 조미료를 첨가하지 않은 고깃국이다. 『예기』「악기(樂記)」편에는 大饗之禮, 尙玄酒而俎腥魚, 大羹不和, 有遺味者矣."라는 기록이 있고, 이에 대한 정현의 주에서는 "大羹, 肉湇, 不調以鹽菜."라고 풀이했다.

9) 『예기』「예기(禮器)」【302a】: 有以素爲貴者, 至敬無文, 父黨無容. 大圭不琢, 大羹不和, 大路素而越席, 犧尊疏布鼏, 樿杓. 此以素爲貴也. / 『예기』「교특생(郊特牲)」【334a~b】: 酒醴之美, 玄酒明水之尙, 貴五味之本也. 黼黻文繡之美, 疏布之尙, 反女功之始也. 莞簟之安, 而蒲越稾鞂之尙, 明之也. 大羹不和, 貴其質也. 大圭不琢, 美其質也. 丹漆雕幾之美, 素車之乘, 尊其樸也. 貴其質而已矣. 所以交於神明者, 不可同於所安褻之甚也. 如是而后宜. / 『예기』「악기(樂記)」【458d】: 是故樂之隆, 非極音也. 食饗之禮非致味也. 淸廟之瑟朱弦而疏越, 壹倡而三歎, 有遺音者矣. 大饗之禮, 尙玄酒而俎腥魚, 大羹不和, 有

**鄭注** 齊, 和也.

**번역** '제(齊)'자는 조미료를 가미한다는 뜻이다.

**釋文** 湆, 起及反.

**번역** '湆'자는 '起(기)'자와 '及(급)'자의 반절음이다.

**孔疏** ●"凡羞有湆者, 不以齊", 庾云: "湆, 汁也." 若羞有汁, 則有鹽梅齊和. 若食者更調和之, 則嫌薄主人味, 故"不以齊"也. 賀瑒云: "凡湆皆謂大羹, 大羹不和也."

**번역** ●經文: "凡羞有湆者, 不以齊". ○유울은 "'읍(湆)'자는 국물이다."라고 했다. 만약 음식 중에 국물이 있는 것이라면, 미리 소금이나 매실 등의 조미를 가미하게 된다. 만약 식사를 하는 자가 재차 조미를 가미하게 된다면, 주인이 차려준 음식을 못마땅하게 여긴다는 혐의를 받는다. 그렇기 때문에 "조미를 가미하지 않는다."라고 말한 것이다. 하창[10]은 "무릇 읍(湆)이라고 부르는 것들은 모두 '대갱(大羹)'을 뜻하니, 대갱에는 조미를 가미하지 않는다."라고 했다.

**集解** 湆, 大羹也. 齊, 謂鹽梅之齊和也. 大羹不和.

**번역** '읍(湆)'은 대갱(大羹)이다. '제(齊)'자는 소금이나 매실 등의 조미를 가미하는 것을 뜻한다. 대갱에는 조미를 가미하지 않는다.

---

遺味者矣. 是故先王之制禮樂也, 非以極口腹耳目之欲也, 將以敎民平好惡而反人道之正也.

10) 하창(賀瑒, A.D.452~A.D.510) : 남조(南朝) 때의 학자이다. 남조의 제(齊)나라와 양(梁)나라에서 각각 활동하였다. 자(字)는 덕연(德璉)이다. 『예기신의소(禮記新義疏)』 등을 찬술하였다.

【441b】

## 爲君子擇葱薤, 則絶其本末. 羞首者, 進喙祭耳.

**직역** 君子를 爲하여 **葱薤**를 擇하면, 그 本末을 絶한다. 羞의 首한 者는 喙를 進하고 耳를 祭한다.

**의역** 군자를 위해서 파나 염교 등을 고르게 되면, 뿌리와 끝부분을 자른다. 음식 중 머리가 있는 것을 진설하게 되면, 입 쪽이 군자를 향하도록 진설하고, 군자는 귀 부분을 가져다가 음식에 대한 제사를 지낸다.

**集說** 喙, 口也. 以口向尊者, 而尊者先取耳以祭也.

**번역** '훼(喙)'자는 입을 뜻한다. 입을 존귀한 자 쪽으로 향하도록 하고, 존귀한 자는 먼저 귀 부분을 가져다가 제사를 지낸다.

**鄭注** 爲有萎乾. 耳出見也.

**번역** 자르는 것은 시들고 말라붙은 부분이 있기 때문이다. 귀는 돌출되어 있기 때문이다.

**釋文** 爲, 于僞反, 注同. 薤, 戶戒反. 萎乾, 上於範反, 又於僞反, 下音竿. 喙, 許穢反. 見, 賢遍反.

**번역** '爲'자는 '于(우)'자와 '僞(위)'자의 반절음이며, 정현의 주에 나오는 글자도 그 음이 이와 같다. '薤'자는 '戶(호)'자와 '戒(계)'자의 반절음이다. '萎乾'에서의 '萎'자는 '於(어)'자와 '範(범)'자의 반절음이며, 또한 '於(어)'자와 '僞(위)'자의 반절음도 되고, '乾'자의 음은 '竿(간)'이다. '喙'자는 '許(허)'자와 '穢(예)'자의 반절음이다. '見'자는 '賢(현)'자와 '遍(편)'자의 반절음이다.

**孔疏** ●"爲君"至"本末". ○本, 根也. 蔥薤根不淨, 末萎乾, 故擇者必絶其二處. 爲君子如此, 則非君子不然.

**번역** ●經文: "爲君"~"本末". ○'본(本)'자는 뿌리를 뜻한다. 파나 염교 등의 뿌리는 깨끗하지 않고, 끝부분은 말라붙었기 때문에, 고를 때에는 반드시 두 부분을 잘라낸다. 군자를 위해서 이처럼 한다면, 군자가 아닌 경우에는 이처럼 하지 않는다.

**孔疏** ●"羞首者, 進喙祭耳". 羞亦膳羞也. 首, 頭也. 喙, 口也. 若膳羞有牲頭者, 則進口以嚮尊者, 尊者若祭, 先取牲耳祭之也.

**번역** ●"羞首者, 進喙祭耳". ○'수(羞)'자 또한 음식을 뜻한다. '수(首)'자는 머리 부분을 뜻한다. '훼(喙)'자는 입을 뜻한다. 만약 음식 중 희생물의 머리가 포함된다면, 입 쪽이 존귀한 자를 향하도록 진설하고, 존귀한 자가 만약 음식에 대한 제사를 지내게 된다면, 먼저 희생물의 귀를 가져다가 제사를 지낸다.

**集解** 愚謂: 羞, 進也. 此篇言"羞"者五, 而義不同. "凡羞有俎者, 則於俎內祭", "凡羞有湇者, 不以齊", 此二"羞"字皆總指殽饌而言也. "未步爵, 不嘗羞", 此專謂庶羞也. "羞濡魚", "羞首", 此二"羞"字皆當爲進字之義. 此疏以羞爲膳羞, 非是. 祭耳, 謂羞之者先割耳以供尊者之祭, 與魚之祭膴同.

**번역** 내가 생각하기에, '수(羞)'자는 "진설한다[進]."는 뜻이다. 「소의」편에서 '수(羞)'자를 기록한 곳은 다섯 군데인데, 그 의미는 서로 다르다. "무릇 수(羞) 중 도마에 올린 것이라면, 도마 안에서 제사를 지낸다."라고 말하고, "무릇 수(羞) 중 국물이 있는 것은 조미를 가미하지 않는다."라고 한 말에서, 두 개의 '수(羞)'자는 모두 고기가 들어간 음식들을 총괄적으로 가리켜서 한 말이다. "아직 술잔이 돌아가는 중에는 수(羞)를 맛보지 않는다."라고 했는데, 이것은 전적으로 여러 종류의 찬들을 가리키는 말이다. '수유어(羞濡魚)'와 '수수(羞首)'라고 했을 때의 두 개의 '수(羞)'자는 모두 진설한다는 뜻의 글자가 된다. 따라서 이곳 공영달의 소에서 '수(羞)'자를 음식들로 여긴 것은 잘못된 주장이다. 귀로 제사를 지낸다는 말은 진설한 자가 먼저 귀 부분을 잘라내어, 존귀한 자가 제사를 지낼 수 있도록 바친다는 뜻이니, 물고기에 대해서 배 부분의 살로 제사지내는 것과 동일한 뜻이다.

# • 제33절 •

## 음주 예절 Ⅲ

【441b】

**尊者, 以酌者之左爲上尊.**

**직역** 尊者는 酌者의 左를 上尊으로 爲한다.

**의역** 술동이를 진설하는 자는 술을 따라주는 자의 좌측 방향을 상등의 술동이를 놓아두는 장소로 삼는다.

**集說** 尊者, 謂設尊之人也. 酌者, 酌酒之人也. 人君陳尊在東楹之西, 南北列之, 設尊者在尊西而向東, 以右爲上, 酌人在尊東而向西, 以左爲上, 二人俱以南爲上也. 上尊在南, 故云以酌者之左爲上尊.

**번역** '존자(尊者)'는 술동이를 진설하는 사람을 뜻한다. '작자(酌者)'는 술을 따라주는 사람을 뜻한다. 군주는 술동이를 진설할 때, 동쪽 기둥의 서쪽에 두고, 남북 방향으로 나열하는데, 술동이를 진설하는 자는 술동이의 서쪽에서 동쪽을 바라보게 되고, 우측을 존귀한 방위로 삼으며, 술을 따라주는 자는 술동이의 동쪽에서 서쪽을 바라보게 되고, 좌측을 존귀한 방위로 삼으며, 또 두 사람은 모두 남쪽을 존귀한 방향으로 삼는다. 상등의 술동이가 남쪽에 있기 때문에, "술을 따라주는 자의 좌측 방향을 상등의 술동이를 놓는 자리로 삼는다."라고 말한 것이다.

**鄭注** 尊者, 設尊者也. 酌者鄕尊, 其左則右尊也.

**번역** '존자(尊者)'자는 술동이를 진설하는 사람이다. 술을 따라주는 자는 술동이를 바라보게 되니, 그의 좌측 방향은 술동이를 우측으로 두는 것이다.

**釋文** 遵, 本又作尊, 注下皆同. 鄕, 許亮反, 下"鄕人"同.

**번역** '遵'자는 판본에 따라서 또한 '尊'자로도 기록하는데, 정현의 주와 아래문장에 나오는 글자도 모두 이와 같다. '鄕'자는 '許(허)'자와 '亮(량)'자의 반절음이며, 아래문장에 나오는 '鄕人'에서의 '鄕'자도 그 음이 이와 같다.

**孔疏** ●"尊者"至"嘗羞". ○此一節論設尊及折俎行爵嘗羞之儀. 尊者, 謂設尊人也. 人君陳尊在東楹之西, 於南北列之, 設尊之人, 在尊東西面, 以右爲上, 則尊以南爲上也. 酌謂酌酒人也. 酌人在尊東西面, 以左爲上, 亦上南也. 二人俱以南爲上也, 故云"以酌者之左爲上尊".

**번역** ●經文: "尊者"~"嘗羞". ○이곳 문단은 술동이를 진설하고, 절조[1]를 하며, 술잔을 나누고, 음식을 맛보는 의례를 논의하고 있다. '존자(尊者)'는 술동이를 진설하는 사람을 뜻한다. 군주는 술동이를 진설할 때, 동쪽 기둥의 서쪽에 두고, 남북 방향으로 나열하며, 술동이를 진설하는 자는 술동이의 동쪽에서 서쪽을 바라보고, 우측을 상등의 방위로 삼으니, 술동이의 남쪽은 상등의 방향이 된다. '작(酌)'은 술을 따라주는 사람을 뜻한다. 술을 따라주는 사람은 술동이의 동쪽에 서서 서쪽을 바라보고, 좌측을 상등의 방위로 삼으며, 또한 남쪽을 상등의 방향으로 삼는다. 두 사람은 모두 남쪽을 상등의 방향으로 삼기 때문에, "술을 따라주는 자의 좌측을 상등의 술동이를 놓는 장소로 삼는다."라고 말한 것이다.

---

1) 절조(折俎)는 제사나 연회를 시행할 때, 희생물을 도축하여, 사지를 해체하고, 그런 뒤에 도마 위에 올리게 되는데, 이 도마를 '절조'라고 부른다.

**孔疏** ◎注"尊者"至"尊也". ○正義曰: 庾云: "燕禮: '司宮尊于東楹之西, 兩方壺, 左玄酒南上.' 注玉藻云唯君面尊, 玄酒在南, 順君之面也. 下云: '公席阼階上, 西向.' 下又云: '執幕者升自西階, 立于尊南北面東上.' 案'左玄酒南上'之言, 是設尊者東向, 酌者西向, 設者之右, 則酌者之左也."

**번역** ◎鄭注: "尊者"~"尊也". ○유울이 말하길, "『의례』「연례(燕禮)」편을 살펴보면, '사궁(司宮)이라는 관리는 술동이를 동쪽 기둥의 서쪽에 두고, 양쪽 방위에 호(壺)를 두며, 좌측에 현주[2]를 두되 남쪽 끝에서부터 둔다.'[3]고 했고, 정현의 주에서는 『예기』「옥조(玉藻)」편에서, '오직 군주만이 술동이를 향해서 앉는다.'[4]라고 했는데, 이것은 현주가 남쪽에 있어서, 군주를 향하도록 술동이를 놓는 것이라고 했다. 그리고 「연례」편의 다음 문장에서는 '군주의 자리는 동쪽 계단 위에서 서쪽을 바라보도록 설치한다.'[5]라고 했고, 또 다음 문장에서는 '술동이의 덮개를 들고 있는 자는 서쪽 계단을 통해 오르고, 술동이의 남쪽에 서서 북쪽을 바라보니, 동쪽 끝에서부터 선다.'[6]라고 했다. '현주를 좌측으로 두되 남쪽 끝에서부터 둔다.'라고 한 말을 살펴보면, 이것은 술동이를 진설하는 자는 동쪽을 바

---

2) 현주(玄酒)는 고대의 제례(祭禮)에서 술 대신 사용한 물[水]을 뜻한다. '현주'의 '현(玄)'자는 물은 흑색을 상징하므로, 붙여진 글자이다. '현주'의 '주(酒)'자의 경우, 태고시대 때에는 아직 술이 없었기 때문에, 물을 술 대신 사용했다. 따라서 후대에는 이 물을 가리키며 '주'자를 붙이게 된 것이다. '현주'를 사용하는 것은 가장 오래된 예법 중 하나이므로, 후대에도 이러한 예법을 존숭하여, 제사 때 '현주' 또한 사용했던 것이며, '현주'를 술 중에서도 가장 귀한 것으로 여겼다. 『예기』「예운(禮運)」편에는 "故玄酒在室, 醴醆在戶."라는 기록이 있는데, 이에 대한 공영달(孔穎達)의 소(疏)에서는 "玄酒, 謂水也. 以其色黑, 謂之玄. 而太古無酒, 此水當酒所用, 故謂之玄酒."라고 풀이했다.

3) 『의례』「연례(燕禮)」: 司宮尊于東楹之西, 兩方壺, 左玄酒, 南上, 公尊瓦大兩, 有豐, 冪用綌若錫, 在尊南, 南上.

4) 『예기』「옥조(玉藻)」【378b】: 凡尊必尙玄酒. 唯君面尊. 唯饗野人皆酒. 大夫側尊用棜, 士側尊用禁.

5) 『의례』「연례(燕禮)」: 小臣設公席于阼階上, 西鄉, 設加席.

6) 『의례』「연례(燕禮)」: 執冪者升自西階, 立于尊南, 北面, 東上.

라보고, 술을 따르는 자는 서쪽을 바라보게 되어, 진설하는 자의 우측은 곧 술을 따라주는 자의 좌측이 된다는 사실을 나타낸다."라고 했다.

**集解** 愚謂: 上尊, 玄酒之尊也. 凡尊必上玄酒, 尊於房戶之間. 玄酒在西, 酌酒者向北, 以西爲左, 上尊在酌者之左也.

**번역** 내가 생각하기에, '상존(上尊)'은 현주(玄酒)를 담는 술동이이다. 무릇 술동이를 진설할 때에는 현주를 담은 것을 상등으로 높여서, 방과 문 사이에 술동이를 진설한다. 현주는 서쪽에 있고, 술을 따라주는 자는 북쪽을 향해 서서, 서쪽을 좌측으로 삼으니, 상등의 술동이는 술을 따라주는 자의 좌측에 놓인다.

**集解** 朱子曰: 設尊之法, 鄕飮酒云"玄酒在西", 鄕射云"左玄酒", 而鄭註云"設尊者北面, 西曰左", 卽此所謂"尊者以酌者之左爲上尊"者. 蓋言設尊之人, 方其設時, 卽預度酌酒人之左尊而實以玄酒也. 若燕禮, 則設尊者西面, 而左玄酒, 南上, 公乃卽位於阼階上, 則酌者不得背公, 自當東面以酌, 而上尊乃在其右矣. 故此經所云, 以爲爲鄕飮·鄕射言則可, 以爲爲燕禮言則正與之反. 鄭註旣不明, 而庾·孔皆引燕禮, 而反謂酌者西面, 其辟戾甚矣.

**번역** 주자가 말하길, 술동이를 진설하는 법도에 있어서, 『의례』「향음주례(鄕飮酒禮)」편에서는 "현주(玄酒)는 서쪽에 있다."[7]라고 했고, 「향사례(鄕射禮)」편에서는 "현주를 좌측에 둔다."[8]라고 했는데, 정현의 주에서는 "술동이를 진설하는 자는 북쪽을 바라보게 되어, 서쪽을 좌측이라고 부른다."라고 했으니, 이것은 곧 이곳 경문에서 "술동이를 진설하는 자는 술을 따라주는 자의 좌측을 상등의 술동이를 놓는 장소로 삼는다."라고 한 말에 해당한다. 아마도 이 말은 술동이를 진설하는 자는 술동이를 진설하려고 할 때, 미리 술을 따라주는 자의 좌측에 놓을 술동이 위치를 파악하

---

7) 『의례』「향음주례(鄕飮酒禮)」: 尊兩壺於房戶間, 斯禁, 有玄酒在西.
8) 『의례』「향사례(鄕射禮)」: 尊於賓席之東, 兩壺, 斯禁, 左玄酒, 皆加勺.

고, 그곳에 술동이를 진설하여 현주를 채우게 된다는 뜻이다. 만약 연례를 시행하는 경우라면, 술동이를 진설하는 자는 서쪽을 바라보고, 현주를 좌측으로 두어서, 남쪽 끝부터 두며, 군주가 곧 동쪽 계단 위에 있는 자리로 나아가게 되면, 술을 따라주는 자는 군주를 등지고 있을 수 없으니, 마땅히 직접 동쪽을 바라보며 술을 따라주고, 상등의 술동이는 그의 우측에 놓이게 된다. 그렇기 때문에 이곳 경문에서 말한 내용은 이것을 가지고 향음주례나 향사례를 시행하는 경우로 언급한다면 옳지만, 이것이 연례에 대한 경우를 뜻한다고 말한다면 정반대의 의미가 된다. 정현의 주에서는 이 내용을 명시하지 않았는데, 유울과 공영달은 모두 『의례』「연례(燕禮)」편의 내용을 인용하여, 반대로 술을 따라주는 자가 서쪽을 바라본다고 했으니, 매우 잘못된 주장이다.

**集解** 愚謂: 此所言, 不獨爲鄕飮·鄕射, 凡賓主體敵, 而尊于房戶間者, 其設尊皆如此. 又特牲禮"尊于戶東, 玄酒在西", 少牢"司宮尊兩甒于房戶之間", 則祭祀設尊亦以酌者之左爲上尊也. 唯君燕其臣則面尊, 而與此相反耳. 經泛言"尊"者, 所該者廣, 非專爲一禮也.

**번역** 내가 생각하기에, 이곳에서 언급한 내용은 향음주례나 향사례에만 국한되지 않으니, 무릇 빈객과 주인의 신분이 대등한 경우, 술동이는 방과 방문 사이에 놓이게 되고, 술동이를 진설하는 것을 모두 이처럼 하게 된다. 또한 『의례』「특생궤식례(特牲饋食禮)」편에서는 "방문의 동쪽에 술동이를 놓으니, 현주(玄酒)는 서쪽에 놓인다."[9]라고 했고, 『의례』「소뢰궤식례(少牢饋食禮)」편에서는 "사궁(司宮)은 방과 방문 사이에 한 쌍의 무(甒)를 진설한다."[10]라고 했으니, 제사를 지내며 술동이를 진설할 때에는 또한 술을 따라주는 자의 좌측을 상등의 술동이를 놓는 장소로 삼게

9) 『의례』「특생궤식례(特牲饋食禮)」: 尊于戶東, 玄酒在西. 實豆·籩·鉶, 陳于房中如初.

10) 『의례』「소뢰궤식례(少牢饋食禮)」: 司宮尊兩甒于房戶之間, 同棜, 皆有冪, 甒有玄酒.

된다. 다만 군주가 신하들에게 연회를 베풀게 되면, 술동이를 바라보게 되니, 이곳의 내용과 반대가 될 따름이다. 경문에서는 범범하게 '술동이[尊]'라고 언급했는데, 이것은 광범위한 경우를 풀이하기 위함이며, 전적으로 한 가지 의례만을 해석한 것이 아니다.

그림 33-1 ▣ 와무(瓦甒)

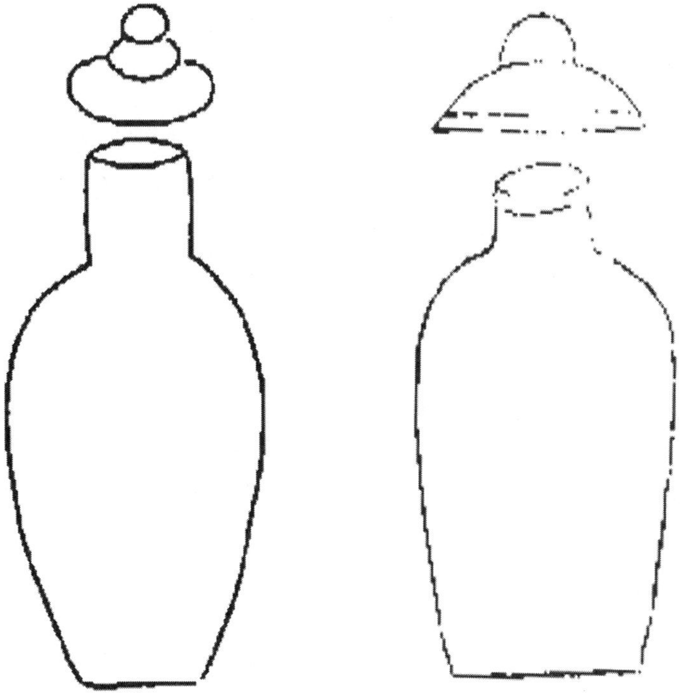

※ **출처:** 우-『삼재도회(三才圖會)』「기용(器用)」 2권
좌-『삼례도집주(三禮圖集注)』 12권

【441c】

尊壺者面其鼻.

**직역** 尊壺者는 그 鼻를 面한다.

**의역** 술동이나 호(壺)를 진설할 때에는 그것들의 코 부위가 존귀한 자를 향하도록 진설한다.

**集說** 尊與壺皆有面, 面有鼻, 鼻宜向尊者, 故云尊壺者面其鼻. 言設尊設壺, 皆面其鼻也.

**번역** 술동이와 호(壺)는 모두 얼굴에 해당하는 부분이 있고, 얼굴 부분에는 코로 여기는 부분이 있는데, 코 부위는 마땅히 존귀한 자를 향하도록 진설해야 한다. 그렇기 때문에 "술동이와 호(壺)는 그 코를 향하도록 한다."라고 말한 것이니, 술동이와 호(壺)를 진설할 때에는 그 코가 존귀한 자를 향하도록 진설해야 한다는 의미이다.

**鄭注** 鼻在面中, 言鄕人也.

**번역** 코 부분은 얼굴 부분에 있으니, 상대를 향하도록 진설한다는 뜻이다.

**孔疏** ●"尊壺者面其鼻"者, 尊與壺悉有面, 面有鼻, 鼻宜嚮於尊者, 故言"面其鼻"也.

**번역** ●經文: "尊壺者面其鼻". ○술동이와 호(壺)에는 모두 얼굴에 해당하는 부분이 있고, 얼굴 부분에는 코에 해당하는 부분이 있으니, 코 부위는 마땅히 존귀한 자를 향하도록 진설해야 한다. 그렇기 때문에 "그 코를 향하도록 한다."라고 말한 것이다.

**訓纂** 說文: 偭, 鄕也.

**번역** 『설문해자』에서 말하길, '면(偭)'자는 "향한다[鄕]."는 뜻이다.

**訓纂** 江氏永曰: 尊盛醴則特之, 無上下. 尊盛酒必有偶, 如有玄酒, 則玄酒尊爲上, 或兩尊皆酒, 亦必以一尊爲上. 設尊之人, 皆以酌者之左爲上尊. 如燕禮設尊於東楹西, 南北列之, 以南爲上. 酌者在尊東, 西面, 玄酒在酌者之左也. 鄕飮酒禮設尊於房戶間, 則玄酒在西, 酌者北面, 是亦在酌者之左也. 其餘設尊皆然. 以鄕飮設尊推之, 燕禮設尊之人亦當是向尊之面, 立於尊東. 孔疏謂"設尊者在尊西, 嚮東, 以右爲上". 設者之右, 爲酌者之左, 於經無據. 又但引燕禮, 而不及他說, 亦未備也. 壺有鼻, 以鼻爲面. 如燕禮"東楹西"之尊, 鼻向東; 鄕飮酒禮"房戶間"之尊, 鼻向南. 若燕禮尊, 士旅食於門西, 則鼻向北. 方氏謂"面其鼻, 示專惠", 非也. 專惠, 唯燕禮堂上尊面向君爲然, 若房戶間之尊, 與賓主夾之而向南, 則非專惠矣.

**번역** 강영이 말하길, 술동이에 오제(五齊)를 담는다면 그것을 하나로만 진설하니, 상하의 구분이 없다. 술동이에 삼주(三酒)를 담는다면 반드시 짝이 되도록 진설하는데, 만약 현주(玄酒)가 포함된다면 현주를 담은 술동이를 상등으로 삼고, 만약 두 개의 술동이에 모두 삼주를 담았다면, 이때에도 반드시 하나의 술동이를 상등의 술동이로 삼게 된다. 술동이를 진설하는 자는 모두 술을 따라주는 자의 좌측을 상등의 술동이를 놓는 자리로 여긴다. 예를 들어 『의례』「연례(燕禮)」편에서는 동쪽 기둥의 서쪽에 술동이를 진설하고, 남북 방향으로 진열하며, 남쪽을 상등의 방향으로 삼는다. 이때 술을 따라주는 자는 술동이의 동쪽에 있으며, 서쪽을 바라보게 되는데, 현주는 술을 따라주는 자의 좌측에 놓이게 된다. 또 『의례』「향음주례(鄕飮酒禮)」편에서는 방과 방문 사이에 술동이를 진설하니, 현주는 서쪽에 놓이게 되고, 술을 따라주는 자는 북쪽을 바라보니, 이 또한 술을 따라주는 자의 좌측에 놓이게 된다. 나머지 의례에서도 술동이를 진설하는 것은 모두 이와 같다. 「향음주례」편에서 술동이를 진설하는 법도로 미루어보면, 「연례」편에서 술동이를 진설하는 자 또한 마땅히 술동이를 바라보는 장소에 있게 되어, 술동이의 동쪽에 서 있게 된다. 그런데 공영달의 소(疏)에서는 "술동이를 진설하는 자는 술동이의 서쪽에 위치하여, 동쪽을 바라보고, 우측을 상등의 방향으로 삼는다."라고 했다. 술동이를 진설하는 자의 우측은 술을 따라주는 자의 좌측이 된다고 했는데, 경문에는 그 말의 근거로 삼을 만한 기록이 없다. 또 단지 「연례」편의 기록만을 인용하고, 다른 기록들을 언급하지 않았으니, 이 또한 명확한 설명이 아니다. 호(壺)에는 코에 해당하는 부분이 있고, 코가 있는 방향을 향하는 쪽으로 삼는다. 예를 들어 「연례」편에서 "동쪽 기둥의 서쪽에 둔다."라고 했을 때의 술동이는 코의 방향이 동쪽을 향하도록 하는 것이며, 「향음주례」편에서 "방과 방문 사이에 있다."라고 했을 때의 술동이는 코의 방향이 남쪽을 향하도록 하는 것이다. 연례 때 사용하는 술동이의 경우, 사(士)의 무리들은 문의 서쪽에서 음식을 먹으니, 술동이의 코는 북쪽을 향하도록 되어 있다. 따라서 방씨가 "그 코를 향하게 하는 것은 은혜를 오로지 함을 드러낸다."라고 풀이한 말은 잘못된 주장이다. 은혜를 오로지 한다는 것은 단지 연례를 치를 때 당상에 설치하는 술동이를 군주를 향하도록 설치하는 경우만 그러하며, 방과 방문 사이에 설치하는 술동이 및 빈객과 주인이 양옆에서 서로 술동이를 끼고 있어서 남쪽을 바라보도록 진설하는 술동이의 경우라면, 은혜를 오로지 하는 것이 아니다.

**集解** 愚謂: 尊壺, 亦謂設壺也. 上泛言"尊者", 此特言"尊壺", 則尊之有鼻者唯壺與. 面其鼻, 謂設尊或傍於壁, 或傍於楹, 而其鼻皆在外而向人也. 孔疏云, "尊鼻宜向尊者, 故面其鼻." 此誤解玉藻"唯君面尊"之語, 而專以此爲燕禮之尊耳. 唯君面尊, 謂君之面向尊也. 尊壺者面其鼻, 謂尊鼻之向外也. 若謂尊之鼻向君, 則非是. 燕禮"公在阼階上", 而"尊于東楹之西", 則尊傍於楹, 而鼻乃西向, 非向公也. 蓋尊面必與酌者相對, 燕禮酌者不得背公, 則尊不得向公矣.

**번역** 내가 생각하기에, '존호(尊壺)' 또한 호(壺)를 진설한다는 뜻이다.

앞에서는 범범하게 '술동이[尊者]'라고 했고, 이곳에서는 특별히 '존호(尊壺)'라고 했으니, 술동이 중 코 부분이 있는 것은 오직 호(壺)에만 해당했을 것이다. '면기비(面其鼻)'라는 말은 술동이를 진설할 때 어떤 경우에는 벽 옆에 두고, 또 어떤 경우에는 기둥 옆에 두는데, 술동이의 코 방향은 모두 밖을 향하여, 상대를 바라보도록 되어 있다는 뜻이다. 공영달의 소(疏)에서는 "술동이의 코는 마땅히 존귀한 자를 향하도록 해야 한다. 그렇기 때문에 그 코를 향하도록 한다."라고 했는데, 이것은 『예기』「옥조(玉藻)」편에 기록된 '유군면존(唯君面尊)'이라는 말을 잘못 이해하여, 이 내용을 전적으로 연례 때의 술동이에 대한 것으로만 여겼기 때문이다. '유군면존(唯君面尊)'이라는 말은 군주가 바라보는 곳이 술동이를 향하도록 한다는 뜻이다. '존호자면기비(尊壺者面其鼻)'라는 말은 술동이의 코가 밖을 향하도록 진설한다는 뜻이다. 만약 술동이의 코 부분이 군주를 향한다는 뜻이라고 한다면 잘못된 주장이다. 『의례』「연례(燕禮)」편에서는 "군주는 동쪽 계단 위에 있다."라고 했고, "동쪽 기둥의 서쪽에 술동이를 진설한다."라고 했으니, 술동이는 기둥 옆에 진설하는 것이고, 코는 서쪽을 바라보도록 되니, 군주를 향하게 되지 않는다. 무릇 술동이가 향하는 방향은 반드시 술을 따라주는 자와 서로 대비가 되는데, 연례를 시행할 때 술을 따라주는 자는 군주를 등지고 있을 수 없으니, 술동이는 군주를 향하도록 진설할 수 없다.

【441c】

**飮酒者, 禨者·醮者, 有折俎不坐, 未步爵不嘗羞.**

**직역** 酒를 飮한 者는 禨者와 醮者에, 折俎가 有하면 不坐하고, 爵이 未步하면 羞를 不嘗한다.

**의역** 술을 마실 경우, 그것이 목욕을 한 후에 마시는 것이거나 관례(冠禮)를 치른 뒤에 마시는 것이라면, 절조(折俎)'가 있는 경우에는 자리에 앉지 않고, 무산작의 의례에서 술잔을 아직 돌리지 않았다면, 음식들을 맛보지 않는다.

**集說** 禨, 沐而飮酒也. 醮, 冠而飮酒也. 折俎, 折骨體於俎也. 禨醮小事爲卑, 折俎禮盛, 故禨醮而有折俎則不坐, 無俎則可坐也. 步, 行也. 無算爵之禮, 行爵之後乃得嘗羞, 謂庶羞也. 若正羞脯醢, 則飮酒之前得嘗之.

**번역** '기(禨)'자는 목욕을 하고 술을 마신다는 뜻이다. '초(醮)'자는 관례(冠禮)를 치르고 술을 마신다는 뜻이다. '절조(折俎)'는 희생물의 뼈와 몸체를 갈라서 도마에 올린 것을 뜻한다. 목욕을 한 후에 술을 마시거나 관례를 치르고 술을 마시는 것은 작은 일에 해당하여 상대적으로 미천한 의례인데, 절조를 차리는 예법은 융성한 것이기 때문에, 목욕을 하고 술을 마시거나 관례를 치르고 술을 마시는데, 절조가 차려지게 된다면 자리에 앉지 않고, 절조가 없다면 앉을 수 있다. '보(步)'자는 "시행하다[行]."는 뜻이다. 무산작[11]의 의례를 시행할 때, 술잔을 돌린 이후라면, 곧 음식을 맛볼 수 있으니, 여기에서 말한 '수(羞)'는 곧 여러 찬들을 뜻한다. 만약 정찬이나 포 및 육장[醢]의 경우라면, 술을 마시기 전에도 맛볼 수 있다.

**鄭注** 折俎尊, 徹之乃坐也. 已沐飮曰禨. 酌始冠曰醮. 步, 行也.

**번역** 절조(折俎)는 존귀한 것이니, 그것을 치우면 곧 자리에 앉는다. 목욕을 끝내고서 술을 마시는 것을 '기(禨)'라고 부른다. 처음 관(冠)을 씌워주며 술을 따라주는 것을 '초(醮)'라고 부른다. '보(步)'자는 "시행하다[行]."는 뜻이다.

---

11) 무산작(無筭爵)은 술잔의 수를 헤아리지 않는다는 뜻이다. 여수(旅酬)를 한 이후에, 빈객들의 제자들과 형제들의 자제들은 각각 그들의 수장에게 술을 따르고, 잔을 들어 올리는 것도 각각 그들의 수장에게 한다. 그리고 빈객들이 잔을 가져다가, 형제들 집단에 술을 권하고, 장형제(長兄弟)들은 잔을 가져다가 빈객의 무리들에게 술을 권하게 된다. 이처럼 여러 차례 술을 따르고 권하기 때문에, 이러한 절차를 '무산작'이라고 부르는 것이다.

**釋文** 禨, 其記反. 醮, 子笑反. 折, 之設反, 下及注皆同. 冠, 古亂反.

**번역** '禨'자는 '其(기)'자와 '記(기)'자의 반절음이다. '醮'자는 '子(자)'자와 '笑(소)'자의 반절음이다. '折'자는 '之(지)'자와 '設(설)'자의 반절음이며, 아래문장 및 정현의 주에 나오는 글자도 모두 그 음이 이와 같다. '冠'자는 '古(고)'자와 '亂(란)'자의 반절음이다.

**孔疏** ●"飮酒者", 則下文"禨者"·"醮者", 是也, 總以"飮酒"目之. 禨者, 謂沐而飮酒, 醮者, 謂冠而飮酒者.

**번역** ●經文: "飮酒者". ○그 뒤에 나오는 '기자(禨者)'나 '초자(醮者)'가 바로 이러한 경우에 해당하니, 이러한 것들을 총괄적으로 "술을 마신다."는 말로 지목한 것이다. '기자(禨者)'라는 것은 목욕을 하고서 술을 마신다는 뜻이며, '초자(醮者)'라는 것은 관례(冠禮)를 치른 뒤에 술을 마신다는 뜻이다.

**孔疏** ●"有折俎不坐"者, 折俎[12], 謂折骨體於俎也. 禨·醮者, 若有[13]折俎爲尊, 禨·醮小事爲卑, 故不得坐也. 折俎所以爲尊者, 賀云: "折俎則殽饌尊." 故冠禮: 庶子冠于房戶之前, 而冠者受醮不敢坐, 及禨者並不敢坐也. 按鄕飮酒·燕禮有折俎者皆不坐, 獨云禨者·醮者不坐者, 以禨者·醮者無酒俎之時則得坐, 嫌畏有折俎亦坐, 故特明之, 云"有折俎不坐".

**번역** ●經文: "有折俎不坐". ○'절조(折俎)'라는 것은 희생물의 뼈와

12) '조(俎)'자에 대하여. '조'자는 본래 없던 글자인데, 완원(阮元)의 『교감기(校勘記)』에서는 "혜동(惠棟)의 『교송본(校宋本)』에는 '위(謂)'자 앞에 '조'자가 기록되어 있으니, 이곳 판본에는 글자가 누락된 것이다."라고 했다.

13) '유(有)'자에 대하여. '유'자는 본래 없던 글자인데, 완원(阮元)의 『교감기(校勘記)』에서는 "혜동(惠棟)의 『교송본(校宋本)』에는 '절(折)'자 앞에 '유'자가 기록되어 있고, 위씨(衛氏)의 『집설(集說)』에도 동일하게 기록되어 있다. 따라서 이곳 판본에는 '유'자가 누락된 것이다."라고 했다.

몸체를 잘라내서 도마에 올린 것을 뜻한다. 목욕을 한 뒤에 술을 마시거나 관례(冠禮)를 치른 뒤에 술을 마실 때, 만약 절조가 있다면 존귀한 예법이 되고, 목욕을 한 뒤에 술을 마시거나 관례를 치른 뒤에 술을 마시는 것은 작은 일이 되어 상대적을 미천한 의례가 된다. 그렇기 때문에 자리에 앉을 수 없다. 절조가 존귀한 예법이 되는 이유에 대해서, 하창은 "절조를 차리게 된다면, 고기 요리를 내놓아서 존귀하게 높이는 것이다."라고 했다. 그래서 『의례』「사관례(士冠禮)」편에서는 서자(庶子)의 경우 방문 앞에서 관례를 치르는데, 관례를 치른 자는 초(醮)를 받지만 감히 앉을 수 없다고 했고, 목욕을 한 뒤에 술을 마실 때에도 모두 감히 앉을 수가 없다. 『의례』「향음주례(鄕飮酒禮)」편과 「연례(燕禮)」편을 살펴보면, 절조가 있는 경우에는 모두 자리에 앉을 수 없는데, 유독 "목욕을 한 뒤에 술을 마시거나 관례를 치른 뒤에 술을 마실 때에는 자리에 앉지 않는다."라고 한 이유는 목욕을 한 뒤에 술을 마시고 관례를 치르며 술을 마실 때, 특별히 술을 위해 도마에 차려낸 음식이 없다면, 자리에 앉을 수 있는데, 혹시 절조가 있을 때에도 또한 앉을 수 있다는 오해를 하게 될까봐 특별히 명시를 하여, "절조가 있으면 자리에 앉지 않는다."라고 말한 것이다.

**孔疏** ●"未步爵, 不嘗羞"者, 步, 行也. 羞, 殽羞也. 殽羞本爲酒設, 若爵未行而先嘗羞, 是貪食矣, 故不先爵嘗之也. 此謂無筭爵之時. 羞, 庶羞, 行爵之後始嘗之. 若正羞脯醢折俎, 未飮酒之前則嘗之. 故鄕飮酒·鄕射·燕禮·大射獻後乃薦賓, 皆先祭脯醢, 嚌肺, 乃飮卒爵.

**번역** ●經文: "未步爵, 不嘗羞". ○'보(步)'자는 "시행하다[行]."는 뜻이다. '수(羞)'자는 고기 요리이다. 고기 요리는 본래 술을 위해서 진설하는 것인데, 만약 술잔을 돌리는 절차가 시행되지 않았는데, 먼저 그 음식들을 맛본다면, 이것은 음식을 탐하는 꼴이 된다. 그렇기 때문에 먼저 술잔을 돌리기 이전에는 맛보지 않는 것이다. 여기에서 말한 절차는 무산작의 의례를 시행하는 때를 뜻한다. '수(羞)'는 여러 음식들을 뜻하니, 술잔을 돌린 이후에야 비로소 맛볼 수 있다. 만약 정찬이나 포 및 육장, 그리고 절조의 경우에는 아직 술을 마시기 이전이라도 맛볼 수 있다. 그렇기 때문에 『의례』「향음주례(鄕飮酒禮)」·「향사례(鄕射禮)」·「연례(燕禮)」·「대사례(大射禮)」편에서는 술을 바친 후라면, 빈객에게 음식을 바치니, 이 모두에 대해서는 먼저 포와 육장 등으로 제사를 지내고, 희생물의 폐를 맛보게 되며, 그런 뒤에는 술을 마셔서 잔을 비우게 된다.

**訓纂** 江氏永曰: 飮酒者, 謂凡燕飮也. 沐而飮, 冠而醮, 禮盛則有折俎.

**번역** 강영이 말하길, '술을 마시는 경우'라는 말은 무릇 연회를 하며 술을 마시는 경우를 총칭한다. 목욕을 한 후에 술을 마시고, 관례(冠禮)를 치른 뒤에 술을 마시는 경우, 예법을 융성하게 한다면 절조(折俎)를 차리게 된다.

**訓纂** 劉氏台拱曰: 飮酒也, 禨也, 醮也, 凡三事.

**번역** 유태공이 말하길, 술을 마시는 것, 목욕을 하고 술을 마시는 것, 관례(冠禮)를 치르고 술을 마시는 것들은 모두 세 가지 사안이 된다.

**集解** 愚謂: 飮酒, 卽燕禮也. 左傳, "齊侯欲享, 公子家曰, '朝夕立於其廷, 又何享焉? 其飮酒也.' 乃飮酒." 鄕飮酒·燕禮牲皆用狗, 是其禮同明矣. 左傳"季氏飮大夫酒", 國語"公父文伯飮南宮敬叔酒", 是飮酒之類多矣. 醮, 謂冠禮饗賓也. 冠禮醴賓以一獻之禮, 此云"醮"者, 蓋冠禮於冠者有醴有醮, 用醴則曰醴, 用酒則曰醮, 其於賓亦然. 折俎, 折牲體爲俎也. 三事禮末皆坐, 其初有折俎時則不坐, 折俎尊也. 故鄕飮酒·鄕射皆云, "'請坐於賓.' 賓辭以俎. 主人請徹俎." 燕禮司正"請徹俎, 公許, 告于賓. 賓北面坐取俎以降, 膳宰徹公俎", 乃皆坐. 是有折俎時不坐也.

**번역** 내가 생각하기에, '음주(飮酒)'라는 말은 연례를 시행한다는 뜻이다. 『좌전』에서는 "제(齊)나라 후작이 향연을 시행하고자 했는데, 공자가(公子家)는 '저희 군주께서는 조석으로 제나라 조정에 참가하시는데, 또한 어찌 향연을 받으시겠습니까? 간단히 연회만 받으실 수 있습니다.'라고 했다. 그래서 간소하게 연회를 했다."[14]라고 했다. 그리고 『의례』「향음주례(鄕飮酒禮)」편과 「연례(燕禮)」편에서는 희생물을 사용할 때 모두 개를 이용했으니, 그 예법을 동일하게 시행했음이 분명하다. 『좌전』에서는 "계씨(季氏)가 대부에게 연회를 베풀었다."[15]라고 했고, 『국어(國語)』에서는 "공보문백(公父文伯)은 남궁경숙(南宮敬叔)에게 연회를 베풀었다."[16]라고 했다. 이것은 연회를 하며 술을 마셨던 방법에 다양한 종류가 있었음을 뜻한다. '초(醮)'자는 관례(冠禮)를 치르며 빈객들에게 향연을 베푼다는 뜻이다. 관례에서 빈객에게 례주를 따라줄 때에는 일헌(一獻)의 예법으로써 하는데, 이곳에서는 '초(醮)'라고 했으니, 무릇 관례를 치를 때, 관(冠)을 쓰는 자에 대해서는 례(醴)를 하는 경우도 있고 초(醮)를 하는 경우도 있기 때문이니, 단술을 쓴다면 그것을 '례(醴)'라고 부르고, 일반 술을 쓴다면 그것을 '초(醮)'라고 부르니, 빈객에 대한 예법 또한 이와 같다. '절조(折俎)'는 희생물의 몸체를 잘라서 도마에 올린 것이다. 세 가지 사안의 의례에서는 막바지에 모두 자리에 앉게 되지만, 최초 절조가 있을 때라면 앉지 않으니, 절조는 존귀한 것이기 때문이다. 그래서 『의례』「향음주례」편과 「향사례(鄕射禮)」편에서는 모두 "'빈객에게 앉기를 청합니다.'라고 말하고, 빈객이 도마에 대해서 사양을 한다. 주인이 도마를 치울 것을 청한다."라고 한 것이다.[17] 『의례』「연례(燕禮)」편에서는 사정(司正)이 "도마를 치울 것을 청하면, 군주가 허락을 하고, 빈객에게 알린다.

---

14) 『춘추좌씨전』「소공(昭公) 27년」 : 冬, 公如齊, 齊侯請饗之. 子家子曰, "朝夕立於其朝, 又何饗焉, 其飮酒也." 乃飮酒, 使宰獻, 而請安.

15) 『춘추좌씨전』「양공(襄公) 23년」 : 臧紇曰, "飮我酒, 吾爲子立之." 季氏飮大夫酒, 臧紇爲客.

16) 『국어(國語)』「노어하(魯語下)」 : 公父文伯飮南宮敬叔酒, 以露睹父爲客.

17) 『의례』「향음주례(鄕飮酒禮)」 : 主人曰, "請坐于賓." 賓辭以俎. 主人請徹俎, 賓許. / 『의례』「향사례(鄕射禮)」 : 司正升自西階, 阼階上受命于主人, 適西階上北面請坐于賓. 賓辭以俎. 反命于主人. 主人曰, "請徹俎." 賓許.

빈객은 북쪽을 바라보며 앉아서 도마를 들고 내려가며, 선재(膳宰)는 군주의 도마를 치운다."[18]라고 했고, 그리고는 곧 모두 자리에 앉는다. 이것이 절조가 있을 때에는 자리에 앉지 않는다는 뜻을 나타낸다.

**集解** 鄭氏謂"醮爲酌始冠者", 非也. 冠禮每加皆醮, 至三醮乃有折俎, 而於初醮·再醮時亦不坐. 蓋酌始冠者之禮, 皆無酬酢, 無論其爲醴·爲醮與折俎之有無, 皆無坐而飮酒之事也. 醴賓用壹獻之禮, 贊冠者爲介, 贊者皆與, 則是名雖曰醮, 而實爲燕禮之輕者, 故曾子問謂之"饗". 壹獻之後, 有旅酬·無筭爵, 而贊者皆與於飮焉. 故至其末, 則徹俎而坐而飮酒, 若未徹俎, 則不得坐也, 故曰"有折俎者不坐".

**번역** 정현이 "'초(醮)'자는 처음 관(冠)을 씌워줄 때 술을 따라주는 것이다."라고 했는데, 잘못된 주장이다. 관례(冠禮)를 치를 때에는 매번 관을 씌워줄 때마다 모두 초(醮)를 따라서 주니, 세 차례 술을 따라주게 되면, 곧 절조(折俎)를 두게 되고, 최초 초(醮)를 따라주고, 두 번째 초(醮)를 따라줄 때에는 모두 자리에 앉지 않는다. 무릇 최초 관(冠)을 씌워줄 때 술을 따라주는 예법에서는 모두 술을 권하는 절차가 없으니, 례(醴)를 하거나 초(醮)를 하는 차이와 절조의 유무를 논할 필요가 없이, 모두 앉아서 술을 마시는 일이 없다. 빈객에게 례(醴)를 할 때에는 일헌(一獻)의 예법을 사용하고, 관례를 돕는 자는 개(介)가 되며, 의례 절차를 돕는 자들은 모두 참여를 하니, 이러한 절차에 대해서 비록 '초(醮)'라고 했지만, 실제로는 연례 중에서도 비교적 덜 중요한 것이다. 그렇기 때문에 『예기』「증자문(曾子問)」편에서는 이것을 '향(饗)'이라고 부른 것이다. 일헌을 한 이후에는 여수와 무산작의 절차가 포함되며, 의례를 돕는 자들은 모두 음주에 참여하게 된다. 그렇기 때문에 그 끝부분에 이르게 되면, 도마를 치우고 자리에 앉아서 술을 마시는데, 만약 아직 도마를 치우지 않았다면,

18) 『의례』「연례(燕禮)」: 升自西階, 東楹之東請徹俎. 降, 公許. 告於賓. 賓北面取俎以出. 膳宰徹公俎, 降自阼階以東.

자리에 앉을 수 없다. 그렇기 때문에 "절조가 있다면 앉지 않는다."라고 말한 것이다.

**集解** 孔疏謂"飮酒者卽下'禨者·醮者', 總以飮酒目之", 非也. 此平列三事, 不得以飮酒包禨·醮也. 疏又云"折俎尊, 禨醮小事卑, 故不得坐", 亦非也. 鄕飮酒·燕禮亦徹俎乃坐, 非因禨·醮禮卑不得坐也. 疏又云"庶子冠于房戶之前, 冠者受醮, 不敢坐", 亦非也. 庶子冠於房戶之間, 因醮焉. 而冠義云"醮於客位", 則適子亦有醮禮, 是冠禮初不以醴與醮分適·庶也. 冠者受酌, 本無坐法, 雖醴亦然, 非所謂"不敢坐"也. 疏又云"鄕飮酒·燕禮有折俎者皆不坐, 獨言'禨·醮不坐'者, 以禨·醮無折俎之時則得坐, 嫌畏有折俎亦坐, 故特明之", 亦非也. 鄕飮酒·燕禮無折俎之時亦坐, 豈獨禨醮乎?

**번역** 공영달의 소(疏)에서는 "술을 마신다는 경우는 뒤에 나오는 기자(禨者)와 초자(醮者)에 해당하니, 술을 마신다는 것으로 총괄적으로 지목한 것이다."라고 했는데, 이것은 잘못된 주장이다. 이 문장은 세 가지 사안을 나열한 것으로, '음주(飮酒)'라는 말이 기자(禨者)와 초자(醮者)를 포괄할 수 없다. 소에서는 또한 "절조(折俎)는 존귀하고, 기자(禨者)와 초자(醮者)는 작은 일이므로 상대적으로 미천한 의례이기 때문에, 앉을 수 없다."라고 했는데, 이 또한 잘못된 주장이다. 『의례』「향음주례(鄕飮酒禮)」편과 「연례(燕禮)」편에는 또한 도마를 치운 뒤에야 자리에 앉았으니, 기자(禨者)와 초자(醮者)가 상대적으로 미천한 의례이므로 자리에 앉을 수 없는 것이 아니다. 소에서는 또한 "서자(庶子)는 방문 앞에서 관례(冠禮)를 치르고, 관례를 치르는 자는 초(醮)를 받고, 감히 앉지 않는다."라고 했는데, 이 또한 잘못된 주장이다. 서자가 방과 방문 사이에서 관례를 치르는 것은 초(醮) 때문이다. 그런데 『예기』「관의(冠義)」편에서는 "빈객의 위치에서 초(醮)를 한다."[19]라고 했으니, 적자의 경우에도 초례(醮禮)가

19) 『예기』「관의(冠義)」【689c】: 故冠於阼, 以著代也. 醮於客位, 三加彌尊, 加有成也. 已冠而字之, 成人之道也.

포함되므로, 이것은 관례를 치르는 초반에는 례(醴)와 초(醮)로 적자와 서자의 구분을 지을 수 없음을 나타낸다. 관례를 치르는 자가 따라준 술잔을 받을 때에는 본래부터 앉아서 술을 마시는 법도가 없고, 비록 례(醴)라 하더라도 또한 이와 같으니, "감히 앉지 못한다."라는 말에 해당하지 않는다. 소에서는 또한 "「향음주례」편과 「연례」편에서는 절조(折俎)가 포함된 경우 모두 자리에 앉지 않는데, 유독 '기자(禨者)와 초자(醮者)에 자리에 앉지 않는다.'라고 말한 것은 기자(禨者)와 초자(醮者)에 절조가 없는 때라면, 자리에 앉을 수 있는데, 절조가 있을 때에도 또한 앉을 수 있다는 오해를 일으키게 될까봐 특별히 명시한 것이다."라고 했는데, 이 또한 잘못된 주장이다. 「향음주례」편과 「연례」편에서는 절조(折俎)가 없을 때에도 또한 자리에 앉는데, 어찌 기자(禨者)와 초자(醮者)인 경우만이겠는가?

**集解** 愚謂: 旅酬無筭爵之爵謂之行. 燕禮"公坐, 取賓所媵觶, 興, 唯公所賜", "乃就席, 坐行之", 又曰"執散爵者乃酌行之", 是也. 鄕飮酒禮"乃羞, 無算爵", 是設羞在無算爵之先. 然設羞本爲案酒, 未步爵之時雖已設羞, 而不得輒嘗也.

**번역** 내가 생각하기에, 여수를 하고 무산작의 의례를 시행할 때 술잔을 돌리는 것을 '행(行)'이라고 부른다. 『의례』「연례(燕禮)」편에서는 "군주가 앉아서, 빈객이 따라준 치(觶)를 가져다가 일어나니, 오직 군주가 하사한 술잔인 경우이다."라고 했고, "곧 자리로 나아가서 앉아서 행(行)한다."라고 했고, 또 "산작(散爵)을 잡는 자는 곧 술을 따라서 행(行)한다."라고 했다. 『의례』「향음주례(鄕飮酒禮)」편에서는 "곧 수(羞)를 차리니, 무산작을 한다."라고 했다. 이것은 곧 수(羞)를 차리는 것이 무산작을 하는 절차보다 이전이 됨을 나타낸다. 그런데 수(羞)를 차리는 것은 본래 술을 차려내기 위해서인데, 미보작(未步爵)의 때에는 비록 이미 수(羞)를 차려놨다고 하더라도, 갑자기 맛볼 수 없다.

그림 33-2 ▣ 산(散)

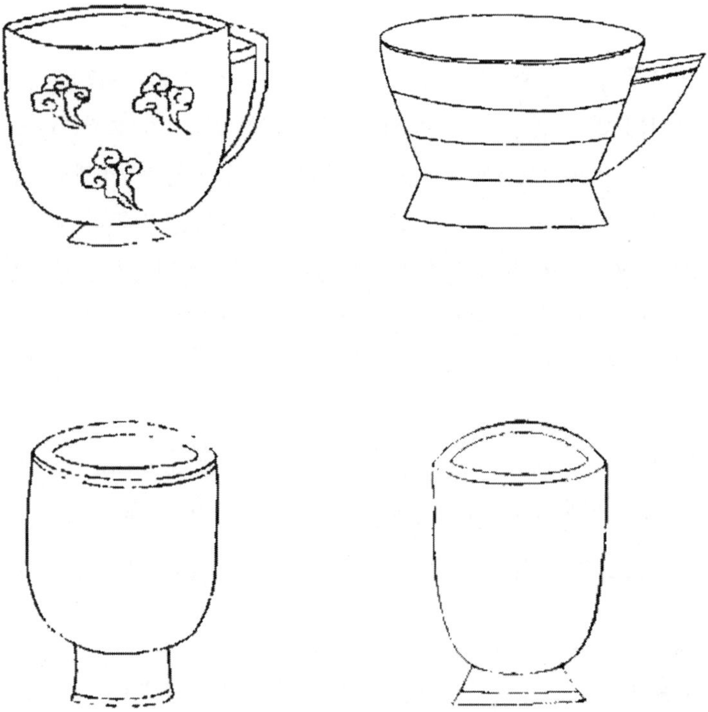

※ **출처:** 상좌-『삼례도집주(三禮圖集注)』 12권 ; 상우-『삼례도(三禮圖)』 3권
하좌-『육경도(六經圖)』 6권 ; 하우-『삼재도회(三才圖會)』「기용(器用)」 2권

# • 제34절 •

## 음식과 관련된 예절 III

【441d】

**牛與羊魚之腥, 聶而切之爲膾. 麋鹿爲菹, 野豕爲軒, 皆聶而不切. 麕爲辟雞, 兎爲宛脾, 皆聶而切之. 切葱若薤, 實之醯以柔之.**

**직역** 牛와 羊·魚의 腥은 **聶**하고 切해서 膾로 爲한다. **麋**鹿은 菹로 爲하고, 野豕는 軒으로 爲하니, 皆히 **聶**하되 不切한다. 麕은 **辟雞**로 爲하고, 兎는 宛脾로 爲하니, 皆히 **聶**하고 切한다. **葱**과 **薤**는 切하고, **醯**에 實하여 柔한다.

**의역** 소나 양 및 물고기 중 생고기에 대해서는 얇게 저며서 잘라내어 회(膾)로 만든다. 큰 사슴과 사슴은 저(菹)로 만들고, 야생 돼지는 헌(軒)으로 만드니, 모두 얇게 저미되 잘라내지 않는다. 노루는 벽계(**辟雞**)로 만들고, 토끼는 완비(宛脾)로 만드니, 얇게 저며서 잘라낸다. 파와 염교는 잘라서 식초에 담가 부드럽게 만든다.

**集說** 聶而切之者, 謂先聶爲大臠, 而後報切之爲膾也. 餘見內則.

**번역** 얇게 저며서 잘라내는 것은 먼저 저며서 큰 덩어리로 자르고, 그 후에 재차 잘라서 회로 만든다는 뜻이다. 나머지 설명은 『예기』「내칙(內則)」편에 나온다.[1)]

---

1) 『예기』「내칙(內則)」【358d~359a】에는 "肉腥細者爲膾, 大者爲軒. 或曰: '麋鹿魚爲菹, 麕爲辟雞, 野豕爲軒, 兎爲宛脾. 切葱若薤, 實諸醯以柔之.'"라는 기록이 있다. 즉 '생고기를 가늘게 저민 것은 회(膾)가 되며, 크게 자른 것은 헌(軒)이 된다. 혹은 "큰 사슴고기·사슴고기·물고기로는 절임을 만들고, 노루로는 벽계(辟雞)를 만들며, 멧돼지로는 헌(軒)을 만들고, 토끼로는 완비(宛脾)를 만든다. 염교나 파를 썰어서, 젓갈에 담가서 부드럽게 만든다.'

**鄭注** 聶之言牒也. 先藿葉切之, 復報切之, 則成膾. 此軒 · 辟雞 · 宛脾, 皆菹類也. 其作之狀, 以醯與葷菜淹之, 殺肉及腥氣也.

**번역** 얇게 저민다는 것을 '접(牒)'이라고 부른다. 먼저 콩잎 크기만큼 크게 자르고, 재차 잘게 자르면 회(膾)가 된다. 이곳에서 말한 헌(軒) · 벽계(辟雞) · 완비(宛脾)라고 한 것들은 모두 절임류에 해당한다. 그것을 만들 때에는 식초와 향기를 내는 풀 등을 함께 담가서, 고기 및 생고기의 기운을 죽인다.

**釋文** 聶, 之涉反, 注及下皆同. 膾, 古外反. 牒, 直輒反. 復, 扶又反. 麋音眉. 軒音獻, 注同. 麕[2], 俱倫反. 辟音壁, 又補麥反, 徐扶益反, 注同. 免, 他故反. 宛脾, 上於阮反, 下毗支反. "切蔥若薤實之", 絶句. 菹, 莊居反. 葷, 許云反. 淹, 於廉反, 又於劫反.

**번역** '聶'자는 '之(지)'자와 '涉(섭)'자의 반절음이며, 정현의 주 및 아래

---

라고 했다."라는 뜻이다. 또 이에 대한 진호(陳澔)의 『집설(集說)』에서는 "細縷切者爲膾, 大片切者爲軒. 或用葱或用薤, 故云切葱若薤. 肉與葱薤皆置之醋中, 故云實諸醯. 浸漬而熟, 則柔軟矣, 故曰柔之. 疏曰: 爲記之時, 無菹軒辟雞宛脾之制, 作之未審, 舊有此言, 記者承而用之, 故稱或曰. 其辟雞·宛脾及軒之名, 其義未聞."이라고 풀이했다. 즉 "가늘고 잘게 저민 것은 '회(膾)'가 되고, 크게 자른 것은 '헌(軒)'이 된다. 혹은 파를 이용하기도 하고, 혹은 염교를 이용하기도 한다. 그렇기 때문에 '염교나 파를 자른다.'라고 말한 것이다. 고기와 파 및 염교는 모두 식초에 재우게 된다. 그렇기 때문에 '젓갈에 담근다.'라고 말한 것이다. 재워서 숙성을 시키게 된다면, 연하고 부드럽게 된다. 그렇기 때문에 '연하게 한다.'라고 말한 것이다. 공영달의 소(疏)에서 말하길, 『예기』를 기록했을 당시에는 저(菹) · 헌(軒) · 벽계(辟雞) · 완비(宛脾)를 만드는 방법이 남아 있지 않았으므로, 기록을 상세하게 하지 못한 것인데, 옛 기록에 이러한 말들이 남아 있어서, 『예기』를 기록한 자가 그 내용을 가져와서 인용한 것이다. 그렇기 때문에 '혹왈(或曰)'이라고 지칭한 것이다. 벽계(辟雞) · 완비(宛脾) 및 헌(軒)의 명칭에 대해서는 그 자세한 의미를 들어보지 못했다."라는 뜻이다.

2) '균(麕)'자에 대하여. '균'자는 본래 없던 글자인데, 잘못되어 글자가 누락된 것 같다.

문장에 나오는 글자는 모두 그 음이 이와 같다. '膾'자는 '古(고)'자와 '外(외)'자의 반절음이다. '膘'자는 '直(직)'자와 '輒(첩)'자의 반절음이다. '復'자는 '扶(부)'자와 '又(우)'자의 반절음이다. '麋'자의 음은 '眉(미)'이다. '軒'자의 음은 '獻(헌)'이며, 정현의 주에 나오는 글자도 그 음이 이와 같다. '麕'자는 '俱(구)'자와 '倫(륜)'자의 반절음이다. '辟'자의 음은 '壁(벽)'이며, 또한 '補(보)'자와 '麥(맥)'자의 반절음도 되고, 서음(徐音)은 '扶(부)'자와 '益(익)'자의 반절음이며, 정현의 주에 나오는 글자도 그 음이 이와 같다. '兎'자는 '他(타)'자와 '故(고)'자의 반절음이다. '宛脾'에서의 '宛'자는 '於(어)'자와 '阮(완)'자의 반절음이며, '脾'자는 '毗(비)'자와 '支(지)'자의 반절음이다. '切葱若薤實之'에서 구문을 끊는다. '菹'자는 '莊(장)'자와 '居(거)'자의 반절음이다. '葷'자는 '許(허)'자와 '云(운)'자의 반절음이다. '淹'자는 '於(어)'자와 '廉(렴)'자의 반절음이며, 또한 '於(어)'자와 '劫(겁)'자의 반절음도 된다.

**孔疏** ●"牛與"至"柔之". ○此一節明膾及麕菹麤細之異.

**번역** ●經文: "牛與"~"柔之". ○이곳 문단은 회(膾) 및 생고기를 절이고 큼지막하게 자르거나 잘게 자르는 등의 차이점을 나타내고 있다.

**孔疏** ●"聶而切之"者, 謂先牒[3]爲大臠, 而後報切之爲膾也. "麋鹿爲菹"以下, 已於內則具釋之.

**번역** ●經文: "聶而切之". ○먼저 얇게 저며서 큼지막한 고기로 자른 뒤, 재차 잘게 잘라서 회(膾)로 만든다는 뜻이다. 경문의 "麋鹿爲菹"로부터 그 이하의 내용에 대해서는 이미 『예기』「내칙(內則)」편에서 모두 풀이했다.

---

3) '접(牒)'자에 대하여. '접'자는 본래 '첩(牒)'자로 기록되어 있었는데, 손이양(孫詒讓)의 『교기(校記)』에서는 "'접'자는 『민본(閩本)』에 따라서 글자를 고쳤다."라고 했다.

**訓纂** 說文: 牒, 薄切肉也. 膾, 細切肉也.

**번역** 『설문해자』에서 말하길, '접(牒)'자는 고기를 얇게 자른 것이다. '회(膾)'자는 고기를 가늘게 자른 것이다.

**集解** 今按: 此當以"切葱若薤"爲句, "實之醯以柔之"爲句.

**번역** 현재 살펴보니, 이곳 문장은 마땅히 '절총약해(切葱若薤)'가 하나의 구문이 되고, '실지혜이유지(實之醯以柔之)'가 하나의 구문이 된다.

【441d~442a】

**其有折俎者, 取祭反之不坐, 燔亦如之. 尸則坐.**

**직역** 그 折俎가 有한 者는 取하여 祭하거나 反함에 不坐하고, 燔도 亦히 如한다. 尸라면 坐한다.

**의역** 절조(折俎)가 있을 경우, 그곳에서 희생물의 폐를 가져다가 음식에 대한 제사를 지내거나 다시 되돌려놓을 때에는 모두 자리에 앉지 않고, 불로 구운 고기에 대한 경우에도 이처럼 한다. 만약 시동의 입장이라면, 자리에 앉아서 시행한다.

**集說** 有折骨體之俎者, 若就俎取肺而祭之, 及祭竟而反此所祭之物於俎, 皆立而爲之. 燔, 燒肉也. 此肉亦在俎, 其取祭與反亦皆不坐, 故云燔亦如之. 尸則坐者, 言不坐者賓客之禮耳, 尸尊, 祭反皆坐也.

**번역** 희생물의 뼈와 몸체를 갈라서 도마에 담긴 것이 있는데, 만약 그 도마에 다가가 희생물의 폐를 가져다가 제사를 지내고, 제사가 끝나서 제사를 지냈던 희생물의 부위를 도마에 돌려놓을 때에는 모두 서서 시행한다. '번(燔)'자는 불로 구운 고기이다. 이러한 고기 또한 도마에 담겨 있어서, 그것을 가져다가 제사를 지내거나 또는 되돌려 놓게 된다면, 이러한 경우에도 모두 자리에 앉지 않는다. 그렇기 때문에 "구운 고기도 이처럼 한다."라고 한 것이다. "시동이라면 앉는다."는 말은 앉지 않는다는 것은 빈객이 시행하는 예법일 뿐이며, 시동은 존귀한 존재이므로, 제사를 지내거나 도마에 되돌려놓을 때에는 모두 자리에 앉는다는 뜻이다.

**鄭注** 亦爲柄尺[4]之類也. 燔, 炙也. 鄕射曰: "賓奠爵于薦西, 興, 取肺, 坐, 絶祭, 左手嚌之, 興, 加于俎, 坐帨手." 尸尊也. 少牢饋食禮曰: "尸左執爵, 右兼取肝肺, 擩于俎鹽, 振祭嚌之, 加于菹豆."

**번역** 이 또한 병척(柄尺)의 부류가 되기 때문이다. '번(燔)'자는 불로 구운 적(炙)을 뜻한다. 『의례』「향사례(鄕射禮)」편에서는 "빈객은 음식이 차려진 곳 서쪽에 술잔을 내려놓고, 일어나서 희생물의 폐를 가져가며, 자리에 앉아서 절제(絶祭)[5]를 하고, 왼손으로 그것을 들어서 맛보고, 일어나서 도마에 올려두며, 앉아서 손을 닦는다."[6]라고 했다. 시동은 존귀하기 때문이다. 『의례』「소뢰궤식례(少牢饋食禮)」편에서는 "시동은 왼손으로 술잔을 잡고, 오른손으로는 희생물의 간과 폐를 함께 가져다가 도마

---

4) '병척(柄尺)'에 대하여. '병척'은 본래 '척병(尺柄)'으로 기록되어 있었는데, 완원(阮元)의 『교감기(校勘記)』에서는 "혜동(惠棟)의 『교송본(校宋本)』에는 '병척'으로 기록되어 있고, 『악본(岳本)』·『가정본(嘉靖本)』 및 고문(考文)』에서 인용하고 있는 『고본(古本)』·『족리본(足利本)』에도 동일하게 기록되어 있다. 따라서 이곳 판본은 '병척'을 잘못하여 뒤집어서 기록한 것이다. 『민본(閩本)』·『감본(監本)』·『모본(毛本)』에도 동일하게 잘못 기록되어 있으며, 위씨(衛氏)의 『집설(集說)』도 동일하게 잘못 기록되어 있다. 『경전석문(經典釋文)』에는 '병척'이라고 기록되어 있다."라고 했다.

5) 절제(絶祭)는 구제(九祭) 중 하나이다. '절제'는 '요제(繚祭)와 본래 같은 것으로, 계급에 따라 의례 절차가 많은 경우, 음식에 대해 지내는 제사를 '요제'라고 부르며, 의례 절차가 간소한 경우, 생략해서 지내는 제사를 '절제'라고 부른다.

6) 『의례』「향사례(鄕射禮)」: 主人阼階東疑立, 賓坐, 左執爵, 右祭脯醢, 奠爵于薦西, 興取肺, 坐絶祭, 尙左手嚌之, 興加于俎, 坐挩手, 執爵, 遂祭酒, 興席末坐, 啐酒, 降席坐, 奠爵, 拜告旨, 執爵興.

에 있는 소금에 묻히고, 진제(振祭)를 한 뒤에 맛을 보고, 절임류를 담은 두(豆)에 올려둔다."[7]라고 했다.

**釋文** 燔音煩. 柄, 兵命反. 齊之, 才細反. 帨, 本亦作稅, 始銳反. 食音嗣. 擩, 本又作揳, 而專反, 又而悅反, 徐耳誰反.

**번역** '燔'자의 음은 '煩(번)'이다. '柄'자는 '兵(병)'자와 '命(명)'자의 반절음이다. '齊之'에서의 '齊'자는 '才(재)'자와 '細(세)'자의 반절음이다. '帨'자는 판본에 따라서 또한 '稅'자로도 기록하니, '始(시)'자와 '銳(예)'자의 반절음이다. '食'자의 음은 '嗣(사)'이다. '擩'자는 판본에 따라서 또한 '揳'자로도 기록하니, '而(이)'자와 '專(전)'자의 반절음이고, 또한 '而(이)'자와 '悅(열)'자의 반절음도 되며, 서음(徐音)은 '耳(이)'자와 '誰(수)'자의 반절음이다.

**孔疏** ●"其有"至"則坐". ○此一節明祭菹之儀. 折俎, 謂折骨於俎. 俎旣有足, 柄尺之類, 故就俎取所祭肺, 立而取之, 升席坐祭. 祭訖, 反此所祭之物, 加之於俎, 皆立而爲之, 故云"取祭, 反之, 不坐", 祭時坐耳.

**번역** ●經文: "其有"~"則坐". ○이곳 문단은 절임류로 제사를 지내는 의례를 나타내고 있다. '절조(折俎)'는 희생물의 뼈를 갈라서 도마에 올려둔 것을 뜻한다. 도마에는 이미 다리가 달려 있으니, 병척(柄尺)의 부류가 된다. 그렇기 때문에 도마에 다가가 제사를 지낼 희생물의 폐를 가져가는데, 서서 그것을 가져오고, 자리에 올라가 앉아서 제사를 지낸다. 제사가 끝나면, 다시 제사를 지낸 부위를 돌려놓아 도마에 올려두는데, 모든 경우 서서 이러한 절차를 시행한다. 그렇기 때문에 "가져다가 제사를 지내고 되돌려 놓을 때에는 앉지 않는다."라고 한 것이니, 제사를 지낼 때에는 앉아서 할 따름이다.

---

7) 『의례』「소뢰궤식례(少牢饋食禮)」: 尸左執爵, 右兼取肝, 擩于俎鹽, 振祭, 嚌之, 加于菹豆, 卒爵.

**孔疏** ●"燔亦如之"者, 燔, 謂燔肉. 雖非折骨, 其肉在俎, 其取及祭·反時, 皆亦不坐, 故云"燔亦如之".

**번역** ●經文: "燔亦如之". ○'번(燔)'자는 고기를 구운 것이다. 비록 희생물의 뼈를 갈라낸 것은 아니지만, 그 고기는 도마에 있으니, 그것을 가져가서 제사를 지내거나 되돌려 놓을 때에는 모두 자리에 앉지 않는다. 그렇기 때문에 "불로 구운 고기에 대해서도 또한 이처럼 한다."라고 말한 것이다.

**孔疏** ●"尸則坐"者, 前云"不坐"者, 是賓客耳. 若爲尸, 尸尊, 雖折俎, 初取祭·反之, 皆坐也.

**번역** ●經文: "尸則坐". ○앞에서는 "앉지 않는다."라고 했는데, 이것은 빈객에게 해당하는 내용일 뿐이다. 만약 시동의 입장이 된다면, 시동은 존귀한 신분이니, 비록 절조(折俎)가 있더라도, 애초에 그것을 가져다가 제사를 지내거나 되돌려 놓을 때에도 모두 자리에 앉아서 한다.

**孔疏** ◎注"尸尊"至"菹豆". ○正義曰: 引少牢饋食禮者, 證"尸坐"之義. 前注引鄉射禮云"賓奠爵于薦西, 興, 取肺", 云"興"則立也. 此引少牢禮云"尸左執爵, 右兼取肝肺", 不云"興", 故知尸則坐. 菹豆, 盛菹之豆也.

**번역** ◎鄭注: "尸尊"~"菹豆". ○정현이 『의례』「소뢰궤식례(少牢饋食禮)」편을 인용한 것은 "시동은 앉는다."는 뜻을 증명하기 위해서이다. 앞의 주석에서는 『의례』「향사례(鄉射禮)」편을 인용하여, "빈객은 음식이 차려진 곳 서쪽에 술잔을 내려놓고, 일어나서 희생물의 폐를 가져간다."라고 했는데, "일어난다."고 말했다면 서 있는 것이 된다. 그리고 이곳에서는 「소뢰궤식례」편을 인용하여, "시동은 왼손으로 술잔을 잡고, 오른손으로 희생물의 간과 폐를 가져간다."라고 했는데, "일어난다."라고 말하지 않았기 때문에, 시동의 경우에는 앉게 된다는 사실을 알 수 있다. '저두(菹豆)'는 절임류를 담은 두(豆)를 뜻한다.

**訓纂** 朱氏軾曰: 若云"俎有足, 故立取", 則尸何以坐? 意折骨與燔, 所設者盛, 故立而取·反也.

**번역** 주식이 말하길, 만약 "도마에 다리가 붙어 있기 때문에 서서 고기를 가져간다."라고 했다면, 시동은 어떻게 앉아서 이러한 절차를 시행하는가? 아마도 고기를 자른 것과 구운 고기의 경우, 그것을 진설한 것은 융성한 경우이기 때문에, 서서 가져가거나 되돌려 놓는 것이다.

**集解** 愚謂: 燔, 所以從獻者也. 特牲禮主人獻尸, "賓長以肝從"; 主婦獻尸, "兄弟長以燔從", 肝, 炙肝. 燔, 謂燔肉也. 鄭以燔爲炙者, 蓋燔是火燒之名, 炙者遠火之稱, 以難熟者近火, 易熟者遠之, 故肝炙而肉燔也. <詩楚茨疏.> 燔·炙實亦通名. 周禮量人"制其從獻之燔腩", 此云"燔亦如之", 所謂"燔", 實兼燔·炙而言, 故鄭以炙解燔, 欲明燔中兼有燔·炙也. 尸取祭肺亦坐, 鄭氏獨引少牢禮"取肝"者, 蓋祭肺, 佐食取以授尸, 而燔則尸所自取也. 然則取祭·反之不坐, 其義有二: 一則折俎高, 坐而取·反不便, 與柄尺不坐同義. 一則折俎尊, 故取祭·反之不坐, 與飮酒有折俎者不坐同義, 唯尸尊則坐也.

**번역** 내가 생각하기에, '번(燔)'은 술을 바친 뒤에 뒤따르는 음식이다. 『의례』「특생궤식례(特牲饋食禮)」편에서는 주인이 시동에게 술잔을 바치면, "빈객의 수장이 희생물의 간을 들고 뒤따른다."[8]라고 했고, 주부가 시동에게 술을 바치면, "형제들의 수장이 번(燔)을 들고 뒤따른다."[9]라고 했으니, 간(肝)은 간을 구운 것을 뜻한다. '번(燔)'은 구운 고기를 뜻한다. 정현은 번(燔)을 적(炙)이라고 여겼는데, 아마도 '번(燔)'이라는 것은 불로 직접 구운 고기를 뜻하는 명칭이고, '적(炙)'은 불을 멀리 해서 구운 고기를 뜻하는 명칭인데, 익히기 어려운 것은 불을 가까이 대고, 익히기 쉬운

---

8) 『의례』「특생궤식례(特牲饋食禮)」 : 主人洗角, 升, 酌酳尸. 尸拜受. 主人拜送. 尸祭酒, 啐酒. 賓長以肝從.

9) 『의례』「특생궤식례(特牲饋食禮)」 : 主婦洗爵于房, 酌, 亞獻尸. 尸拜受. 主婦北面拜送. 宗婦執兩籩戶外坐. 主婦受, 設于敦南. 祝贊籩祭, 尸受祭之, 祭酒, 啐酒. 兄弟長以燔從.

것은 불을 멀리 댄다. 그렇기 때문에 간은 적(炙)으로 만들고, 살점은 번(燔)으로 만드는 것이다. <이것은 『시』「초자(楚茨)」편에 대한 소(疏) 기록이다.> 번(燔)과 적(炙)은 실제적으로 또한 통용되는 명칭이다. 『주례』「양인(量人)」편에서는 "술을 바칠 때 뒤따르는 번(燔)과 포(脯)에 대한 것을 제정한다."[10]라고 했는데, 이곳에서는 "번(燔) 또한 이처럼 한다."라고 했으니, 이른바 '번(燔)'이라는 것은 실제로 번(燔)과 적(炙)을 함께 포함하고 있는 말이다. 그렇기 때문에 정현은 적(炙)에 대한 것으로 번(燔)을 풀이하여, 번(燔)이라는 말 속에는 번(燔)과 적(炙)의 경우를 함께 포함하고 있다는 사실을 드러내고자 했던 것이다. 시동이 희생물의 폐를 가져다가 제사를 지낼 때에는 또한 앉아서 하는데, 정현은 유독 「소뢰궤식례」편의 내용을 인용하여, "간을 가져간다."라고 했다. 그 이유는 아마도 폐로 제사를 지낼 때에는 좌식이 대신 가져다가 시동에게 주고, 번(燔)의 경우라면 시동이 직접 가져가기 때문일 것이다. 그렇다면 고기를 가져다가 제사를 지내거나 그것을 다시 되돌려 놓을 때 자리에 앉지 않다는 말에는 두 가지 의미가 있다. 첫 번째는 절조는 높기 때문에, 앉아서 고기를 가져가거나 되돌려 놓게 되면 불편하기 때문이니, 병척(柄尺)에 대해서 앉지 않는 것과 동일한 뜻이다. 두 번째는 절조는 존귀하기 때문에 고기를 가져가거나 되돌려 놓을 때 자리에 앉지 않는 것으로, 술을 마실 때 절조가 있는 경우에 자리에 앉지 않는 것과 동일한 뜻이니, 오직 시동처럼 존귀한 자가 되어야만 자리에 앉게 된다.

**集解** 自"凡羞有俎者"至此, 雜明燕飮及膳羞之事.

**번역** "무릇 음식 중에 도마에 담겨진 것이다."[11]라고 한 말부터 이곳 구문까지는 연회에서 음주를 하거나 사용되는 여러 음식들에 대한 사안을 뒤섞어서 나타내고 있다.

---

10) 『주례』「하관(夏官)·양인(量人)」: 凡祭祀饗賓, <u>制其從獻脯燔之數量</u>.
11) 『예기』「소의」【440d】: <u>凡羞, 有俎者</u>, 則於俎內祭.

# • 제35절 •

## 일반 예절 Ⅵ

【442a】

**衣服在躬, 而不知其名爲罔.**

**직역** 衣服이 躬에 在하나 그 名을 不知하면 罔이 爲한다.

**의역** 의복을 몸에 걸치고 있으면서도, 그 의복의 이름과 뜻을 알지 못한다면, 무지한 사람이 된다.

**集說** 衣服之制, 取諸乾坤, 有其名, 則有其義, 服之而不審名義, 是無知之人矣.

**번역** 의복의 제도는 건곤(乾坤)에서 취한 것인데,[1] 그 이름이 생겼다면 그에 대한 의미도 있는 것이다. 그런데도 그 의복을 입고서 이름과 뜻을 살피지 않는다면, 이러한 자는 무지한 사람에 해당한다.

**集說** 石梁王氏曰: 學而不思則罔, 當如此罔字.

**번역** 석량왕씨가 말하길, 배우되 생각하지 않는다면 '망(罔)'이 된다고 하니,[2] 이곳에 나온 '망(罔)'자도 마땅히 이러한 '망(罔)'자의 뜻으로 해석해야 한다.

---

1) 『역』「계사하(繫辭下)」: 黃帝堯舜垂衣裳而天下治, 蓋取諸乾坤.
2) 『논어』「위정(爲政)」: 子曰, "學而不思則罔, 思而不學則殆."

**鄭注** 罔, 猶罔罔, 無知貌.

**번역** '망(罔)'자는 멍하다는 뜻이니, 무지한 모양을 뜻한다.

**釋文** 罔, 本亦作岡, 又作網, 亡兩反.

**번역** '罔'자는 판본에 따라서 또한 '岡'자로도 기록하고, 또 '網'자로도 기록하는데, 그 음은 '亡(망)'자와 '兩(량)'자의 반절음이다.

**孔疏** ●"衣服"至"爲罔". ○正義曰: 衣服文章, 所以表人之德, 亦勸人慕德, 若著之而不識知其名義者, 則是罔罔無知之人也.

**번역** ●經文: "衣服"~"爲罔". ○의복에 새기는 무늬는 그 사람의 덕성을 드러내는 것이며, 또한 사람들에게 덕을 흠모하도록 권유하는 것인데, 만약 그 옷을 착용했는데도 그 옷의 이름과 뜻을 알지 못하는 자가 있다면, 이러한 자는 멍하여 무지한 사람이다.

**集解** 愚謂: 名者, 義之所寓也. 衣服之名, 人莫不知, 然不知其所以名之義, 猶之不知也. 以附在我身者而昧之, 此非昏罔無知而何?

**번역** 내가 생각하기에, 이름이라는 것은 뜻이 깃드는 대상이다. 의복의 명칭에 대해서는 모르는 자가 없지만, 그 이름이 지어지게 된 의미에 대해서 알지 못한다면, 이것은 명칭을 모르는 것과 같다. 자신의 몸에 입고 있으면서도 알지 못하니, 이러한 자가 어둡고 무지한 자가 아니라면 무엇이겠는가?

【442b】

其未有燭而[3]後至者, 則以在者告. 道瞽亦然. 凡飮酒, 爲獻主者執燭抱燋, 客作而辭, 然後以授人. 執燭不讓·不辭·不歌.

**직역** 그 未히 燭이 有한 後에 至한 者라면, 在한 者로써 告한다. 瞽에 道함에도 亦히 然한다. 凡히 酒를 飮함에, 獻主를 爲한 者가 燭을 執하고 燋를 抱하면, 客은 作하여 辭하고, 然後에 이로써 人에게 授한다. 燭을 執하면 不讓하고 不辭하며 不歌한다.

**의역** 아직 횃불을 붙이지 않았는데, 날이 저문 후에 방으로 들어오는 자가 있다면, 방안에 있는 사람이 누구인지를 알려준다. 장님에게 말해줄 때에도 또한 이처럼 한다. 무릇 술을 마실 때, 주인이 불을 붙인 횃불을 잡고 아직 불을 붙이지 않은 횃불을 잡으면, 빈객은 일어나서 물러나겠다고 사양을 하고, 그런 뒤에 주인은 상대에게 횃불을 건네준다. 횃불을 잡게 되면, 사양을 하지 않고, 재차 서로에게 사양을 하지 않으며, 노래도 부르지 않는다.

**集說** 獻主, 主人也. 人君則使宰夫燋未爇之炬也. 飮酒之禮, 賓主有讓, 及更相辭謝, 又各歌詩以見意. 今以暮夜, 略此三事. 一說, 執燭在手, 故不得兼爲之.

---

3) 『십삼경주소(十三經注疏)』 북경대 출판본에서는 '이(而)'자 뒤에 '유(有)'자를 기록하며, "'유'자는 본래 없던 글자인데, 완원(阮元)의 『교감기(校勘記)』를 살펴보면, '혜동(惠棟)의 『교송본(校宋本)』에는 이(而)자 뒤에 유(有)자가 기록되어 있고, 『송감본(宋監本)』·『석경(石經)』·『악본(岳本)』 및 위씨(衛氏)의 『집설(集說)』에도 동일하게 유(有)자를 기록하고 있다. 『고문(考文)』에서 인용하고 있는 『족리본(足利本)』과 『고본(古本)』에도 유(有)자가 기록되어 있으니, 이곳 판본에는 잘못되어 누락된 것이며, 『민본(閩本)』·『감본(監本)』·『모본(毛本)』 및 『가정본(嘉靖本)』에도 동일하게 누락되어 있다. 『석경고문제요(石經考文提要)』에서는 『송대자본(宋大字本)』·『송본구경(宋本九經)』·『남송건상본(南宋巾箱本)』에도 모두 유(有)자가 기록되어 있다.'라고 하여, 이러한 기록에 의거해 글자를 보충하였다."라고 했다.

**번역** '헌주(獻主)'는 주인을 뜻한다. 군주의 경우라면 재부(宰夫)를 시켜서 아직 다 타지 않은 횃불에 불을 붙이게 한다. 음주를 하는 예법에서 빈객과 주인은 양보를 하는데, 서로에게 거듭 사양을 하는데 이르면, 또한 각자 시가를 노래로 불러서 그 뜻을 나타낸다. 현재는 날이 저물어서, 이러한 세 가지 사안을 생략하는 것이다. 일설에는 횃불을 손으로 잡고 있기 때문에, 이러한 일들을 함께 시행할 수 없다고 주장한다.

**大全** 金華應氏曰: 執燭抱焦, 賤役也. 爲獻主者, 以身親之, 其敬客而自下之者, 不嫌其爲勞也. 執已然之燭, 而又抱未爇之焦, 其愛客而欲留之者, 尤有加而無已也. 一席之內, 獻酬交錯, 或讓或辭或歌, 皆不容廢, 惟執燭之人, 不暇爲此.

**번역** 금화응씨가 말하길, 불을 붙인 횃불을 잡고, 아직 불을 붙이지 않은 횃불을 잡는 것은 미천한 자가 하는 일이다. 주인이 직접 그 일을 하는 것은 빈객을 공경하여 스스로 낮추는 것이니, 일부러 수고로운 일을 한다는 혐의를 받지 않는다. 이미 불을 붙인 횃불을 잡고, 또 아직 불을 붙이지 않은 횃불을 잡는 이유는 빈객을 친애하여 그를 머물러 있게끔 하고자 함에는 더욱이 더함은 있어도 그침이 없기 때문이다. 한 자리 내에서 서로 술을 권하여 술잔을 나눌 때에는 양보도 하고 사양도 하며 노래도 부르는데, 이 모두는 폐지할 수 없지만, 오직 횃불을 잡고 있는 자만은 이러한 절차를 시행할 겨를이 없다.

**鄭注** 爲其不見, 意欲知之也. 師冕見, 及階, 子曰: "階也." 及席, 子曰: "席也." 皆坐, 子告之曰: "某在斯, 某在斯." 爲脊言也. 主人親執燭敬賓, 示不倦也. 言"獻主者", 容君使宰夫也. 未爇曰"焦". 以燭繼晝, 禮殺.

**번역** 보이지 않기 때문에, 그들을 인지하게끔 해서이다. 악사 면(冕)이 찾아뵈니, 계단에 이르게 되자 공자는 "계단입니다."라고 말했고, 자리에 이르게 되자 공자는 "자리입니다."라고 말했다. 모두 앉게 되자 공자는 그에게 알려주며, "아무개는 여기에 있고, 아무개는 여기에 있습니다." 라고 했다.[4] 밤이 되었음을 뜻한다. 주인이 직접 횃불을 잡고서 빈객을 공경하는 것은 게을리 대하지 않음을 드러내기 위해서이다. '헌주자(獻主者)'라고 말한 것은 군주가 재부(宰夫)를 시키는 경우까지도 포함하기 위해서이다. 아직 불을 붙이지 않은 횃불을 '초(燋)'라고 부른다. 횃불을 통해 낮 동안처럼 시간을 연장하게 되면, 예법 절차를 낮추게 된다.

**釋文** 道音導. 爲, 于僞反, 下"爲宵", 下文"爲人"·"爲已"同. 冕見, 賢遍反. 燋, 側角反, 又子約反, 又音在遙反. 爇, 人悅反. 殺, 色戒反.

**번역** '道'자의 음은 '導(도)'이다. '爲'자는 '于(우)'자와 '僞(위)'자의 반절음이며, 아래문장에 나오는 '爲宵'에서의 '爲'자와 또 아래문장에 나오는 '爲人'과 '爲已'에서의 '爲'자도 그 음이 이와 같다. '冕見'에서의 '見'자는 '賢(현)'자와 '遍(편)'자의 반절음이다. '燋'자는 '側(측)'자와 '角(각)'자의 반절음이며, 또한 '子(자)'자와 '約(약)'자의 반절음도 되고, 또 그 음은 '在(재)'자와 '遙(요)'자의 반절음도 된다. '爇'자는 '人(인)'자와 '悅(열)'자의 반절음이다. '殺'자는 '色(색)'자와 '戒(계)'자의 반절음이다.

**孔疏** ●"其未"至"不歌". ○正義曰: 此一節明有燭無燭之儀, 爲主人法也. 在者, 謂已在於坐者. 若日已闇, 而坐中未有燭繼, 新有人後來至者, 則主人以在坐中者而告之, 云某人在此, 某人在此, 使後來人知之也.

**번역** ●經文: "其未"~"不歌". ○이곳 문단은 횃불이 있거나 없을 때의 의례절차를 나타내고 있으니, 주인이 따라야 하는 법도가 된다. '재자(在者)'는 이미 그 자리에 앉아 있는 자들을 뜻한다. 만약 날이 이미 어두워졌는데, 앉아 있는 자리에서 아직 횃불을 밝히지 않았고, 새로이 뒤늦게

---

4) 『논어』「위령공(衛靈公)」: 師冕見, 及階, 子曰, "階也." 及席, 子曰, "席也." 皆坐, 子告之曰, "某在斯, 某在斯." 師冕出. 子張問曰, "與師言之道與?" 子曰, "然, 固相師之道也."

들어온 자가 있다면, 주인은 이미 앉아 있었던 자들에 대해서 알려주니, "아무개는 여기에 있고, 아무개는 여기에 있다."는 식으로 말하여, 뒤늦게 온 자로 하여금 인지하게 만드는 것이다.

**孔疏** ●"道瞽亦然"者, 瞽無目, 恒如日闇, 故道示之, 亦如無燭時也.

**번역** ●經文: "道瞽亦然". ○악사[瞽]는 장님이므로, 항상 날이 어두울 때와 같다. 그렇기 때문에 말을 해서 알려주는 것을 또한 날이 어두웠는데 횃불이 없을 때처럼 한다.

**孔疏** ●"凡飮酒, 爲獻主者", 獻主, 主人也, 謂爲飮酒主人法也. 凡飮酒, 主人自獻賓. 若尊卑不敵, 則使宰夫爲主人以獻賓, 故"爲獻主"也.

**번역** ●經文: "凡飮酒, 爲獻主者". ○'헌주(獻主)'는 주인이니, 음주를 하며 주인이 따라야 하는 예법을 가리킨다. 무릇 음주를 할 때 주인은 직접 빈객에게 술을 따라준다. 만약 신분의 차이가 대등하지 않다면, 재부(宰夫)를 시켜서 주인으로 삼고, 그를 통해 빈객에게 술을 따라준다. 그렇기 때문에 "헌주(獻主)가 된다."라고 말한 것이다.

**孔疏** ●"執燭"者, 謂夜闇執燭.

**번역** ●經文: "執燭". ○밤이 되어 어두워져서 횃불을 든 것이다.

**孔疏** ●"抱燋"者, 燋, 謂未爇之炬. 旣欲留客, 又取未然之炬抱之也.

**번역** ●經文: "抱燋". ○아직 불을 붙이지 않은 횃불을 뜻한다. 이미 빈객을 더 머물러 있게 하려고 하여, 아직 불을 붙이지 않은 횃불도 받들고 있는 것이다.

**孔疏** ●"客作而辭"者, 作, 起也. 客旣見主人執燭抱燋, 故自起辭之也.

**번역** ●經文: "客作而辭". ○'작(作)'자는 "일어난다[起]."는 뜻이다. 빈객이 이미 주인이 횃불을 잡고 아직 불을 붙이지 않은 횃불도 들고 있는 것을 보았기 때문에, 스스로 일어나서 그만 물러가겠다고 사양을 한 것이다.

**孔疏** ●"然後以授人"者, 主人見客起辭, 故從辭而止, 以燭乃授已執事之人.

**번역** ●經文: "然後以授人". ○주인은 빈객이 일어나서 물러가겠다고 사양한 것을 보았기 때문에, 뒤따라 사양을 하며 제지를 하니, 횃불을 곧 자신에게 소속되어 일을 맡아보는 자에게 건네게 된다.

**孔疏** ●"執燭不讓, 不辭, 不歌"者, 執燭, 夜時也. 禮: 賓主有讓, 及更相辭謝, 又各歌詩相顯德[5]. 今旣夜莫, 所以殺於三事.

**번역** ●經文: "執燭不讓, 不辭, 不歌". ○횃불을 잡았다는 것은 밤늦은 시간을 의미한다. 예법에 따르면 빈객과 주인은 서로 양보를 하는데, 재차 서로에게 사양을 하게 되면, 또한 각자 시가를 노래 불러서 서로를 위해 그 덕을 드러내게 된다. 현재는 이미 밤늦은 시간이니, 이러한 세 가지 사안에 대해서 절차를 낮추게 된다.

**集解** 石經"而"下有"有"字.

**번역** 『석경』에는 '이(而)'자 뒤에 '유(有)'자가 기록되어 있다.

---

5) '덕(德)'자에 대하여. '덕'자는 본래 없던 글자인데, 완원(阮元)의 『교감기(校勘記)』에서는 "혜동(惠棟)의 『교송본(校宋本)』에는 '현(顯)'자 뒤에 '덕'자가 기록되어 있고, 위씨(衛氏)의 『집설(集說)』에도 이처럼 기록되어 있으니, 이곳 판본에는 '덕'자가 누락된 것이며, 『민본(閩本)』·『감본(監本)』·『모본(毛本)』에도 동일하게 누락되어 있다."라고 했다.

## • 제36절 •

### 존장자를 섬기는 예절 Ⅲ

【442b~c】

**洗盥執食飮者, 勿氣, 有問焉, 則辟咡而對.**

**직역** 洗盥과 食飮을 執한 者는 氣를 勿하고, 問이 有하면, 咡를 辟하여 對한다.

**의역** 존장자를 위해 대야에 씻을 물을 들고서 가거나 음식을 들고서 갈 때에는 숨을 크게 내쉬어서는 안 되니, 숨기운이 존장자에게 닿지 않도록 해야 한다. 또 존장자가 질문을 하게 된다면, 입을 돌려서 존장자를 향하지 않도록 한 뒤에 대답을 해야 한다.

**集說** 奉進洗盥之水於尊長, 及執食飮以進之時, 皆不可使口氣直衝長者. 若此時尊者有問, 則偏其口之所向而對. 咡, 口旁也.

**번역** 존장자에게 씻을 대야의 물을 받들고 나아가거나 음식을 들고서 나아갈 때에는 모두 자신의 숨기운이 직접적으로 존장자에게 닿게 해서는 안 된다. 만약 이러한 시기에 존장자가 질문을 한다면, 그 입이 향하는 방향을 옆으로 돌려서 대답을 한다. '이(咡)'자는 입 주변을 뜻한다.

**大全** 嚴陵方氏曰: 勿氣, 則屛氣也, 凡以致恭而已. 辟咡, 說見曲禮.

**번역** 엄릉방씨가 말하길, '물기(勿氣)'라는 것은 숨기운을 가린다는 뜻이니, 무릇 지극히 공손하게 행동하는 것일 뿐이다. '벽이(辟咡)'에 대한 설명은 『예기』「곡례(曲禮)」편에 나온다.[1]

**鄭注** 示不敢歆臭也. 口旁曰咡.

**번역** 감히 냄새를 맡도록 하지 않음을 드러내는 것이다. 입 주변을 '이(咡)'라고 부른다.

**釋文** 辟, 匹亦反, 徐孚益反. 咡, 而志反. 歆, 許金反. 臭, 許又反.

**번역** '辟'자는 '匹(필)'자와 '亦(역)'자의 반절음이며, 서음(徐音)은 '孚(부)'자와 '益(익)'자의 반절음이다. '咡'자는 '而(이)'자와 '志(지)'자의 반절음이다. '歆'자는 '許(허)'자와 '金(금)'자의 반절음이다. '臭'자는 '許(허)'자와 '又(우)'자의 반절음이다.

**孔疏** ●"洗盥"至"而對". ○正義曰: 洗, 謂與尊長洗足[2]也. 盥, 謂與尊長

---

1) 『예기』「곡례상(曲禮上)」【16d】에는 "長者, 與之提攜, 則兩手奉長者之手, 負劍辟咡詔之, 則掩口而對."라는 기록이 있다. 즉 "어른이 어린아이에게 손을 내밀어 이끌고 가려 하면, 어린아이는 두 손으로 어른의 손을 잡고, 어른이 등 뒤에서 어린아이에게 몸을 굽혀 입가에 대고 말을 건네면, 어린아이는 입을 가리고 대답을 한다."라는 뜻이다. 또 이에 대한 진호(陳澔)의 『집설(集說)』에서는 "劉氏曰: 長者或從童子背後而俯首與之語, 則童子如負長者然; 長者以手挾童子於脇下, 則如帶劍然. 蓋長者俯與童子語, 有負劒之狀, 非眞負劒也. 辟, 偏也. 咡, 口旁. 詔, 告語也. 掩口而對, 謂童子當以手障口氣而應對, 不敢使氣觸長者也."라고 풀이했다. 즉 "유씨가 말하길, 어른이 간혹 어린아이의 등 뒤에서 머리를 숙여 그에게 말을 건네게 된다면, 그 모습은 어린아이가 마치 등 뒤로 어른을 업고 있는 형상이 된다. 또한 어른이 아이를 안기 위해 손을 어린아이의 옆구리에 끼우게 된다면, 그 모습은 마치 어린아이가 허리춤에 칼을 차고 있는 형상이 된다. 따라서 어른이 몸을 굽혀서 어린아이에게 말을 건네게 되면, 마치 어린아이가 어른을 업고, 허리춤에는 칼을 차고 있는 것 같은 모습이 나타나게 된다는 말이지, 실제로 어른을 업고, 칼을 차고 있다는 뜻이 아니다. '벽(辟)'자은 '기울인다[偏].'는 뜻이다. '이(咡)'자는 '입가[口旁]'이다. '조(詔)'자는 '말을 건넨다[告語].'는 뜻이다. '입을 가리고 대답한다.'는 말은 어린아이는 마땅히 손으로 입 냄새를 막고서 대답을 해야 한다는 뜻으로, 감히 입 냄새를 어른에게 풍길 수 없기 때문이다."라는 뜻이다.

2) '족(足)'자에 대하여. 『십삼경주소(十三經注疏)』 북경대 출판본에서는 "'족'

洗手也. 若爲尊長洗盥及執尊長飮食, 則勿氣, 謂不以[3]鼻嗅尊長飮食也.

**번역** ●經文: "洗盥"~"而對". ○'세(洗)'자는 존장자에게 발 씻을 물을 드린다는 뜻이다. '관(盥)'자는 존장자에게 손 씻을 물을 드린다는 뜻이다. 만약 존장자에게 손과 발을 씻을 물을 드리거나 존장자가 드실 음식을 들고 가게 되면, 물기(勿氣)를 해야 하니, 자신의 코로 존장자가 드실 음식들에 대해 냄새를 맡아서는 안 된다는 뜻이다.

**孔疏** ●"有問焉, 則辟咡而對"者, 咡, 口旁也. 當爲尊者洗盥及執飮食之時, 而尊者有事問己, 己則辟口而對, 不使口氣及尊者.

**번역** ●經文: "有問焉, 則辟咡而對". ○'이(咡)'자는 입 주변을 뜻한다. 존장자를 위해 손과 발을 씻을 물을 가져가거나 음식을 들고 갈 때, 존장자가 어떤 일에 대해서 자신에게 질문을 한다면, 본인은 입을 돌려서 대답을 하니, 입 냄새가 존장자에게 미치지 않도록 하는 것이다.

**集解** 愚謂: 鄭氏總以"不敢歆臭"解此, 則以洗·盥爲盥手·洗爵而酌酒, 孔氏則以洗·盥爲洗足盥手. 以下文觀之, 疏義似長. 但如孔氏說, 則勿氣當爲不敢以氣觸長者之手足及食飮, 辟咡而對亦當爲恐氣及尊長及其食飮, 其義乃備耳.

**번역** 내가 생각하기에, 정현은 총괄적으로 "감히 냄새를 맡게 하지 않는다."라는 뜻으로 이 내용을 풀이했으니, 세(洗)와 관(盥)을 손을 씻고 술잔을 씻어서 술을 따르는 내용으로 여긴 것이다. 그런데 공영달은 세(洗)와 관(盥)을 발을 씻고 손을 씻는 뜻으로 여겼다. 뒤의 문장을 통해

---

자는 본래 '작(爵)'자로 기록되어 있었는데, 문맥 및 『예기훈찬(禮記訓纂)』의 기록에 따라 글자를 수정했다."라고 했다.

3) '이(以)'자에 대하여. '이'자는 본래 없던 글자인데, 완원(阮元)의 『교감기(校勘記)』에서는 "혜동(惠棟)의 『교송본(校宋本)』에는 '불(不)'자 뒤에 '이'자가 기록되어 있으니, 이곳 판본에는 '이'자가 누락된 것이다."라고 했다.

살펴보니, 공영달의 소(疏) 주장이 더 나은 것 같다. 다만 공영달의 주장과 같다면, '물기(勿氣)'는 마땅히 자신의 숨기운이 존장자의 손과 발 및 음식에 감히 닿지 않도록 하는 것이고, '벽이이대(辟咡而對)' 또한 마땅히 자신의 숨기운이 존장자 및 음식에 닿게 됨을 염려하는 뜻이 되어야 하니, 이처럼 풀이해야만 그 의미가 완전하게 된다.

## • 제37절 •

# 제사와 관련된 예절

【442c】

**爲人祭曰: "致福", 爲己祭而致膳於君子曰: "膳".**

**직역** 人을 爲하여 祭하면 曰, "福을 致합니다."하고, 己를 爲해 祭하고서 君子에게 膳을 致하면 曰, "膳입니다."

**의역** 섭주(攝主)가 되어, 남을 위해 제사를 주관해서 지냈다면, 사람들이 돌아갈 때, 제사 때 사용한 고기를 나눠주며, "제사를 지내며 얻은 복을 함께 나눕니다."라고 말한다. 그리고 본인이 자신의 제사를 주관하게 되어, 군자에게 제사에 사용한 음식을 전하게 된다면, "맛있는 음식을 전합니다."라고 말한다.

**集說** 爲人祭, 攝主也. 其歸胙將命之辭言致福, 謂致其祭祀之福也. 曰膳, 則善味而已.

**번역** 남을 위해 제사를 지낸다는 것은 섭주(攝主)[1]를 가리킨다. 사람들에게 제사 때 사용된 고기를 들려서 보낼 때 전달하는 말에 있어서는 '치복(致福)'이라고 전하니, 제사를 지내며 얻은 복을 함께 나눈다는 뜻이다. '선(膳)'이라고 말했다면, 맛있는 음식이라는 뜻일 뿐이다.

---

1) 섭주(攝主)는 제주(祭主) 및 상주(喪主)의 일을 대신 맡아보는 자이다. 정식 제주 및 상주는 종법제(宗法制)에 따라서, 종주(宗主)가 담당을 하였는데, 그에게 사정이 생겨서, 그 일을 주관하지 못할 때, '섭주'가 대신 그 일을 담당했다. 군주의 경우에는 재상이 담당하기도 하였으며, 나머지의 경우에는 제주 및 상주와 항렬이 같은 자들 중에서 담당을 하기도 했다.

**鄭注** 此皆致祭祀之餘於君子也[2]. 攝主言"致福", 申其辭也. 自祭言"膳", 謙也.

**번역** 이 모두는 제사를 치르고 남은 음식을 군자에게 보낸다는 뜻이다. 섭주(攝主)의 경우에는 "복을 나눕니다."라고 말하니, 본래의 뜻을 모두 표현하는 것이다. 직접 자신의 제사를 주관하게 되면, "맛있는 음식입니다."라고 말하니, 겸손하게 나타내기 때문이다.

**孔疏** ●"爲人"至"五箇". ○正義曰: 此一節明致福及膳於君子及所膳牲體之數, 謂爲人攝祭而致飮酢於君子也. 其致胙將命之辭則曰"致福"也, 謂致彼祭祀之福於君子也.

**번역** ●經文: "爲人"~"五箇". ○이곳 문단은 군자에게 치복(致福) 및 선(膳)을 하고, 음식으로 사용될 희생물의 가짓수에 대해서 나타내고 있으니, 남을 위해 대신 제사를 주관하고, 군자에게 술을 권할 때를 뜻한다. 제사에 사용한 고기를 돌려보내며 전달하는 말에 있어서는 '치복(致福)'이라고 말하니, 군자에게도 그 제사에서 받은 복을 나눈다는 뜻이다.

**孔疏** ●"爲己祭而致膳於君子曰膳"者, 若己自祭而致胙於君子, 則不敢云"福", 而言致"膳". 膳, 善也, 言致善味耳.

**번역** ●經文: "爲己祭而致膳於君子曰膳". ○만약 본인이 직접 자신의 제사를 주관하게 되어, 군자에게 제사에 사용한 고기를 전하게 된다면, 감히 "복을 전합니다."라고 말할 수 없고, '선(膳)'이라고만 말한다. '선(膳)'자는 "좋다[善]."는 뜻으로, 좋고 맛있는 음식을 전한다는 뜻일 뿐이다.

---

2) '야(也)'자에 대하여. '야'자는 본래 없던 글자인데, 완원(阮元)의 『교감기(校勘記)』에서는 "혜동(惠棟)의 『교송본(校宋本)』에는 '자(子)'자 뒤에 '야'자가 기록되어 있고, 『송감본(宋監本)』·『악본(岳本)』·『가정본(嘉靖本)』 및 위씨(衛氏)의 『집설(集說)』에도 동일하게 기록되어 있다. 따라서 이곳 판본에는 '야'자가 누락된 것이다."라고 했다.

【442c】

## 祔練曰: "告".

**직역** 祔나 練하면 曰, "告입니다."

**의역** 부제(祔祭)나 연제(練祭)를 지내고서, 그 고기를 전하게 되면, "그 사안을 알립니다."라고 말한다.

**集說** 言告其事也. 顔淵之喪, 亦饋孔子祥肉.

**번역** 그 사안을 알린다는 뜻이다. 안연(顔淵)의 상에서도 또한 공자에게 대상(大祥)[3]을 치르고 난 고기를 보냈다.[4]

**鄭注** 祔・練言"告", 不敢以爲福膳也.

**번역** 부제[5]나 연제[6]를 치르고 나면 "알립니다."라고 말하니, 감히 복을 나누거나 맛있는 음식을 나눈다고 할 수 없기 때문이다.

**孔疏** ●"祔·練曰告"者, 若已祔祥而致胙, 又不敢云"福"·"膳", 但云"告", 言以祭胙告君子, 使知已祔祥而已, 故顔回之喪, 饋孔子祥肉是也.

---

3) 대상(大祥)은 부모의 상(喪) 및 삼년상 등을 치를 때 그 대상이 죽은 후 만 2년 만에 탈상을 하며 지내는 제사이다.

4) 『예기』「단궁상(檀弓上)」【84c】: 顔淵之喪, 饋祥肉, 孔子出受之; 入, 彈琴而后食之.

5) 부제(祔祭)는 '부(祔)'라고도 한다. 새로이 죽은 자가 있으면, 선조(先祖)에게 '부제'를 올리면서, 신주(神主)를 합사(合祀)하는 것을 말한다. 『주례』「춘관(春官)·대축(大祝)」편에는 "付練祥, 掌國事."라는 기록이 있고, 이에 대한 정현의 주에서는 "付當爲祔. 祭於先王以祔後死者."라고 풀이하였다.

6) 연제(練祭)는 소상(小祥)과 같은 뜻이다.

**번역** ●經文: "祔·練曰告". ○만약 본인이 주관하는 상사(喪事)에서 부제나 연제를 치르고서, 제사 때 사용한 고기를 남에게 보낸다면, 또한 감히 "복을 나눕니다."라고 말하거나 "맛있는 음식입니다."라고 말할 수 없고, 단지 "알립니다."라고만 말하니, 제사에 사용한 고기를 통해서 그 사안을 군자에게 알린다는 뜻으로, 상대로 하여금 자신이 부제와 연제 등을 치렀다는 사실을 알게끔 할 따름이다. 그렇기 때문에 안연의 상에 있어서도 공자에게 대상 때 사용한 고기를 보낸 것이다.

**集解** 愚謂: 此謂臣致胙於君之禮, 觀下言"再拜稽首", 可見.

**번역** 내가 생각하기에, 이 내용은 신하가 제사에서 사용한 고기를 군주에게 보내는 예법을 뜻하니, 아래문장에서 "재배를 하며 머리를 조아린다."라고 말한 것을 살펴보면, 이러한 사실을 확인할 수 있다.

**【442d】**

**凡膳告於君子, 主人展之以授使者于阼階之南[7]面, 再拜稽首送, 反命, 主人又再拜稽首. 其禮大牢則以牛左肩臂臑折九箇, 少牢則以羊左肩七箇, 犆豕則以豕左肩五箇.**

**직역** 凡히 君子에게 膳告함에, 主人은 展하여 이로써 阼階의 南面에서 使者에게 授하고, 再拜하고 稽首하며 送하고, 反命에도 主人은 又히 再拜하고 稽首한다.

---

7) '남(南)'자에 대하여. 『십삼경주소(十三經注疏)』 북경대 출판본에서는 '남(南)'자 뒤에 '남(南)'자가 기록되어 있고, "'남남(南南)'은 『민본(閩本)』·『감본(監本)』·『모본(毛本)』 및 『석경(石經)』·『악본(岳本)』·『가정본(嘉靖本)』과 위씨(衛氏)의 『집설(集說)』에도 동일하게 기록되어 있는데, 진호(陳澔)의 『집설(集說)』 판본에는 1개의 '남(南)'자가 누락되어 있다. 『석경고문제요(石經考文提要)』에서는 '『송대자본(宋大字本)』·『송본구경(宋本九經)』·『남송건상본(南宋巾箱本)』·『여인중본(余仁仲本)』·『유숙강본(劉叔剛本)』에도 모두 두 개의 남(南)자가 기록되어 있다.'"라고 했다.

그 禮가 大牢라면 牛의 左肩臂臑로써 九箇로 折하며, 少牢라면 羊의 左肩으로써 七箇하고, 犆豕라면 豕의 左肩으로써 五箇한다.

**의역** 무릇 군자에게 고기를 보내서 맛있는 음식이라고 알리거나 그 사안을 아뢰게 되면, 주인은 먼저 그것을 풀어서 확인하고, 동쪽 계단의 남쪽에서 남쪽을 바라보며 심부름을 하는 자에게 건네며, 재배를 하고 머리를 조아린 뒤에 보낸다. 심부름을 한 자가 다녀와서 그 사안을 보고하면, 주인은 또한 재배를 하고 머리를 조아린다. 그 예법에 있어서 태뢰(太牢)[8]를 사용했다면, 소의 좌측 어깨로부터 다리까지를 9개의 부위로 나눠서 보내고, 소뢰(少牢)[9]를 사용했다면, 양의 좌측 어깨로부터 다리까지를 7개의 부위로 나눠서 보내며, 한 마리의 돼지를 사용했다면, 돼지의 좌측 어깨로부터 다리까지를 5개의 부위로 나눠서 보낸다.

**集說** 膳告, 承上文而言. 臂臑, 肩脚也. 九箇, 自肩上至蹄折爲九段也. 周人牲體尙右, 右邊已祭, 故獻其左.

**번역** '선(膳)'과 '고(告)'라고 한 말은 앞 문장과 연이어서 한 말이다. '비노(臂臑)'는 어깨부분과 다리부분을 뜻한다. '구개(九箇)'는 어깨의 상단부분부터 발까지를 9단으로 자른다는 뜻이다. 주(周)나라 때에는 희생물의 몸체 중에서도 우측을 숭상했는데, 우측의 몸체로는 이미 제사를 지냈기 때문에, 좌측 부위를 보내는 것이다.

**鄭注** 展, 省具也. 折, 斷分之也. 皆用左者, 右以祭也. 羊豕不言臂臑, 因牛序之可知.

---

8) 태뢰(太牢)는 제사에서 소[牛], 양(羊), 돼지[豕] 3가지 희생물을 갖춘 것을 뜻한다. 『장자』「지악(至樂)」편에는 "具太牢以爲膳."이라는 기록이 있는데, 이에 대한 성현영(成玄英)의 소(疏)에서는 "太牢, 牛羊豕也."라고 풀이하였다.

9) 소뢰(少牢)는 제사에서 양(羊)과 돼지[豕] 두 가지 희생물을 사용하는 것을 뜻한다. 『춘추좌씨전』「양공(襄公) 22년」편에는 "祭以特羊, 殷以少牢."라는 기록이 있는데, 이에 대한 두예(杜預)의 주에서는 "四時祀以一羊, 三年盛祭以羊豕. 殷, 盛也."라고 풀이하였다.

**번역** '전(展)'자는 갖춰진 것을 살펴본다는 뜻이다. '절(折)'자는 나눠서 부위별로 나눈다는 뜻이다. 이 모두에 대해서는 희생물의 좌측 부위를 사용하니, 우측 부위로는 제사를 지내기 때문이다. 양과 돼지에 대해서는 '비노(臂臑)'라고 말하지 않았는데, 그 이유는 소에 대한 경우를 통해 순차적으로 따져보면, 그 부위를 사용하게 됨을 알 수 있기 때문이다.

**釋文** 使, 色吏反. 臂, 本亦作辟, 以豉反, 注同. 儒, 奴報反, 又奴到反. 說文云: "臂羊犬, 讀若儒." 字林人於反. 箇, 古賀反, 下同. 犆, 大得反. 斷, 丁管反, 又大喚反. 分, 方云反, 又扶問反, 本又作箇, 古賀反.

**번역** '使'자는 '色(색)'자와 '吏(리)'자의 반절음이다. '臂'자는 판본에 따라서 또한 '辟'자로도 기록하는데, 그 음은 '以(이)'자와 '豉(시)'자의 반절음이며, 정현의 주에 나오는 글자도 그 음이 이와 같다. '儒'자는 '奴(노)'자와 '報(보)'자의 반절음이고, 또한 '奴(노)'자와 '到(도)'자의 반절음도 된다. 『설문』에서는 "양과 개의 팔뚝 부분을 '유(儒)'로 읽는다."라고 했고, 『자림』[10]에서는 '人(인)'자와 '於(어)'자의 반절음이라고 했다. '箇'자는 '古(고)'자와 '賀(하)'자의 반절음이며, 아래문장에 나오는 글자도 그 음이 이와 같다. '犆'자는 '大(대)'자와 '得(득)'자의 반절음이다. '斷'자는 '丁(정)'자와 '管(관)'자의 반절음이며, 또한 '大(대)'자와 '喚(환)'자의 반절음도 된다. '分'자는 '方(방)'자와 '云(운)'자의 반절음이며, 또한 '扶(부)'자와 '問(문)'자의 반절음도 되고, 판본에 따라서는 '箇'자로도 기록하는데, 그 음은 '古(고)'자와 '賀(하)'자의 반절음이다.

**孔疏** ●"凡膳告於君子"者, 結上也, 膳自祭及告祥也.

**번역** ●經文: "凡膳告於君子". ○앞 문장을 결론 맺은 글이다. 음식을

---

10) 『자림(字林)』은 고대의 자서(字書)이다. 진(晉)나라 때 학자인 여침(呂忱)이 지었다. 원본은 일실되어 전해지지 않고, 다른 문헌들 속에 일부 기록들만 남아 있다.

통해 자신이 직접 제사를 지내거나 대상(大祥) 등의 일을 아뢴다는 뜻이다.

**孔疏** ●"主人展之, 以授使者于阼階之南, 南面, 再拜稽首送"者, 謂初遣使膳, 告君子之去時也. 展, 省視, 敬君子, 故主人自省視飲食多少備具, 而阼階南稽首拜送使者.

**번역** ●經文: "主人展之, 以授使者于阼階之南, 南面, 再拜稽首送". ○최초 심부름을 하는 자에게 고기를 들려 보내서, 군자에게 아뢰러 떠나게 될 때를 뜻한다. '전(展)'자는 살펴본다는 뜻이니, 군자를 공경하기 때문에 주인이 직접 음식의 수량과 갖춰진 상태를 확인하고, 동쪽 계단의 남쪽에서 머리를 조아리고 절을 하여 심부름하는 자를 보내는 것이다.

**孔疏** ●"反命, 主人又再拜稽首"者, 使從君子處還反, 則主人亦再拜稽首受命也, 亦當在阼階南, 南面也. 曲禮云"使者反, 必下堂而受命", 是也.

**번역** ●經文: "反命, 主人又再拜稽首". ○심부름을 하는 자가 군자가 계신 곳으로부터 되돌아오게 되면, 주인은 또한 재배를 하고 머리를 조아린 뒤에 군자가 전한 말을 받으니, 이 또한 마땅히 동쪽 계단의 남쪽에서 남쪽을 바라보며 해야 한다. 『예기』「곡례(曲禮)」편에서 "심부름을 보낸 자가 돌아오게 되면, 반드시 당하(堂下)로 내려와서, 군주가 보낸 명령을 받아야 한다."[11]라고 한 말이 이러한 사실을 나타낸다.

**孔疏** ●"其禮: 大牢則以牛左肩·臂·臑折九箇"者, 明所膳禮[12]數也. 若得大牢祭者, 則用牛膳也. 周人牲體尚右, 右邊已祭, 所以獻左也. 周貴肩, 故

---

11) 『예기』「곡례상(曲禮上)」【34a】: 若使人於君所, 則必朝服而命之, <u>使者反, 則必下堂而受命</u>.

12) '례(禮)'자에 대하여. '례'자는 본래 없던 글자인데, 완원(阮元)의 『교감기(校勘記)』에서는 "혜동(惠棟)의 『교송본(校宋本)』에는 '선(膳)'자 뒤에 '례'자가 기록되어 있고, 위씨(衛氏)의 『집설(集說)』에도 동일하게 기록되어 있으니, 이곳 판본은 잘못하여 누락된 것이다."라고 했다.

用左肩也. "九箇"者, 取肩自上斷折之, 至蹄爲九段, 以獻之也. 臂臑, 謂肩脚也.

**번역** ●經文: "其禮: 大牢則以牛左肩·臂·臑折九箇". ○음식을 보낼 때 예법에 따른 수량을 나타내고 있다. 만약 태뢰(太牢)를 사용해서 제사를 지낼 수 있는 경우라면, 소를 사용해서 고기를 보낸다. 주(周)나라 때에는 희생물의 몸체 중에서도 우측을 숭상하여, 우측 부위로는 이미 제사를 지냈으니, 좌측 부위를 보내는 것이다. 주나라 때에는 어깨 부위를 숭상했기 때문에, 좌측 어깨 부위를 사용하는 것이다. 경문의 "九箇"에 대하여. 어깨의 위로부터 잘라내서 발까지 이르게 되면 9개 부위가 되니, 이것을 보낸다는 뜻이다. '비노(臂臑)'는 어깨와 다리부분이다.

**孔疏** ●"少牢則以羊左肩七箇"者, 若禮得少牢者, 則膳羊左肩. 折爲七箇, 不云"臂臑", 從上可知也. 然並用上牲, 不幷備饌, 故大牢者唯牛, 少牢者唯羊也.

**번역** ●經文: "少牢則以羊左肩七箇". ○만약 예법에 따라 소뢰(少牢)를 사용할 수 있는 경우라면, 고기로 사용된 양의 좌측 어깨 부분을 보내게 된다. 그것을 나눠서 7개 부위로 만드는데, '비노(臂臑)'를 언급하지 않은 것은 앞의 내용을 통해서 이러한 부위를 사용하게 됨을 알 수 있기 때문이다. 그런데 이 모두에 대해서는 가장 상등으로 여기는 희생물을 사용하며, 모든 희생물을 함께 포장하지 않는다. 그렇기 때문에 태뢰(太牢)를 사용할 때에는 소만 사용하는 것이고, 소뢰를 사용하는 경우에는 양만 사용하는 것이다.

**孔疏** ●"犆豕則以豕左肩五箇"者, 若祭唯特豕以用豕左肩, 亦用五箇以爲膳也.

**번역** ●經文: "犆豕則以豕左肩五箇". ○만약 제사를 지내며 단지 한 마리의 돼지만 사용할 수 있다면, 돼지의 좌측 어깨 부위를 사용하여 보내니, 또한 다섯 등분으로 나눠서 보내는 음식으로 삼는 것이다.

**集解** 愚謂: 此臣致膳於君, 有大牢者, 蓋大夫殷祭及上大夫練·祥得用大牢也. 肩·臂·臑, 前脛三體之名. 九箇者, 折每體爲三段也. 少牢·特豕, 唯言"肩", 唯有肩也. 少牢不賓尸禮, 主人俎用臂, 主婦俎用臑, 唯肩不見所用, 是留肩以致膳, 而致膳無臂·臑也. 特牲禮阼俎用臂, 而肩·臑不見所用, 然少牢致膳無臑, 則特牲可知也. 少牢賓尸之禮, 羊左肩以爲侑俎, 臂以爲阼俎, 臑以爲主婦俎, 然則少牢賓尸禮不致膳與.

**번역** 내가 생각하기에, 이 내용은 신하가 군주에게 음식을 보낼 때를 뜻하니, 태뢰(太牢)를 사용하는 자가 있는 것은 아마도 대부(大夫)가 은제(殷祭)[13]를 지낸 것이거나 상대부(上大夫)가 연상(練祥)[14]을 지내게 되어 태뢰를 사용할 수 있는 경우를 뜻하는 것 같다. 어깨[肩]·팔[臂]·팔꿈치[臑] 등은 앞다리의 세 부위를 지칭하는 명칭이다. 9개라는 것은 매 부위를 3단으로 잘라서 만들었다는 뜻이다. 소뢰(少牢)를 사용하거나 한 마리의 돼지만 사용하는 경우에는 단지 '견(肩)'만을 말했으니, 오직 어깨 부위만 포함되는 것이다. 『의례』「소뢰궤식례(少牢饋食禮)」편에서 시동을 예우하는 예법을 시행하지 않았을 때, 주인의 도마에는 비(臂) 부위를 올리고, 주부의 도마에는 노(臑) 부위를 올리는데, 오직 견(肩) 부위에 대해서는 사용하는 용도가 나타나지 않는다. 따라서 이것은 견(肩) 부위를 남

---

13) 은제(殷祭)는 성대한 제사를 뜻한다. 3년마다 지내는 협(祫)제사와 5년마다 지내는 체(禘)제사 등을 '은제'라고 부른다. 『예기』「증자문(曾子問)」편에는 "孔子曰, 有君喪服於身, 不敢私服, 又何除焉. 於是乎有過時, 而弗除也. 君之喪服除, 而后殷祭, 禮也."라는 용례가 있다.

14) 연상(練祥)은 소상(小祥)과 대상(大祥)을 뜻한다. '연상'에서의 '연(練)'자는 연제(練祭)를 뜻하며, '연제'는 곧 '소상'을 가리킨다. '연상'에서의 '상(祥)'자는 '대상'을 뜻한다. 소상은 죽은 지 13개월만에 지내는 제사이며, 대상은 25개월만에 지내는 제사이고, 대상을 지내게 되면 상복과 지팡이를 제거하게 된다. 『주례』「춘관(春官)·대축(大祝)」편에는 "言甸人讀禱, 付練祥, 掌國事."라는 기록이 있고, 이에 대해 가공언(賈公彦)의 소(疏)에서는 "練, 謂十三月小祥, 練祭. 祥, 謂二十五月大祥, 除衰杖."이라고 풀이했다.

겨 두었다가 음식을 보낼 때 사용하고, 음식을 보낼 때에는 비(臂)와 노(臑)의 부위를 사용한 적이 없다는 사실을 나타낸다. 또『의례』「특생궤식례(特牲饋食禮)」편에서는 조조(阼俎)[15]에는 비(臂)를 올리고, 견(肩)과 노(臑)를 사용하는 용도는 나타나지 않는다. 그러나「소뢰궤식례」편에서는 음식을 보낼 때 노(臑) 부위를 사용함이 없었으니,「특생궤식례」편에 있어서도 그 부위를 사용하지 않았다는 사실을 알 수 있다.「소뢰궤식례」편에서 시동을 예우하는 예법에서는 양의 좌측 견(肩) 부위는 권유하는 자의 도마에 올리고, 비(臂)는 제주의 도마에 올리며, 노(臑)는 주부의 도마에 올린다. 그렇다면 소뢰를 사용하여 시동을 예우하는 예법에서는 아마도 음식을 보내지 않았을 것이다.

15) 조조(阼俎)는 '조조(胙俎)'라고도 부른다. 제사를 지낼 때 제사용 고기를 담는 도마를 뜻한다. 제주(祭主)의 도마를 뜻한다.『의례』「특생궤식례(特牲饋食禮)」편에는 祝命徹阼俎·豆籩·設于東序下."라는 기록이 있고, 이에 대한 정현의 주에서는 "阼俎, 主人之俎."라고 풀이했다.

## • 제38절 •

### 국가의 재정에 따른 예절

【442d】

**國家靡敝,**

**직역** 國家가 靡敝하면,

**의역** 국가의 재정이 피폐해지면,

**集說** 謂師旅饑饉之餘, 財力靡散, 民庶彫敝也.

**번역** 전쟁이나 기근 등의 일로 인해 재력이 소진되고, 백성들이 피폐해진 것을 뜻한다.

【442d~443a】

**則車不雕幾, 甲不組縢, 食器不刻鏤, 君子不履絲屨, 馬不常秣.**

**직역** 車는 雕幾를 不하고, 甲은 組縢을 不하며, 食器에는 刻鏤를 不하고, 君子는 絲屨를 不履하며, 馬는 秣을 不常한다.

**의역** 수레에는 조각을 하거나 옻칠을 하지 않고, 갑옷은 화려한 끈으로 연결하지 않으며, 식기에는 조각을 하지 않고, 군자는 비단으로 만든 신발을 신지 않으며, 말에게는 사람이 먹는 곡식을 항상 먹이지 않는다.

**集說** 雕, 刻鏤之也. 幾, 漆飾之畿限也. 縢者, 縛約之名, 不用組以連甲, 及爲紟帶也. 以穀食馬曰秣.

**번역** '조(雕)'자는 조각을 해서 새긴다는 뜻이다. '기(幾)'자는 옻칠로 장식을 해서 경계선을 드러낸다는 뜻이다. '등(縢)'이라는 것은 비단으로 꿰맨 것을 뜻하는 명칭이니, 화려한 무늬가 들어간 끈을 사용해서 갑옷의 이음새를 연결하거나 비단으로 연결 끈을 만들지 않는다는 뜻이다. 사람이 먹는 곡식을 말에게 먹이는 것을 '말(秣)'이라고 부른다.

**大全** 山陰陸氏曰: 言國家靡敝, 則所乘所衛所養所履所御皆貶.

**번역** 산음육씨가 말하길, 국가의 재정이 피폐하게 되면, 타는 것 보호하는 것 봉양하는 것 신는 것 부리는 것에 있어서도 모두 줄이게 된다는 뜻이다.

**鄭注** 靡敝, 賦稅亟也. 雕, 畫也. 幾, 附纏爲沂鄂也. 組縢, 以組飾之及紟帶也. 詩云: "公徒三萬, 貝胄朱綅." 亦鎧飾也.

**번역** '미폐(靡敝)'는 세금을 자주 걷는다는 뜻이다. '조(雕)'자는 "그림을 그린다[畫]."는 뜻이다. '기(幾)'자는 부착하여 튀어나오거나 들어간 무늬를 만든다는 뜻이다. '조등(組縢)'은 화려한 무늬의 끈으로 장식을 하거나 비단으로 만든 띠 등을 뜻한다. 『시』에서는 "군주의 군대가 3만이니, 자개로 꾸민 투구에 붉은 비단 끈이여."[1]라고 했으니, 이것은 또한 갑옷의 장식을 나타낸다.

**釋文** 靡, 亡皮反, 注同. 幾, 其衣反, 注同. 組音祖. 縢, 大登反. 常如字, 恒也,

---

1) 『시』「노송(魯頌)·비궁(閟宮)」: 公車千乘, 朱英綠縢, 二矛重弓. <u>公徒三萬, 貝胄朱綅</u>. 烝徒增增, 戎狄是膺, 荊舒是懲, 則莫我敢承. 俾爾昌而熾, 俾爾壽而富, 黃髮台背, 壽胥與試. 俾爾昌而大, 俾爾耆而艾, 萬有千歲, 眉壽無有害.

本亦作嘗. 秣音末, 穀馬. 亟, 本又作極, 紀力反, 急也, 一音其力反. 沂, 魚巾反. 鄂, 五合反. 紟, 其蔭反, 結也. 綅, 息廉反, 又音侵. 鎧, 若代反.

**번역** '靡'자는 '亡(망)'자와 '皮(피)'자의 반절음이며, 정현의 주에 나오는 글자도 그 음이 이와 같다. '幾'자는 '其(기)'자와 '衣(의)'자의 반절음이며, 정현의 주에 나오는 글자도 그 음이 이와 같다. '組'자의 음은 '祖(조)'이다. '縢'자는 '大(대)'자와 '登(등)'자의 반절음이다. '常'자는 글자대로 읽으니, 항상이라는 뜻이며, 판본에 따라서는 또한 '嘗'자로도 기록한다. '秣'자의 음은 '末(말)'이니, 말에게 곡식을 먹인다는 뜻이다. '亟'자는 판본에 따라서 또한 '極'자로도 기록하니, '紀(기)'자와 '力(력)'자의 반절음이며, 긴급하다는 뜻이고, 다른 음은 '其(기)'자와 '力(력)'자의 반절음이다. '沂'자는 '魚(어)'자와 '巾(건)'자의 반절음이다. '鄂'자는 '五(오)'자와 '合(합)'자의 반절음이다. '紟'자는 '其(기)'자와 '蔭(음)'자의 반절음이며, 묶는 끈을 뜻한다. '綅'자는 '息(식)'자와 '廉(렴)'자의 반절음이며, 또 다른 음은 '侵(침)'이다. '鎧'자는 '若(약)'자와 '代(대)'자의 반절음이다.

**孔疏** ●"國家"至"常秣". ○正義曰: 此一節明國家靡敝減省之禮. 靡, 謂侈靡. 敝, 謂凋敝. 由君造作侈靡, 賦稅煩急, 則物凋敝, 則改往脩來或可. 靡爲糜, 謂財物糜散凋敝, 古字通用.

**번역** ●經文: "國家"~"常秣". ○이곳 경문은 국가의 재정이 소진되었을 때, 줄이는 예법에 대해서 나타내고 있다. '미(靡)'자는 탕진하다는 뜻이다. '폐(敝)'자는 궁핍하다는 뜻이다. 군주가 어떤 일을 벌이게 되어, 재화를 탕진하고 세금을 빈번하게 거두게 되면, 사물들이 피폐해지니, 지난 잘못을 고치거나 앞으로 올 일에 대해 대비하는 경우라면 해도 괜찮다. '미(靡)'자는 '미(糜)'자의 뜻이니, 재물이 소진되어 없어졌다는 뜻으로, 고자(古字)에서는 통용해서 사용했다.

**孔疏** ●"車不雕幾"者, 幾, 謂沂鄂, 不雕畫漆飾以爲沂鄂.

**번역** ●經文: "車不雕幾". ○'기(幾)'자는 사물의 표면에 튀어나오거나 들어간 무늬를 뜻하니, 조각이나 그림을 그리고 또 옻칠 등의 장식을 해서 이러한 무늬를 만들지 않는다는 뜻이다.

**孔疏** ●"甲不組縢"者, 縢, 謂紟帶, 其甲不用組以爲飾及紟帶.

**번역** ●經文: "甲不組縢". ○'등(縢)'자는 비단으로 만든 띠를 뜻하니, 갑옷에 대해서는 화려한 무늬의 끈을 이용해서 장식을 하거나 비단의 띠를 만들지 않는다는 뜻이다.

**孔疏** ●"君子不履絲屨"者, 絲屨, 謂絇繶純之屬, 不以絲飾之, 故云"不履絲屨".

**번역** ●經文: "君子不履絲屨". ○'사구(絲屨)'는 신코 장식의 끈을 비단으로 만든 것 등을 뜻하니, 비단으로 장식을 하지 않기 때문에, "사구를 신지 않는다."라고 말한 것이다.

**孔疏** ◎注"組縢"至"飾也". ○正義曰: 云以組飾之[2]者, 謂以組飾甲也. 云"及紟帶也"者, 謂以組連甲及爲甲. 帶言紟帶, 解經"縢"字. 縢是縛約之名, 故秦詩云: "竹閉緄縢." 注云: "縢, 約也." 引詩"公徒三萬"者, 魯頌·閟宮文. 引之者, "貝冑朱綅", 貝冑, 謂以貝飾冑, 朱綅綴之也, 謂以朱繩綴甲, 故鄭云"亦鎧飾也".

**번역** ◎鄭注: "組縢"~"飾也". ○조(組)로 장식을 한다는 말은 조(組)로 갑옷을 장식한다는 뜻이다. 정현이 "비단으로 만든 띠 등이다."라고 했는데, 조(組)로 갑옷의 부분들을 연결하거나 갑옷을 만든다는 뜻이다.

---

2) '지(之)'자에 대하여. '지'자는 본래 없던 글자인데, 완원(阮元)의 『교감기(校勘記)』에서는 "혜동(惠棟)의 『교송본(校宋本)』에는 '식(飾)'자 뒤에 '지'자가 기록되어 있으니, 이곳 판본에는 '지'자가 누락된 것이다."라고 했다.

그리고 '대(帶)'는 '금대(紟帶)'를 뜻하는 것으로, 경문에 나온 '등(縢)'자를 풀이한 것이다. '등(縢)'자는 비단으로 꿰맨다는 뜻의 명칭이다. 그렇기 때문에 진(秦)나라의 시에서는 "대나무 도지개를 끈으로 묶었다."[3]라고 한 것이고, 주에서는 "'등(縢)'자는 묶는다는 뜻이다."라고 한 것이다. 정현이 『시』의 "군주의 군대가 3만이다."라는 말을 인용했는데, 이것은 『시』「노송(魯頌) · 비궁(閟宮)」편의 문장이다. 이 내용을 인용한 이유는 '패주주침(貝冑朱綅)'이라고 했을 때 '패주(貝冑)'라는 것은 자개로 투구를 장식한 것이며, 이것을 붉은 색의 비단 끈으로 연결하였다는 뜻이니, 곧 붉은 비단 끈으로 갑옷을 연결한 것이다. 그렇기 때문에 정현은 "또한 갑옷의 장식을 나타낸다."라고 말한 것이다.

**訓纂** 三蒼: 雕, 飾也.

**번역** 『삼창』[4]에서 말하길, '조(雕)'자는 "장식하다[飾]."는 뜻이다.

**集解** 今按: "靡"字當讀爲糜.

**번역** 현재 살펴보니, '미(靡)'자는 마땅히 '미(糜)'자로 해석해야 한다.

**集解** 愚謂: 靡讀爲糜, 是也. 國家遭值災變, 而財物靡散秏敝, 則當貶損以足用也. 組縢, 謂以組綴甲, 左傳楚子重"組甲三百", 是也. 食器, 常食之器也.

---

3) 『시』「진풍(秦風) · 소융(小戎)」 : 俴駟孔群, 厹矛鋈錞, 蒙伐有苑, 虎韔鏤膺, 交韔二弓, 竹閉緄縢. 言念君子, 載寢載興. 厭厭良人, 秩秩德音.

4) 삼창(三蒼)은 '삼창(三倉)'이라고도 부른다. 고대의 자서(字書)를 뜻하는 명칭이다. 한(漢)나라 초기에는 이사(李斯)가 지은 『창힐편(倉頡篇)』과 조고(趙高)의 『원력편(爰曆篇)』과 호모경(胡母敬)의 『박학편(博學篇)』을 합쳐서 한 권의 책으로 만들었는데, 이것을 '삼창'이라고 부른다. 또한 『창힐편』을 총칭해서 부르기도 하는데, 총 3,300자로 구성되어 있다. 위진(魏晉) 시대에는 또한 이사의 『창힐편』을 상권으로 분류하고, 양웅(揚雄)의 『훈찬편(訓纂篇)』을 중권으로 분류하며, 가방(賈魴)의 방희편(滂喜篇)을 하권으로 분류해서, 이것을 하나의 책으로 여기기도 했다.

祭祀賓客之器不可貶, 所貶者常食之器而已. 秣, 以粟食馬也. 馬有時當秣, 特不常秣耳.

**번역** 내가 생각하기에, '미(靡)'자는 '미(糜)'자로 해석하는 것이 옳다. 국가가 재앙이나 변란을 당하게 되어 재정이 소진되고 피폐해지면, 마땅히 제 스스로 줄여서 재화를 풍족하게 만들어야 한다. '조등(組縢)'은 화려한 무늬의 끈으로 갑옷을 연결한다는 뜻이니, 『좌전』에서 초(楚)나라 공자 중(重)이 "조(組)로 갑옷을 연결한 것을 입은 자가 삼백 명이다."[5] 라고 한 말이 이러한 사실을 나타낸다. '식기(食器)'는 일상적으로 음식을 먹을 때 사용하는 그릇이다. 제사나 빈객을 대접할 때의 그릇들에 대해서는 덜어낼 수가 없으니, 덜어내는 대상은 일상적으로 음식을 먹을 때 사용하는 식기일 뿐이다. '말(秣)'은 사람이 먹는 곡식을 말에게 먹인다는 뜻이다. 말은 때에 따라 마땅히 곡식을 먹어야 하니, 단지 매번 곡식을 먹이지 않는다는 뜻일 뿐이다.

---

5) 『춘추좌씨전』「양공(襄公) 3년」: 三年春, 楚子重伐吳, 爲簡之師. 克鳩茲, 至于衡山. 使鄧廖帥組甲三百·被練三千, 以侵吳.

# 少儀 人名 및 用語 辭典

## ㄱ

◎ 가공언(賈公彥, ?~?) : 당(唐)나라 때의 유학자이다. 정현(鄭玄)을 존숭하였다. 예학(禮學)에 조예가 깊었다. 『주례소(周禮疏)』, 『의례소(儀禮疏)』 등의 저서를 남겼으며, 이 저서들은 『십삼경주소(十三經注疏)』에 포함되었다.

◎ 가정본(嘉靖本) : 『가정본(嘉靖本)』에는 간행한 자의 정보가 기록되어 있지 않다. 『십삼경주소(十三經注疏)』의 판본이다. 20권으로 구성되어 있으며, 각 권의 뒤편에는 경문(經文)과 그에 따른 주(注)를 간략히 기록하고 있다. 단옥재(段玉裁)는 이 판본이 가정(嘉靖) 연간에 송본(宋本)을 모방하여 간행된 것이라고 여겼다.

◎ 간보(干寶, ?~A.D.336) : 동진(東晋) 때의 문인(文人)이다. 저서로는 『춘추좌씨의외전(春秋左氏義外傳)』 등이 있고, 『주역(周易)』 및 『주례(周禮)』에 대한 주를 달기도 하였다.

◎ 감본(監本) : 『감본(監本)』은 명(明)나라 국자감(國子監)에서 간행한 『십삼경주소(十三經注疏)』의 판본이다.

◎ 강영(江永, A.D.1681~A.D.1762) : 청(淸)나라 때의 경학자이다. 자(字)는 신수(愼修)이다. 『십삼경주소(十三經注疏)』에 대한 연구를 했으며, 특히 삼례(三禮)에 대해 해박했다.

◎ 개성석경(開成石經) : 『개성석경(開成石經)』은 당(唐)나라 만들어진 석경(石經)을 뜻한다. 돌에 경문(經文)을 새겼기 때문에, '석경'이라고 부른다. 당나라 때 만들어진 '석경'은 대화(大和) 7년(A.D.833)에 만들기 시작하여, 개성(開成) 2년(A.D.837)에 완성되었기 때문에, '개성석경'이라고도 부르는 것이다.

◎ 경원보씨(慶源輔氏, ?~?) : =보광(輔廣) · 보한경(輔漢卿). 남송(南宋) 때의 학자이다. 자(字)는 한경(漢卿)이고, 호(號)는 잠암(潛庵) · 전이(傳貽)이다. 여조겸(呂祖謙)과 주자(朱子)에게서 학문을 배웠다. 저서로는 『사서찬소(四書纂疏)』, 『육경집해(六經集解)』 등이 있다.

◎ 고공기(考工記) : 『고공기(考工記)』는 『동관고공기(冬官考工記)』라고도 부른다. 공인(工人)들에 대한 공예기술(工藝技術) 서적이다. 작자는 미상이다. 강영(江永)은 『고공기』의 작자를 제(齊)나라 사람으로 추정하였고, 곽말약(郭沫若)은 춘추시대(春秋時代) 말기에 제나라에서 제작된 관서(官書)와 관련이 깊다고 추정하였다. 『주례(周禮)』는 천관(天官), 지관(地官), 춘관(春官), 하관(夏官), 추관(秋官), 동관(冬官) 등 육관(六官)의 체제로 구성되어 있는데, 그 중 '동관'에 대한 기록이 누락되어 있어서, 한(漢)나라 무제(武帝) 때, 『고공기』를 가지고 누락된 부분을 보충하게 되었다. 그렇기 때문에 『고공기』를 또한 『동관고공기』라고도 부르는 것이다. 각종 공인들의 직책과 직무들이 기록되어 있다.

◎ 고문송판(考文宋板) : 『고문송판(考文宋板)』은 일본 학자 산정정(山井鼎) 등이 출간한 『칠경맹자고문보유(七經孟子考文補遺)』에 수록된 『예기정의(禮記正義)』를 뜻한다. 산정정은 『예기정의』를 수록할 때, 송(宋)나라 때의 판본을 저본으로 삼았다.

◎ 고사(固辭) : '고사'는 완강히 사양한다는 뜻이다. 또 예법에 따르면 세 차례 사양을 하게 되는데, 첫 번째 사양하는 것을 '예사(禮辭)'라고 부르며, 두 번째 사양하는 것을 '고사(固辭)'라고 부르고, 세 번째 사양하는 것을 '종사(終辭)'라고 부른다. 『예기』「곡례상(曲禮上)」편에는 "客固辭, 主人肅客而入."이라는 기록이 있는데, 이에 대한 공영달(孔穎達)의 소(疏)에서는 "禮有三辭, 初曰禮辭, 再曰固辭, 三曰終辭."라고 풀이했다.

◎ 공씨(孔氏) : =공영달(孔穎達)

◎ 공영달(孔穎達, A.D.574~A.D.648) : =공씨(孔氏). 당대(唐代)의 경학자이

다. 자(字)는 중달(仲達)이고, 시호(謚號)는 헌공(憲公)이다. 『오경정의(五經正義)』를 찬정(撰定)하는데 중심적인 역할을 했다.

◎ **광아(廣雅)** : 『광아(廣雅)』는 위(魏)나라 때 장읍(張揖)이 지은 자전(字典)이다. 『박아(博雅)』라고도 부른다. 『이아』의 체제를 계승하고, 새로운 내용을 보충하여, 경전(經典)에 기록된 글자들을 해석한 서적이다. 본래 상 · 중 · 하 3권으로 구성되어 있었지만, 수(隋)나라 조헌(曺憲)이 재차 10권으로 편집하였다. 한편 '광(廣)'자가 수나라 양제(煬帝)의 시호였기 때문에, 피휘를 하여, 『박아』라고 부르게 되었다.

◎ **교감기(校勘記)** : 『교감기(校勘記)』는 완원(阮元)이 학자들을 모아서 편차했던 『십삼경주소교감기(十三經註疏校勘記)』를 뜻한다.

◎ **교기(校記)** : 『교기(校記)』는 손이양(孫詒讓)이 지은 『십삼경주소교기(十三經注疏校記)』를 뜻한다.

◎ **구배(九拜)** : '구배'는 제사를 지낼 때 사용하게 되는 아홉 종류의 절하는 형식을 뜻한다. 계수(稽首), 돈수(頓首), 공수(空首), 진동(振動), 길배(吉拜), 흉배(凶拜), 기배(奇拜), 포배(褒拜), 숙배(肅拜)에 해당한다. '계수'는 절을 하며 머리가 지면에 닿도록 하는 것이며, '돈수'는 절을 하며 머리가 땅을 두드리듯이 꾸벅거리는 것이고, '공수'는 절을 하며 머리가 손을 포갠 곳에 닿도록 하는 것이니, '배수(拜手)'라고 부르는 것에 해당한다. '길배'는 절을 한 이후에 이마를 땅에 닿게 하는 것이며, '흉배'는 이마를 땅에 닿게 한 이후에 절을 하는 것이다. '진동'의 경우 애통하게 울면서 절을 하는 것을 뜻하기도 하고, 양손을 서로 부딪치는 것을 뜻하기도 하며, 위엄을 갖추고 절을 하는 것을 뜻하기도 한다. '기배'는 절하는 횟수를 홀수로 하는 것을 뜻하기도 하며, 한쪽 무릎만 굽히고 하는 절이나 손에 쥐고 있는 물건 등에 의지해서 절하는 것을 뜻하기도 하고, 한 번 절하는 것을 뜻하기도 한다. '포배'는 답배를 뜻하기도 하니, 재배(再拜)에 해당하고, 또 손에 물건을 쥐고 절하는 것을 뜻하기도 한다. '숙배'는 단지 손을 아래로 내려서 몸에 붙이는 것에 해당한다. 『주례』「춘관(春官) · 대축(大祝)」편에는 "辨九拜, 一曰稽首, 二曰頓首, 三曰空首, 四曰振動, 五曰吉拜, 六曰凶拜, 七曰奇拜, 八曰褒拜, 九曰肅拜, 以享右祭祀."라는 기록이 있고, 이에 대한 정현의 주에서는 "稽首, 拜頭至地也. 頓首, 拜頭叩地也. 空首, 拜頭至手, 所謂拜手也. 吉拜, 拜而后稽顙, 謂齊衰不杖以下者. 言吉者, 此殷之凶拜,

周以其拜與頓首相通, 故謂之吉拜云. 凶拜, 稽顙而后拜, 謂三年服者. 杜子春云, '振讀爲振鐸之振, 動讀爲哀慟之慟, 奇讀爲奇偶之奇, 謂先屈一膝, 今雅拜是也. 或云, 奇讀曰倚, 倚拜謂持節·持戟拜, 身倚之以拜.' 鄭大夫云, '動讀爲董, 書亦或爲董. 振董, 以兩手相擊也. 奇拜, 謂一拜也. 褒讀爲報, 報拜, 再拜是也.' 鄭司農云, '褒拜, 今時持節拜是也. 肅拜, 但俯下手, 今時揖是也. 介者不拜, 故曰爲事故, 敢肅使者.' 玄謂振動戰栗變動之拜. 書曰王動色變. 一拜, 答臣下拜. 再拜, 拜神與尸. 享, 獻也, 謂朝獻饋獻也. 右讀爲侑. 侑勸尸食而拜."라고 풀이했다.

◎ **구수(九數)** : '구수'는 고대의 아홉 가지 계산 방법이다. 방전(方田), 속미(粟米), 차분(差分), 소광(少廣), 상공(商功), 균수(均輸), 방정(方程), 영부족(贏不足), 방요(旁要)를 뜻한다. 『주례』「지관(地官)·보씨(保氏)」편에는 "六曰九數."라는 기록이 있는데, 이에 대한 정현의 주에서는 정중(鄭衆)의 주장을 인용하여, "九數, 方田·粟米·差分·少廣·商功·均輸·方程·贏不足·旁要."라고 풀이했다.

◎ **국자(國子)** : '국자'는 천자 및 공(公), 경(卿), 대부(大夫)의 자제들을 말한다. 때론 상황에 따라 천자의 태자(太子) 및 왕자(王子)를 포함시키지 않는 경우도 있다. 『주례』「지관(地官)·사씨(師氏)」편에는 "以三德教國子"라는 기록이 있고, 이에 대한 정현의 주에서 "國子, 公卿大夫之子弟."라고 풀이한 용례와 『한서(漢書)』「예악지(禮樂志)」편에서 "朝夕習業, 以教國子. 國子者, 卿大夫之子弟也."라고 풀이한 용례가 바로 여기에 해당한다. 그러나 이것은 천자에 대한 언급을 가급적 회피했기 때문에, 생략하여 기술하지 않은 것이다. 청대(清代) 유서년(劉書年)의 『유귀양설경잔고(劉貴陽說經殘稿)』「국자증오(國子證誤)」편에서 "國子者, 王大子, 王子, 諸侯公卿大夫士之子弟, 皆是, 亦曰國子弟."라고 풀이하고 있는 것처럼, '국자'에는 천자의 태자와 왕자들까지도 포함된다.

◎ **궤숙(饋孰)** : '궤숙'은 '궤숙(饋熟)'이라고도 부른다. 제례(祭禮) 의식 중 하나이다. 제사를 시행할 때에는 희생물을 잡아서 생고기를 바치고, 이후에 다시 익힌 고기를 바치는데, '궤숙'은 바로 익힌 음식을 바치는 절차를 뜻한다.

◎ **궤식(饋食)** : '궤식'은 음식을 바친다는 뜻이다. 고대에는 천자 및 제후들이 매월 초하루마다 종묘(宗廟)에서 음식을 바치는 의식을 치렀는데, 이것을 '궤식'이라고도 부른다. 『주례』「춘관(春官)·대종백(大宗伯)」

편에는 "以饋食享先王."이라는 기록이 있다. 한편 조사(朝事)를 시행할 때, 조천(朝踐)을 끝낸 뒤, 생고기를 삶아서 재차 바치는 의식을 가리키기도 한다.

◎ **금화응씨(金華應氏, ?~?)** : =응용(應鏞) · 응씨(應氏) · 응자화(應子和). 이름은 용(鏞)이다. 자(字)는 자화(子和)이다. 『예기찬의(禮記纂義)』를 지었다.

## ㄴ

◎ **남송석경(南宋石經)** : 『남송석경(南宋石經)』은 송(宋)나라 고종(高宗) 때 돌에 새긴 『십삼경주소(十三經注疏)』의 판본이다. 그러나 『예기(禮記)』에 대해서는 「중용(中庸)」 1편만을 기록하고 있다.

◎ **노마(路馬)** : '노마'는 군주의 수레에 메는 말이다. 군주가 타던 수레를 노거(路車)라고 불렀기 때문에, '노마'라는 용어가 생긴 것이다.

◎ **노식(盧植, A.D.159?~A.D.192)** : =노씨(盧氏). 후한(後漢) 때의 유학자이다. 자(字)는 자간(子幹)이다. 어려서 마융(馬融)을 스승으로 섬겼다. 영제(靈帝)의 건녕(建寧) 연간(A.D.168~A.D.172)에 박사(博士)가 되었다. 채옹(蔡邕) 등과 함께 동관(東觀)에서 오경(五經)을 교정했다. 후에 동탁(董卓)이 소제(少帝)를 폐위시키자, 은거하며 『상서장구(尙書章句)』, 『삼례해고(三禮解詁)』를 저술했지만, 남아 있지 않다.

◎ **노씨(盧氏)** : =노식(盧植)

## ㄷ

◎ **단(袒)** : '단'은 상중(喪中)에 남자들이 취하는 복장 방식이다. 상의 중 좌측 어깨 쪽을 드러내는 방법이다. 한편 일반적인 의례절차에서도 단(袒)의 복장 방식을 취하는 경우가 있다.

◎ **대갱(大羹)** : '대갱'은 조미료를 첨가하지 않은 고깃국이다. 『예기』「악기(樂記)」편에는 大饗之禮, 尙玄酒而俎腥魚, 大羹不和, 有遺味者矣."라는 기록이 있고, 이에 대한 정현의 주에서는 "大羹, 肉湆, 不調以鹽菜."라고 풀이했다.

◎ **대국(大國)** : '대국'은 제후국(諸侯國)의 등급 중 하나이다. 제후국을 등

급에 따라 구분하면, 대국(大國), 차국(次國), 소국(小國)으로 구분된다. 영토의 크기, 보유할 수 있는 군대의 수, 휘하에 둘 수 있는 신하의 수가 각 등급에 따라 달라진다.

◎ 대렴(大斂) : '대렴'은 상례(喪禮) 절차 중 하나이다. 소렴(小斂)을 끝낸 뒤에, 시신을 관에 안치하는 절차이다.

◎ 대무(大舞) : '대무'는 악무(樂舞) 중에서도 성대한 것으로, 나이가 어린 자들이 익히는 소무(小舞)와 상대된다. '대무'는 정규 제사에서 사용되었으며, 대사악(大司樂)이 그 교육을 담당했다.

◎ 대비(大比) : '대비'는 주대(周代) 때 3년마다 향(鄕)과 수(遂)의 관리들이 백성들 중의 인재를 대상으로 시행한 시험이다. 『주례』「지관(地官)·향대부(鄕大夫)」편에는 "三年則大比. 考其德行, 道藝, 而興賢者能者."라는 기록이 있고, 이에 대한 정현의 주에서는 정사농(鄭司農)의 주장을 인용하여, "興賢者謂若今擧孝廉, 興能者謂若今擧茂才."라고 풀이했다.

◎ 대상(大祥) : '대상'은 부모의 상(喪) 및 삼년상 등을 치를 때 그 대상이 죽은 후 만 2년 만에 탈상을 하며 지내는 제사이다.

◎ 대진(戴震, A.D.1724~A.D.1778) : =동원대씨(東原戴氏). 청(淸)나라 때의 학자이다. 자(字)는 동원(東原)이다. 훈고학에 조예가 깊었다. 저서로는 『이아문자고(爾雅文字考)』, 『맹자자의소증(孟子字意疏證)』, 『원선(原善)』 등이 있다.

◎ 동원대씨(東原戴氏) : =대진(戴震)

◎ 두자춘(杜子春, B.C.30?~A.D.58?) : 후한(後漢) 때의 학자이다. 유흠(劉歆)에게서 수학하였다. 정중(鄭衆)과 가규(賈逵)에게 학문을 전수하였다.

## ㅁ

◎ 마계장(馬季長) : =마융(馬融)

◎ 마씨(馬氏) : =마희맹(馬晞孟)

◎ 마언순(馬彦醇) : =마희맹(馬晞孟)

◎ 마융(馬融, A.D.79~A.D.166) : =마계장(馬季長). 후한대(後漢代)의 경학자(經學者)이다. 자(字)는 계장(季長)이며, 마속(馬續)의 동생이다. 고문경학(古文經學)을 연구하였으며, 『주역(周易)』, 『상서(尙書)』, 『모시

(毛詩)』, 『논어(論語)』, 『효경(孝經)』 등을 두루 주석하고, 『노자(老子)』, 『회남자(淮南子)』 등도 주석하였지만 현재 전해지지 않는다.

◎ **마희맹(馬晞孟, ?~?)** : =마씨(馬氏) · 마언순(馬彦醇). 자(字)는 언순(彦醇)이다. 『예기해(禮記解)』를 찬술했다.

◎ **모본(毛本)** : 『모본(毛本)』은 명(明)나라 말기 급고각(汲古閣)에서 간행된 『십삼경주소(十三經注疏)』의 판본이다. 급고각은 모진(毛晋)이 지은 장서각이었으므로, 이러한 명칭이 생겼다.

◎ **목록(目錄)** : 『목록(目錄)』은 정현이 찬술했다고 전해지는 『삼례목록(三禮目錄)』을 가리킨다. 『십삼경주소(十三經注疏)』에서 인용되고 있지만, 이 책은 『수서(隋書)』가 편찬될 당시에 이미 일실되어 존재하지 않았다. 『수서』「경적지(經籍志)」편에는 "三禮目錄一卷, 鄭玄撰, 梁有陶弘景注一卷, 亡."이라는 기록이 있다.

◎ **무산작(無筭爵)** : '무산작'은 술잔의 수를 헤아리지 않는다는 뜻이다. 여수(旅酬)를 한 이후에, 빈객들의 제자들과 형제들의 자제들은 각각 그들의 수장에게 술을 따르고, 잔을 들어 올리는 것도 각각 그들의 수장에게 한다. 그리고 빈객들이 잔을 가져다가, 형제들 집단에 술을 권하고, 장형제(長兄弟)들은 잔을 가져다가 빈객의 무리들에게 술을 권하게 된다. 이처럼 여러 차례 술을 따르고 권하기 때문에, 이러한 절차를 '무산작'이라고 부르는 것이다.

◎ **묵거(墨車)** : '묵거'는 별다른 장식을 하지 않고, 흑색으로 칠하기만 한 수레를 뜻한다. 주(周)나라 때에는 주로 대부(大夫)들이 탔다. 『주례』「춘관(春官) · 건거(巾車)」편에는 "大夫乘墨車."라는 기록이 있고, 이에 대한 정현의 주에서는 "墨車, 不畫也."라고 풀이했다.

◎ **민본(閩本)** : 『민본(閩本)』은 명(明)나라 가정(嘉靖) 연간 때 이원양(李元陽)이 간행한 『십삼경주소(十三經注疏)』 판본이다. 한편 『칠경맹자고문보유(七經孟子考文補遺)』에서는 이 판본을 『가정본(嘉靖本)』으로 지칭하고 있다.

## ㅂ

◎ **반곡(反哭)** : '반곡'은 장례(葬禮) 절차 중 하나이다. 장지(葬地)에 시신을 안치한 이후, 상주(喪主)는 신주(神主)를 받들고 되돌아와서 곡(哭)

을 하는데, 이것을 '반곡'이라고 부른다.

◎ **발제(軷祭)** : '발제'는 조도(祖道) 또는 조제(祖祭)와 같은 의미로, 외부로 출타하게 되었을 때, 도로의 신(神)에게 지내는 제사이다.

◎ **방각(方慤)** : =엄릉방씨(嚴陵方氏)

◎ **방성부(方性夫)** : =엄릉방씨(嚴陵方氏)

◎ **방씨(方氏)** : =엄릉방씨(嚴陵方氏)

◎ **별록(別錄)** : 『별록(別錄)』은 후한(後漢) 때 유향(劉向)이 찬(撰)했다고 전해지는 책이다. 현재는 일실되어 존재하지 않으며, 『한서(漢書)』「예문지(藝文志)」편을 통해서 대략적인 내용만을 추측해볼 수 있다.

◎ **보광(輔廣)** : =경원보씨(慶源輔氏)

◎ **보한경(輔漢卿)** : =경원보씨(慶源輔氏)

◎ **부제(祔祭)** : '부제'는 '부(祔)'라고도 한다. 새로이 죽은 자가 있으면, 선조(先祖)에게 '부제'를 올리면서, 신주(神主)를 합사(合祀)하는 것을 말한다. 『주례』「춘관(春官)·대축(大祝)」편에는 "付練祥, 掌國事."라는 기록이 있고, 이에 대한 정현의 주에서는 "付當爲祔. 祭於先王以祔後死者."라고 풀이하였다.

◎ **빈(擯)** : '빈'은 빈객(賓客)이 방문했을 때, 주인(主人)의 부관이 되어, 빈객과의 사이에서 시행해야 할 일들을 도왔던 부관들을 뜻한다.

## ㅅ

◎ **사도(司徒)** : '사도'는 주(周)나라 때의 관리로, 국가의 토지 및 백성들에 대한 교화(敎化)를 담당했다. 전설상으로는 소호(少昊) 시대 때부터 설치되었다고 전해진다. 주나라의 육경(六卿) 중 하나였으며, 전한(前漢) 애제(哀帝) 원수(元壽) 2년(B.C. 1)에는 승상(丞相)의 관직명을 고쳐서, 대사도(大司徒)라고 불렀고, 대사마(大司馬), 대사공(大司空)과 함께 삼공(三公)의 반열에 있었다. 후한(後漢) 때에는 다시 '사도'로 명칭을 고쳤고, 그 이후로는 이 명칭을 계속 사용하다가 명(明)나라 때 폐지되었다. 명나라 이후로는 호부상서(戶部尙書)를 '대사도'라고 불렀다.

◎ **사례(食禮)** : '사례'는 연회의 한 종류이다. '사례'는 그 행사에 밥이 있고 반찬이 있는 것이니, 비록 술도 두었지만 마시지는 않았다. 그 예법

에서는 밥을 위주로 한 것이기 때문에, '사례'라고 부른 것이다. 『예기』「왕제(王制)」편에는 "殷人以食禮."라는 기록이 있고, 이에 대한 진호(陳澔)의 주에서는 "食禮者, 有飯有殽, 雖設酒而不飮, 其禮以飯爲主, 故曰食也."라고 풀이했다.

◎ **산음육씨(山陰陸氏, A.D.1042~A.D.1102)** : =육농사(陸農師)·육전(陸佃). 북송(北宋) 때의 유학자이다. 자(字)는 농사(農師)이며, 호(號)는 도산(陶山)이다. 어려서 집안이 매우 가난했다고 전해지며, 왕안석(王安石)에게 수학하였으나 왕안석의 신법에 대해서는 반대하였다. 저서로는 『비아(埤雅)』, 『춘추후전(春秋後傳)』, 『도산집(陶山集)』 등이 있다.

◎ **삼공(三公)** : '삼공'은 중앙정부의 가장 높은 관직자 3명을 합쳐서 부르는 말이다. '삼공'에 속한 관직명에 대해서는 각 시대별로 차이가 있다. 『사기(史記)』「은본기(殷本紀)」편에는 "以西伯昌, 九侯, 鄂侯, 爲三公."이라는 기록이 있다. 즉 은나라 때에는 서백(西伯)인 창(昌), 구후(九侯), 악후(鄂侯)들을 '삼공'으로 삼았다. 또한 주(周)나라 때에는 태사(太師), 태부(太傅), 태보(太保)를 '삼공'으로 삼았다. 『서』「주서(周書)·주관(周官)」편에는 "立太師·太傅·太保, 兹惟三公, 論道經邦, 燮理陰陽."이라는 기록이 있다. 한편 『한서(漢書)』「백관공경표서(百官公卿表序)」에 따르면 사마(司馬), 사도(司徒), 사공(司空)을 '삼공'으로 삼았다는 기록이 있다.

◎ **삼덕(三德)** : '삼덕'은 세 종류의 덕(德)을 가리키는데, 문헌에 따라 해당하는 덕성(德性)들에는 차이가 나타난다. 『서』「주서(周書)·홍범(洪範)」편에는 "三德, 一曰正直, 二曰剛克, 三曰柔克."이라는 기록이 있다. 즉 『서』에서는 '삼덕'을 정직(正直), 강극(剛克), 유극(柔克)으로 풀이하고 있다. 그리고 이 문장에 대한 공영달(孔穎達)의 소(疏)에서는 "此三德者, 人君之德, 張弛有三也. 一曰正直, 言能正人之曲使直, 二曰剛克, 言剛强而能立事, 三曰柔克, 言和柔而能治."라고 풀이한다. 즉 '정직'은 사람들의 바르지 못한 점을 바로잡아서, 정직하게 만드는 능력을 뜻한다. '강극'은 강건한 자세로 사업을 수립하고, 그런 일들을 추진할 수 있는 능력을 뜻한다. '유극'은 화락하고 유순한 태도로 다스릴 수 있는 능력을 뜻한다. 다음으로 『주례』「지관(地官)·사씨(師氏)」편에는 "以三德教國子, 一曰至德, 以爲道本, 二曰敏德, 以爲行本, 三曰孝德, 以知逆惡."이라는 기록이 있다. 즉 『주례』에서는 '삼덕'을 지덕(至德), 민덕

(敏德), 효덕(孝德)으로 풀이하고 있다. '지덕'은 도(道)의 근본이 되는 것이며, '민덕'은 행실의 근본이 되는 것이고, '효덕'은 나쁘고 흉악한 것들을 알아내는 능력을 뜻한다. 다음으로 『국어(國語)』「진어사(晉語四)」편에는 "晉公子善人也, 而衛親也, 君不禮焉, 棄三德矣."라는 기록이 있다. 이에 대한 위소(韋昭)의 주에서는 "三德, 謂禮賓, 親親, 善善也."라고 풀이한다. 즉 위소가 말하는 '삼덕'은 예빈(禮賓), 친친(親親), 선선(善善)이다. '예빈'은 빈객들에게 예법(禮法)에 따라 대접하는 것이며, '친친'은 부모를 친애하는 것이고, '선선'은 착한 사람을 착하게 대하는 것이다.

◎ 삼주(三酒) : '삼주'는 상황에 따라 사용되는 세 가지 술을 뜻한다. 세 가지 술은 사주(事酒), 석주(昔酒), 청주(淸酒)를 가리킨다. 『주례』「천관(天官)·주정(酒正)」편에는 "辨三酒之物, 一曰事酒, 二曰昔酒, 三曰淸酒."라는 기록이 있다. 각 술들에 설명은 주석마다 약간의 차이를 보인다. 위의 기록에 대해서 정현의 주에서는 "鄭司農云, '事酒, 有事而飮也, 昔酒, 無事而飮也, 淸酒, 祭祀之酒.' 玄謂事酒, 酌有事者之酒, 其酒則今之醳酒也. 昔酒, 今之酋久白酒, 所謂舊醳者也. 淸酒, 今中山冬釀接夏而成."이라고 풀이했다. 즉 정사농(鄭司農)의 주장에 따르면, '사주'는 어떤 사안이 있어서 마시게 되는 술을 뜻하고, '석주'는 특별한 일이 없을 때 마시는 술을 뜻하며, '청주'는 제사를 지낼 때 쓰는 술을 뜻한다. 한편 정현의 주장에 따르면, '사주'는 일을 맡아본 자에게 따라주는 술을 뜻하는데, 그 술은 정현 시대의 역주(醳酒)에 해당하고, '석주'는 오래 숙성시킨 술로 백주(白酒)와 같은 것이며, '청주'는 중산(中山) 지역에서 겨울에 술을 담가서 여름쯤 다 익은 술을 뜻한다. 그리고 위의 기록에 대해서 손이양(孫詒讓)의 『정의(正義)』에서는 "三酒之中, 事酒較濁, 亦隨時釀之, 酋繹卽孰. 昔酒較淸, 則冬釀春孰. 淸酒尤淸, 則冬釀夏孰."이라고 풀이했다. 즉 손이양의 주장에 따르면, '사주'는 비교적 탁한 술이며, 또한 수시로 빚은 술을 말하는데, 술독을 열어두어서 곧바로 숙성시키는 술을 뜻한다. '석주'는 비교적 맑은 술이며, 겨울에 빚어서 봄쯤에 다 익는 술을 뜻한다. '청주'는 더욱 맑은 술이며, 겨울에 빚어서 여름쯤에 익는 술을 뜻한다.

◎ 삼창(三蒼) : 『삼창』은 '삼창(三倉)'이라고도 부른다. 고대의 자서(字書)를 뜻하는 명칭이다. 한(漢)나라 초기에는 이사(李斯)가 지은 『창힐편

(倉頡篇)』과 조고(趙高)의 『원력편(爰曆篇)』과 호모경(胡母敬)의 『박학편(博學篇)』을 합쳐서 한 권의 책으로 만들었는데, 이것을 '삼창'이라고 부른다. 또한 『창힐편』을 총칭해서 부르기도 하는데, 총 3,300자로 구성되어 있다. 위진(魏晉) 시대에는 또한 이사의 『창힐편』을 상권으로 분류하고, 양웅(揚雄)의 『훈찬편(訓纂篇)』을 중권으로 분류하며, 가방(賈魴)의 방희편(滂喜篇)을 하권으로 분류해서, 이것을 하나의 책으로 여기기도 했다.

◎ **삼행(三行)** : '삼행'은 세 종류의 덕행(德行)을 뜻하며, 효행(孝行), 우행(友行), 순행(順行)을 가리킨다. '효행'은 부모를 섬기는 덕행이고, '우행'은 현명하고 어진 사람을 존귀하게 받드는 덕행이며, '순행'은 스승과 어른을 섬기는 덕행이다.

◎ **상(嘗)** : '상'은 가을에 종묘(宗廟)에서 지내는 제사를 뜻한다. 『이아』「석천(釋天)」편에는 "春祭曰祠, 夏祭曰礿, 秋祭曰嘗, 冬祭曰烝."이라는 기록이 있다. 즉 봄에 지내는 제사를 '사(祠)'라고 부르며, 여름에 지내는 제사를 '약(礿)'이라고 부르고, 가을에 지내는 제사를 '상(嘗)'이라고 부르며, 겨울에 지내는 제사를 '증(烝)'이라고 부른다. 한편 '상'제사는 성대한 규모로 거행하였기 때문에, '대상(大嘗)'이라고도 불렀으며, 가을에 지낸다는 뜻에서, '추상(秋嘗)'이라고도 불렀다. 또한 『춘추번로(春秋繁露)』「사제(四祭)」편에서는 "四祭者, 因四時之所生孰而祭其先祖父母也. 故春曰祠, 夏曰礿, 秋曰嘗, 冬曰蒸. …… 嘗者, 以七月嘗黍稷也."이라고 하여, 가을 제사인 상(嘗)제사는 7월에 시행하며, 서직(黍稷)을 흠향하도록 지낸다는 뜻에서 맛본다는 뜻의 '상'자를 붙였다고 설명한다.

◎ **상개(上介)** : '상개'는 개(介) 중에서도 가장 직위가 높았던 자를 뜻한다. 빈객(賓客)이 방문했을 때, 빈객의 부관이 되어, 주인(主人)과의 사이에서 시행해야 할 일들을 도왔던 부관들을 '개'이라고 부른다.

◎ **상공(上公)** : '상공'은 주(周)나라 제도에 있었던 관직 등급이다. 본래 신하의 관직 등급은 8명(命)까지이다. 주나라 때에는 태사(太師), 태부(太傅), 태보(太保)와 같은 삼공(三公)들이 8명의 등급에 해당했다. 그런데 여기에 1명을 더하게 되면 9명이 되어, 특별직인 '상공'이 된다. 『주례』「춘관(春官)·전명(典命)」편에는 "上公九命爲伯, 其國家宮室車旗衣服禮儀, 皆以九爲節."이라는 기록이 있고, 이에 대한 정현의 주에서는

"上公, 謂王之三公有德者, 加命爲二伯. 二王之後亦爲上公."이라고 풀이하였다. 즉 '상공'은 삼공 중에서도 유덕(有德)한 자에게 1명을 더해주어, 제후들을 통솔하는 '두 명의 백(伯)[二伯]'으로 삼았다.

◎ 석경(石經) : 『석경(石經)』은 당(唐)나라 개성(開成) 2년(A.D.714)에 돌에 새긴 『십삼경주소(十三經注疏)』의 판본이다. 당나라 국자학(國子學)의 비석에 새겨졌다는 판본이 바로 이것을 가리킨다.

◎ 석량왕씨(石梁王氏, ?~?) : 자세한 이력이 남아 있지 않다.

◎ 석명(釋名) : 『석명(釋名)』은 후한(後漢) 때의 학자인 유희(劉熙)가 지은 서적이다. 오래된 훈고학 서적의 하나로 꼽힌다.

◎ 선(僎) : '선'은 준(遵)이라고도 부르며, 향음주례(鄕飮酒禮) 등을 시행할 때 주인(主人)이 시행하는 의례절차를 보좌하던 사람이다.

◎ 설문(說文) : =설문해자(說文解字)

◎ 설문해자(說文解字) : 『설문해자(說文解字)』는 후한(後漢) 때의 학자인 허신(許愼, ?~?)이 찬(撰)했다고 전해지는 자서(字書)이다. 『설문(說文)』이라고도 칭해진다. A.D.100년경에 완성되었다고 전해진다. 글자의 형태, 뜻, 음운(音韻)을 수록하고 있다.

◎ 섭주(攝主) : '섭주'는 제주(祭主) 및 상주(喪主)의 일을 대신 맡아보는 자이다. 정식 제주 및 상주는 종법제(宗法制)에 따라서, 종주(宗主)가 담당을 하였는데, 그에게 사정이 생겨서, 그 일을 주관하지 못할 때, '섭주'가 대신 그 일을 담당했다. 군주의 경우에는 재상이 담당하기도 하였으며, 나머지의 경우에는 제주 및 상주와 항렬이 같은 자들 중에서 담당을 하기도 했다.

◎ 성동(成童) : '성동'은 아동들 중에서도 나이가 찬 자들을 뜻한다. 8세 이상이 된 아동을 뜻한다고 풀이하기도 하며, 15세 이상이 된 아동을 뜻한다고 풀이하기도 한다. 『춘추곡량전』「소공(召公) 19년」편의 "羈貫成童, 不就師傅, 父之罪也."라는 기록에 대해, 범녕(范甯)의 주에서는 "成童, 八歲以上."이라고 풀이했고, 『예기』「내칙(內則)」편의 "成童, 舞象, 學射御."라는 기록에 대해, 정현의 주에서는 "成童, 十五以上."이라고 풀이했다.

◎ 소갑(卲甲) : =신정소씨(新定卲氏)

◎ 소뢰(少牢) : '소뢰'는 제사에서 양(羊)과 돼지[豕] 두 가지 희생물을 사용하는 것을 뜻한다. 『춘추좌씨전』「양공(襄公) 22년」편에는 "祭以特

羊, 殷以少牢."라는 기록이 있는데, 이에 대한 두예(杜預)의 주에서는 "四時祀以一羊, 三年盛祭以羊豕. 殷, 盛也."라고 풀이하였다.

◎ **소무(小舞)** : '소무'는 악무(樂舞) 중에서도 규모가 작은 것으로, 성인들이 추는 대무(大舞)와 상대된다. '소무'에 대한 교육은 악사(樂師)가 담당했다.

◎ **속(束)** : '속'은 견직물을 헤아리는 단위이다. 1'속'은 10단(端)을 뜻하는데, 1단의 길이는 1장(丈) 8척(尺)이 되며, 2단이 합쳐서 1권(卷)이 되므로, 10단은 총 5필이 된다. 『주례』「춘관(春官) · 대종백(大宗伯)」편에는 "孤執皮帛."이라는 기록이 있고, 이에 대한 가공언(賈公彦)의 소(疏)에서는 "束者十端, 每端丈八尺, 皆兩端合卷, 總爲五匹, 故云束帛也."라고 풀이했다.

◎ **수배(手拜)** : '수배'는 무릎을 꿇고서 절을 하는 방법 중 하나이다. 양쪽 손을 먼저 땅바닥에 대고, 동시에 머리를 내리되 손등 위에 도달하면 그치게 된다.

◎ **숙배(肅拜)** : '숙배'는 구배(九拜) 중의 하나이다. 절을 하는 방법 중 하나로, 무릎을 가지런히 모으고, 단지 손을 아래로만 내리며, 머리는 숙이지 않는 방법이다.

◎ **승(升)** : '승'은 용량을 재는 단위이다. 지역 및 각 시대마다 다소 차이를 보이는데, 고대에는 10합(合)을 1승(升)으로 여겼고, 10승(升)을 1두(斗)로 여겼다. 『한서(漢書)』「율력지상(律曆志上)」편에는 "合龠爲合, 十合爲升."이라는 기록이 있다.

◎ **신정소씨(新定邵氏, ?~?)** : =소갑(邵甲). 송(宋)나라 때의 학자이다. 자(字)는 인중(仁仲)이다.

◎ **십오(什伍)** : '십오'는 고대의 군대 편제 단위이다. 5명을 1오(伍)라고 했으며, 2오(伍)를 1십(什)이라고 했다. 또한 '십오'라고 하면 군대의 기본 단위를 뜻하기도 한다. 『예기』「제의(祭義)」편에는 "軍旅什伍, 同爵則尙齒, 而弟達乎軍旅矣."라는 기록이 있고, 이에 대한 공영달(孔穎達)의 소(疏)에서는 "五人爲伍, 二伍爲什."이라고 풀이했다.

## ㅇ

◎ **악덕(樂德)** : '악덕'은 음악을 가르치면서 교육했던 여섯 가지 음악의

덕목이다. 여섯 가지 덕목은 중(中)·화(和)·지(祗)·용(庸)·효(孝)·우(友)이다. '중'은 충심을 뜻한다. '화'는 굳셈과 부드러움이 알맞은 것을 뜻한다. '지'는 공경함을 뜻한다. '용'은 항상된 법도를 지닌다는 뜻이다. '효'는 부모를 잘 섬기는 것을 뜻한다. '우'는 형제들과 잘 지내는 것을 뜻한다. 『주례』「춘관(春官)·대사악(大司樂)」편에는 "以樂德教國子: 中·和·祗·庸·孝·友."라는 기록이 있고, 이에 대한 정현의 주에서는 "中, 猶忠也; 和, 剛柔適也; 祗, 敬; 庸, 有常也; 善父母曰孝; 善兄弟曰友."라고 풀이했다.

◎ **악무(樂舞)** : '악무'는 음악을 연주할 때 추는 육대(六代)의 춤을 뜻한다. 육대의 춤은 운문(雲門)·대권(大卷)·대함(大咸)·대소(大韶)·대하(大夏)·대호(大濩)·대무(大武)이다. '운문'과 '대권'은 황제(黃帝) 때의 악무이다. '대함'은 요(堯)임금 때의 악무이다. '대소'는 순(舜)임금 때의 악무이다. '대하'는 우(禹)임금 때의 악무이다. '대호'는 탕(湯)임금 때의 악무이다. '대무'는 무왕(武王)에 대한 악무이다. 『주례』「춘관(春官)·대사악(大司樂)」편에는 "以樂舞教國子: 舞雲門·大卷·大咸·大韶·大夏·大濩·大武."라는 기록이 있다.

◎ **악본(岳本)** : 『악본(岳本)』은 송(頌)나라 악가(岳珂)가 간행한 『십삼경주소(十三經注疏)』의 판본이다.

◎ **악어(樂語)** : '악어'는 음악의 가사를 익힐 때의 여섯 가지 이론을 뜻한다. 여섯 가지 이론은 흥(興)·도(道)·풍(諷)·송(誦)·언(言)·어(語)이다. '흥'은 선한 사물을 통해서 선한 사안을 비유하는 것이다. '도'는 인도한다는 뜻으로, 고대의 일을 언급하여 현재의 일에 알맞게 하는 것이다. '풍'은 가사를 암송하는 것이다. '송'은 소리에 맞춰서 읽는 것이다. '언'은 직접적으로 언급하는 것이다. '어'는 답변을 조술하는 것이다. 『주례』「춘관(春官)·대사악(大司樂)」편에는 "以樂語教國子: 興·道·諷·誦·言·語."라는 기록이 있고, 이에 대한 정현의 주에서는 "興者, 以善物喻善事; 道讀曰導, 導者, 言古以剴今也; 倍文曰諷; 以聲節之曰誦; 發端曰言; 答述曰語."라고 풀이했다.

◎ **악정(樂正)** : '악정'은 음악을 담당했던 관리들의 우두머리를 뜻한다. 정(正)자는 우두머리를 뜻하는 장(長)자와 같다. 한편 『주례』에는 '악정'이라는 직책은 보이지 않으며, 대신 대사악(大司樂)이라는 직책이 있다. 한편 『의례』「향사례(鄉射禮)」편에는 "樂正先升, 北面立于其西."라

는 기록이 있는데, 이에 대한 가공언(賈公彦)의 소(疏)에서는 "案周禮有大司樂, 樂師, 天子之官. 此樂正, 諸侯及士大夫之官."이라고 풀이했다. 즉 '악정'은 제후 및 대부(大夫)의 관리였고, 천자에게는 대신 '대사악'과 악사(樂師)라는 관리가 소속되어 있었다. 따라서 간혹 '악정'을 '대사악'과 같은 의미로 사용하기도 한다.

◎ **양염(陽厭)** : '양염'은 시동이 묘실(廟室)을 빠져 나간 이후에, 시동에게 바쳤던 조(俎)와 돈(敦) 등을 거둬들여서, 서북쪽 모퉁이에 다시 진설을 하는 것이다.

◎ **엄릉방씨(嚴陵方氏, ?~?)** : =방각(方慤)·방씨(方氏)·방성부(方性夫). 송대(宋代)의 유학자이다. 이름은 각(慤)이다. 자(字)는 성부(性夫)이다. 『예기집해(禮記集解)』를 지었고, 『예기집설대전(禮記集說大全)』에는 그의 주장이 많이 인용되고 있다.

◎ **여수(旅酬)** : '여수'는 제사가 끝난 후에, 제사에 참가했던 친족 및 빈객(賓客)들이 술잔을 들어 술을 마시고, 서로 공경의 예(禮)를 표하며, 잔을 권하는 의례(儀禮)이다.

◎ **역제(繹祭)** : '역제'는 일종의 제례 의식 중 하나이다. 정규 제사를 지낸 다음날 지내는 제사이다.

◎ **연사(燕食)** : '연사'는 군주를 포함한 모든 계층들이 일상적으로 먹는 오찬이나 만찬을 뜻한다. 『주례』「천관(天官)·선부(膳夫)에는 "王燕食, 則奉膳贊祭."라는 기록이 있고, 이에 대한 정현의 주에서는 "燕食, 謂日中與夕食."라고 풀이했다. 한편 손이양(孫詒讓)의 『주례정의(周禮正義)』에서는 "王日三食, 日中與夕食, 饌具減殺, 別於禮食及朝食盛饌, 故謂之燕食."라고 풀이했다. 즉 군주는 하루에 세 차례 식사를 하는데, 오찬 및 만찬에는 반찬의 가짓수가 적기 때문에, 예사(禮食)나 조찬 때 차려내는 성찬(盛饌)과는 구별이 된다. 그렇기 때문에 '연사'라고 부른다. 또한 연회를 시행할 때, 사용하는 음식을 뜻하기도 한다.

◎ **연상(練祥)** : '연상'은 소상(小祥)과 대상(大祥)을 뜻한다. '연상'에서의 '연(練)'자는 연제(練祭)를 뜻하며, '연제'는 곧 '소상'을 가리킨다. '연상'에서의 '상(祥)'자는 '대상'을 뜻한다. 소상은 죽은 지 13개월만에 지내는 제사이며, 대상은 25개월만에 지내는 제사이고, 대상을 지내게 되면 상복과 지팡이를 제거하게 된다. 『주례』「춘관(春官)·대축(大祝)」편에는 "言甸人讀禱, 付練祥, 掌國事."라는 기록이 있고, 이에 대해 가

공언(賈公彦)의 소(疏)에서는 "練, 謂十三月小祥, 練祭. 祥, 謂二十五月大祥, 除衰杖."이라고 풀이했다.

◎ 연제(練祭) : '연제'는 소상(小祥)과 같은 뜻이다.

◎ 예기은의(禮記隱義) : 『예기은의(禮記隱義)』는 『예기』에 대한 주석서로 하윤(何胤, A.D.446~A.D.531)의 저작이다.

◎ 오례(五禮) : '오례'는 고대부터 전해져 온 다섯 종류의 예제(禮制)를 뜻한다. 즉 길례(吉禮), 흉례(凶禮), 군례(軍禮), 빈례(賓禮), 가례(嘉禮)를 가리킨다. 『주례』「춘관(春官)·소종백(小宗伯)」편에는 "掌五禮之禁令與其用等."이라는 기록이 있는데, 이에 대한 정현의 주에서는 정사농(鄭司農)의 주장을 인용하여, "五禮, 吉·凶·軍·賓·嘉."라고 풀이했다.

◎ 오사(五射) : '오사'는 사례(射禮)를 시행할 때 사용되는 다섯 가지 활 쏘는 예법을 뜻한다. 다섯 가지 활 쏘는 예법은 백시(白矢), 삼련(參連), 섬주(剡注), 양척(襄尺), 정의(井儀)이다. '백시'는 화살을 쏘아서 과녁을 꿰뚫는다는 뜻이다. 화살이 과녁을 꿰뚫게 되면, 화살 끝에 달려 있는 흰 깃털만 보인다는 의미에서 '백시'라고 부른다. '삼련'은 앞서 한 발의 화살을 쏘고, 뒤이어 3발의 화살을 연이어 쏜다는 뜻이다. '섬주'는 화살을 쏠 때 끝부분의 깃털이 위로 올라가고, 화살촉이 밑으로 내려간 형태로 화살이 날아가는 것을 뜻한다. '양척'은 신하가 군주와 함께 화살을 쏠 때, 군주가 화살을 쏘는 장소로부터 1척(尺) 정도 물러나서 쏘는 것을 뜻한다. '정의'는 4발의 화살을 쏘아서 과녁을 명중시킬 때, 정(井)자의 형태가 되도록 쏘는 것을 뜻한다. 『주례』「지관(地官)·보씨(保氏)」편에는 "養國子以道, 乃敎之六藝, 一曰五禮, 二曰六樂, 三曰五射, 四曰五馭, 五曰六書, 六曰九數."라는 기록이 있고, 이에 대한 정현의 주에서는 정사농(鄭司農)의 주장을 인용하여, "五射, 白矢·參連·剡注·襄尺·井儀也."라고 풀이했으며, 가공언(賈公彦)의 소(疏)에서는 "云白矢者, 矢在侯而貫侯過, 見其鏃白; 云參連者, 前放一矢, 後三矢連續而去也; 云剡注者, 謂羽頭高鏃低而去, 剡剡然; 云襄尺者, 臣與君射, 不與君並立, 襄君一尺而退; 云井儀者, 四矢貫侯, 如井之容儀也."라고 풀이했다.

◎ 오어(五御) : =오어(五馭)

◎ 오어(五馭) : '오어'는 오어(五御)라고도 부르며, 수레를 몰 때 사용되는 다섯 가지 기술을 뜻한다. 다섯 가지 기술은 명화란(鳴和鸞), 축수곡

(逐水曲), 과군표(過君表), 무교구(舞交衢), 축금좌(逐禽左)이다. '명화란'은 수레를 몰 때 방울 소리가 조화롭게 울린다는 뜻이다. '화(和)'와 '란(鸞)'은 모두 수레에 다는 일종의 방울인데, 수레를 편안하게 몰기 때문에 소리가 조화롭게 울린다는 뜻이다. '축수곡'은 물길 옆에 있는 도로를 따라 수레를 몬다는 뜻이다. 즉, 물길의 굴곡에 따른 굽이진 곳을 이동하면서도 수레가 물에 빠지지 않도록 운전을 잘 한다는 뜻이다. '과군표'는 군주가 있는 곳은 깃발 등으로 표시를 하는데, 그곳을 지나갈 때에는 수레를 몰지 않는다는 뜻이다. 일종의 군주에게 공경의 뜻을 표하는 방법이다. '무교구'는 교차로에서 수레끼리 교차하게 될 때, 서로에게 피해를 주지 않기 위해 춤추는 절도에 따라 서로 수레를 돌린다는 뜻이다. '축금좌'는 사냥할 때 수레를 모는 방법이다. 사냥을 할 때 존귀한 자는 좌측에 타서 활을 쏘게 되는데, 짐승을 잘 맞출 수 있도록 수레의 좌측 방향으로 짐승을 몬다는 뜻이다. 『주례』「지관(地官)·보씨(保氏)」편에는 "養國子以道, 乃敎之六藝, 一曰五禮, 二曰六樂, 三曰五射, 四曰五馭, 五曰六書, 六曰九數."라는 기록이 있고, 이에 대한 정현의 주에서는 정사농(鄭司農)의 주장을 인용하여, "五馭, 鳴和鸞·逐水曲·過君表·舞交衢·逐禽左."라고 풀이했으며, 가공언(賈公彦)의 소(疏)에서는 "云五馭者, 馭車有五種. 云鳴和鸞者, 和在式, 鸞在衡. 按韓詩云, '升車則馬動, 馬動則鸞鳴, 鸞鳴則和應.' 先鄭依此而言. 云逐水曲者, 無正文, 先鄭以意而言, 謂御車隨逐水勢之屈曲而不墜水也. 云過君表者, 謂若毛傳云, '褐纏旃以爲門, 裘纏質以爲槸, 間容握, 驅而入, 轚則不得入.' 穀梁亦云, '艾蘭以爲防, 置旃以爲轅門, 以葛覆質以爲槷, 流旁握, 御轚者不得入.' 是其過君表卽褐纏旃是也. 云舞交衢者, 衢, 道也, 謂御車在交道, 車旋應於舞節. 云逐禽左者, 謂御驅逆之車, 逆驅禽獸使左, 當人君以射之, 人君自左射. 故毛傳云, '故自左膘而射之, 達于右腢, 爲上殺.' 又禮記云, '佐車止, 則百姓田獵', 是也."라고 풀이했다.

◎ 오제(五齊) : '오제'는 술의 맑고 탁한 정도에 따라서 다섯 가지 등급으로 분류한 술을 뜻한다. 또한 술을 범칭하는 용어로도 사용된다. 다섯 가지 술은 범제(泛齊), 례제(醴齊), 앙제(盎齊), 제제(緹齊), 침제(沈齊)를 가리킨다. 『주례』「천관(天官)·주정(酒正)」편에는 "辨五齊之名, 一曰泛齊, 二曰醴齊, 三曰盎齊, 四曰緹齊, 五曰沈齊."라는 기록이 있다. 각 술들에 대해 설명하자면, 위의 기록에 대한 정현의 주에서는 "泛者,

成而滓浮泛泛然, 如今宜成醪矣. 醴猶體也, 成而汁滓相將, 如今恬酒矣. 盎猶翁也, 成而翁翁然, 葱白色, 如今酇白矣. 緹者, 成而紅赤, 如今下酒矣. 沈者, 成而滓沈, 如今造淸矣. 自醴以上尤濁, 縮酌者. 盎以下差淸. 其象類則然, 古之法式未可盡聞. 杜子春讀齊皆爲粢. 又禮器曰, '緹酒之用, 玄酒之尙.' 玄謂齊者, 每有祭祀, 以度量節作之."라고 풀이했다. 즉 '범제'는 술이 익고 나서 앙금이 둥둥 떠 있는 것으로 정현 시대의 의성료(宜成醪)와 같은 술이고, '례주'는 술이 익고 나서 앙금을 한 차례 걸러낸 것으로 염주(恬酒)와 같은 것이며, '앙제'는 술이 익고 나서 새파란 빛깔을 보이는 것으로 찬백(酇白)과 같은 술이고, '제제'는 술이 익고 나서 붉은 빛깔을 보이는 것으로 하주(下酒)와 같은 술이며, '침제'는 술이 익고 나서 앙금이 모두 가라앉아 있는 것으로 조청(造淸)과 같은 술이다. '범주'는 가장 탁한 술이며, '례주'는 그 다음으로 탁한 술이고, '앙제'부터는 뒤로 갈수록 맑은 술에 해당한다.

◎ **옥편(玉篇)** : 『옥편(玉篇)』은 남북조시대(南北朝時代) 때 양(梁)나라 고야왕(顧野王, A.D.519~581)이 편찬한 자서(字書)이다. 이후 송(宋)나라 때 증보가 되어, 『대광익회옥편(大廣益會玉篇)』으로 간행되었다.

◎ **왕념손(王念孫, A.D.1744~A.D.1832)** : 청(淸)나라 때의 학자이다. 자(字)는 회조(懷租)이고, 호(號)는 석구(石臞)이다. 부친은 왕안국(王安國)이고, 아들은 왕인지(王引之)이다. 대진(戴震)에게 학문을 배웠다. 저서로는 『독서잡지(讀書雜志)』 등이 있다.

◎ **왕인지(王引之, A.D.1766~A.D.1834)** : 청(淸)나라 때의 훈고학자이다. 자(字)는 백신(伯申)이고, 호(號)는 만경(曼卿)이며, 시호(諡號)는 문간(文簡)이다. 왕념손(王念孫)의 아들이다. 대진(戴震), 단옥재(段玉裁), 부친과 함께 대단이왕(戴段二王)이라고 일컬어졌다. 『경전석사(經傳釋詞)』, 『경의술문(經義述聞)』 등의 저술이 있다.

◎ **요제(繚祭)** : '요제'는 구제(九祭) 중 하나이다. '요제'는 절제(絶祭)와 본래 같은 것으로, 계급에 따라 의례 절차가 많은 경우, 음식에 대해 지내는 제사를 '요제'라고 부르며, 의례 절차가 간소한 경우, 생략해서 지내는 제사를 '절제'라고 부른다.

◎ **우부(虞祔)** : '우부'는 우제(虞祭)와 부제(祔祭)를 뜻한다. 부제(祔祭)는 졸곡(卒哭)을 지낸 다음, 죽은 자의 신주(神主)를 조상의 신주가 있는 곳에 합사하며 지내는 제사이다.

◎ **우제(虞祭)** : '우제'는 장례(葬禮)를 치르고 난 뒤에 지내는 제사를 뜻한다.

◎ **웅씨(熊氏)** : =웅안생(熊安生)

◎ **웅안생(熊安生, ?~A.D.578)** : =웅씨(熊氏). 북조(北朝) 때의 경학자이다. 자(字)는 식지(植之)이다. 『주례(周禮)』, 『예기(禮記)』, 『효경(孝經)』 등 많은 전적에 의소(義疏)를 남겼지만, 모두 산일되어 남아 있지 않다. 현재 마국한(馬國翰)의 『옥함산방집일서(玉函山房輯佚書)』에 『예기웅씨의소(禮記熊氏義疏)』 4권이 남아 있다.

◎ **유사(有司)** : '유사'는 관리를 뜻하는 용어이다. '사(司)'자는 담당한다는 뜻이다. 관리들은 각자 담당하고 있는 업무가 있었으므로, 관리를 '유사'라고 불렀던 것이다. 일반적으로 하위관료들을 지칭하여, 실무자를 뜻하는 용어로 많이 사용된다. 그러나 때로는 고위관료까지도 지칭하는 용어로 사용되기도 한다.

◎ **유씨(庾氏)** : =유울(庾蔚)

◎ **유울(庾蔚, ?~?)** : =유씨(庾氏). 남조(南朝) 때 송(宋)나라 학자이다. 저서로는 『예기약해(禮記略解)』, 『예론초(禮論鈔)』, 『상복(喪服)』, 『상복세요(喪服世要)』, 『상복요기주(喪服要記注)』 등을 남겼다.

◎ **유이(劉彝)** : =장락유씨(長樂劉氏)

◎ **유태공(劉台拱, A.D.1751~A.D.1805)** : 청(淸)나라 때의 경학자이다. 천문학(天文學), 율려학(律呂學), 문자학(文字學) 등에 조예가 깊었다.

◎ **육경(六卿)** : '육경'은 여섯 명의 경(卿)을 가리키는데, 주로 여섯 명의 주요 관직자들을 뜻한다. 각 시대마다 해당하는 관직명과 담당하는 영역에는 차이가 있었다. 『서』「하서(夏書)·감서(甘誓)」편에는 "大戰于甘, 乃召六卿."이라는 기록이 있고, 이에 대한 공안국(孔安國)의 전(傳)에서는 "天子六軍, 其將皆命卿."이라고 풀이했다. 즉 천자는 6개의 군(軍)을 소유하고 있는데, 각 군의 장수를 '경(卿)'으로 임명하였기 때문에, 이들 육군(六軍)의 수장을 '육경'이라고 부른다는 뜻이다. 이 기록에 따르면 하(夏)나라 때에는 육군의 장수를 '육경'으로 불렀다는 결론이 도출된다. 한편 『주례(周禮)』의 체제에 따르면, 주(周)나라에서는 여섯 개의 관부를 설치하였고, 이들 관부의 수장을 '경'으로 임명하였다. 따라서 천관(天官)의 총재(冢宰), 지관(地官)의 사도(司徒), 춘관(春官)의 종백(宗伯), 하관(夏官)의 사마(司馬), 추관(秋官)의 사구(司寇), 동관(冬官)의 사공(司空)이 '육경'에 해당한다. 『한서(漢書)·백관

공경표상(百官公卿表上)」편에는 "夏殷亡聞焉, 周官則備矣. 天官冢宰, 地官司徒, 春官宗伯, 夏官司馬, 秋官司寇, 冬官司空, 是爲六卿, 各有徒屬職分, 用於百事."라는 기록이 있다.

◎ **육농사(陸農師)** : =산음육씨(山陰陸氏)

◎ **육덕(六德)** : '육덕'은 여섯 가지 도리를 뜻한다. 여섯 가지 도리는 지(知), 인(仁), 성(聖), 의(義), 중(忠), 화(和)이다.

◎ **육덕명(陸德明, A.D.550~A.D.630)** : =육원랑(陸元朗). 당대(唐代)의 경학자이다. 이름은 원랑(元朗)이고, 자(字)는 덕명(德明)이다. 훈고학에 뛰어났으며, 『경전석문(經典釋文)』 등을 남겼다.

◎ **육서(六書)** : '육서'는 한자의 구성과 형성에 대한 여섯 가지 이론으로, 상형(象形), 지사(指事: =處事), 회의(會意), 형성(形聲: =諧聲), 전주(轉注), 가차(假借)를 뜻한다. 『주례』「지관(地官)·보씨(保氏)」편에는 "五曰六書."라는 기록이 있는데, 이에 대한 정현의 주에서는 정사농(鄭司農)의 주장을 인용하여, "六書, 象形·會意·轉注·處事·假借·諧聲也."라고 풀이했다.

◎ **육악(六樂)** : '육악'은 육무(六舞)와 같은 말이다. 고대 황제(黃帝), 요(堯), 순(舜), 우(禹), 탕(湯), 무왕(武王) 때의 악무(樂舞)인 운문(雲門), 대권(大卷), 대함(大咸), 대소(大磬: =大韶), 대하(大夏), 대호(大濩), 대무(大武)를 뜻한다. 『주례』「지관(地官)·대사도(大司徒)」편에는 "以六樂防萬民之情, 而敎之和."라는 기록이 있고, 이에 대한 정현의 주에서는 정사농(鄭司農)의 주장을 인용하여, "六樂, 謂雲門·咸池·大韶·大夏·大濩·大武."라고 풀이했다.

◎ **육예(六藝)** : '육예'는 기본적으로 갖춰야 하는 여섯 가지 과목을 뜻한다. 여섯 가지 과목은 예(禮), 음악[樂], 활쏘기[射], 수레몰기[御], 글쓰기[書], 셈하기[數]이며, 구체적으로 말하자면 오례(五禮), 육악(六樂), 오사(五射), 오어(五馭: =五御), 육서(六書), 구수(九數)를 가리킨다.

◎ **육원랑(陸元朗)** : =육덕명(陸德明)

◎ **육의(六儀)** : '육의'는 여섯 가지 의례들을 뜻한다. 즉 '제사 때의 행동방법[祭祀之容]', '빈객을 접대할 때의 행동 방법[賓客之容]', '조정에서의 행동 방법[朝廷之容]', '상을 치를 때의 행동 방법[喪紀之容]', '군대와 관련된 행동 방법[軍旅之容]', '수레를 몰 때의 행동 방법[車馬之容]'을 뜻한다.

◎ 육전(陸佃) : =산음육씨(山陰陸氏)

◎ 육행(六行) : '육행'은 여섯 가지 선행을 뜻한다. 여섯 가지 선행은 효(孝), 우(友), 구족(九族)에 대한 친근함[睦], 외친(外親)에 대한 친근함[姻], 벗에 대한 믿음[任], 구휼[恤]이다.

◎ 육향(六鄕) : '육향'은 주(周)나라 때 원교(遠郊)에 설치된 여섯 개의 향(鄕)을 뜻한다. 주나라의 제도에서는 국성(國城)과 가까이 있는 교외(郊外)를 근교(近郊)라고 불렀고, 근교 밖을 원교(遠郊)라고 불렀다. 그리고 원교 안에는 6개의 향(鄕)을 설치했고, 원교 밖에는 6개의 수(遂)를 설치했다.

◎ 은제(殷祭) : '은제'는 성대한 제사를 뜻한다. 3년마다 지내는 협(祫)제사와 5년마다 지내는 체(禘)제사 등을 '은제'라고 부른다. 『예기』「증자문(曾子問)」편에는 "孔子曰, 有君喪服於身, 不敢私服, 又何除焉. 於是乎有過時, 而弗除也. 君之喪服除, 而后殷祭, 禮也."라는 용례가 있다.

◎ 음염(陰厭) : '음염'은 적장자가 아직 성년이 되지 않은 상태에서 죽었을 때, 그에 대한 제사는 종묘(宗廟)의 그윽하고 음(陰)한 장소에서 간략하게 치르게 되는데, 이것을 '음염'이라고 부른다.

◎ 응씨(應氏) : =금화응씨(金華應氏)

◎ 응용(應鏞) : =금화응씨(金華應氏)

◎ 응자화(應子和) : =금화응씨(金華應氏)

◎ 일체경음의(一切經音義) : 『일체경음의(一切經音義)』는 당(唐)나라 때의 승려인 혜림(慧琳)이 찬술한 음운학 서적이다. 불경(佛經)에 나타난 난해한 글자들을 선별하여, 움과 뜻을 설명한 책이다. 한편 당나라 때의 승려인 현응(玄應)이 찬술한 음운학 서적을 뜻하기도 한다. 『현응음의(玄應音義)』라고도 부른다. 한(漢)나라 때의 고운(古韻)을 인용하고 있기 때문에, 고대 음운학 연구에 있어서는 중요한 서적이 된다.

## ㅈ

◎ 자림(字林) : 『자림(字林)』은 고대의 자서(字書)이다. 진(晉)나라 때 학자인 여침(呂忱)이 지었다. 원본은 일실되어 전해지지 않고, 다른 문헌들 속에 일부 기록들만 남아 있다.

◎ 장락유씨(長樂劉氏, A.D.1017~A.D.1086) : =유이(劉彝). 북송(北宋) 때의

성리학자이다. 자(字)는 집중(執中)이다. 복주(福州) 출신이며, 어려서 호원(胡瑗)에게서 학문을 배웠다. 『정속방(正俗方)』, 『주역주(周易注)』를 지었으나 현존하지 않는다. 『칠경중의(七經中議)』, 『명선집(明善集)』, 『거이집(居易集)』 등이 남아 있다.

◎ 장락진씨(長樂陳氏) : =진상도(陳祥道)

◎ 재부(宰夫) : '재부'는 주(周)나라 때 천관(天官)에 소속된 관직이다. 조정 내에서의 법도를 담당하였으며, 신하들의 서열을 바로잡았고, 금령 등에 대한 일을 담당하였다. 천관의 수장인 대재(大宰)와 부관인 소재(小宰)를 보좌하였다. 『주례』의 체제에 따르면 하대부(下大夫) 4명이 담당을 하였다. 『주례』「천관총재(天官冢宰)」편에는 "宰夫, 下大夫四人."이라는 기록이 있고, 『주례』「천관(天官) · 재부(宰夫)」편에는 "宰夫之職掌治朝之灋, 以正王及三公六卿大夫群吏之位, 掌其禁令."이라는 기록이 있다.

◎ 절제(絶祭) : '절제'는 구제(九祭) 중 하나이다. '절제'는 '요제(繚祭)와 본래 같은 것으로, 계급에 따라 의례 절차가 많은 경우, 음식에 대해 지내는 제사를 '요제'라고 부르며, 의례 절차가 간소한 경우, 생략해서 지내는 제사를 '절제'라고 부른다.

◎ 절조(折俎) : '절조'는 제사나 연회를 시행할 때, 희생물을 도축하여, 사지를 해체하고, 그런 뒤에 도마 위에 올리게 되는데, 이 도마를 '절조'라고 부른다.

◎ 정강성(鄭康成) : =정현(鄭玄)

◎ 정사농(鄭司農) : =정중(鄭衆)

◎ 정씨(鄭氏) : =정현(鄭玄)

◎ 정의(正義) : 『정의(正義)』는 『예기정의(禮記正義)』 또는 『예기주소(禮記注疏)』를 뜻한다. 당(唐)나라 때에는 태종(太宗)이 공영달(孔穎達) 등을 시켜서 『오경정의(五經正義)』를 편찬하였는데, 이때 『예기정의』에는 정현(鄭玄)의 주(注)와 공영달의 소(疏)가 수록되었다. 송대(宋代)에는 『오경정의』와 다른 경전(經典)에 대한 주석서를 포함한 『십삼경주소(十三經注疏)』가 편찬되어, 『예기주소』라는 명칭이 되었다.

◎ 정중(鄭衆, ?~A.D.83) : =정사농(鄭司農). 후한(後漢) 때의 경학자이다. 자(字)는 중사(仲師)이다. 부친은 정흥(鄭興)이다. 부친에게 『춘추좌씨전(春秋左氏傳)』의 학문을 전수받았다. 또한 그는 대사농(大司農) 등

의 관직을 역임하였기 때문에, '정사농'이라고도 불렀다. 한편 정흥과 그의 학문은 정현(鄭玄)에게 많은 영향을 주었기 때문에, 후대에서는 정현을 후정(後鄭)이라고 불렀고, 정흥과 그를 선정(先鄭)이라고도 불렀다. 저서로는 『춘추조례(春秋條例)』, 『주례해고(周禮解詁)』 등을 지었다고 하지만, 현재는 전해지지 않았다.

◎ 정현(鄭玄, A.D.127~A.D.200) : =정강성(鄭康成) · 정씨(鄭氏). 한대(漢代)의 유학자이다. 자(字)는 강성(康成)이다. 『주역(周易)』, 『상서(尙書)』, 『모시(毛詩)』, 『주례(周禮)』, 『의례(儀禮)』, 『예기(禮記)』, 『논어(論語)』, 『효경(孝經)』 등에 주석을 하였다.

◎ 조도(祖道) : '조도'는 조제(祖祭)와 같은 의미이다. 외부로 출타하게 되었을 때, 도로의 신(神)에게 지내는 제사이다. 잔치가 병행되기도 했다. 『사기(史記)』「골계열전(滑稽列傳)」에 "故所以同官待詔者, 等比祖道於都門外."라는 용례가 있다.

◎ 조복(朝服) : '조복'은 군주와 신하가 조회를 열 때 착용하는 복장을 뜻한다. 중요한 의식을 치를 때 착용하는 예복(禮服)을 가리키기도 한다.

◎ 조사(朝事) : '조사'는 종묘(宗廟)에서 새벽에 지내는 제사를 가리킨다. 『예기』「제의(祭義)」편에는 "建設朝事, 燔燎羶薌."이라는 기록이 있고, 이에 대한 진호(陳澔)의 『집설(集說)』에서는 "朝事, 謂祭之日, 早朝而行之事也."라고 풀이했다.

◎ 조조(阼俎) : '조조'는 '조조(胙俎)'라고도 부른다. 제사를 지낼 때 제사용 고기를 담는 도마를 뜻한다. 제주(祭主)의 도마를 뜻한다. 『의례』「특생궤식례(特牲饋食禮)」편에는 祝命徹阼俎 · 豆籩 · 設于東序下."라는 기록이 있고, 이에 대한 정현의 주에서는 "阼俎, 主人之俎."라고 풀이했다.

◎ 졸곡(卒哭) : '졸곡'은 우제(虞祭)를 지낸 뒤에 지내는 제사이다. 이 제사를 지내게 되면, 수시로 곡(哭)하던 것을 멈추고, 아침과 저녁때에만 한 번씩 곡을 하게 된다. 그렇기 때문에 '졸곡'이라고 부르게 된 것이다.

◎ 좌식(佐食) : '좌식'은 제사를 지낼 때, 시동의 옆에서 시동이 제사 음식을 흠향할 수 있도록 시중을 드는 사람이다. 『의례』「특생궤식례(特牲饋食禮)」편에는 "佐食北面, 立於中庭."이라는 기록이 있는데, 이에 대한 정현의 주에서는 "佐食, 賓佐尸食者."라고 풀이했다.

◎ 주식(朱軾, A.D.1665~A.D.1735) : 청(淸)나라 때의 명신(名臣)이다. 자(字)는 약섬(若瞻)·백소(伯蘇)이고, 호(號)는 가정(可亭)이다.

◎ **직상(職喪)** : '직상'은 주(周)나라 때 춘관(春官)에 소속된 관직이다. 제후 및 경·대부·사 중 작위를 가진 자의 상례(喪禮)를 담당했다. 『주례』의 체제에 따르면 상사(上士) 2명이 담당을 했고, 그 휘하에는 중사(中士) 4명, 하사(下士) 8명이 배속되어 보좌를 했다. 그리고 실무를 맡아보는 부(府) 2명, 사(史) 4명, 서(胥) 4명, 도(徒) 40명이 배속되어 있었다. 『주례』「춘관(春官)·직상(職喪)」편에는 "職喪掌諸侯之喪, 及卿大夫·士凡有爵者之喪, 以國之喪禮, 涖其禁令, 序其事."라고 했고, 『주례』「춘관종백(春官宗伯)」편에서는 "職喪上士二人, 中士四人, 下士八人, 府二人, 史四人, 胥四人, 徒四十人."이라고 했다.

◎ **진사(進士)** : '진사'는 조사(造士)들 중에서도 뛰어난 자들이다. 태학(太學)에서 학업을 완성한 이후, 진사들은 작위와 녹봉을 받을 수 있는 자격이 부여된다.

◎ **진상도(陳祥道, A.D.1159~A.D.1223)** : =장락진씨(長樂陳氏)·진씨(陳氏)·진용지(陳用之). 북송대(北宋代)의 유학자이다. 자(字)는 용지(用之)이다. 장락(長樂) 지역 출신으로, 1067년에 과거에 급제하여 태상박사(太常博士) 등을 지냈다. 왕안석(王安石)의 제자로, 그의 학문을 전파하는데 공헌하였다. 저서에는 『예서(禮書)』, 『논어전해(論語全解)』 등이 있다.

◎ **진씨(陳氏)** : =진상도(陳祥道)

◎ **진용지(陳用之)** : =진상도(陳祥道)

◎ **진제(振祭)** : '진제'는 구제(九祭) 중 하나이다. '진제'는 본래 유제(擩祭)와 같은 것으로, '유제'는 아직 입에 대지 않은 음식을 젓갈이나 소금 등에 찍어서 제사를 지내는 것을 뜻하며, '진제'는 젓갈이나 소금 등에 찍은 음식에 대해 겉면에 묻은 젓갈이나 소금을 털어내어 제사를 지내는 것을 뜻한다.

## ㅊ

◎ **침묘(寢廟)** : '침묘'는 '묘(廟)'와 '침(寢)'을 합쳐 부르는 말이다. 종묘(宗廟)에 있어서, 앞에 있는 정전(正殿)을 '묘'라고 부르며, 뒤에 있는 후전(後殿)을 '침'이라고 부른다. 이때 '묘'는 접신(接神)하는 장소이기 때문에 앞쪽에 있는 것이다. '침'은 의관(衣冠) 등을 보관하는 장소이

다. '묘'에 비해 상대적으로 낮기 때문에 뒤에 위치하게 된다. 그리고 '묘'에는 동서쪽에 상(廂)이 있고, 서장(序牆)이 있는데, '침'에는 단지 실(室)만이 있게 된다. 『시』「소아(小雅)·교언(巧言)」편에는 "奕奕寢廟, 君子作之."라는 용례가 있다. 또한 『예기』「월령(月令)」편에는 "寢廟畢備."이라는 기록이 있는데, 이에 대한 정현의 주에서는 "凡廟, 前曰廟, 後曰寢."이라고 풀이하였으며, 공영달(孔穎達)의 소(疏)에서는 "廟是接神之處, 其處尊, 故在前, 寢, 衣冠所藏之處, 對廟爲卑, 故在後. 但廟制有東西廂, 有序牆, 寢制唯室而已. 故釋宮云, 室有東西廂曰廟, 無東西廂有室曰寢, 是也."라고 풀이하였다. 또한 '침묘'는 사람이 거주하는 집과 종묘를 지칭하는 용어로 사용되기도 한다. 『시』「대아(大雅)·숭고(崧高)」편에는 "有俶其城, 寢廟旣成."이라는 기록이 있는데, 이에 대한 공영달의 소에서는 "寢, 人所處, 廟神亦有寢, 但此宜, 處人神, 不應獨言廟事, 故以爲人寢也."라고 풀이하였다.

## ㅌ

◎ **태뢰(太牢)** : '태뢰'는 제사에서 소[牛], 양(羊), 돼지[豕] 3가지 희생물을 갖춘 것을 뜻한다. 『장자』「지악(至樂)」편에는 "具太牢以爲膳."이라는 기록이 있는데, 이에 대한 성현영(成玄英)의 소(疏)에서는 "太牢, 牛羊豕也."라고 풀이하였다.

## ㅍ

◎ **포인(庖人)** : '포인'은 주(周)나라 때의 관직이다. 『주례』의 체제에 따르면, '포인'은 천관(天官)에 소속된 관직으로, 중사(中士) 4명이 담당을 하였고, 그 휘하에는 하사(下士) 8명을 두어 '중사'를 보좌하였다. 한편 잡무를 맡아보는 부(府) 2명, 사(史) 4명, 가(賈) 8명, 서(胥) 4명, 도(徒) 40명이 배속되어 있었다. 『주례』「천관총재(天官冢宰)」편에는 "庖人, 中士四人, 下士八人, 府二人, 史四人, 賈八人, 胥四人, 徒四十人."이라는 기록이 있다. '포인'은 주로 각종 고기들을 종류별로 구분하여, 음식을 만드는 부서에 공급하는 일을 담당하였다.

ㅎ

◎ 하창(賀瑒, A.D.452~A.D.510) : 남조(南朝) 때의 학자이다. 남조의 제(齊)나라와 양(梁)나라에서 각각 활동하였다. 자(字)는 덕연(德璉)이다. 『예기신의소(禮記新義疏)』 등을 찬술하였다.

◎ 하휴(何休, A.D.129~A.D.182) : 전한(前漢) 때의 금문경학자(今文經學者)이다. 자(字)는 소공(邵公)이다. 『춘추공양전해고(春秋公羊傳解詁)』를 지었으며, 『효경(孝經)』, 『논어(論語)』 등에 대해서도 주를 달았고, 『춘추한의(春秋漢議)』를 짓기도 하였다.

◎ 행오(行伍) : '행오'는 군대의 제도에 있어서, 기본 편제 단위를 뜻한다. 5명이 1오(伍)가 도고, 5개의 오(伍)는 1개의 행(行)이 된다. 또한 일반적으로 군대를 가리키는 용어로도 사용되었다.

◎ 향례(饗禮) : '향례'는 연회의 한 종류이다. 또한 연회를 범칭하는 용어로도 사용된다. 본래 '향례'를 시행할 때에는 희생물을 통째로 바치지만, 그것을 먹지는 않는다. 또 술잔을 가득 채우지만, 마시지는 않으며, 자리에 서 있기만 하고, 앉지는 않는다. 또한 신분의 존비(尊卑)에 의거해서 술잔을 바치게 되는데, 정해진 술잔 바치는 회수가 끝나면, 의식을 끝낸다. 다만 숙위(宿衛)들과 기로(耆老) 및 고아들에게 향례를 할 때에는 술을 취할 때까지 마시게 하는 것을 법도로 삼았다.

◎ 혁로(革路) : '혁로'는 혁로(革輅)라고도 부른다. 천자가 사용하는 다섯가지 수레 중 하나이다. 전쟁용으로 사용했던 수레인데, 간혹 제후의 나라에 순수(巡守)를 갈 때 사용하기도 하였다. 가죽으로 겉을 단단하게 동여매서 고정시키고, 옻칠만 하고, 다른 장식을 하지 않았기 때문에, '혁로'라고 부르는 것이다. 『주례』「춘관(春官) · 건거(巾車)」편에는 "革路, 龍勒, 條纓五就, 建大白, 以卽戎, 以封四衛."라는 기록이 있고, 이에 대한 정현의 주에서는 "革路, 鞔之以革而漆之, 無他飾."이라고 풀이했다.

◎ 혁로(革輅) : =혁로(革路)

◎ 현주(玄酒) : '현주'는 고대의 제례(祭禮)에서 술 대신 사용한 물[水]을 뜻한다. '현주'의 '현(玄)'자는 물은 흑색을 상징하므로, 붙여진 글자이다. '현주'의 '주(酒)'자의 경우, 태고시대 때에는 아직 술이 없었기 때문에, 물을 술 대신 사용했다. 따라서 후대에는 이 물을 가리키며 '주'

자를 붙이게 된 것이다. ‘현주’를 사용하는 것은 가장 오래된 예법 중 하나이므로, 후대에도 이러한 예법을 존숭하여, 제사 때 ‘현주’ 또한 사용했던 것이며, ‘현주’를 술 중에서도 가장 귀한 것으로 여겼다. 『예기』「예운(禮運)」편에는 “故玄酒在室, 醴醆在戶.”라는 기록이 있는데, 이에 대한 공영달(孔穎達)의 소(疏)에서는 “玄酒, 謂水也. 以其色黑, 謂之玄. 而太古無酒, 此水當酒所用, 故謂之玄酒.”라고 풀이했다.

◎ **현훈(玄纁)** : ‘현훈’은 흑색이나 옅은 홍색의 비단을 뜻한다.

◎ **환담(桓譚**, B.C.40~A.D.31) : 후한(後漢) 때의 경학자이다. 자(字)는 군산(君山)이다. 오경(五經에 능통하였고, 박학하였다고 전해진다. 유흠(劉歆), 양웅(揚雄) 등과 교우하였다. 그는 경전(經典)의 훈고대의(訓詁大義)를 구하는 것을 중요시했고, 참위(讖緯)에 대해서 반대하였다. 『신론(新論)』 29편을 지었으나, 현재는 전해지지 않으며, 「형신(形神)」편만이 『홍명집(弘明集)』 안에 수록되어 있다.

◎ **황간(皇侃**, A.D.488~A.D.545) : =황씨(皇氏). 남조(南朝) 때 양(梁)나라의 경학자이다. 『주례(周禮)』, 『의례(儀禮)』, 『예기(禮記)』 등에 해박하여, 『상복문구의소(喪服文句義疏)』, 『예기의소(禮記義疏)』, 『예기강소(禮記講疏)』 등을 지었지만, 현재는 전해지지 않는다. 그 일부가 마국한(馬國翰)의 『옥함산방집일서(玉函山房輯佚書)』에 수록되어 있다.

◎ **황씨(皇氏)** : =황간(皇侃)

# 번역 참고문헌


- 『禮記』, 서울 : 保景文化社, 초판 1984 (5판 1995) / 저본으로 삼은 책이다.
- 『禮記正義』 1~4(전4권, 『十三經注疏 整理本』 12~15), 北京 : 北京大學出版社, 초판 2000 / 저본으로 삼은 책이다.
- 朱彬 撰, 『禮記訓纂』 上 · 下(전2권), 北京 : 中華書局, 초판 1996 (2쇄 1998) / 저본으로 삼은 책이다.
- 孫希旦 撰, 『禮記集解』 上 · 中 · 下(전3권), 北京 : 中華書局, 초판 1989 (4쇄 2007) / 저본으로 삼은 책이다.
- 服部宇之吉 評點, 『禮記』, 東京 : 富山房, 초판 1913 (증보판 1984) / 鄭玄注 번역에 대해 참고했던 서적이다.
- 竹內照夫 著, 『禮記』 上 · 中 · 下(전3권), 東京 : 明治書院, 초판 1975 (3판 1979) / 經文에 대한 이해에 참고했던 서적이다.
- 市原亨吉 외 2명 著, 『禮記』 上 · 中 · 下(전3권), 東京 : 集英社, 초판 1976 (3쇄 1982) / 經文에 대한 이해에 참고했던 서적이다.
- 陳澔 注, 『禮記集說』, 北京 : 中國書店, 초판 1994 / 『集說』에 대한 번역에 참고했던 서적이다.
- 王文錦 譯解, 『禮記譯解』 上 · 下(전2권), 北京 : 中華書局, 초판 2001 (4쇄 2007) / 經文 및 주석 번역에 참고했던 서적이다.
- 錢玄·錢興奇 編著, 『三禮辭典』, 南京 : 江蘇古籍出版社, 초판 1998 / 용어 및 器物 등에 대해 참고했던 서적이다.
- 張撝之 外 主編, 『中國歷代人名大辭典』 上·下권(전2권), 上海 : 上海古籍出版社, 초판 1999 / 인명에 대해 참고했던 서적이다.
- 呂宗力 主編, 『中國歷代官制大辭典』, 北京 : 北京出版社, 초판 1994 (2쇄 1995) / 관직명에 대해 참고했던 서적이다.
- 中國歷史大辭典編纂委員會 編纂, 『中國歷史大辭典』 上 · 下(전2권), 上海 : 上海辭書出版社, 초판 2000 / 용어 및 인명에 대해 참고했던 서적이다.
- 羅竹風 主編, 『漢語大詞典』 1~12(전12권), 上海 : 漢語大詞典出版社, 초판 1988 (4쇄 1995) / 용어에 대해 참고했던 서적이다.
- 王思義 編集, 『三才圖會』 上 · 中 · 下(전3권), 上海 : 上海古籍出版社, 초판 1988 (4쇄 2005) / 器物 등에 대해 참고했던 서적이다.
- 聶崇義 撰, 『三禮圖集注』 (四庫全書 129책) / 器物 등에 대해 참고했던 서적이다.
- 劉績 撰, 『三禮圖』 (四庫全書 129책) / 器物 등에 대해 참고했던 서적이다.

역자 **정병섭(鄭秉燮)**

- 1979년 출생
- 2002년 성균관대학교 유교철학과 졸업
- 2004년 성균관대학교 대학원 유학과 석사
- 2013년 성균관대학교 대학원 유학과 철학박사
- 역서『譯註 禮記集說大全 - 王制, 附 鄭玄注』(학고방, 2009)
  『譯註 禮記集說大全 - 月令, 附 鄭玄注』(학고방, 2010)
  『譯註 禮記集說大全 - 曾子問, 附 正義・訓纂・集解』(학고방, 2011)
  『譯註 禮記集說大全 - 文王世子, 附 正義・訓纂・集解』(학고방, 2012)
  『譯註 禮記集說大全 - 曲禮上, 附 正義・訓纂・集解』1~2(전2권, 학고방, 2012)
  『譯註 禮記集說大全 - 曲禮下, 附 正義・訓纂・集解』(학고방, 2012)
  『譯註 禮記集說大全 - 禮運, 附 正義・訓纂・集解』(학고방, 2012)
  『譯註 禮記集說大全 - 禮器, 附 正義・訓纂・集解』(학고방, 2012)
  『譯註 禮記集說大全 - 檀弓上, 附 正義・訓纂・集解』1~2(전2권, 학고방, 2013)
  『譯註 禮記集說大全 - 檀弓下, 附 正義・訓纂・集解』1~2(전2권, 학고방, 2013)
  『譯註 禮記集說大全 - 郊特牲, 附 正義・訓纂・集解』1~2(전2권, 학고방, 2013)
  『譯註 禮記集說大全 - 內則, 附 正義・訓纂・集解』(학고방, 2013)
  『譯註 禮記集說大全 - 玉藻, 附 正義・訓纂・集解』1~2(전2권, 학고방, 2013)
  『譯註 禮記集說大全 - 明堂位, 附 正義・訓纂・集解』(학고방, 2013)
  『譯註 禮記集說大全 - 喪服小記, 附 正義・訓纂・集解』(학고방, 2014)
  『譯註 禮記集說大全 - 大傳, 附 正義・訓纂・集解』(학고방, 2014)
  (공역)『효경주소』(문사철, 2011)


## 예기집설대전 목록

| | | | |
|---|---|---|---|
| **제1편 곡례 상❶❷** | **제14편 명당위** | 제27편 애공문 | 제40편 투호 |
| **제2편 곡례 하** | **제15편 상복소기** | 제28편 중니연거 | 제41편 유행 |
| **제3편 단궁 상❶❷** | **제16편 대전** | 제29편 중니한거 | 제42편 대학 |
| **제4편 단궁 하❶❷** | **제17편 소의** | 제30편 방거 | 제43편 관의 |
| **제5편 왕제** | 제18편 학기 | 제31편 중용 | 제44편 혼의 |
| **제6편 월령** | 제19편 악기 | 제32편 표기 | 제45편 향음주의 |
| **제7편 증자문** | 제20편 잡기 | 제33편 치의 | 제46편 사의 |
| **제8편 문왕세자** | 제21편 잡기 | 제34편 분상 | 제47편 연의 |
| **제9편 예운** | 제22편 상대기 | 제35편 문상 | 제48편 빙의 |
| **제10편 예기** | 제23편 제법 | 제36편 복문 | 제49편 상복사제 |
| **제11편 교특생❶❷** | 제24편 제의 | 제37편 간전 | |
| **제12편 내칙** | 제25편 제통 | 제38편 삼년문 | |
| **제13편 옥조❶❷** | 제26편 경해 | 제39편 심의 | |

譯註
禮記集說大全 少儀
編 陳澔(元)
附 正義 · 訓纂 · 集解

초판 인쇄 2014년 6월 25일
초판 발행 2014년 7월 5일

역 자 | 정병섭
펴 낸 이 | 하운근
펴 낸 곳 | 學古房

주 소 | 서울시 은평구 대조동 213-5 우편번호 122-843
전 화 | (02)353-9907 편집부(02)353-9908
팩 스 | (02)386-8308
홈페이지 | http://hakgobang.co.kr/
전자우편 | hakgobang@naver.com, hakgobang@chol.com
등록번호 | 제311-1994-000001호

ISBN 978-89-6071-402-1 94150
978-89-6071-267-6 (세트)

**값 : 27,000원**